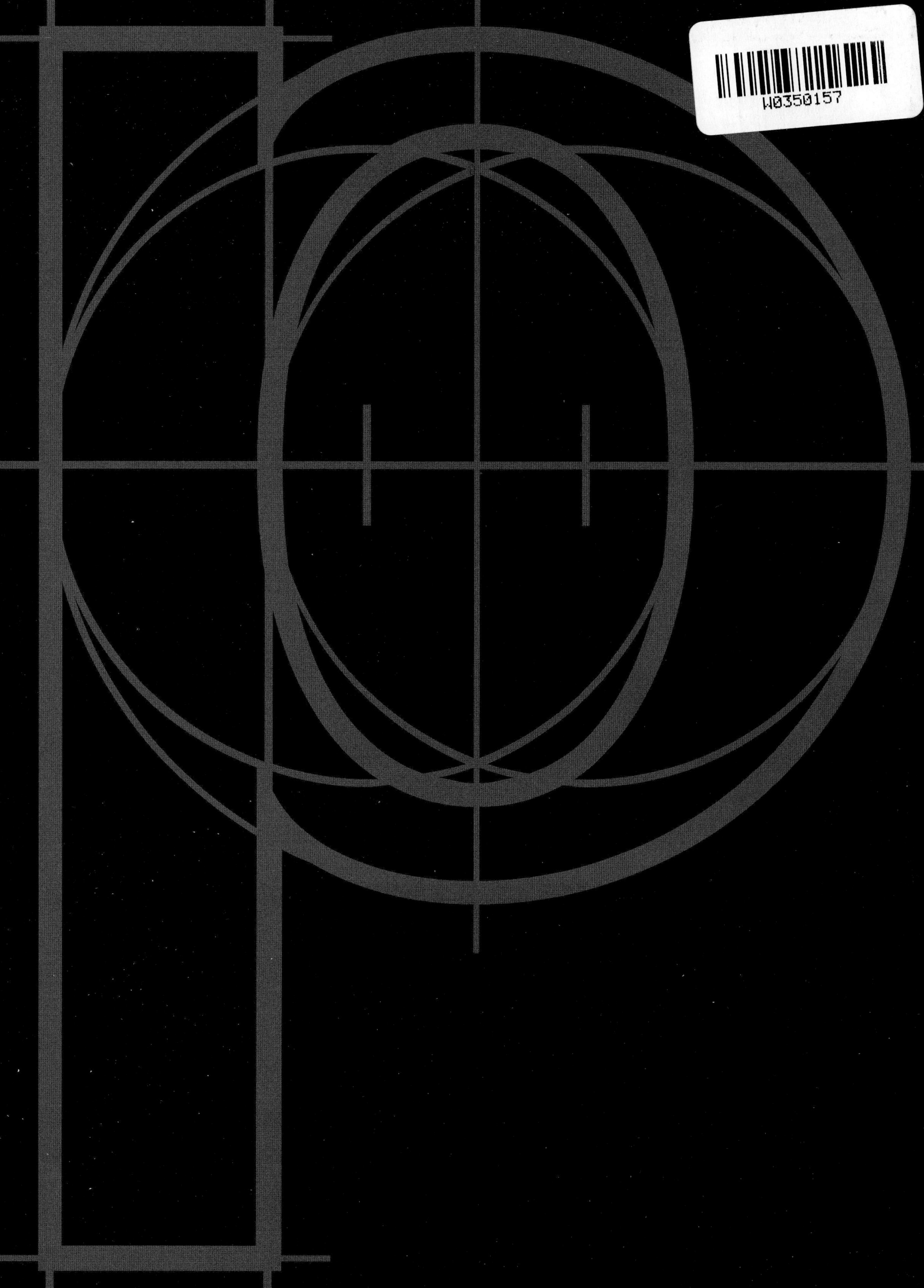

W0350157

Zeichentrick Animation

ZEICHEN
SCHULE
professionell

EDITION
MICHAEL FISCHER

Titel der Originalausgabe
„EL DIBUJO ANIMADO“

Aus dem Spanischen übertragen von
JASMIN RÖDER
Textbearbeitung und Lektorat
HANNE HENNINGER

1. Auflage 2005

Alle Rechte der deutschsprachigen Ausgabe bei
EDITION MICHAEL FISCHER GMBH,
IGLING

© 2004 by Parramón Ediciones, Barcelona
Alle Rechte vorbehalten.

Herstellung und Satz
VERLAGSSERVICE HENNINGER GMBH,
WÜRZBURG

Printed in Spain
ISBN 3-933033-89-6

Herausgeberin: Mª Fernanda Canal; Texte: Sergi Càmara; Durchführung der Zeichnungen und Übungen: Sergi Càmara; Design der Reihe: Josep Guasch; Umbruch und Layout: Estudi Guasch; Fotografie: Nos & Soto; Produktionsleitung: Rafael Marfil.

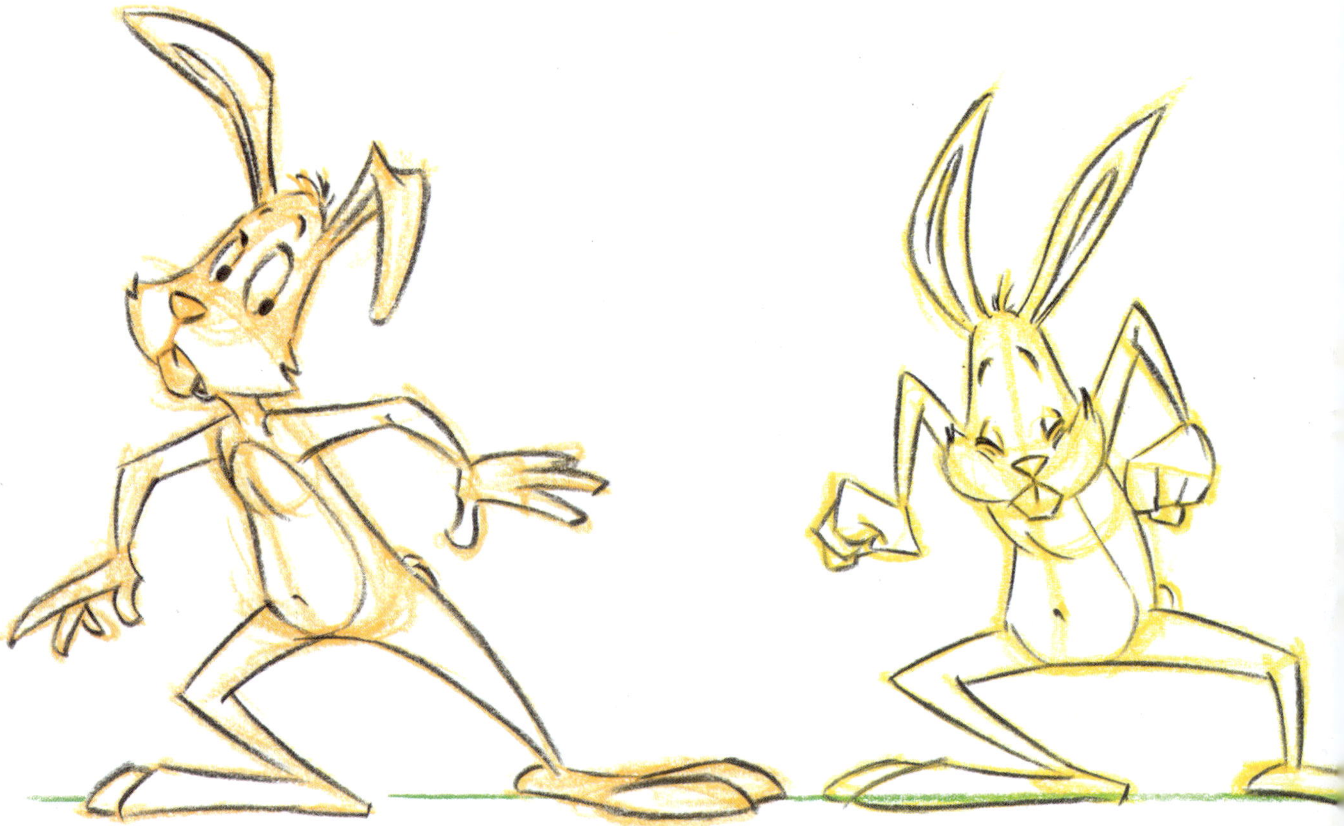

1 Zeichentrick Animation

Animation

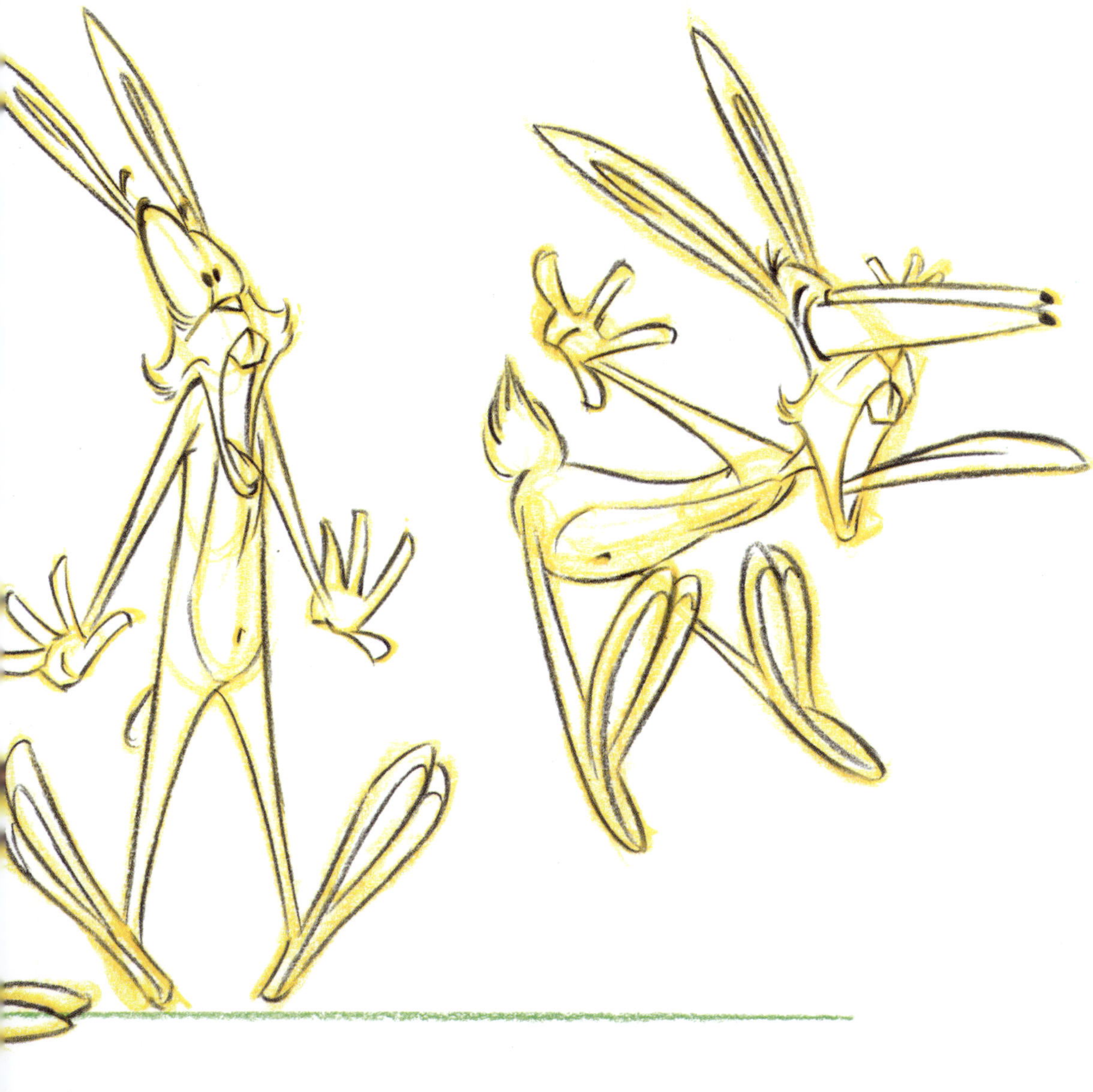

Inhalt

Vorwort

Zeichentrick-Animation – eine Kombination der Zeichentechnik und der Möglichkeiten des Filmtricks – ist unter allen existierenden Kunstformen sicherlich eine der interessantesten. Wenn wir einen Trickfilm herstellen, haben wir es immer mit der Verarbeitung einer Geschichte zu tun, die entweder eigens für diese Produktion geschrieben wurde, oder auf die Handlung bereits bekannter Literatur zurückgreift. Wir sind hautnah dabei, wenn Synchronsprecher die Figuren interpretieren, und erleben den Aufbau der Musik, die uns während des Films begleitet und uns in die Handlung erst versinken lässt.

Die Kunst des Zeichnens spiegelt sich in den verschiedenen Hintergründen und Szenenbildern wieder, in denen die Handlung abläuft. Durch die Charaktere, die wir zum Leben erwecken, die künstlerischen Mittel, die wir einsetzen und viele weitere Faktoren bestimmen wir selbst von Anfang an die Qualität unseres Films. Nicht zu vergessen die eigentliche Kunst, das In-Szene-Setzen und die Erzählweise, die den gesamten Film prägen, sowie die Leistung des Animators selbst, die darin besteht, den Figuren auf dem Papier Leben einzuhauchen. Diese anspruchsvolle Form der Kunst hat ihre eigenen Gesetze. Sie vereint die verschiedensten künstlerischen Medien. Alle Regeln, Vorgehensweisen und Techniken werden in diesem Buch ausführlich behandelt. Um ein hochwertiges und künstlerisch überzeugendes Ergebnis zu liefern, bringen eine Vielzahl kreativer Köpfe ihr Talent und Wissen in jeden einzelnen Schritt der Produktion eines Trickfilms ein. Vor einigen Jahren noch war es für einen Hobbyzeichner, ohne eine besondere Kunstausbildung und ohne umfangreiche Kenntnisse in der Animationstechnik praktisch unmöglich, einen Trickfilm selbst herzustellen. Natürlich ist eine qualitativ hochwertige Produktion auch sehr kostspielig. Die notwendige Ausstattung für Regie und Herstellung erfordert nicht nur ein recht hohes Budget,

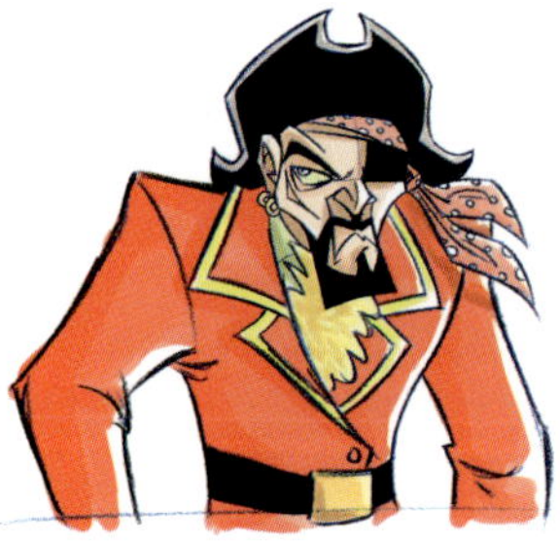

Die Kunst der Zeichentrick-Animation umfasst eine kreative Welt, die eine ganze Palette unterschiedlicher Kunstbereiche in sich vereint: Das Verfassen und die Herstellung der Drehbücher, der Einsatz von Sprache und Erzählweise im Film, das Erstellen und Malen der Hintergründe, die Komposition der Filmmusik, die Arbeit der Schauspieler, die den Figuren ihre Stimme geben, und die Leistung der Trickzeichner, die alle Figuren zu Papier bringen und mit Hilfe der Animationstechniken erst zum Leben erwecken.

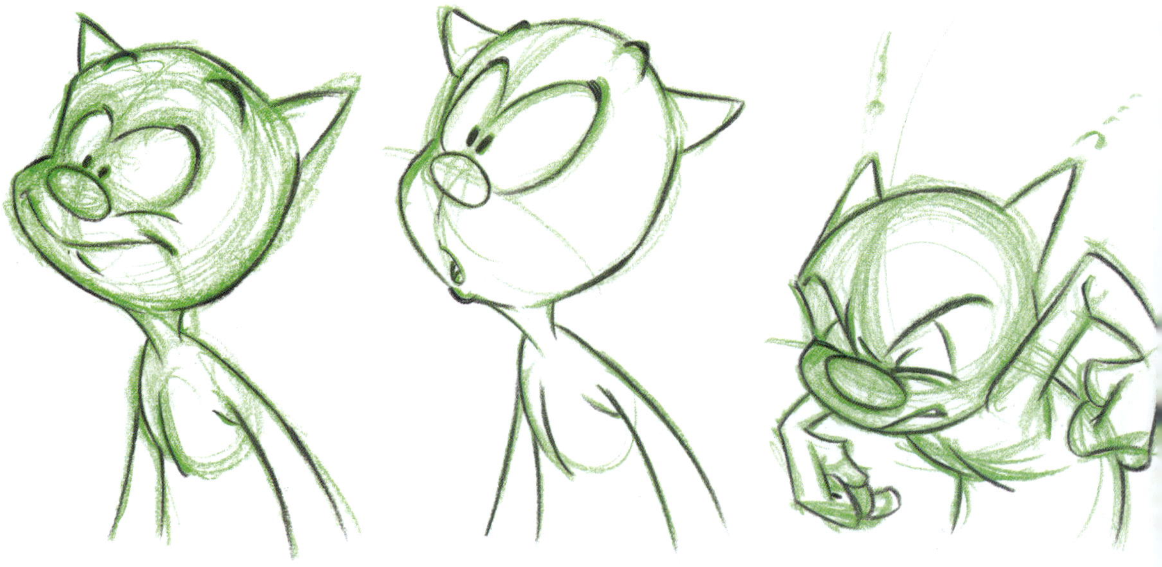

sondern auch dessen sinnvolle und geschickte Verteilung auf die verschiedenen Arbeitsschritte und die an der Produktion beteiligten Mitarbeiter. Um dieser anspruchsvollen Aufgabe gerecht zu werden, sind ein langer Lernprozess und viel Erfahrung zwingende Voraussetzungen.

Handelt es sich dagegen um eine Produktion für das Fernsehen, braucht sich das Animationsstudio um die Finanzierung meist nicht zu sorgen. Im Gegensatz zu den teuren und riskanteren Kinofilmen werden für diese Produktionsart, die qualitativ keinem allzu hohen Standard genügen muss, auch Amateure beschäftigt. Auf diesem Weg bekommen viele unerfahrene Künstler die Chance, sich in die Welt der Animation einzufinden, die nötige Technik von Grund auf zu erlernen und sich mit der Zeit einen guten Ruf als Animator zu erarbeiten.

Dank des Entwicklungsstands der modernen Technik kann im Prinzip jeder Anfänger ein gewisses Niveau erreichen, vielleicht sogar bei einer kommerziellen Produktion mitwirken oder ein Projekt komplett eigenständig verwirklichen und es mit modernen multimedialen Mitteln publizieren. Zahlreiche Künstler haben die Animation als Mittel entdeckt, sich auszudrücken und ihre Ideen umzusetzen. Für sie ist das Internet mit seinen vielfältigen interaktiven Möglichkeiten die ideale Plattform, ihre Kunst einem breiten Publikum zu präsentieren und bekannt zu werden.

Dieses Buch gibt allen, die sich mit dem spannenden Prozess der Animation vertraut machen möchten, die besten Grundvoraussetzungen an die Hand. Ausführlich behandelt es alle wichtigen Bestandteile der klassischen Trickzeichnung und alle notwendigen Vorgänge, die der Leser wissen muss, damit er eine Geschichte und ihre Darsteller animieren kann. Auf dieser Basis kann jeder Künstler sofort damit beginnen, Erfahrungen zu sammeln und sich auf diesem vielschichtigen Gebiet immer weiter zu entwickeln.

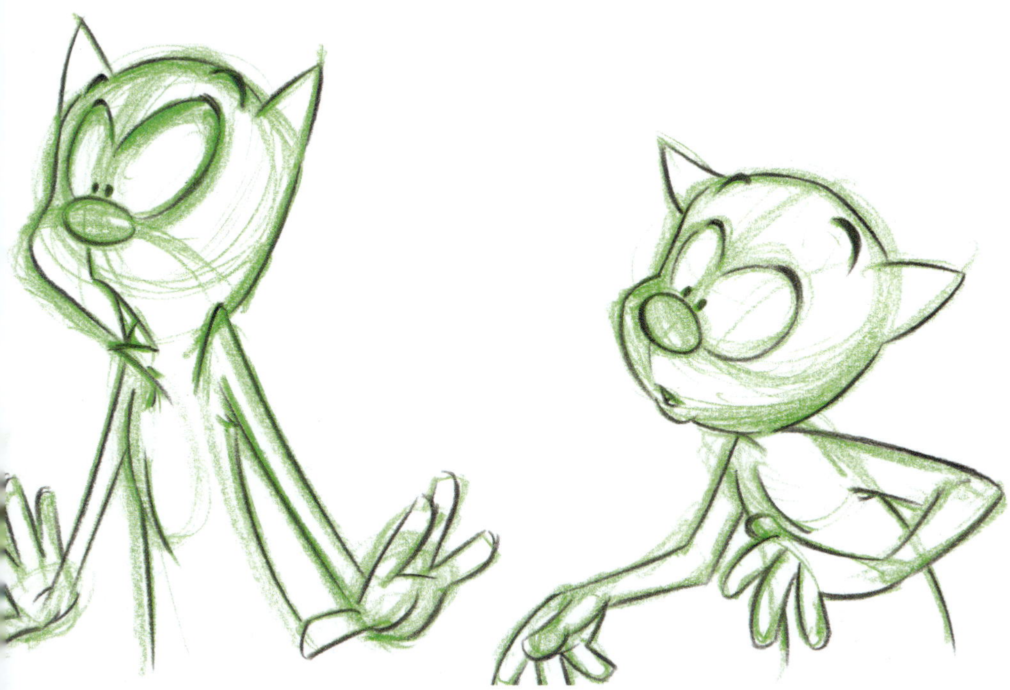

Sergi Càmara

Sergi Càmara, geboren 1964 in Barcelona, entdeckte die Welt des Trickzeichnens, als er 1981 im Alter von 17 Jahren begann, in einem Fernseh-Studio in Barcelona als Animationsassistent zu arbeiten. Nachdem er in verschiedenen Studios Storyboards erarbeitet und Regie geführt hatte, gründete er 1989 seine eigene Produktionsfirma – Studio Càmara. In diesem Studio arbeitet er seitdem sehr erfolgreich als Produzent, Regisseur, Drehbuchautor, kreativer Leiter und Animator.

Er wirkte in zahlreichen spanischen und internationalen Produktionen mit. 1997 traf er sich mit Koproduzenten in New York, um einige seiner Projekte zu realisieren. Darunter war „Slurps", eine kurze Fernsehserie, die zum einen aus seiner Feder stammt und die zum anderen unter seiner Leitung produziert wurde. Diese Serie war sehr erfolgreich und wurde in über 130 Ländern ausgestrahlt, und zwar über einige der wichtigsten Sender der Welt: Fox Family Channel (USA), TV Azteca (Mexiko), Disney Channel (Italien), Time Warner (Lateinamerika), Taurus Film GmbH & Co (Deutschland) und Teletoon (Frankreich und Kanada), und viele mehr.

Über mehrere Jahre gab er zusätzlich zu seiner hauptberuflichen Tätigkeit Unterricht in Animation und Erzählweise im Film an verschiedenen Privatschulen. In Barcelona und Seúl hielt er Kurse in stilistischer Weiterbildung für professionelle Künstler.

Zur Zeit entwickelt er neue Projekte für Fernsehserien. Außerdem verfasst und illustriert er Kinderbücher für diverse Verlage in Spanien, England und den USA.

kurzer geschichtlicher und chronologischer Überblick

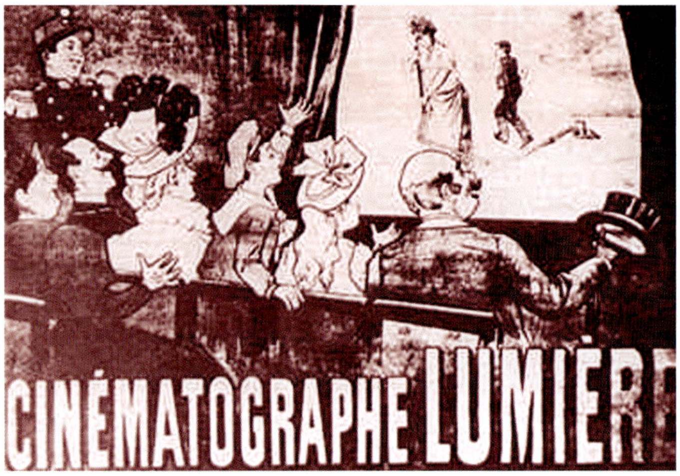

Die Erfindung des Kinematographen der Brüder Lumière gilt als die eigentliche Geburt des modernen Kinos.

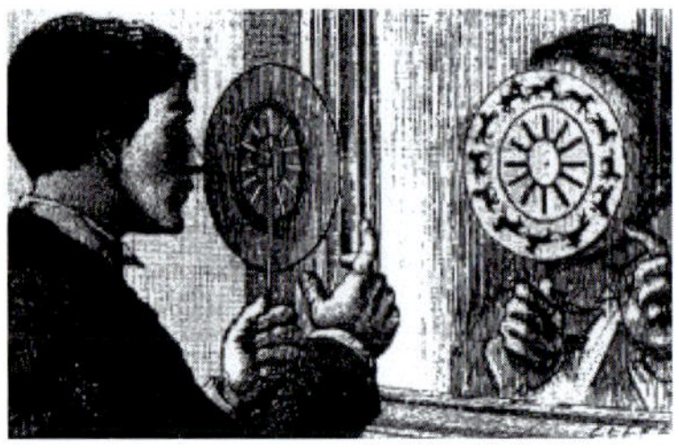

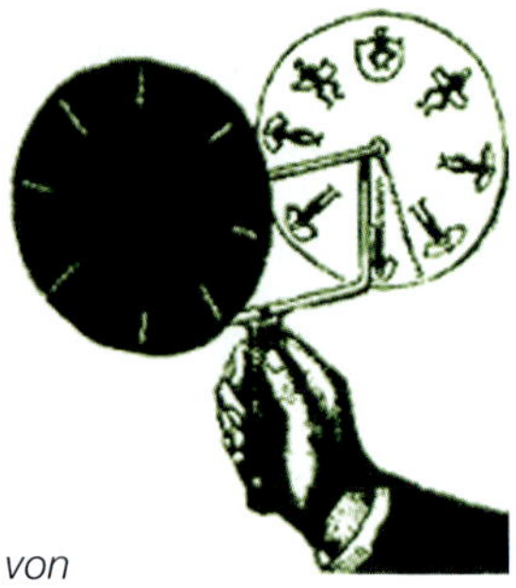

Phenakistiskop – erfunden im Jahre 1832 von Joseph Antoine Plateau.

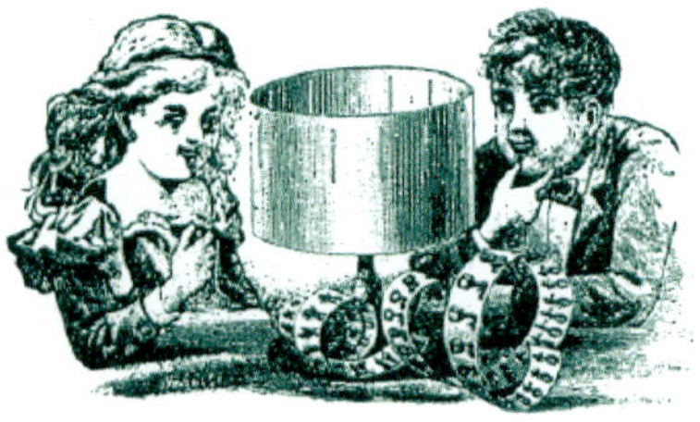

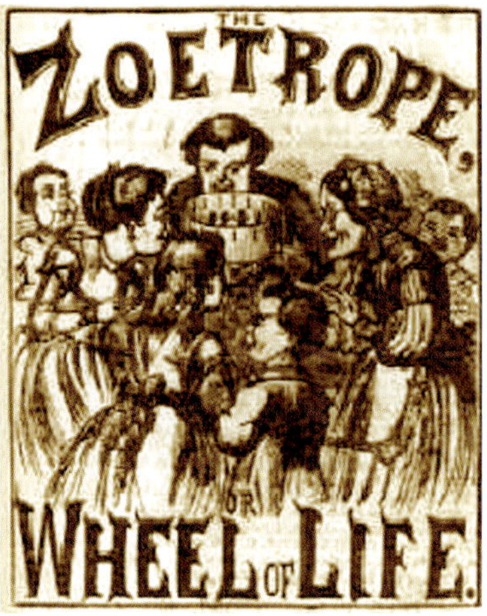

Das berühmteste der „optischen Spielzeuge" ist natürlich das Zoetrop von William Lincoln aus dem Jahre 1867.

bewegung in Bildern darzustellen ist ein uralter Menschheitstraum, wie schon vorgeschichtliche Höhlenzeichnungen belegen. Dennoch gab es bis ins mittlere 17. Jahrhundert keine nennenswerten Erfolge. Der Durchbruch kam mit der Erfindung der Laterna Magica. Sie gilt als erster Apparat, der bewegte Bilder auf eine Leinwand projizieren kann.

DIE ERSTEN OPTISCHEN SPIELZEUGE

Bekannt wurde diese Erfindung aus dem Jahr 1640 durch den deutschen Jesuitenpater Athanasius Kircher. Das Funktionsprinzip der „Zauberlaterne" war denkbar schlicht, aber äußerst wirkungsvoll. Als „Projektionsbilder" dienten bemalte Glasplatten, die vor eine Lichtquelle gesetzt und mechanisch verschoben wurden. Für den Zuschauer entstand so der Eindruck, die dargestellten Personen und Objekte würden sich tatsächlich bewegen.
1824 veröffentlichte der englische Gelehrte Peter Mark Roget bereits das Phänomen der „Trägheit des Auges". Er fand heraus, dass das menschliche Auge ein Bild für den Bruchteil einer Sekunde länger speichert, als es tatsächlich vorhanden ist und kam zu dem Ergebnis, dass man „eine Bewegung in eine Reihe unbewegter Einzelbilder zerlegen kann". Auf der Grundlage seiner Erkenntnisse erarbeiteten Wissenschaftler im späten 19. Jahrhundert eine Reihe von optischen Apparaten. Einer dieser Apparate ist das Phenakistiskop, das 1832 von Joseph Antoine Plateau entwickelt wurde. Es bestand aus einer rotierenden Scheibe, auf der die Abbildungen eines Bewegungsablaufes montiert waren. Betrachtete man die sich schnell drehende Scheibe durch einen Sehschlitz, entstand der Eindruck einer flüssigen Bewegung.
Später erschien das Zoetrop (1867) von William Lincoln und darauf das Praxinoskop (1878) von Émile Reynaud, aber es war Thomas Alva Edison, der 1891 das Kinetoskop erfand, der Vorläufer heutiger Projektoren, der aus einem Kasten bestand, in dessen Innern sich eine Filmrolle mit einer Geschwindigkeit von 46 Bildern pro Sekunde drehte. Der Film wurde von einer Glühlampe durchleuchtet. Später wurden „Automaten" mit dieser Technik aufgestellt. Der Zuschauer konnte sich nach Einwurf einer Münze ein animiertes Schauspiel ansehen.
Im Jahre 1895 präsentierten die Brüder Louis und Auguste Lumière ihre Erfindung und nannten sie „cinématographe", zu Deutsch: „Kinematograph". Nur wenige Jahre später hatten die Vorreiter der modernen Animation die Idee, einzelne Bilder mit einer Kamera aufzunehmen.

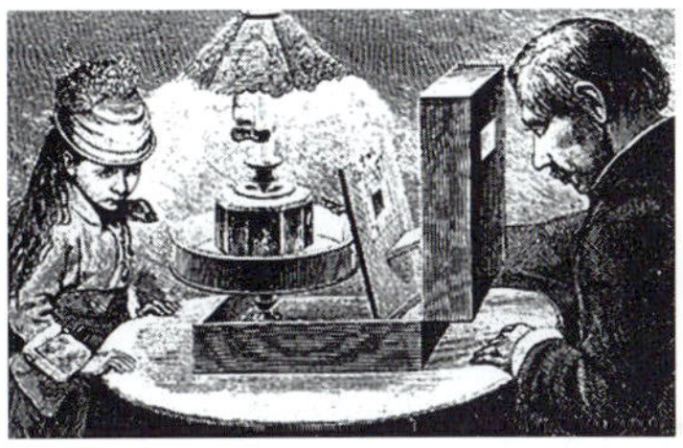

Abbildung eines Praxinoskops von Émile Cohl, 1878.

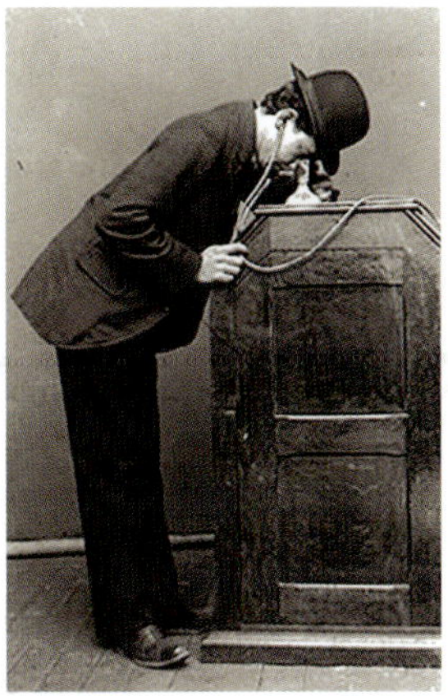

Kinetoskop von Thomas Alva Edison, 1891.

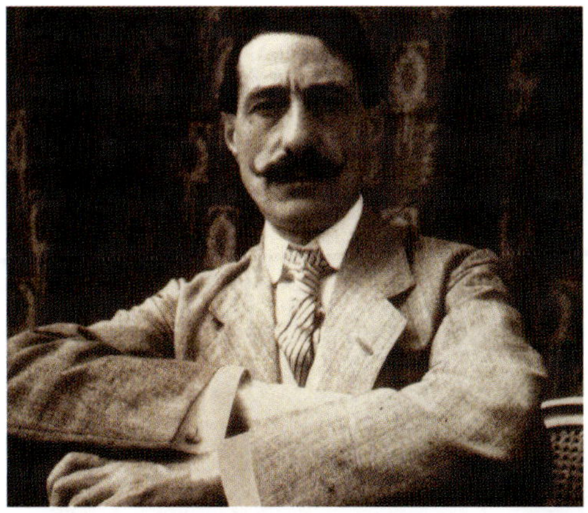

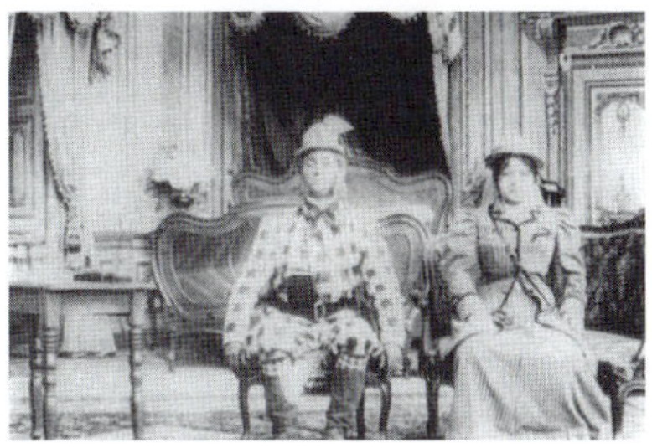

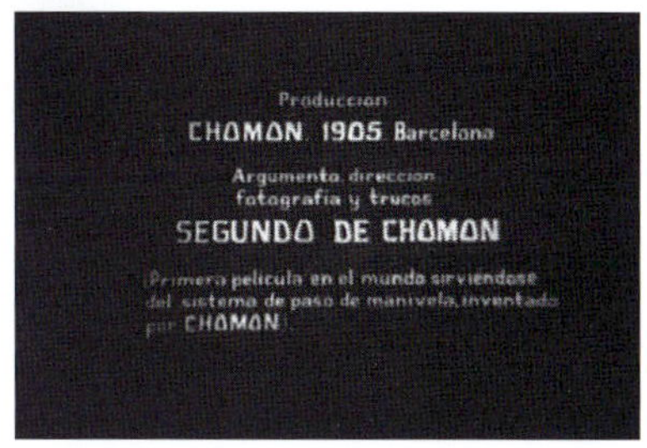

Segundo de Chomón, zusammen mit Bildern seines Films Hotel Eléctrico, *aus dem Jahr 1905.*

1905 –
Segundo de Chomón drehte in seinen Filmstudios in Barcelona den experimentellen Film *Hotel Eléctrico*, für den zum ersten Mal die Pixilation verwendet, eine Technik, die heute noch üblich ist. Dabei werden die realen Objekte und Personen einer Szene für jedes Einzelbild in eine neue Lage gebracht und fotografiert, sodass in der Projektion der Eindruck entsteht, die Darsteller würden sich von allein bewegen. *Hotel Eléctrico* war nicht nur eine Innovation als Zeichentrickfilm, sondern der erste animierte Film, der mittels Einzelbildschaltung (*one turn, one picture*) geschaffen wurde. Mit dieser Technik wird noch heute bei Trickfilmen gearbeitet.

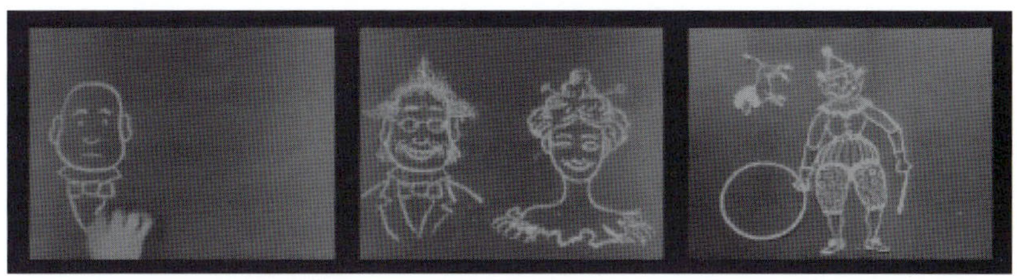

Ausschnitte aus Humorous Phases of Funny Faces *von James Stuart Blackton, 1906.*

1906 –
Humorous Phases of Funny Faces ist eine Produktion von Vitagraph co. in Amerika. Gedreht wurde sie von James Stuart Blackton, einem englischen Karikaturisten, der in Nordamerika lebte. Der Zuschauer sieht zu Beginn des Filmes, wie die Hand des Künstlers zwei Köpfe auf eine Schiefertafel zeichnet, die durch die Einzelbildaufnahme lebendig werden. Irrtümlicherweise hielt man bis zu diesem Zeitpunkt *The Enchanted Drawing* aus dem Jahre 1900 für den ersten animierten Film. Tatsächlich aber wurde diese Mischung aus Real- und Zeichentrickfilm in einer fortlaufenden Einstellung gedreht, und die Charaktere wurden mit Hilfe von Schnitten ausgetauscht.

1908 –
Der Franzose Émile Cohl wird von vielen Historikern als der wahre Vater der Trickzeichnung angesehen. Sein Film *Fantasmagorie* dauert 1 Minute und 57 Sekunden und das dafür benötigte Filmmaterial hatte eine Länge von 36 Metern. Die „Darsteller" waren ursprünglich simple Strichzeichnungen, animiert mittels Einzelbildaufnahmen. Von den insgesamt etwa 300 Filmen, die Émile Cohl produziert hat, sind nicht einmal mehr 65 erhalten.
Er arbeitete in Frankreich, in England und in den USA.

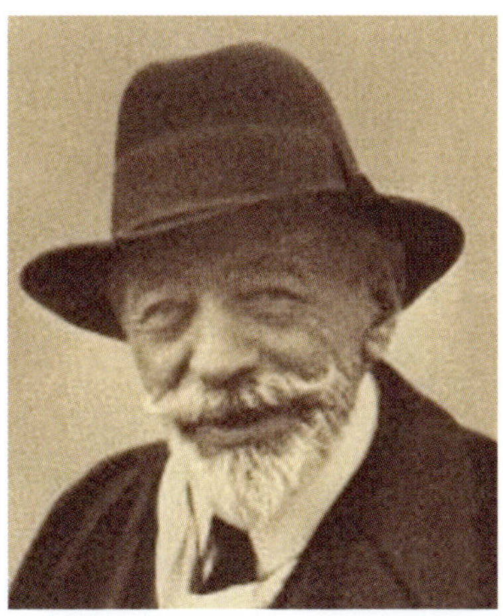

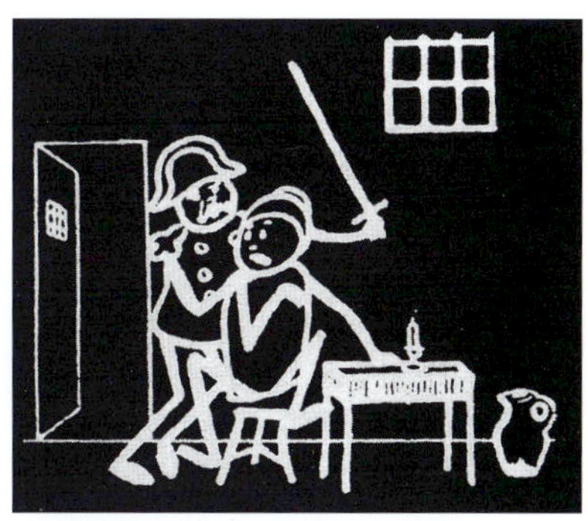

Foto von Émile Cohl und eines Ausschnittes aus dem Film Fantasmagorie, *1908.*

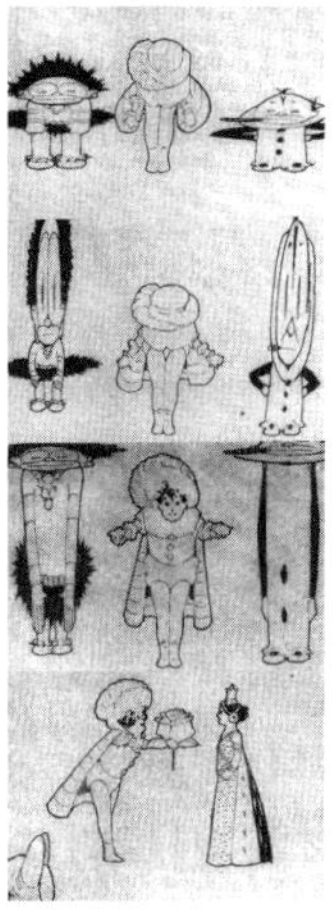

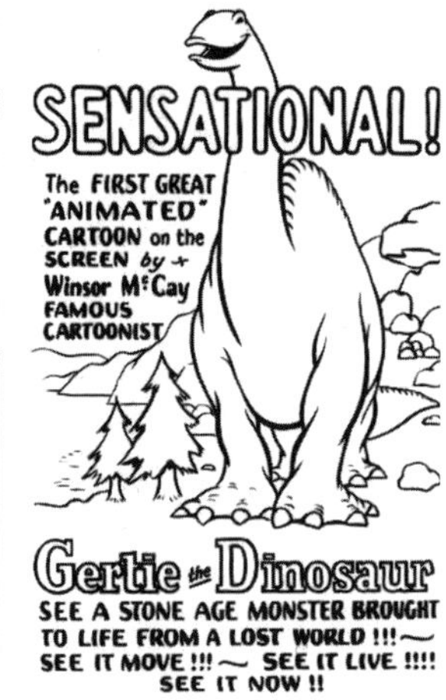

Links: Szenen aus Little Nemo *(1911). Dieser Film zeichnet sich vor allem dadurch aus, dass die Bilder weit gehend von Hand gemalt wurden. Rechts:* Gertie, der Dinosaurier *(1914).*

1911 –

Mit seinem Zeichentrickfilm *Little Nemo* leistete der Nordamerikaner Winsor McCay Pionierarbeit. Zum ersten Mal wurde eine Comicfigur zum Helden des Films, der aus etwa 4000 Zeichnungen bestand. Den nächsten großen Publikumserfolg feierte McCay im Jahre 1914 mit *Gertie, the trained Dinosaur*. Die flüssig animierte Hauptfigur „Gertie" steht auf der Leinwand ihrem Schöpfer direkt gegenüber, befolgt dessen Befehle und kommuniziert mit ihm.

1912 –

In Russland produzierte der Cineast Ladislas Starewicz einen Film mit dem Titel *Cameraman's Revenge*, in dem erstmals bewegte Marionetten im Stop-Motion-Verfahren für eine Dauer von etwa 13 Minuten eingesetzt waren.

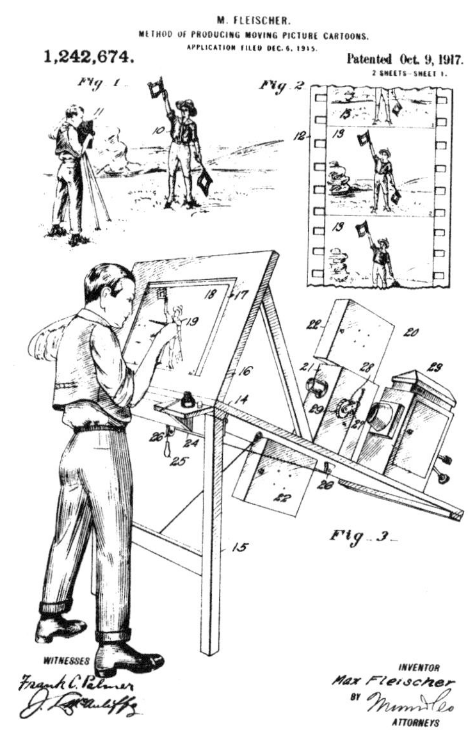

Skizze des Rotoskops, das sich Max Fleischer patentieren ließ.

1915 –

Der Nordamerikaner Earl Hurd führte den „Zelluloidstreifen" (so genannte „Cels") ein, eine transparente Azetatfolie, auf die man Objekte oder Figuren mit Tinte skizzieren und zeichnen konnte. Die so entstandenen „Zelluloid-Bilder" der bewegten Figuren wurden über einen einzelnen statischen Hintergrund gelegt und am Tricktisch beliebig kombiniert. Seine Erfindung revolutionierte die Branche, die zu dieser Zeit gerade aufzublühen begann. Denn dank dieser „Cel-Animation" brauchte man nur noch die bewegten Figuren neu zu zeichnen und nicht mehr jedes vollständige Bild. Für die Produzenten bedeutete diese drastische Aufwandsverkürzung eine enorme Zeit- und Geldersparnis.
Im gleichen Jahr erfand Max Fleischer das Rotoskop, das er sich jedoch erst zwei Jahre später patentieren ließ. Beim Rotoskop-Verfahren wurden die Szenen zunächst mit richtigen Darstellern gefilmt und auf eine matte Glasscheibe projiziert, damit die Zeichner anschließend den schematischen Bewegungsablauf abpausen konnten.
Max Fleischer und sein Studio erreichten später mit Serien wie *Betty Boop, Popeye, der Seemann* und *Out of the Inkwell* große Berühmtheit. Bei *Out of the Inkwell* lag der Erfolg hauptsächlich daran, dass die animierte Figur „Ko-Ko der Clown" auf der Grundlage realer Bilder entstand.

1917 -

Quirino Cristiani, der von Italien nach Argentinien ausgewandert war, produzierte mit *El Apóstol (Der Apostel)* den ersten Spielfilm in der Geschichte der Animation, der eine Auszeichnung erhielt. In „Cut-Out-Animation" auf 35-mm-Film erstellt, hatte die politische Satire, die vor allem auf die Regierung von Präsident Hipólito Irigoyen anspielt, eine Spieldauer von 70 Minuten.
Leider fiel dieser Film einem Brand zum Opfer.

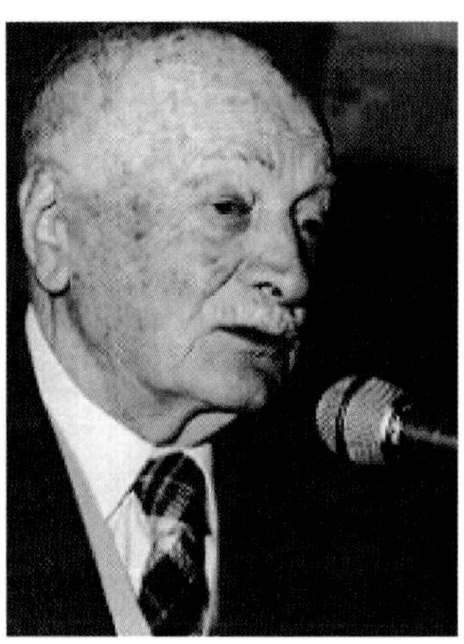

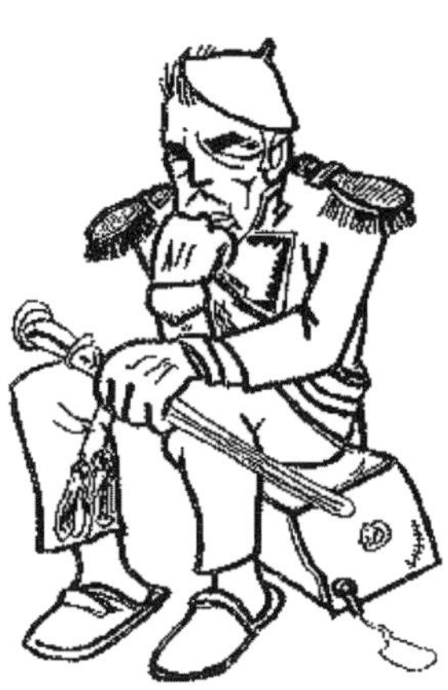

Der Regisseur Quirino Cristiani zusammen mit einem Fotogramm seines Films El Apóstol *von 1917.*

1919 –
Der Produzent Pat Sullivan und der Zeichner Otto Mesmer stellen mit der ersten Folgen von *Felix the Cat* einen neuen Comic-Star vor. In den etwa 175 Episoden, die zwischen 1919 und 1930 entstanden, erlebt die freche Hauptfigur, ein Kater namens „Felix“, erschaffen von Otto Mesmer und produziert von Pat Sullivan, viele spannende Abenteuer. Man kann behaupten, dass mit *Felix the Cat* die erste große Zeichentrickserie der Filmindustrie geboren wurde.

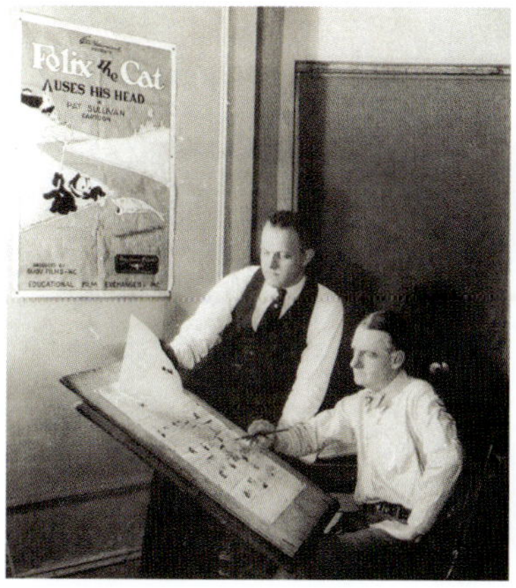

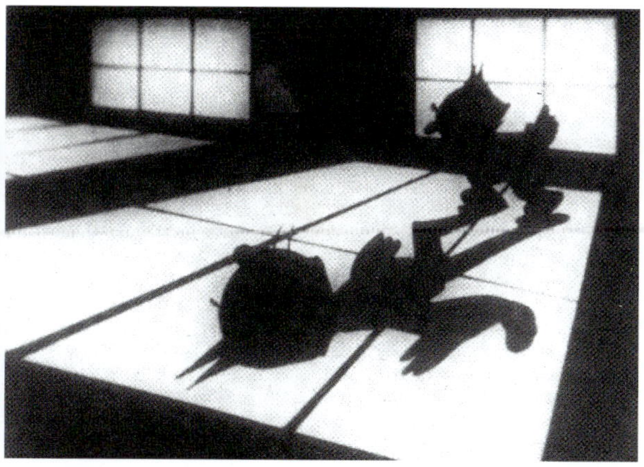

Links: Otto Mesmer (stehend), daneben Pat Sullivan, die beiden Schöpfer von Felix, the Cat, *1919.*
Rechts: Fotogramm des Publikumlieblings Kater Felix.

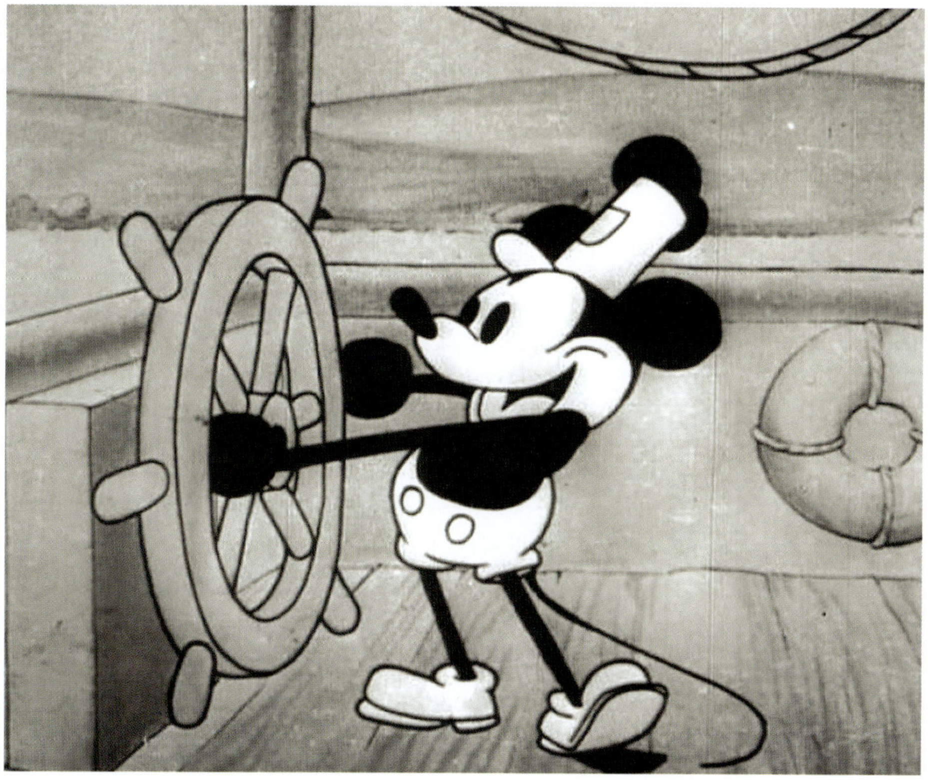

1927 führte Warner Bros den ersten Tonfilm in der Geschichte des Films auf: The Jazz Singer. *Nur ein Jahr später folgte Disneys* Steamboat Willie, *der erste animierte Kurzfilm mit Ton.*

1928 –
Walt Disneys *Steamboat Willie*, der erste vertonte Trickfilm mit „Mickey Mouse“ als Hauptdarsteller, wird uraufgeführt. Für die animierten Zeichnungen in dieser 7 Minuten und 45 Sekunden langen Produktion war Ub Iwerks verantwortlich. Der Ton im Monoformat wurde mit Hilfe eines so genannten Cinephons verwirklicht, sodass dieser Trickfilm eine akustische Untermalung mit Lauten, Geräuschen und der Musik von Carl Stalling erhielt.

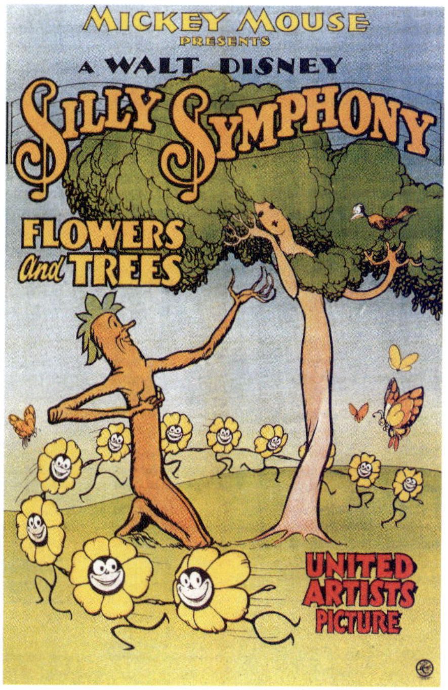

1932 –
Der erste Trickfilm in Farbe stammt ebenfalls aus den Disney-Studios. Dieser hatte den Titel *Flowers and Trees* und wurde mit Hilfe des dreifarbigen Technicolor-Verfahrens hergestellt.

Der erste animierte Kurzfilm in Farbe: Flowers and Trees, *1932.*

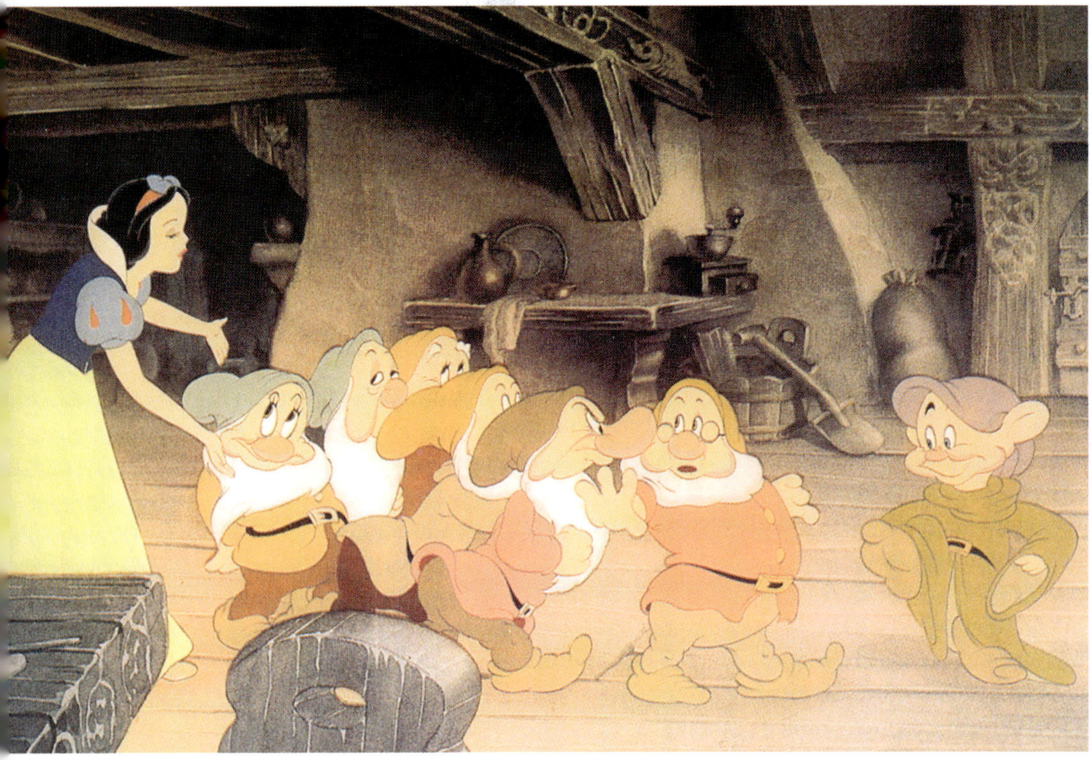

Schneewittchen und die sieben Zwerge, *1937.*

Toy Story, *1995.*

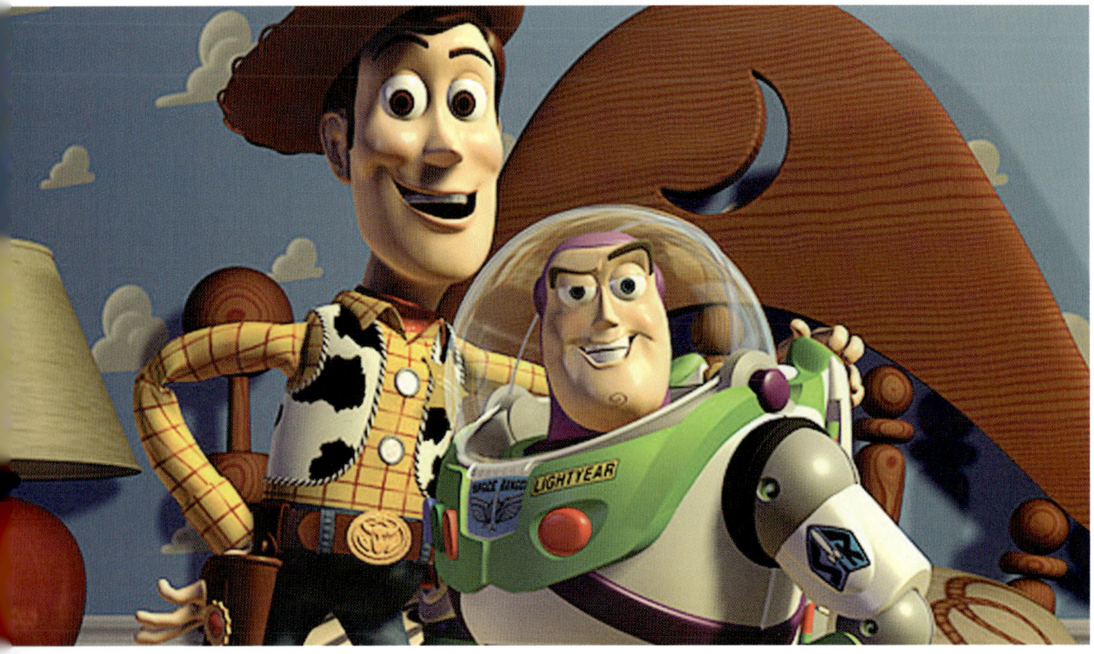

1937 –
Walt Disney produzierte in seinen Studios *Die alte Mühle*, den ersten Trickfilm, der mit einer Multiplan-Kamera zur Erzeugung optischer Tiefe gedreht wurde. Diese spezielle Kamera fotografiert Bild für Bild die animierten Figuren in der Mitte von auf Glas gemalten Hintergründen, die auf Dioramen in unterschiedlichen Abständen übereinander angeordnet sind. So vermittelt die zweidimensionale Animation den Eindruck von Tiefe. Dasselbe Verfahren kam auch bei *Schneewittchen und die sieben Zwerge* zum Einsatz, der im selben Jahr erschien und ebenfalls von Disney stammte. Zwar war es nicht der erste Trickfilm in der Geschichte, aber doch der erste, der auf internationaler Ebene sehr erfolgreich war, sowohl beim Publikum als auch bei den Kritikern.

1964 –
Ken Knowlton aus New York revolutioniert die Welt der Animationszeichnung. Zu diesem Zeitpunkt begann Bell Laboratories, das Studio in dem er arbeitete, beim Erzeugen von Animationen den Computer als Hilfe zu nutzen.

1995 –
Mit *Toy Story* brachten Pixar und Disney den ersten vollständig am Computer in 3-D-Technik animierten Spielfilm auf den Markt. Erforscht hatte man diese Technik zwar schon und dabei sehr interessante Ergebnisse erzielt: 1982 entstand bei Disney der Film *Tron*, in dem einige Szenen im Computer animiert wurden. Später, im Jahre 1986, erschien der Film *Basil, der große Mäusedetektiv*, in dem sich eine Szene im Inneren von Big Ben abspielte. Dafür wurde das Uhrwerk zunächst separat mit Hilfe der 3-D-Technik dargestellt, und anschließend in die Animation eingefügt – mit beeindruckendem Erfolg.

Aufbauschema der Produktionsschritte eines Trickfilms.

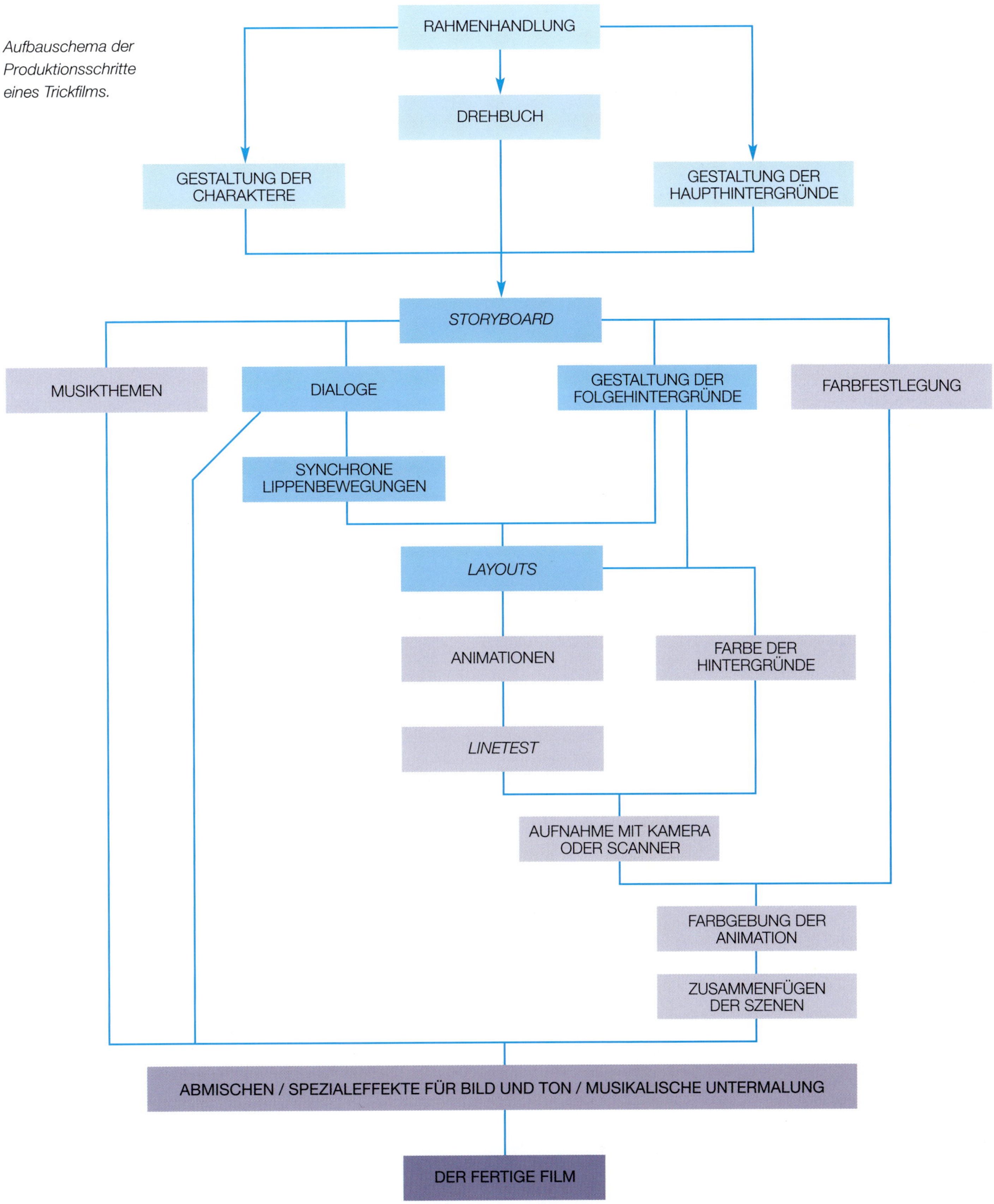

Arbeitsplatz und Mate-rial

„ALLES WAS DU BRAUCHST UM EINEN FILM ZU DREHEN IST EINE PERSON, DIE DIR DEN AUFTRAG DAZU GIBT. MIR WURDE LEDIGLICH GESAGT: JUNGE DAS IST DEIN JOB!“
Clint Eastwood.

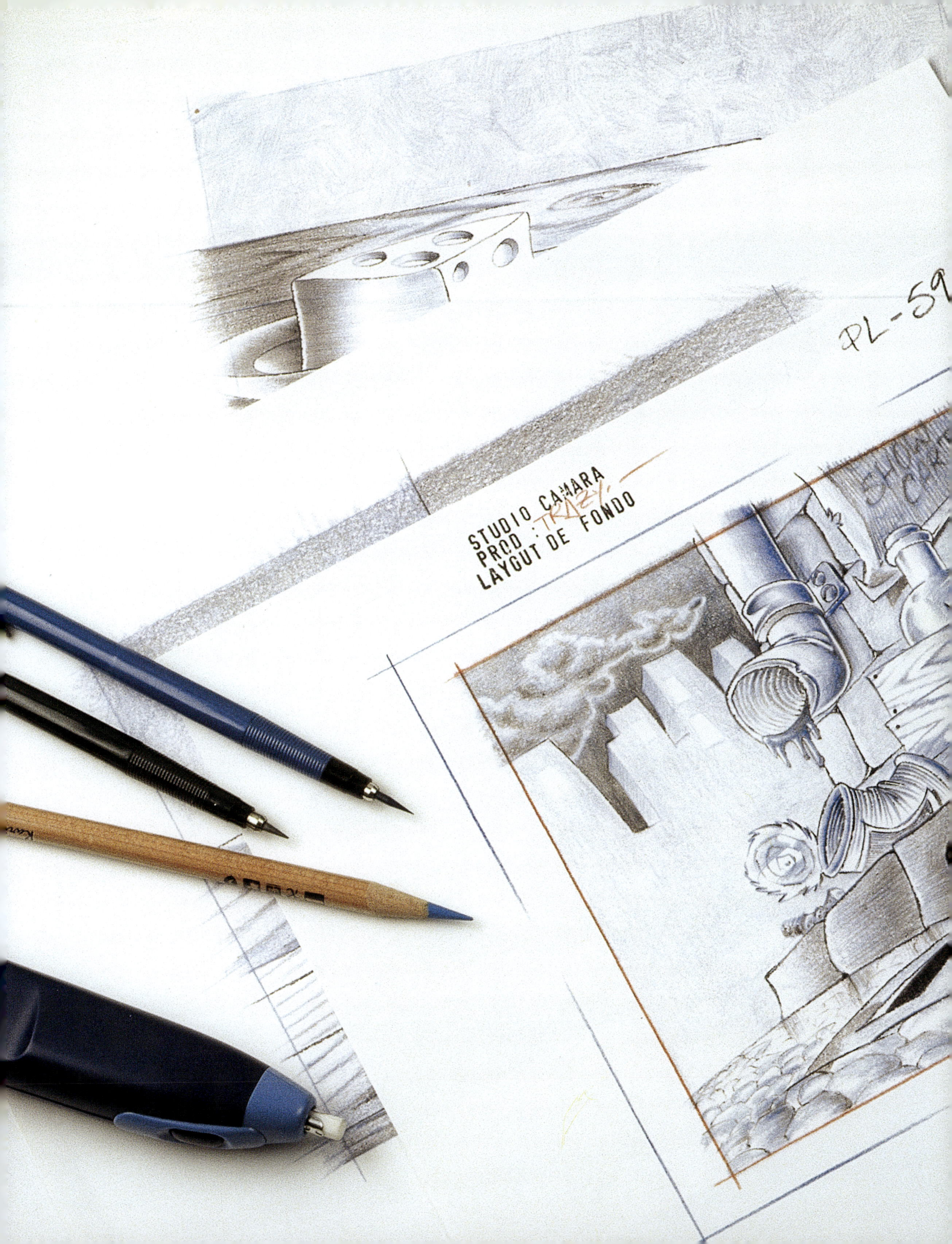
PL-59
STUDIO CAMARA
PROD : TRAZY
LAYOUT DE FONDO

an Fernseh- oder Filmproduktionen arbeiten die Animatoren fast immer im Team und haben einen optimal eingerichteten Arbeitsplatz in einem professionellen Studio.
Auch für die Bearbeitung unserer Animationen in Eigenregie stellt uns die Technologie eine ganze Reihe von Medien zur Verfügung. Immer häufiger finden wir Animatoren, die als Einzelkämpfer oder in einem sehr kleinen Team arbeiten, deren Studio sich nicht in einer großen umgebauten Halle mit teuren Installationen befinden muss. Um professionell arbeiten zu können, genügen wenige Quadratmeter, wenn diese sinnvoll genutzt werden.
Im Folgenden werden wir uns damit befassen, wie wir ein räumlich begrenztes Studio optimal einrichten, um darin Animationsarbeit von erstklassiger Qualität fertig stellen zu können.

das Einrichten des Arbeitsplatzes

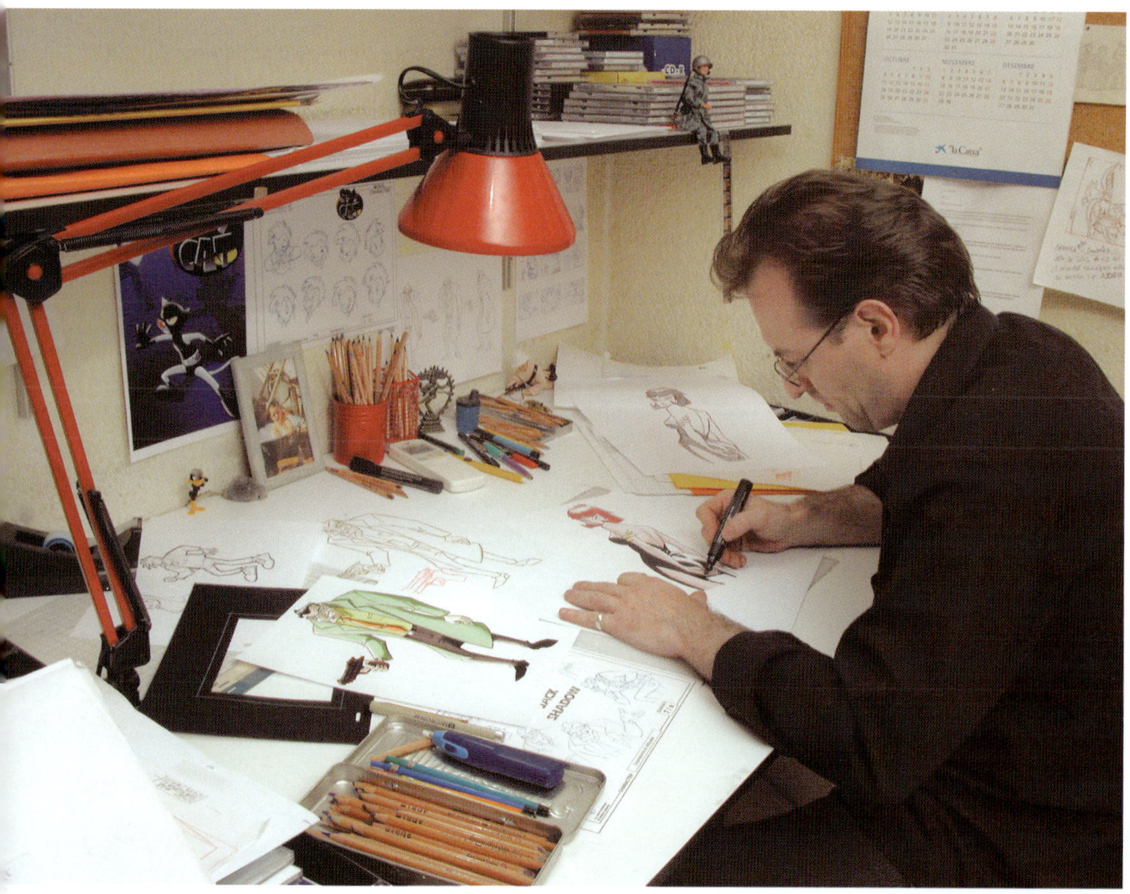

Animationstisch, an dem wir die Figuren und die Requisiten entwickeln, sowie das Storyboard, *die* Layouts *bearbeiten. Es empfiehlt sich, mit einer Unterlichtscheibe zu arbeiten, damit wir unsere Zeichnungen aufeinander abgleichen können.*

DAS EIGENE STUDIO

Vor allen Dingen benötigen wir genügend Platz für einen Standard-Zeichentisch, auf dem wir unsere Entwürfe, *Layouts*, *Storyboards*, Farbmodelle und sämtliche Grafiken ausbreiten und weiterentwickeln können.
Ebenso wichtig ist ein bequemer Stuhl, da wir viel Zeit im Sitzen verbringen werden. Außerdem sollte weder ein Beistelltisch mit Schubladen zur Aufbewahrung von Papier und Kleinkram fehlen, noch einige Regale, in die wir Entwürfe und wichtige Unterlagen legen können.
Darüber hinaus ist eine geeignete Lichtquelle zum Zeichnen unerlässlich. Ein professioneller Animationstisch, dessen Oberfläche aus transparentem Kunststoff besteht, wird später ausführlich beschrieben.
Wenn wir hier unsere Zeichnungen herstellen, sorgen wir mit einer Schreibtischlampe gleichzeitig für eine ausreichende Beleuchtung unseres Arbeitsbereichs.

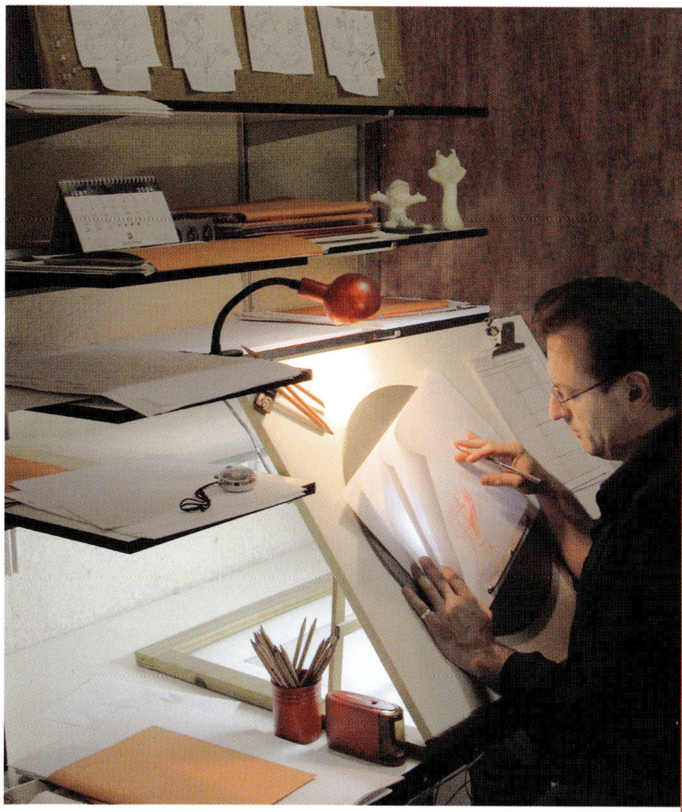

Animationstisch mit nützlichen Fächern für den organisierten Arbeitsablauf der verschiedenen Entwürfe einer Sequenz.

(Oben) Ein Raum mit Computern für die Bilderfassung, Farbgebung und Fertigstellung des Bildes.
(Unten) Schreibtisch mit Pinnwänden für die ausführliche Bearbeitung der einzelnen Filmsequenzen.

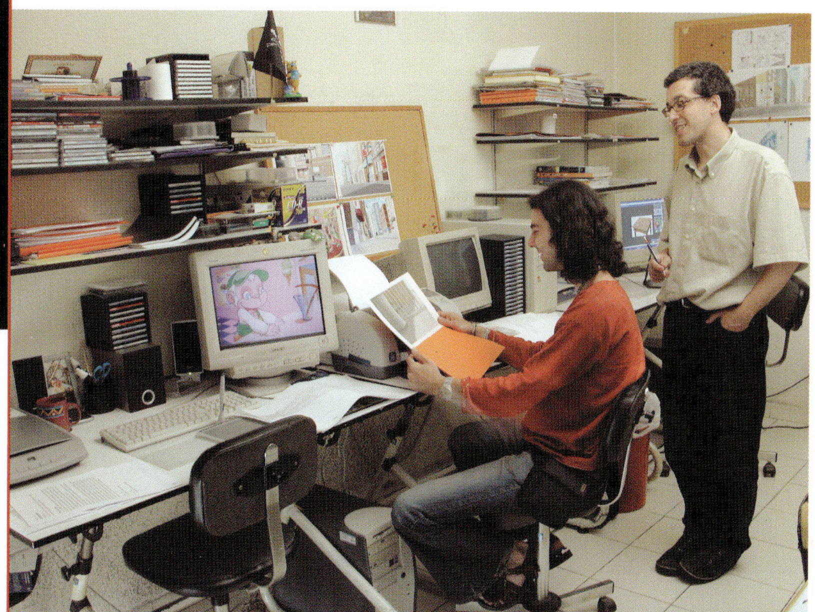

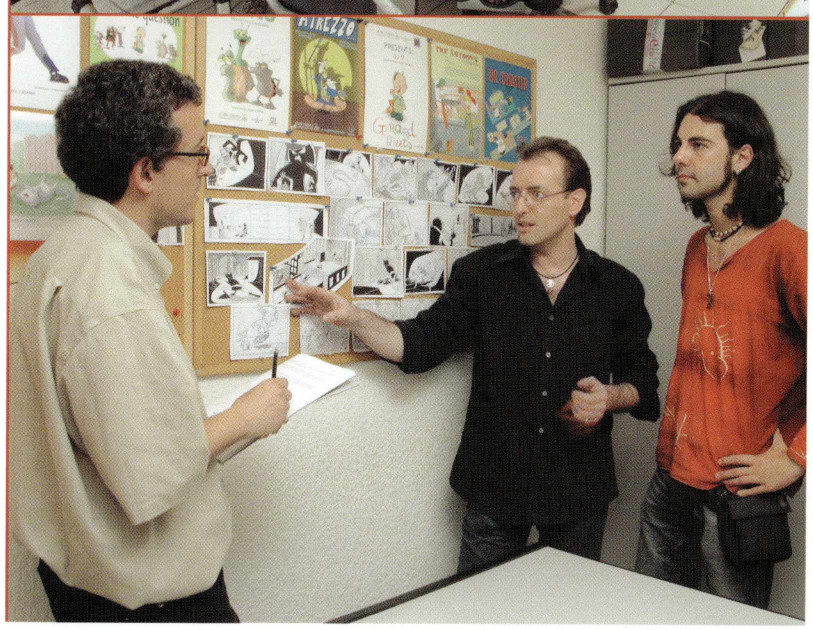

Der Animator, die Assistenten und Phasenzeichner arbeiten an einem professionellen Animationstisch. Über dem Tisch sind diverse Fächer angebracht, damit das entsprechende Material in der richtigen Reihenfolge abgelegt werden kann.
Zusätzlich benötigen wir einen Schreibtisch für unseren Computer, den Scanner und weiteres Zubehör. Hier übertragen wir unsere Zeichnungen und bearbeiten sie digital. Praktisch sind auch einige offene Regale, in denen wir Filmentwürfe ordnen und archivieren.
Die Wahl der Computersoftware hängt von der Art der Produktion ab. Um die Hintergründe grafisch zu gestalten reicht ein modernes Bildbearbeitungsprogramm aus. Für das Scannen der Bilder, den Ablauf, das Zusammenstellen und die Nachbearbeitung der Animationen sollten verschiedene Programme zur Verfügung stehen.
Zuletzt braucht man noch eine gemütliche, ruhige Ecke, in der man beispielsweise Drehbücher überarbeitet, Besucher empfängt, Projekte ausarbeitet und die Entwicklung der Arbeit mit den Mitarbeitern bespricht. Dieser Raum sollte auch mit der notwendigen Technik ausgestattet sein, damit wir neben den Büchern auch Filmmaterial sichten können, das als Dokumentation und zur Beratung dient. Natürlich dürfen gemütliche Sitzgelegenheiten nicht fehlen.

das Material und professionelles Zubehör

Manche der benötigten Medien sowie Teile der Ausstattung sind sehr speziell und werden ausschließlich zur Anfertigung von Animationen benötigt, andere sind gebräuchliche Zeichenutensilien.

DER ANIMATIONSTISCH

Ein spezielles Element für die Trickzeichnung ist der so genannte Animationstisch. Er besteht aus einer glatten Oberfläche und einem Aufsatz, der in der Neigung individuell verstellbar ist. Dank einer drehbaren Unterlichtscheibe aus Aluminium und zwei *Pegbars* (Hakenschienen) zum Anlegen des Animationspapiers lässt sich die Zeichnung frei drehen.

Die Oberfläche unter dem Aufsatz ist von unten her beleuchtet, damit man die Zeichnungen gut aufeinander abgleichen kann. Der Ablaufplan für die Bewegungen kann seitlich befestigt werden.
Neben dieser speziellen Lichtquelle sollte eine herkömmliche Zeichenlampe nicht fehlen, damit die Aluminiumscheibe von oben beleuchtet ist.
An einer Animation zu arbeiten bedeutet auch, unzählige Entwürfe, Probezeichnungen, Korrekturläufe sowie unvollendete oder inzwischen wieder verworfene Zeichnungen herzustellen. So häufen sich bei jeder Produktion Unmengen von Blättern und Mappen mit *Layouts*, Fahrplänen und Animationen an. Wenn wir nicht im Chaos versinken wollen, müssen wir also für eine ausreichend große Arbeitsfläche sorgen und unser Material übersichtlich in gut erreichbare Regale einordnen.

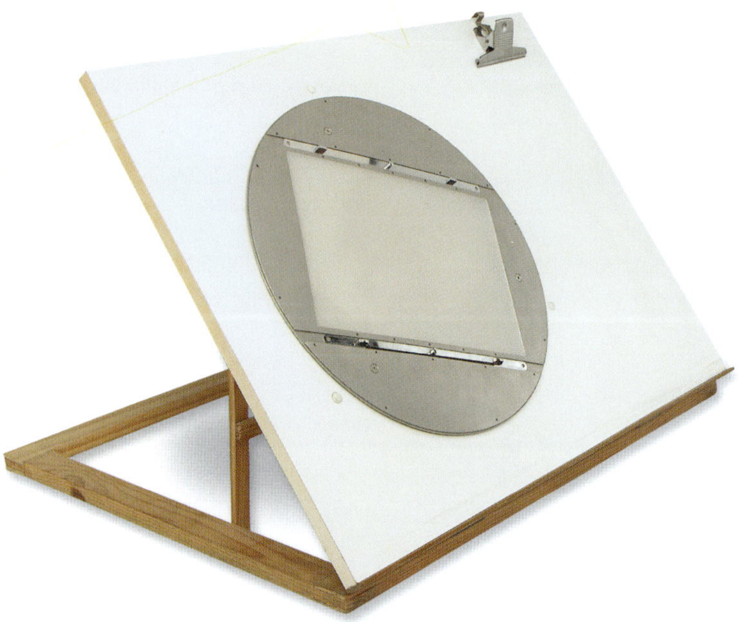

Der Animationstisch.

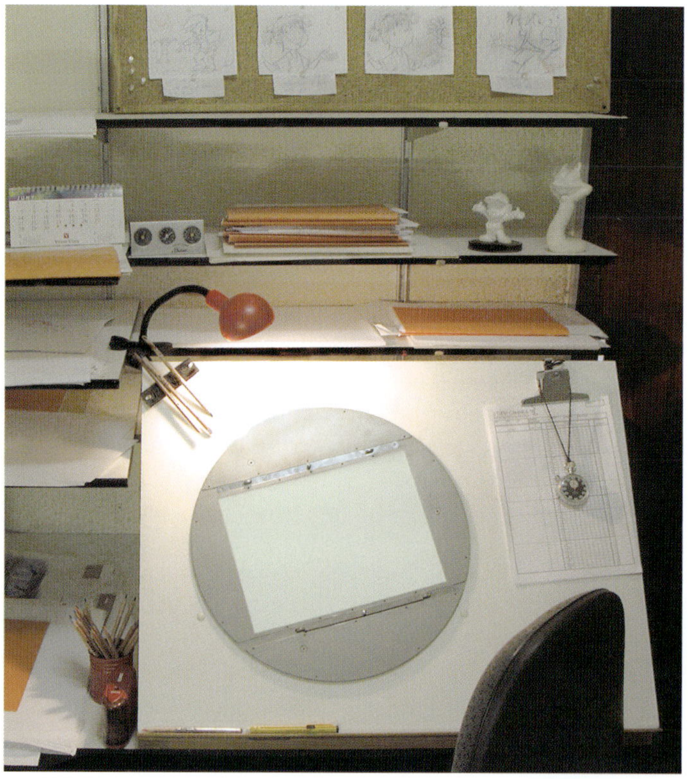

Animationstisch mit aufgesetzter Unterlichtscheibe.

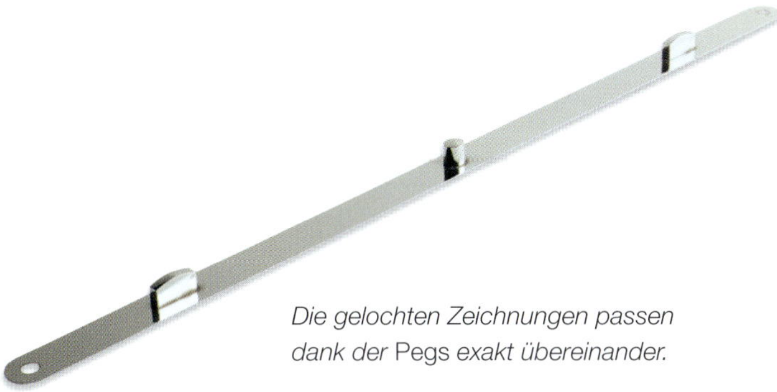

Die gelochten Zeichnungen passen dank der Pegs exakt übereinander.

DIE *PEGBAR*

Als *Pegbar* bezeichnet man eine Metallschiene mit drei Passerstiften (*Pegs*), in die das gelochte Animationspapier eingehängt wird, sodass die Zeichnungen perfekt aufeinander abgestimmt werden können. Die *Pegbars* liegen in speziellen Führungsschienen, die am Aufsatz des Animationstischs angebracht sind. So können wir die Zeichnungen horizontal verschieben, um beispielsweise Kamerabewegungen zu simulieren. Die Abstände der *Pegs* sind genormt, da in allen Studios das gleiche Format verwendet wird.

STORYBOARDWÄNDE

Dabei handelt es sich um einfache Korkwände, die in Holzrahmen fixiert werden. Die *Storyboards* können daran sicher befestigt, transportiert oder an eine Wand gehängt werden. In vielen Zeichenstudios sind Unmengen dieser Pinwände zu finden, um die Anschlussskizzen der stark beanspruchten *Storyboards* der Reihe nach daran aufzuhängen. Die Zeichner haben für gewöhnlich auch eine bewegliche, handliche Pinwand an ihrem Tisch, damit sie die Sequenz an der sie arbeiten immer vor Augen haben, oder Entwürfe der Figuren daran befestigen können.

Storyboardwände.

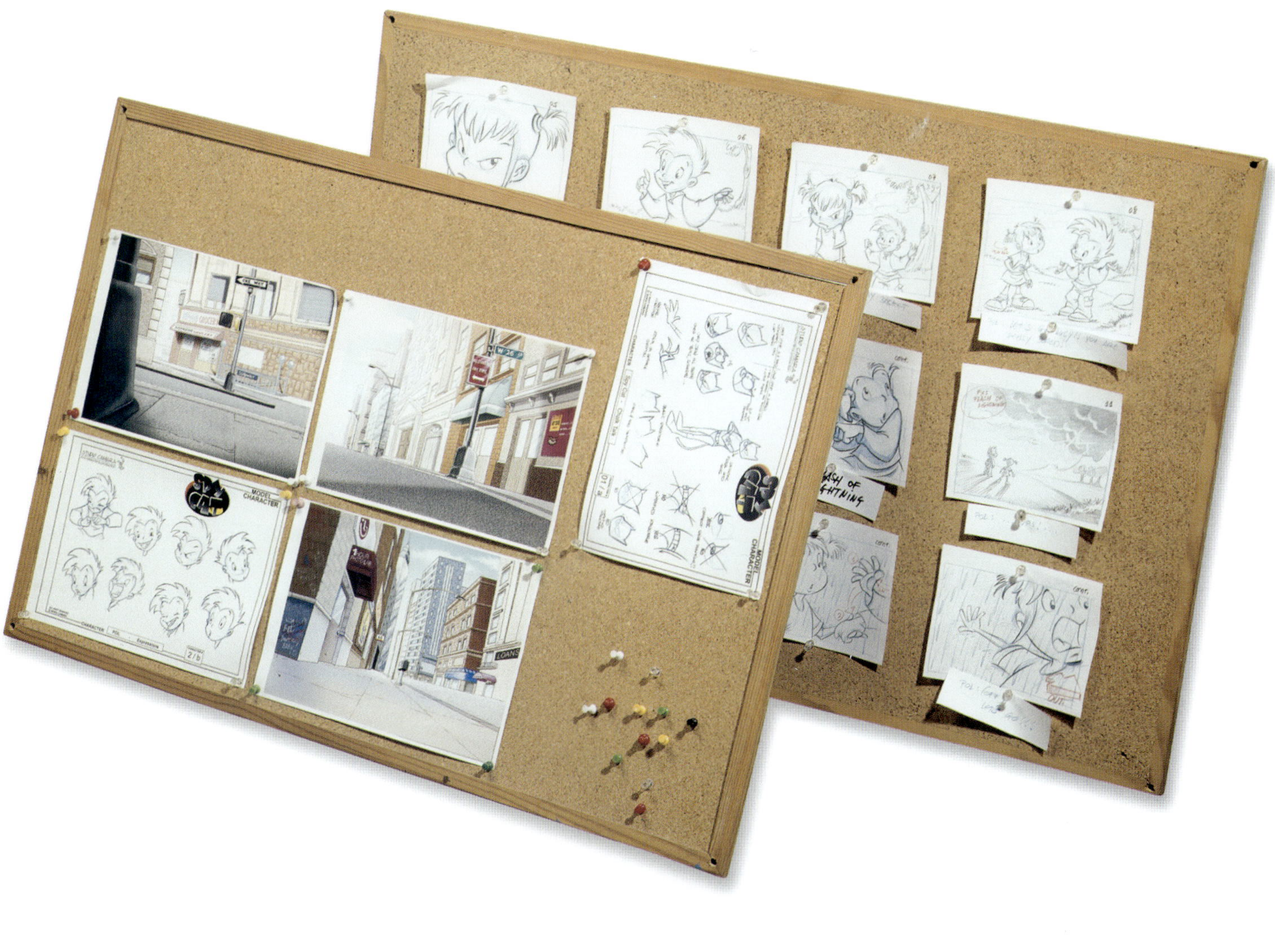

ZEICHENMATERIAL

Bei der Umsetzung eines Trickfilms gibt es verschiedene Arbeitsschritte:
Speziell ausgebildete Künstler entwerfen die Figuren, die im Film auftreten, sowie die Hintergründe vor denen sich die Geschichte abspielt; Storyboardzeichner entwickeln das *Storyboard* oder übertragen das technische Drehbuch in einer ersten Fassung des Films auf vorgelochte Anschlussskizzen; *Layouter* entwerfen eine konkrete Konzeption für den Ablauf jeder Szene; Animatoren bringen zusammen mit den Assistenten und den Phasenzeichnern die gezeichneten Figuren in Bewegung. Schließlich sorgen spezielle Koloristen für die Farbgebung der Hintergründe.
Eine professionelle Produktion erfordert nicht nur einen großen Stab an Mitarbeitern, sondern auch eine Unmenge an Material. Dabei sind die verschiedenen Arbeitsmaterialen so vielfältig wie die unterschiedlichen Produktionsaufgaben.
Die Künstler, die den Stil des Films bestimmen und für die Ästhetik verantwortlich sind, arbeiten mit Materialien, die sich für diese speziellen Anforderungen am besten eignen. Dagegen verwenden die Koloristen lediglich gewöhnliche Medien wie Aquarellfarbe, Temperafarbe und bunte Tinte, oder auch geeignete Software um die Farbgebung am Computer zu verwirklichen. Im Folgenden werden wir uns auf die wichtigsten Materialien für den Animationsprozess beschränken.

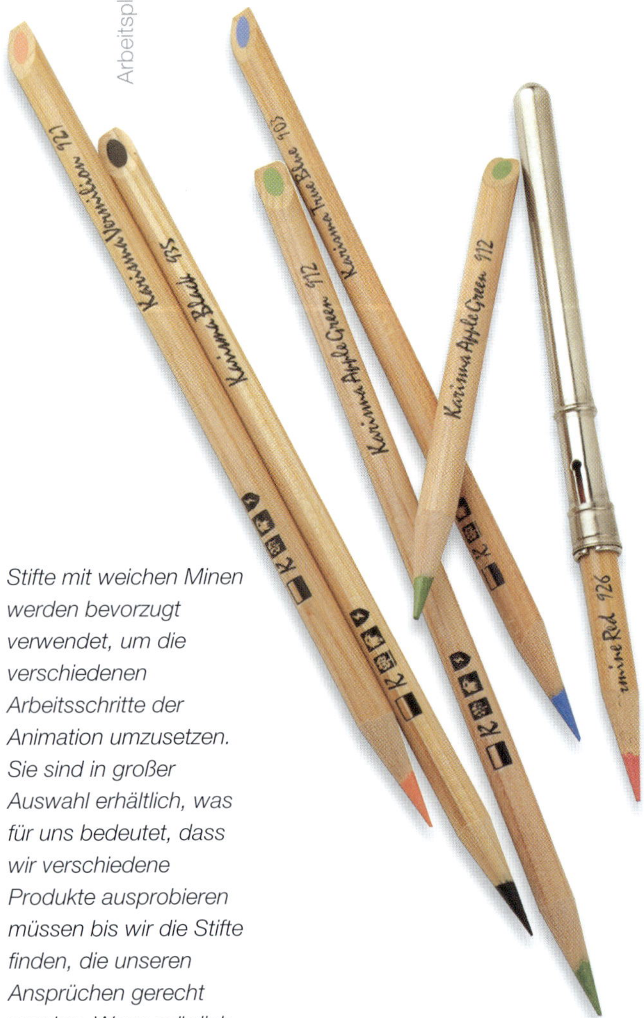

Stifte mit weichen Minen werden bevorzugt verwendet, um die verschiedenen Arbeitsschritte der Animation umzusetzen. Sie sind in großer Auswahl erhältlich, was für uns bedeutet, dass wir verschiedene Produkte ausprobieren müssen bis wir die Stifte finden, die unseren Ansprüchen gerecht werden. Wenn möglich sollte man eine Marke wählen, die ein breites Farbspektrum bietet.

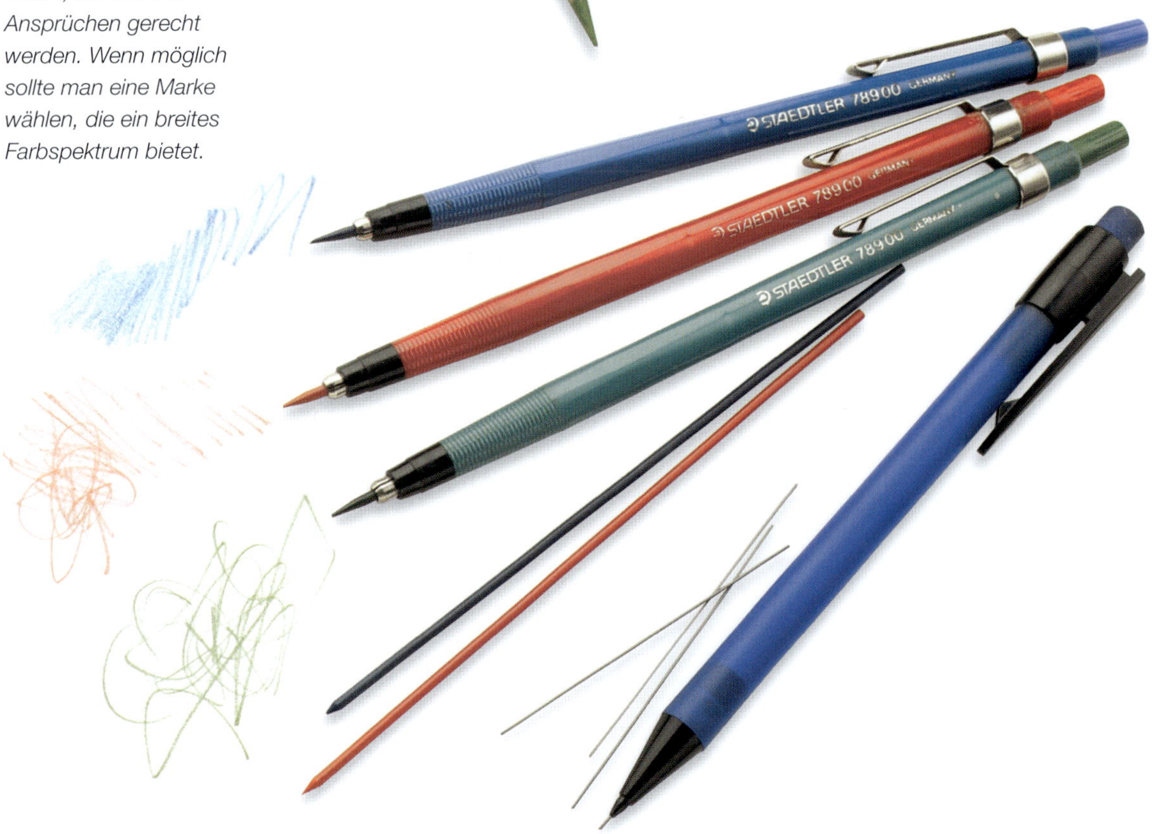

Für die Animationsarbeit, die Layouts *und das* Storyboard *eignen sich vor allem Druckbleistifte mit 2-mm-Minen, die in vielen verschiedenen Farben angeboten werden. Minen mit 0,5 mm Durchmesser und einer Gradation von 2B-, F- oder HB bieten sich eher an zum Einfügen von Strukuren, dem Skizzieren von Umrissen oder für die Reinzeichnung.*

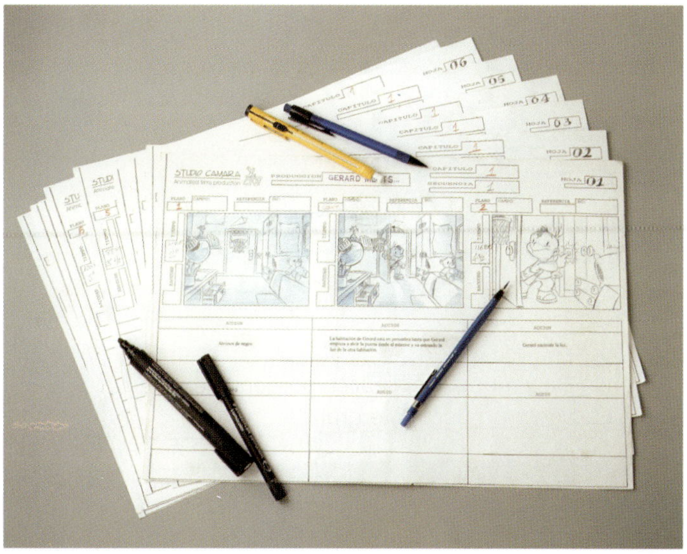

ZEICHENMATERIAL FÜR DAS *STORYBOARD*

Zum Erstellen eines *Storyboards* greift man meist zu ganz normalen Stiften, mit weichen Minen und Härtegrad 2B, damit die Zeichnung gut gelingt. Im Allgemeinen fertigt man einen ersten Entwurf in Blau an und fügt alle Ergänzungen und Abrundungen mit schwarzer Farbe hinzu. Akzente, die die Dramatik einer Sequenz betonen, setzt man am besten mit Filzstiften in Pantone-Farben oder mit Tusche.

Ein Storyboardzeichner benötigt verschiedene Stifte. Entscheidend ist, dass sie ihm eine große Farbauswahl für die verschiedenen Szenen bieten und dass er gut mit ihnen arbeiten kann.

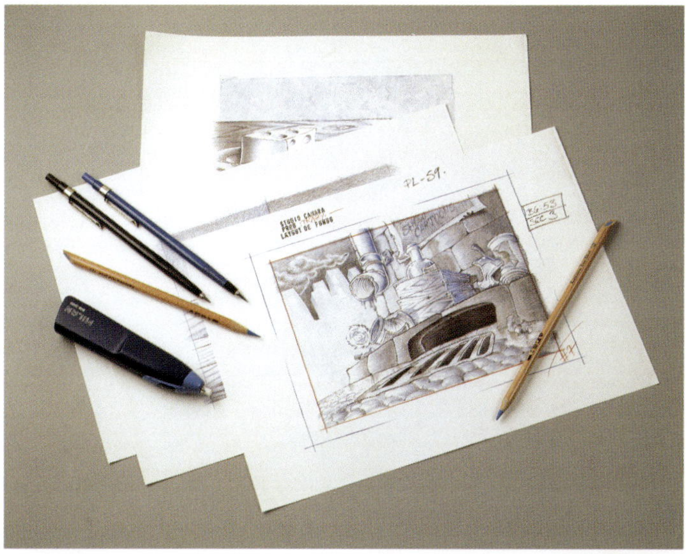

ZEICHENMATERIAL FÜR DAS *LAYOUT*

Wir konzentrieren uns hier auf das Hintergrund-*Layout*, da dessen Ausarbeitung künstlerisch anspruchsvoller ist, als die Ausarbeitung des Kamera- oder des Animations-*Layouts*. Um die Intensität von Licht und Schatten sowie den Winkel des Lichteinfalls für die spätere Kolorierung deutlich zu kennzeichnen, arbeitet man mit nur einer Farbe. In der Regel genügt ein normaler Buntstift, obwohl einige Zeichner Pastellstifte oder ein Medium, das sich leichter verwischen lässt, bevorzugen. Glanzlichter fügen wir erst am Ende mit Hilfe eines Radiergummis oder weißer Temperafarbe hinzu.

*Das Hintergrund-*Layout *wird einfarbig erstellt, mit dem Hauptziel, Licht und Schatten deutlich zu kennzeichnen.*

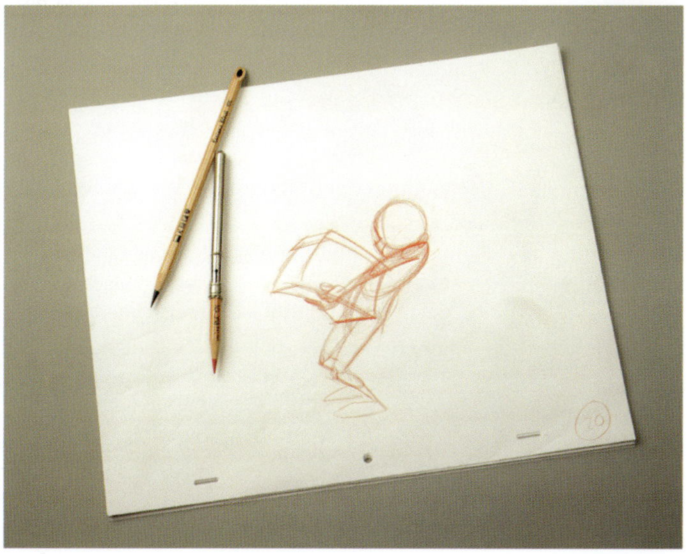

MATERIAL FÜR DIE ANIMATIONSZEICHNUNG

Obwohl jeder Animator eine bestimmte Art von Stiften bevorzugt, stimmen alle darin überein, dass ein Stift mit weicher und dicker Mine das beste Ergebnis liefert. Zudem gibt dieser Stift beim Skizzieren maximale Freiheit und unterstützt so das wichtigste der Animationsarbeit, nämlich die Bewegung zu suchen. Dabei ist es wichtig, dass wir mit dem Stift rasend schnell über das Papier „fliegen“ können.

Der Animationsprozess setzt sich aus mehreren Produktionsphasen zusammen. Um die einzelnen Stadien zu unterscheiden, verwendet der Animator in jedem eine andere Stiftfarbe.

- *Rot für rhythmische und stenografische Linien, welche die Bewegung beschreiben.*
- *Blau für die Figur, ihre Struktur und ihr Volumen.*
- *Schwarz für Akzente und um bestimmte Details hervorzuheben.*

PAPIERBÖGEN

Wenn die Hintergründe eines Animationsfilms von Hand gezeichnet werden, verwendet man im Allgemeinen herkömmliches Papier und arbeitet mit traditionellen Techniken und Zeichenmethoden. Eine andere Methode wäre es, eine Bleistiftzeichnung auf normalem Papier anzufertigen, diese einzuscannen und die Farbgebung später digital im Computer vorzunehmen.
Im folgenden Abschnitt konzentrieren wir uns auf das Papier, das für die Ausarbeitung der *Layouts* und der Animationen das wichtigste Material ist, auch wenn es nicht der Untergrund ist, auf dem unser Werk fertig gestellt wird.
Die gesamte künstlerische Gestaltung innerhalb einer Produktion beginnt auf dem Medium Papier. Mindestens einmal wird das komplette Material, das bis zur Endfassung entsteht, digital bearbeitet. Dies hängt davon ab, ob unser Werk auf 35-mm-Film ausgegeben wird, ob ein professionelles Videoformat oder eine CD das endgültige Medium ist oder der Film direkt im Internet veröffentlicht wird.

Zum Erstellen der Animationen und Layouts *benötigen wir herkömmliches Papier, passend zum jeweiligen Bildausschnitt in unterschiedlicher Größe.*

Das verwendete Papier für die Animationsarbeit ist meist sehr dünn, nicht schwerer als 80 g/qm; schließlich muss man oft mehrere Blätter übereinander legen und noch genug erkennen können, um die Entwürfe auszuarbeiten. Die gebräuchliche Papiergröße variiert je nach Art der Produktion. Bei Fernsehproduktionen liegt das Papierformat zwischen DIN A4 und DIN A3; bei Produktionen für Spielfilme ist das B4-Format in der Regel die kleinste mögliche Papiergröße. Die Wahl des Papierformats hängt immer von der Größe des Bildauschnittes ab, sodass in einer Produktion grundsätzlich mit unterschiedlichen Papiergrößen gearbeitet wird. Möchten wir beispielsweise ein Panoramabild darstellen oder weitläufige Animationen entwerfen, verwenden wir Papierrollen oder fügen einzelne Blätter bis zur gewünschten Länge zusammen.

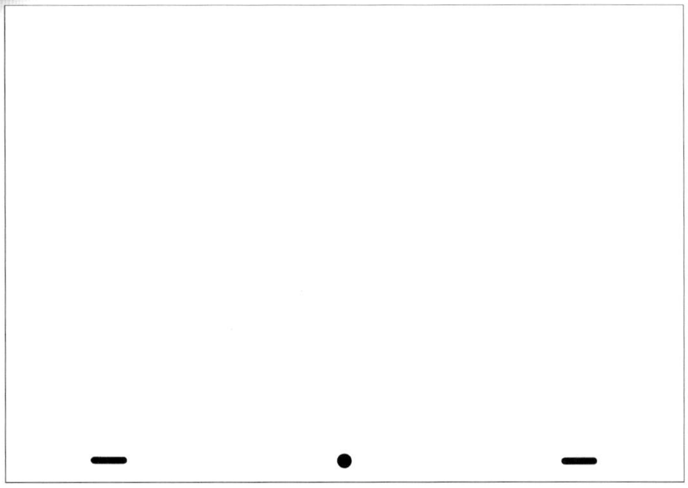

Das gesamte Material einer Trickfilmproduktion wird mit genormten Abständen gelocht. Dank der Pegbar können einzelne Blätter nicht verrutschen wenn sie schließlich mit der Kamera abfotografiert oder in den Computer eingescannt werden.

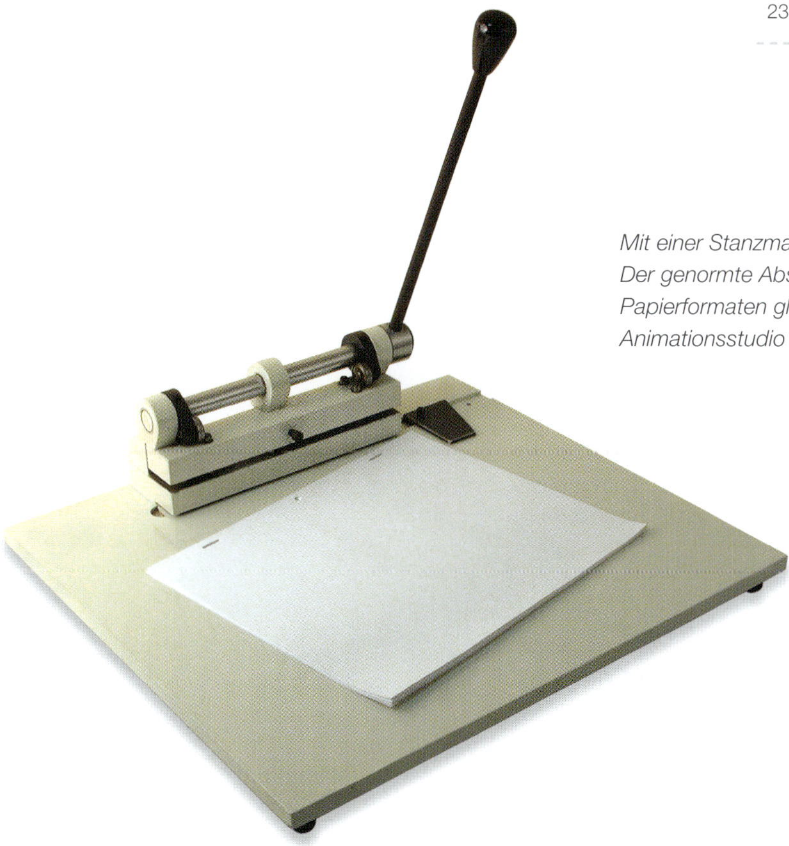

Mit einer Stanzmaschine wird das Papier gelocht. Der genormte Abstand der Lochung ist bei allen Papierformaten gleich und wird in jedem Animationsstudio verwendet.

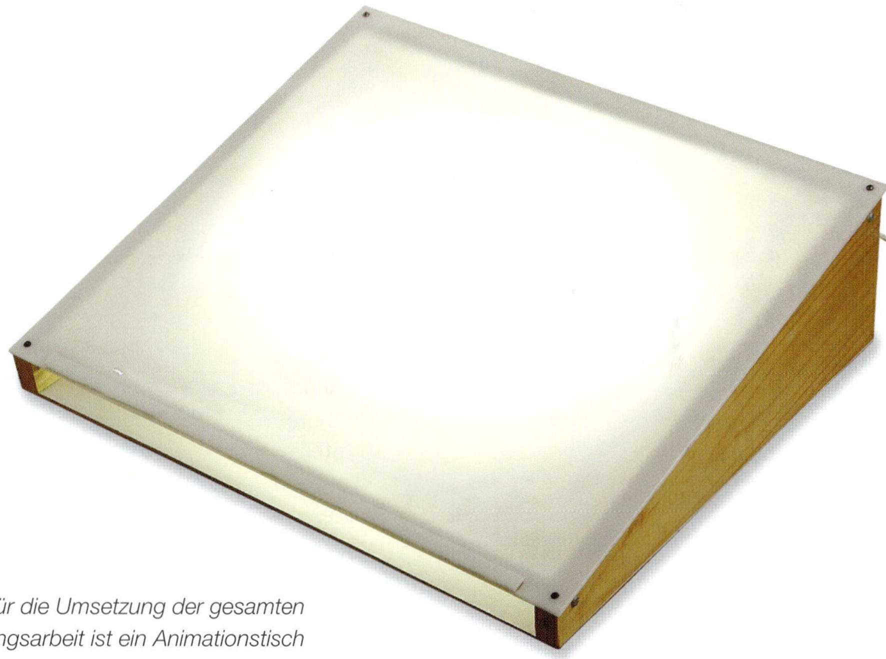

ALTERNATIVEN FÜR ZUHAUSE

Bevor wir Animationsprojekte beginnen können, werden wir feststellen, dass die meisten Teile einer professionellen Ausstattung schwer zu beschaffen und zudem sehr teuer sind.
Dennoch müssen wir uns nicht in allzu hohe Unkosten stürzen, wenn wir Ideen für günstige und leicht umzusetzende Alternativen entwickeln, mit denen wir erste Versuche starten können.

Für die Umsetzung der gesamten Vorbereitungsarbeit ist ein Animationstisch mit Unterlichtscheibe enorm wichtig. Zwar ist es ist kein Kinderspiel, einen Leuchttisch selbst zu bauen, sicher aber eine günstige Alternative.

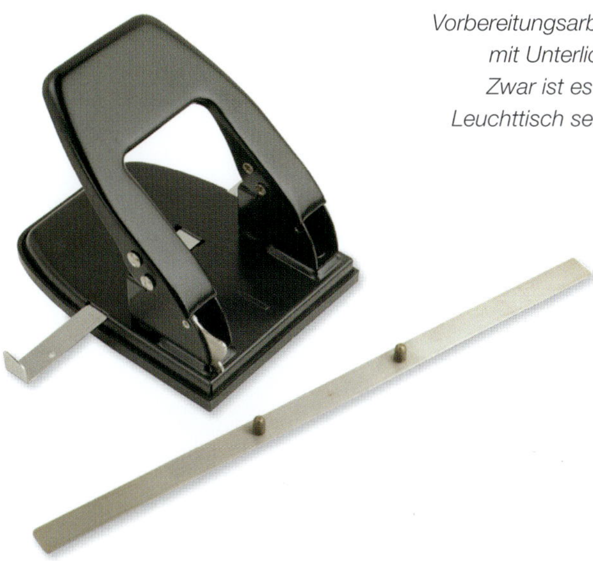

Als Alternative zur Stanzmaschine können wir einen normalen Bürolocher benutzen. Die Lochung entspricht zwar nicht dem genormten Standardformat, jedoch läßt es sich gut damit arbeiten. Natürlich müssen wir in diesem Fall dann auch eine Pegbar bauen, die zu unserer Lochung passt.

das Story-board

„ES GIBT ZEHN GEBOTE FÜR DIE ANIMATION.
NEUN DAVON BESAGEN: DU SOLLST NIEMANDEN LANGWEILEN!“
Howard Hawks.

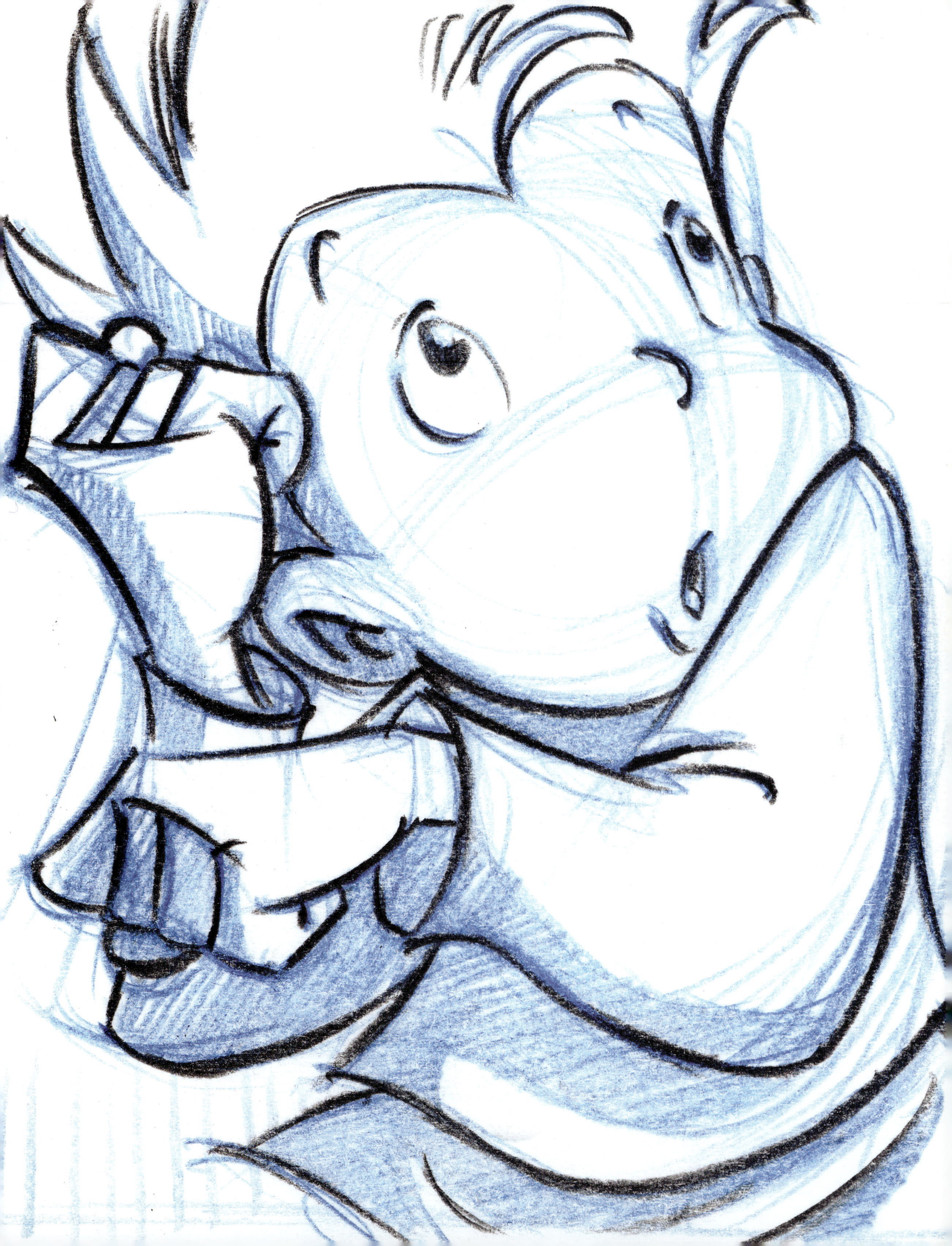

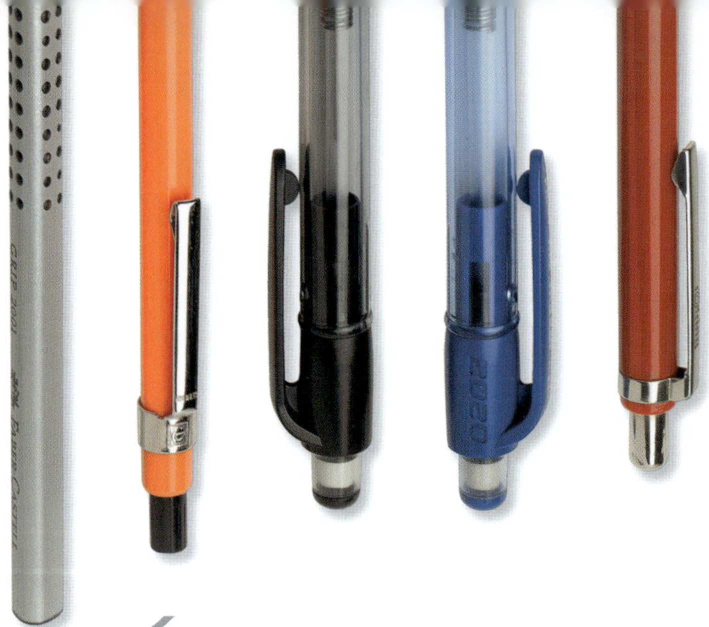

die Komposition

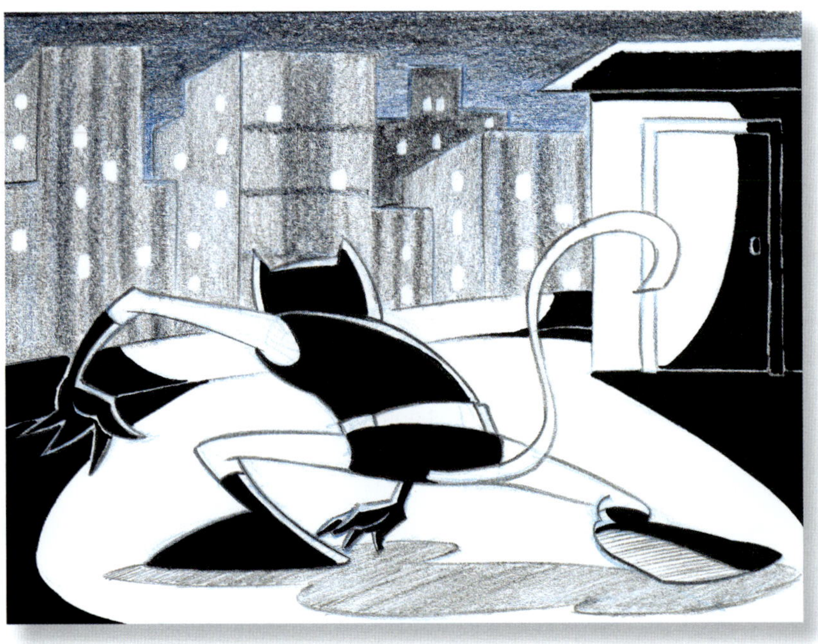

SERGI CÀMARA.
AUSSCHNITT AUS DEM *STORYBOARD* FÜR DIE FERNSEHSERIE *SPY CAT*.

der Szene.

Für eine gelungene filmische Umsetzung,

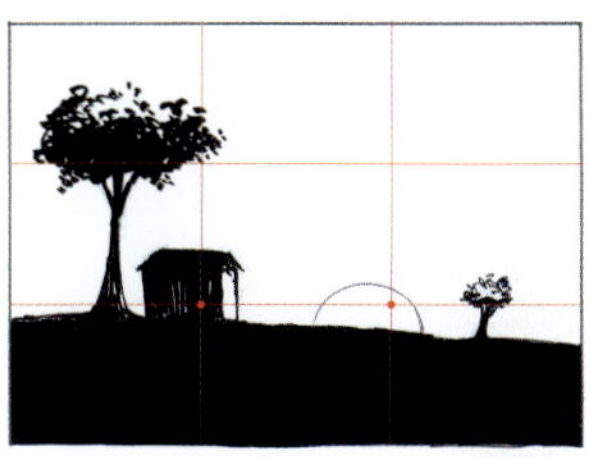

im Trickfilm wie auch im Realfilm,

müssen die Elemente in allen Einstellungen optimal angeordnet sein. Ein zuvor angelegtes Raster hilft uns, eine gute Komposition zu verwirklichen, durch die der Zuschauer alles, was auf der Leinwand abläuft, klar erkennen kann. Sein Blick soll dabei immer auf ein eindeutiges Interessenzentrum fallen, unabhängig davon, wie viele Elemente Teil der Szene sind.
Mit der Komposition bestimmen wir die räumliche Anordnung aller Elemente und können so auch eine gewisse Übersicht schaffen und beibehalten. Wichtig ist, dass wir einige ästhetische und dramatische Kriterien berücksichtigen und bei der Komposition von Anfang an das größte visuelle Potenzial aus der Geschichte ziehen.

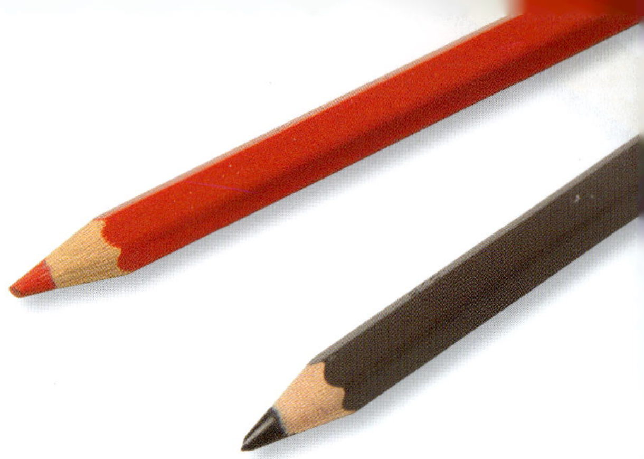

die Formate für Kino und Fernsehen

Zunächst möchten wir an dieser Stelle den Unterschied klären, der zwischen Bildfeld und Bildausschnitt besteht – Zwei Begriffe, die uns bei der Arbeit nun häufiger begegnen werden.
Bildfeld: Dieser Bereich definiert den Blickwinkel des Kameraobjektivs; er enthält also alle Elemente, aus denen sich der Bildausschnitt zusammensetzt.
Bildausschnitt: Alle Elemente, die das Kameraobjektivs erfasst, und somit der Inhalt des Bildfeldes bilden den Bildausschnitt.

Beide Begriffe beziehen sich auf den Bereich, in dem sich die Handlung des Films abspielt. Dieser Bereich variiert je nach Format, das wir für unsere Produktion ausgewählt haben, wobei für alle Produktionen grundsätzlich zwei Standardformate gelten: das 4:3- und das 16:9-Format. Beide entsprechen der herkömmlichen Größe eines Fernsehbildschirms bzw. einer Kinoleinwand. Ursprünglich war die Wahl des Formats abhängig vom gewünschten Medium; heute jedoch entscheidet meist der Geschmack des Regisseurs. Einer der ersten Schritte bei der Produktion eines Zeichentrickfilms besteht darin, das Drehbuch Szene für Szene zu planen und das *Storyboard*, das alle Informationen über den Film enthält, fertig zu stellen. Im Allgemeinen erfahren wir im *Storyboard* nicht nur den Titel des Films und die Anzahl der Episoden, Sequenzen und Aufnahmen, sondern auch die Länge jeder einzelnen Aufnahme in Sekunden, die entsprechenden nummerierten Hintergrundbilder, sowie Angaben darüber, ob eine bestimmte Aufnahme den Handlungsablauf fortdauernd beibehält oder ob sie mit irgendeiner vorhergehenden oder nachfolgenden Aufnahme in Beziehung steht (*Raccord*). Nicht zuletzt bietet uns das *Storyboard* eine kurze Beschreibung der Szenen und Dialoge der Darsteller, und wenn wir es wünschen, können wir zusätzliche Angaben zur Kameraführung und zu visuellen oder akustischen Spezialeffekten ergänzen. Auf der nächsten Seite sehen wir für die beiden üblichen Formate jeweils ein Muster des *Storyboards*.

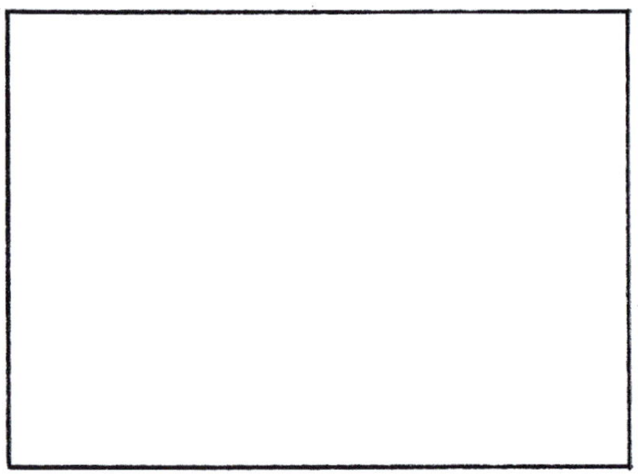

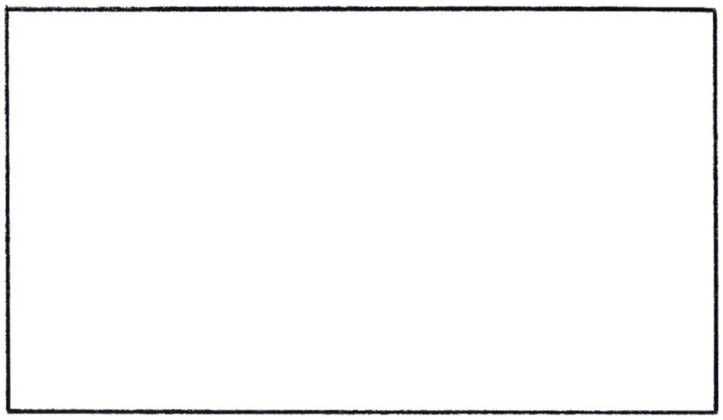

So erscheint der Bildausschnitt im jeweiligen Format. Eine Realisierung im 4:3-Format wirkt vielleicht deshalb dynamischer, da man für die Darstellung einer weitläufigen Landschaft die Kameraführung planen und umsetzen muss. Dagegen eignet sich das 16:9-Format mehr für eine darstellende Aufnahme. Für welches der Formate wir uns entscheiden, hängt davon ab, wie wir die Vorstellungen der Verantwortlichen am besten visualisieren können.

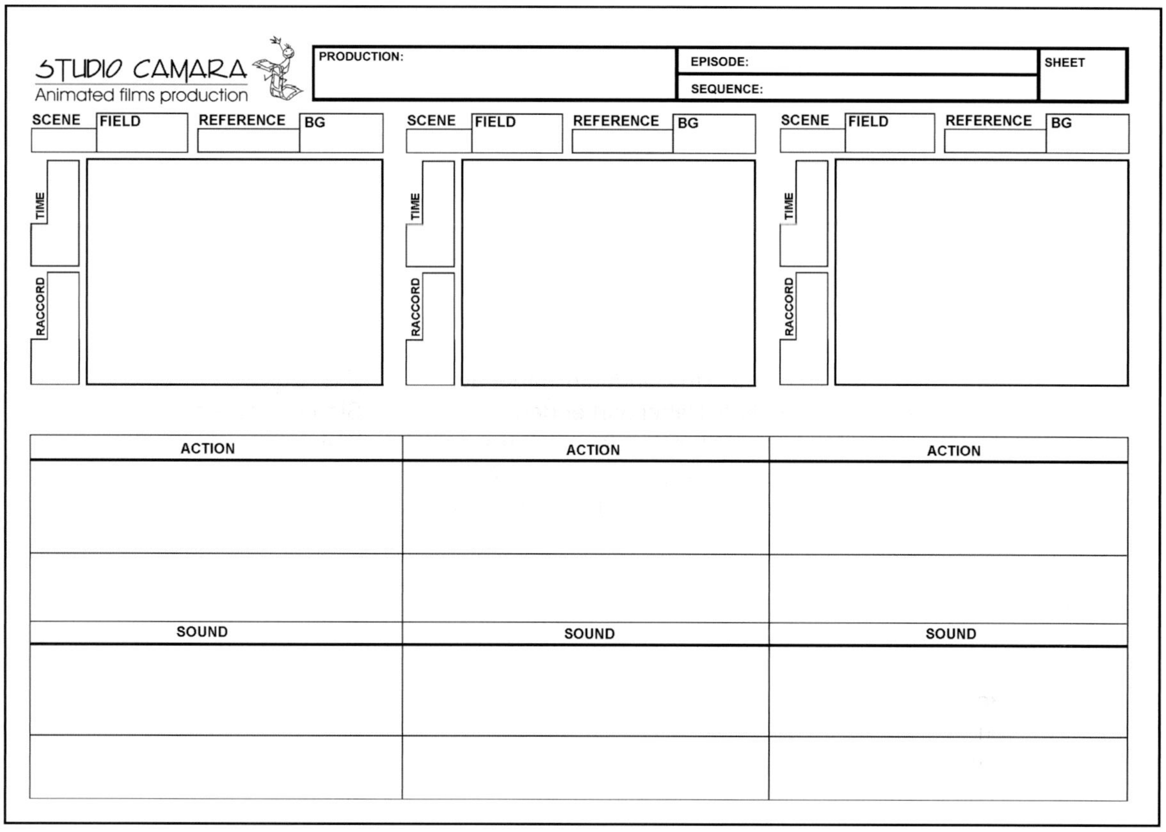

Die Papierbögen des Storyboards haben meist das DIN A3-Format – die beste Größe um die Geschichte zu bearbeiten.

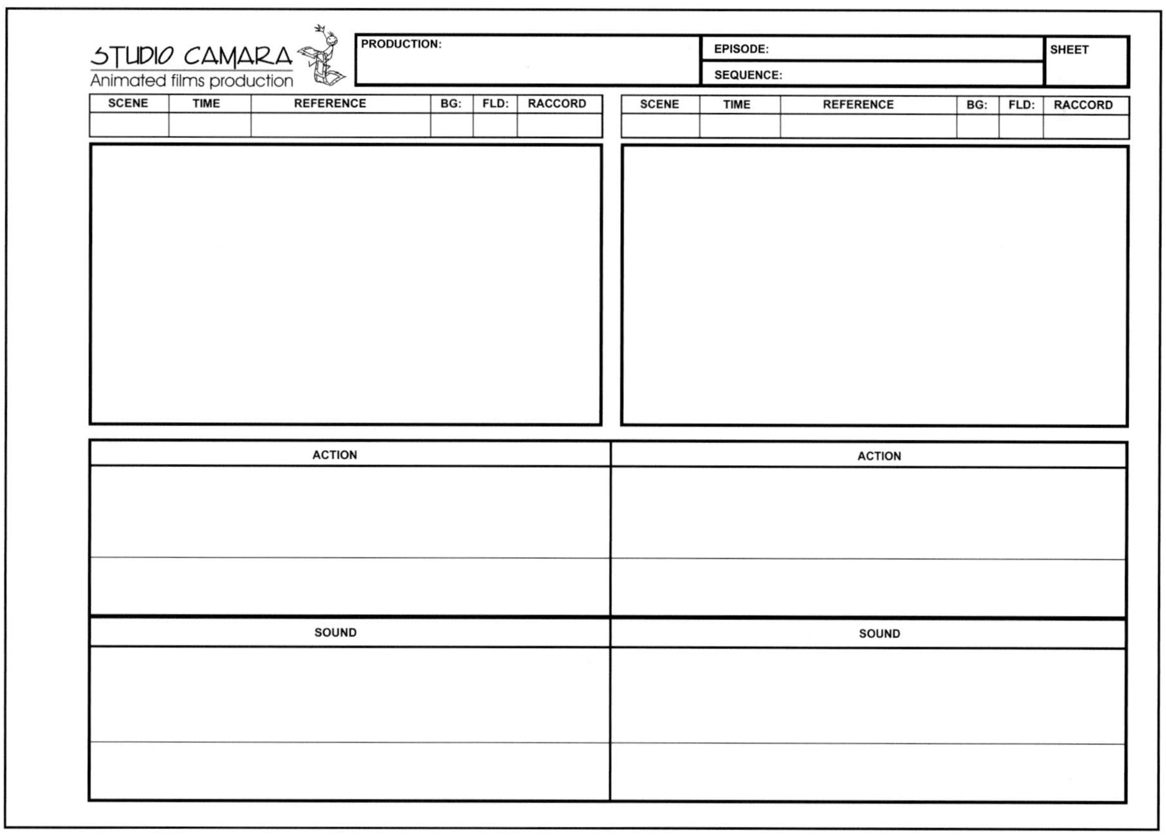

Muster für das 16:9-Format. Diese Vorlagen für das Storyboard benötigt man als Produktionsleiter für die Umsetzung eines Drehbuchs. Danach werden die Anschlussskizzen kopiert und individuell bearbeitet, um Änderungen vorzunehmen.

unterschiedliche Arten des Szenenaufbaus

Die Hauptaufgabe des Regisseurs besteht darin, die Aufmerksamkeit des Zuschauers durch die Nebensächlichkeiten des Films hindurch immer auf das Wesentliche zu lenken. Dabei darf er den Zuschauer weder mit monotonen oder uninteressanten Bildern langweilen, noch darf er ihn visuell überfordern, indem er ihn mit Szenen konfrontiert, die mit zu vielen Bildelementen, übertriebenen Kontrasten oder abrupten und ständigen Wechsel der Kameraperspektive überladen sind. Der Trick dabei ist, ein gewisses Gleichgewicht und eine ausgewogene Verteilung für jede Szene zu finden. Ein guter Regisseur beherrscht die Kunst, den Blick des Zuschauers geschickt auf das Interessenzentrum des Bildausschnitts zu führen.
Die darin dargestellten Bildelemente müssen so angeordnet sein, dass sie entweder die tragenden Elemente im Bild betonen oder das Bild in seiner Gesamtheit harmonisch wirken lassen.

Wir müssen uns bewusst machen, dass der Zuschauer eine begrenzte Zeit von gerade einmal ein paar Sekunden hat, um die gesamte Szene und ihren Sinn zu begreifen.
Wenn ein wichtiges Element nicht sofort zu erkennen ist, geht seine Bedeutung komplett verloren. Bestimmte Ansätze bei der Bildkomposition helfen uns, die Szenen optimal aufzubauen und ihren Inhalt leicht verständlich zu machen.

DIE BEWEGUNG ALS KOMPOSITIONSELEMENT

Ein dynamischer Aufbau, den wir oft in Realfilmen sehen können, bannt die Aufmerksamkeit des Zuschauers allein durch Bewegung. Auch wenn das Auge eigentlich ein bestimmtes Interessenzentrum fixiert, bildet das sich bewegende Objekt einen Blickfang, selbst wenn es sich außerhalb des eigentlichen Interessenzentrums befindet.

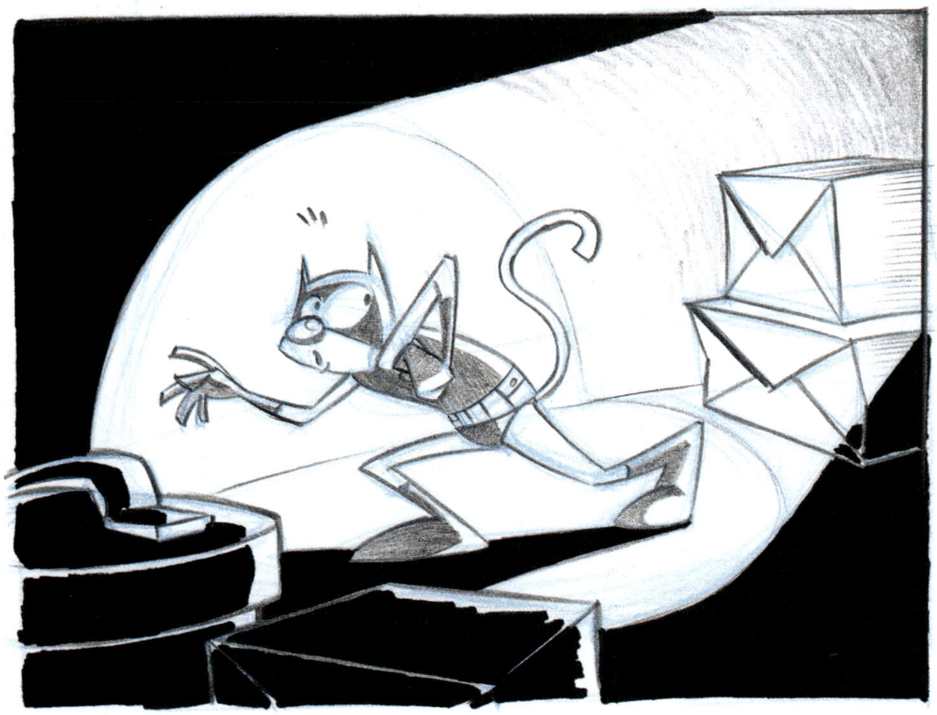

DAS LICHT ALS KOMPOSITIONSELEMENT

Ein weiteres Kompositionselement, das den Blick des Zuschauers auf bestimmtes Objekt lenken kann, ist der gezielte Einsatz des Lichtes. Dabei ziehen die Bereiche, die hell erleuchtet dargestellt werden, das Auge mehr an, als die dunklen Partien im Bild.
Darüber hinaus verleihen Licht und Schatten, die in starkem Kontrast zueinander stehen, der Szene eine gesteigerte Dramatik.

Das Licht ist ein wichtiger Bestandteil des Szenenaufbaus, da es das Bild auf der Leinwand synthetisiert.

DIE FOKUSSIERUNG ALS KOMPOSITIONSELEMENT

Auch der Kamerafokus kann uns dabei helfen, eine Szene aufzubauen.Wir können beispielsweise den Bereich des Bildes, der betont werden soll, anvisieren, und alles, was den Zuschauer ablenken könnte, unscharf darstellen.

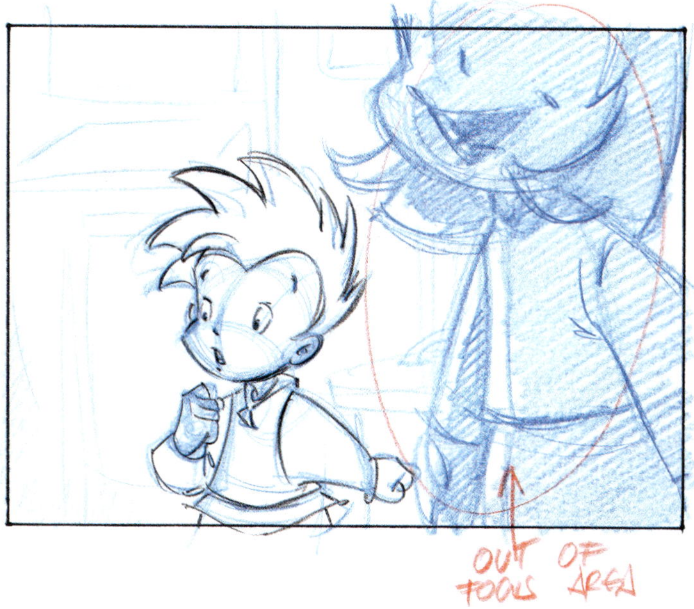

Mit der gewählten Fokussierung hebt man ein bestimmtes Detail der Szene hervor, ohne mit einem Schnitt in eine neue Einstellung wechseln zu müssen.

DIE ZUSAMMENSTELLUNG ALS KOMPOSITIONSELEMENT

Die Wirkung jeder Aktion wird auch unterstützt durch den allgemeinen zweidimensionalen Szenenaufbau, der festlegt, ob sich die Objekte etwa von links nach rechts oder von oben nach unten bewegen. Wie in einem Theaterstück auf der Bühne erscheinen die Objekte und Figuren im Blickfeld des Zuschauers, und verlassen ihn wieder.

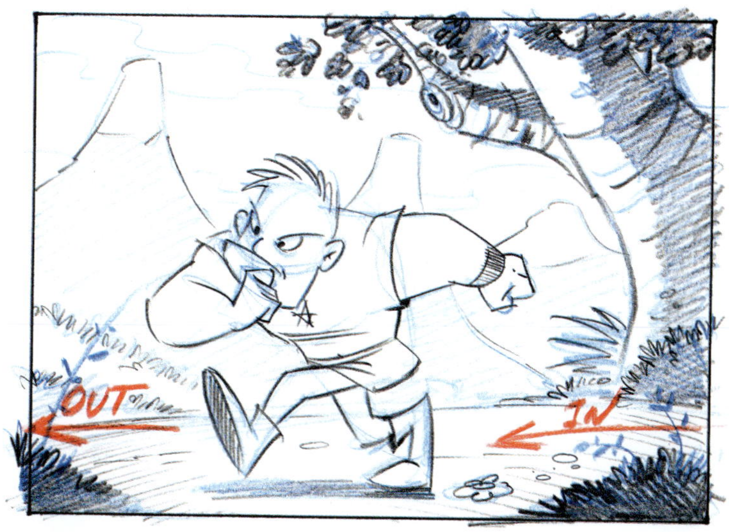

Bei Produktionen mit geringem Budget, oder auch bei Fernsehserien für ein sehr junges Publikum, wird dieses Kompositionselement sehr oft verwendet.

DIE BILDTIEFE ALS KOMPOSITIONSELEMENT

Bestimmte Elemente können sich der Leinwand nähern oder sich von ihr entfernen. Dadurch entsteht ein dreidimensionaler Effekt – der Eindruck von Tiefe. Für eine überzeugende Wirkung, empfiehlt es sich, die Objekte zu gruppieren und auch übereinander zu platzieren. Dabei muss man bei allen Elementen sehr auf die Einhaltung der Proportionen und Perspektiven achten. Wenn man lernt, das Volumen des Bildes richtig zu betonen, kann das Ergebnis sehr überzeugend ausfallen und sogar einem Realfilm ähneln.

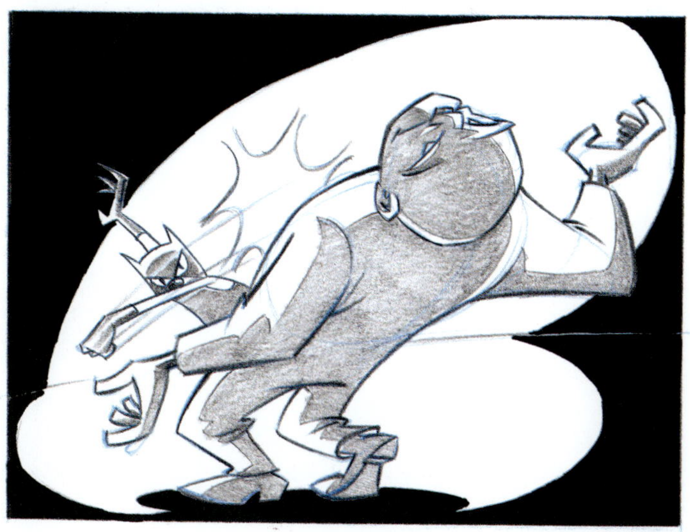

Dieses Kompositionselement erzielt die spektakulärste Wirkung, wenn die Planung künstlerisch gut vorbereitet und die Umsetzung optimal ausgearbeitet wurde. Jedoch darf der Zuschauer dabei visuell nicht überfordert werden.

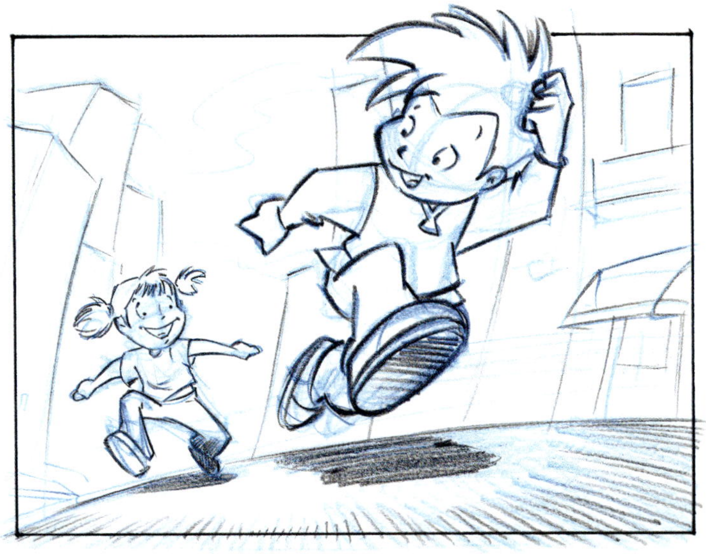

DIE ASYMMETRIE ALS KOMPOSITIONSELEMENT

Ein symmetrischer Aufbau eignet sich eigentlich nur, um einen feierlichen Moment in der Geschichte zu betonen. Man bringt ihn leicht mit bestimmten monumentalen Schauplätzen in Verbindung. Für die meisten Szenen empfiehlt sich hingegen ein asymmetrischer Aufbau.

Durchbrechen wir die Symmetrie, gewinnen wir mehr Dynamik für die Szene.

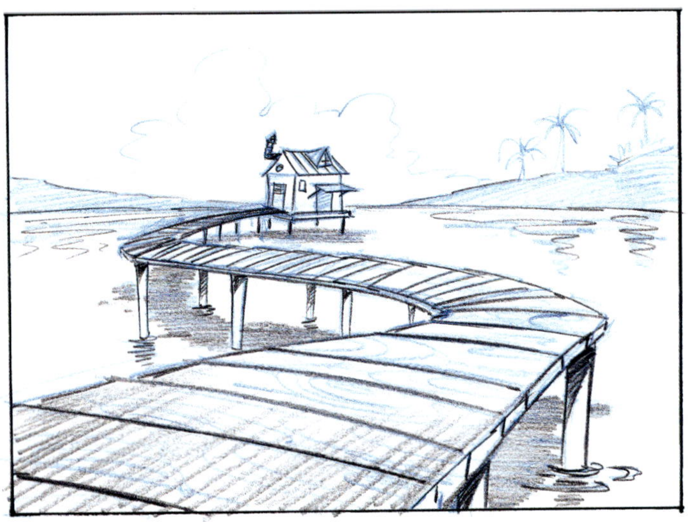

DIE LINIENFÜHRUNG ALS KOMPOSITIONSELEMENT

Die Linien können in einer Szene so gerichtet sein, dass sie die Aufmerksamkeit des Zuschauers zum Interessenzentrum führen. Zudem können sie beim Zuschauer einen gewissen psychologischen Effekt bewirken. Vertikale Linien stehen oft für ein Gefühl von Aufrichtigkeit, Ordnung und Beherrschung der Situation. Schräge Linien dagegen können uns das Gefühl von Unausgeglichenheit vermitteln; sie können aber ebenso dynamisch wirken. Horizontale Linien können Rache oder Niedergeschlagenheit symbolisieren und Kurven stehen oft für Sinnlichkeit. Dies alles hängt vom Inhalt der Szene und vom gelungenen Szenenaufbau ab, in dem diese Linien zur Vermittlung der angestrebten Wirkung genutzt werden.

Mit der Linienführung läßt sich nicht nur der Blick des Zuschauers lenken, sondern sogar eine psychologische Wirkung hervorrufen.

DIE FARBE ALS KOMPOSITIONSELEMENT

Durch den Einsatz von Komplementärfarben erzielen wir spektakuläre Kontraste. Zudem können Objekte der gleichen Größe durch eine geschickte Farbgebung verschieden groß wirken. Wir können Farben aber auch verwenden, um gewisse Elemente zu betonen oder um sie unscheinbarer zu gestalten.

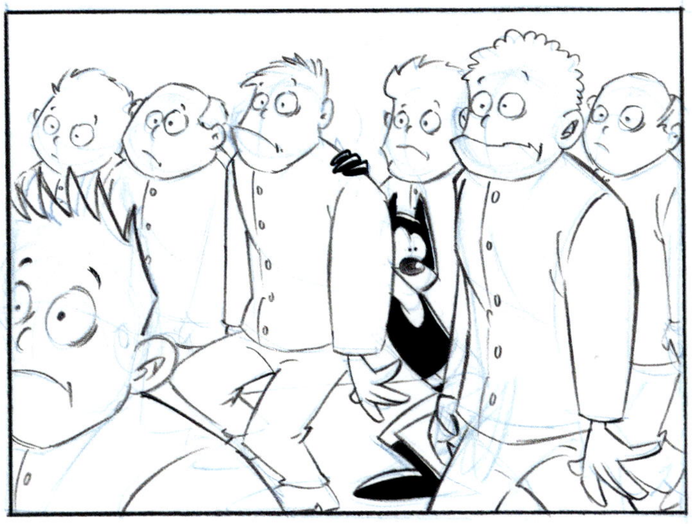

Befindet sich ein Element außerhalb der Farbskala, die für eine Sequenz ausgewählt wurde, wird es besonders betont. Dies ist ein beliebtes Mittel der Komposition.

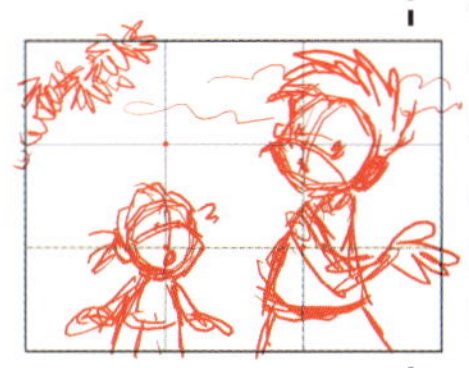

Die Drittelregel eignet sich sowohl beim 4:3- wie auch beim 16:9-Format. Zwar kann die Komposition in beiden Formaten identisch sein, wünscht man jedoch eine optimale Wirkung, muss sie in jedem Format individuell angepasst werden.

DIE DRITTELREGEL

Nach der klassischen Drittelregel wird ein Bildausschnitt sowohl vertikal als auch horizontal in Drittel geteilt – oder anders ausgedrückt – ein imaginäres Raster aus neun gleichen Teilen über das Bild gelegt. Dieses Verfahren hilft uns sehr dabei, die Elemente der Szene innerhalb dieser räumlichen Aufteilung ausgewogen und harmonisch anzuordnen.

Beim Umsetzen der Drittelregel in die Praxis sollten wir darauf achten, ein Objekt niemals genau in die Mitte des Rasters zu platzieren, denn gerade auf den horizontalen und vertikalen Linien liegen imaginäre Punkte, die den Blick des Zuschauers besonders auf sich ziehen. Am allerbesten wirkt ein Motiv, wenn es jeden der vier Schnittpunkte berührt.

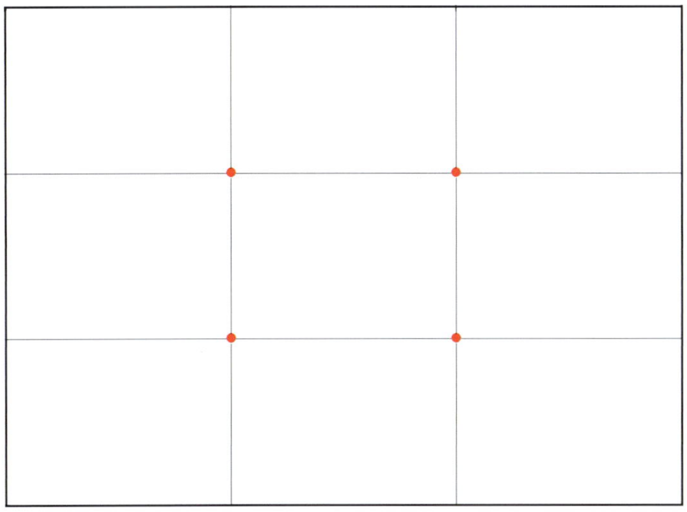

Diese Bilder wurden senkrecht und waagrecht dreimal unterteilt. Wendet man die Drittelregel richtig an, wird man viel bessere Ergebnisse erzielen. Man muss lernen, wie man die einzelnen Fragmente am besten nutzt, um dadurch den Blick des Zuschauers auf die Hauptmotive zu lenken.

Vom dramatischen Blickpunkt aus kann man die Drittelregel in jeder Szene einsetzen, denn jede denkbare psychologische Wirkung, die man dem Zuschauer vermitteln möchte, kann mit ihrer Hilfe leicht umgesetzt werden.

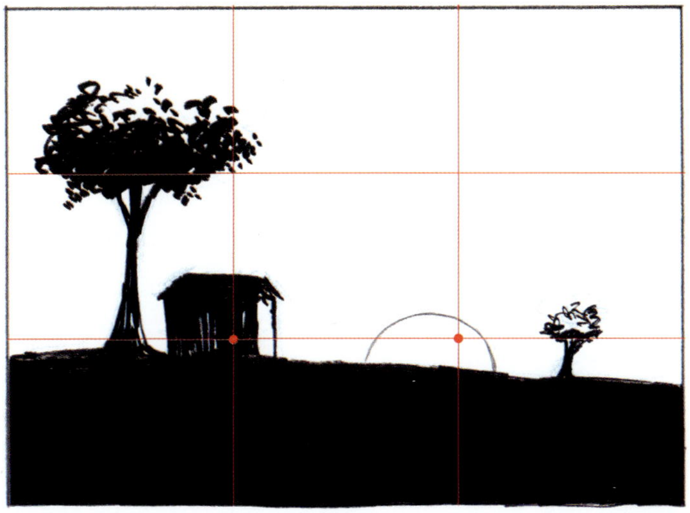

Die Zeichnung einer Landschaft in den unteren Dritteln erzeugt ein Gefühl von Weite. Das Ambiente in diesem Bild erinnert beispielsweise an eine Hirtengeschichte.

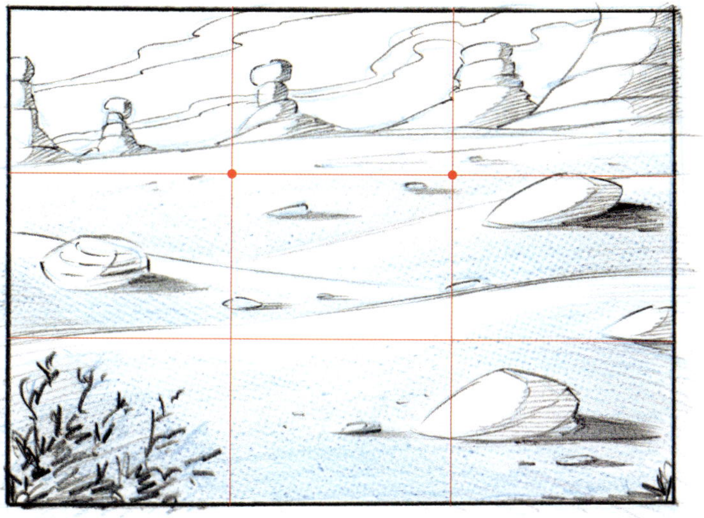

Wenn die Landschaft bis in die oberen Drittel reicht, bleibt sehr wenig Platz für den Himmel. Der Zuschauer erfährt ein beengendes Gefühl.

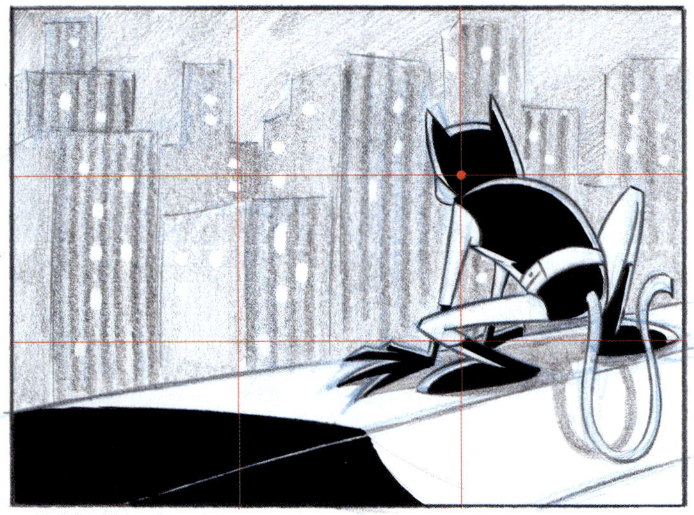

Platziert man das Motiv im oberen seitlichen Drittel, erzeugt man den Eindruck, die Figur würde die Situation kontrollieren und beherrschen.

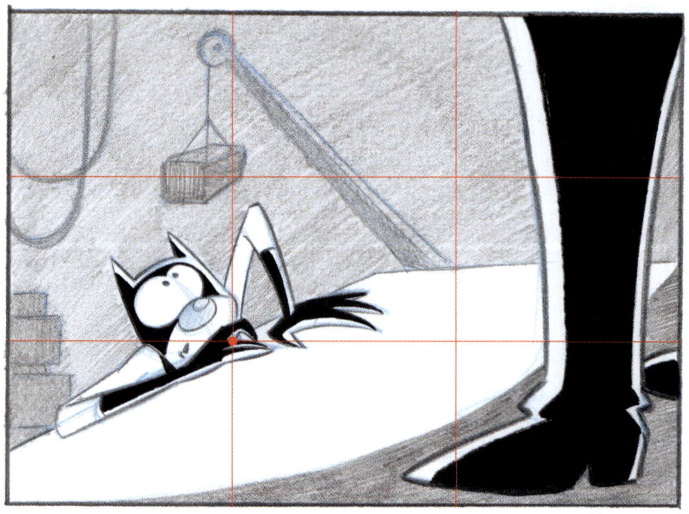

Platziert man das Motiv in einem unteren seitlichen Bereich, gibt man dem Betrachter das Gefühl, dass die Figur eingeengt und beherrscht wird.

GEOMETRISCHE FORMEN

Um zu überprüfen, ob die Komponenten der Szenengestaltung zusammenpassen, kann man versuchen, diese auf eine einfache geometrische Form zu reduzieren, oder aber auf die Form von Buchstaben, die klare und einfache Strukturen haben, wie beispielsweise C, D, S, und Z. Schaffen wir es, die Einteilung der Szene mit einer plakativen geometrischen Struktur zu beschreiben, können wir davon ausgehen, dass die Komposition gut gelungen ist.

Unabhängig davon, wie komplex die Szene ist, muss man die visuelle Synthese finden, die jede Zeichnung enthält.

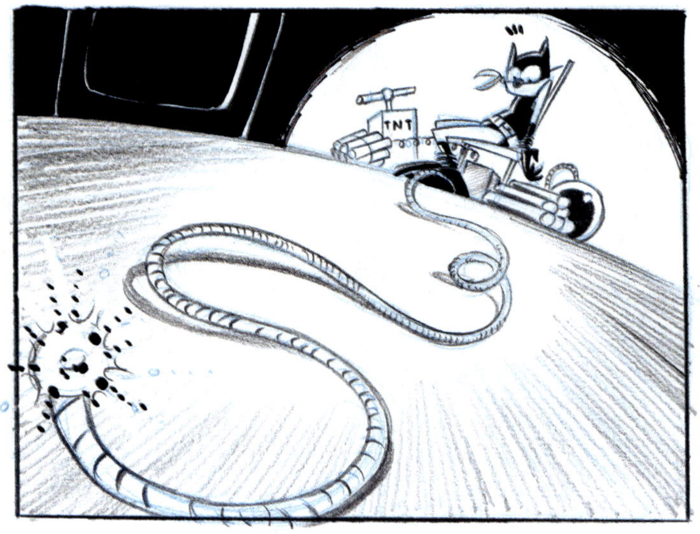

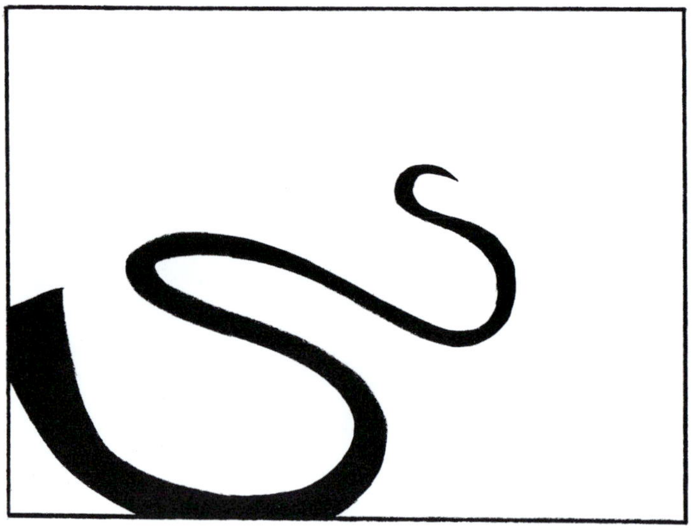

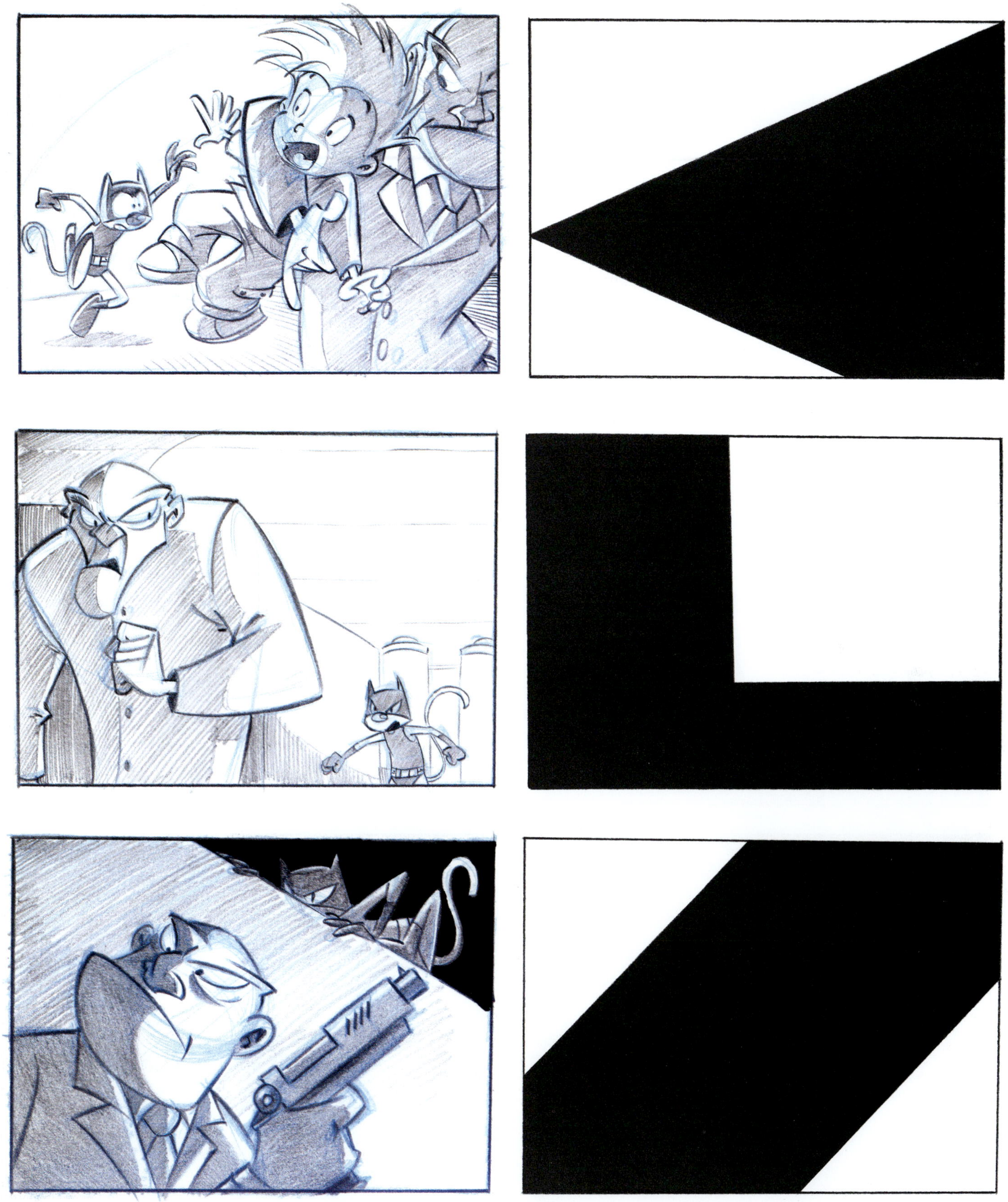

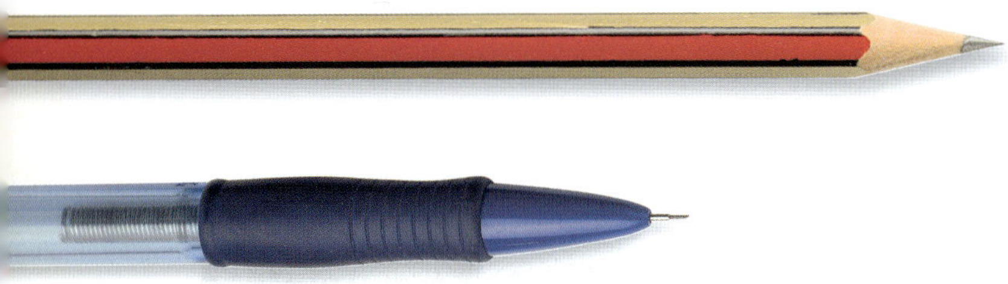

die Planung Szene

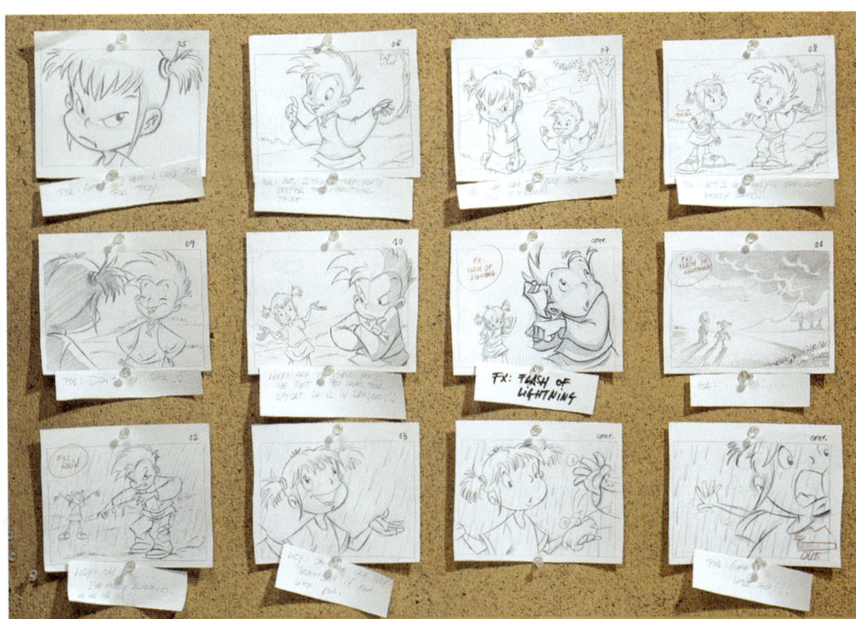

STUDIO CAMARA.
UM ÄNDERUNGEN VORNEHMEN ZU KÖNNEN UND DIE GESAMTHEIT DES FILMS SEQUENZ FÜR SEQUENZ ZU STUDIEREN WIRD DAS *STORYBOARD* IN EINZELNE EINSTELLUNGEN AUFGETEILT.

für Szene.

Die Umsetzung eines Films beginnt für uns

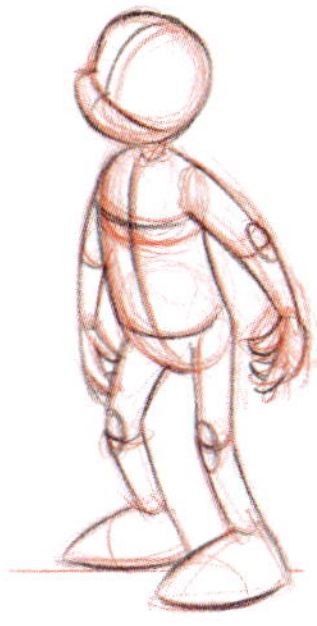

immer mit der Lektüre des Drehbuchs. Von nun an ist es unsere Aufgabe, all das, was von den Drehbuchautoren in anschaulichen Texten und Dialogen entwickelt wurde, bildlich umzusetzen.
Im Allgemeinen bearbeiten wir dabei Sequenz für Sequenz. Für jede einzelne stellen wir eine bestimmte Anzahl von Einstellungen zusammen, mit denen wir einen bestimmten Teil der Geschichte erzählen wollen. Das wichtigste bei dieser Arbeit besteht darin, das kinematografische Gespür zu entwickeln, um die Einstellungen auszuwählen, welche die Geschichte wirkungsvoll erzählen. Darüber hinaus benötigen wir ein breites Wissen bezüglich der Komposition. Der Inhalt jeder Aufnahme soll die Handlung so gut wie möglich ausdrücken und die Aufmerksamkeit des Zuschauers auf das Wesentliche lenken. Dann kommt der Zeitpunkt zu sagen: Showtime!

es gibt unzählige Wege, ein Drehbuch zu präsentieren, fast so viele, wie es Drehbuchautoren gibt. Jeder einzelne gestaltet die Geschichte so, wie es ihm am besten liegt. Allerdings gibt es standardisierte Vorgehensweisen bei der Präsentation eines Drehbuchs, die vor allem wichtig sind, wenn es einer Produktionsfirma vorgelegt werden soll. Manche Drehbuchautoren trennen die erzählenden und beschreibenden Texte von den Dialog-Szenen. Diese Methode erinnert an einen Roman. Andere teilen die Handlung in Sequenzen, und jede davon wiederum in verschiedene Einstellungen. Einige bevorzugen auch die Planung Szene für Szene, wobei sie Zeichnungen ausarbeiten und alle Einzelheiten beachten.

die Aufnahmeart nach dem Schnittwinkel

DIE SEQUENZ UND DIE AUFNAHME

Im Folgenden erklären wir die Begriffe „Sequenz“ und „Aufnahme“, auf die das Drehbuch basiert und durch die es zum größten Teil strukturiert wird.

Die Sequenz umfasst eine bestimmte Anzahl fortlaufender Aufnahmen, die zusammen einen vollständigen Handlungsabschnitt bilden. Jeder Sprung in der zeitlichen oder räumlichen Abfolge bedeutet den Beginn einer neuen Sequenz.

Die Aufnahme ist der Grundbaustein eines Films; also die kleinste physikalische Einheit, in der natürlich kein Schnitt vorkommt. Erst durch die Abfolge der unterschiedlichen Aufnahmen, eine nach der anderen, und die glaubhafte Natürlichkeit jeder Einzelaufnahme entsteht das Fundament für den visuellen Aspekt, den narrativen Stil und auch für das Konzept des Films.

Im Folgenden stellen wir einige Einstellungen, geordnet nach ihrem Schnittwinkel, vor. Unsere Auswahl umfasst die Einstellungen, die sich besonders für die Darstellung menschlicher Figuren und deren Komposition zu einer Szene eignen.

DIE TOTALE (*WIDE SHOT*)

Diese Einstellung hat einen sehr großen Schnittwinkel. Sie eignet sich besonders für die Darstellung weitläufiger Räume. Durch die Totale erhält der Zuschauer die meisten visuellen Informationen und eine ausführliche Vorstellung von der Umgebung der Personen. Viele Regisseure verwenden sie am Anfang der Sequenzen als Präsentationseinstellung im klassischen Stil. Andere setzen sie auch als dramaturgisches Mittel ein, beispielsweise um den Höhepunkt einer Handlung oder eine gewisse Dramatik hervorzuheben.

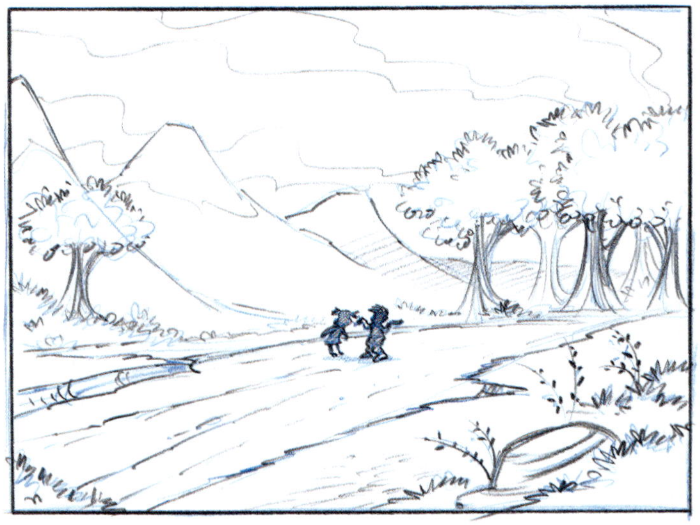

Totale.

DIE HALBTOTALE (*FULL SHOT*)

Der Schnittwinkel ist hier enger, aber immer noch sehr weitläufig. Die Figuren werden in ihrer vollen Größe gezeigt, was dem Zuschauer erlaubt, Einzelheiten ihrer Kleidung, sowie auch ihre Mimik und Gestik zu erkennen.
Diese Einstellung verrät zwar mehr Details der Umgebung, jedoch verstärkt sie nicht die Spannung der Aktionen und Dialoge, da diese erst bei einem noch engeren Schnittwinkel entsteht. Die Halbtotale dagegen versetzt den Betrachter in eine erhöhte Position, aus der er alles überblicken kann.
Soll der Zuschauer neue Informationen über die Geschichte erhalten, bietet es sich an, mitten in einer Sequenz in die Halbtotale zu wechseln, da sie ihm visuell mehr Aufschluss über die Umgebung gibt.

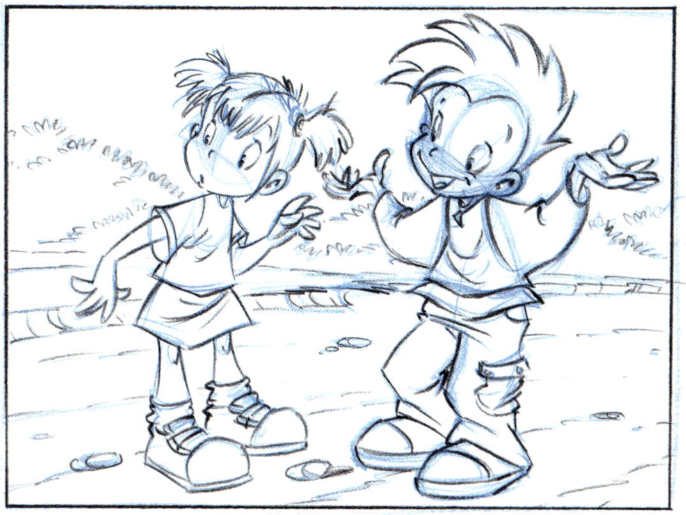

Halbtotale.

DIE AMERIKANISCHE EINSTELLUNG (*THREE QUARTER SHOT*)

Bei dieser Einstellung liegt der Schnittwinkel ein wenig oberhalb oder unterhalb des Knies einer menschlichen Figur. Beide Varianten sind erlaubt. Ihren Namen verdankt sie der Tatsache, dass diese Einstellung in Hollywood bereits sehr früh ihren Einzug in vertonte Realfilme fand und seitdem sehr häufig verwendet wird.
Mit der amerikanischen Einstellung wird die Gestik einer Figur sehr betont. Lediglich die Füße und ein Teil der Beine werden hier nicht gezeigt. Doch meist lenken diese Teile der Figur von der essentiellen Handlung eines Films eher ab.

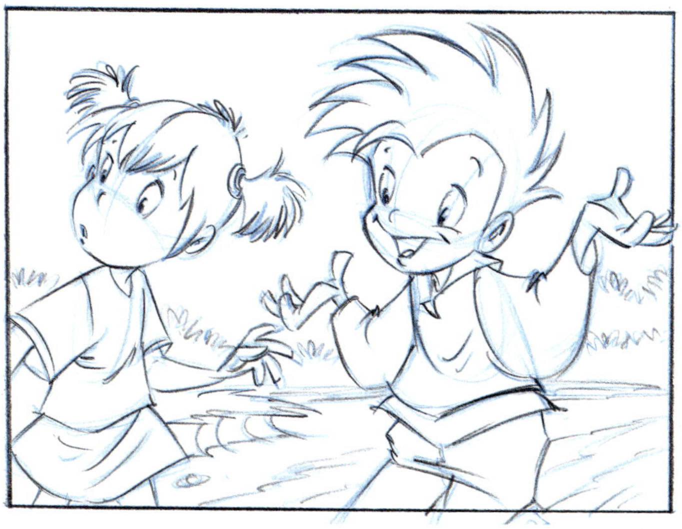

Oben: Amerikanische Einstellung. Unten: Halbnahe.

DIE HALBNAHE (*MEDIUM SHOT*)

Der Schnittwinkel liegt hier auf Höhe der Taille. Verglichen mit den zuvor beschriebenen Einstellungen wirkt die Darstellung der Umgebung bei der Halbnahen zwar eher nebensächlich, dagegen werden die Gestik und die Mimik der Figuren noch stärker betont.
Aufgrund der Nähe zum Motiv erkennt der Zuschauer mehr Details der Figuren – ihre Gesichter und deren Ausdruck – und nimmt gleichzeitig sehr wenig vom Hintergrund wahr.
Da uns die Halbnahe erlaubt, fließende Übergänge zur Kopfaufnahme oder zur Halbtotalen vorzunehmen, und die Vorzüge dieser beiden Einstellungen sogar verbindet, wird sie zum Erzählen eines Handlungsabschnittes häufig verwendet. Sie ist bestens geeignet, um über einen längeren Zeitraum im Film eingesetzt zu werden. Natürlich gibt es keine Richtlinien für die Einsatzdauer einer Einstellung, da dies vom Genre des Films und vom Geschmack des Regisseurs abhängt.

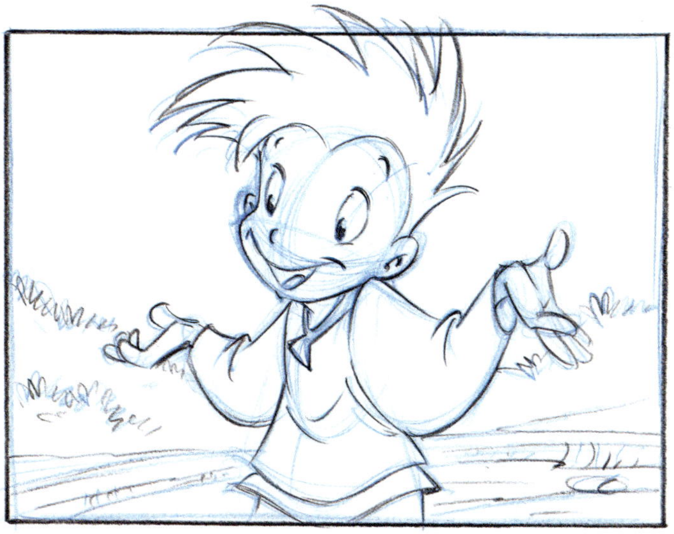

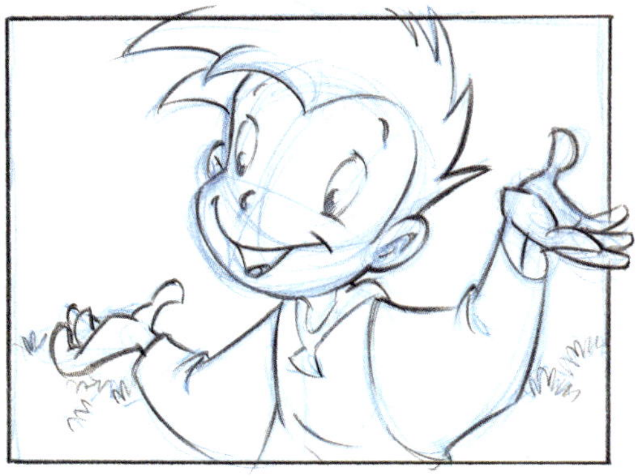

Die Halbnahe erlaubt auch einen Schnittwinkel in Höhe der Brust. In diesem Fall nennt man sie Nahaufnahme (Head and Shoulder). Man kann mit dieser Aufnahme sehr wirkungsvoll die Ausdrucksweise betonen, jedoch kann sich der Zuschauer nicht im selben Maß in die Figur hinein versetzen, wie etwa bei der Kopfaufnahme.

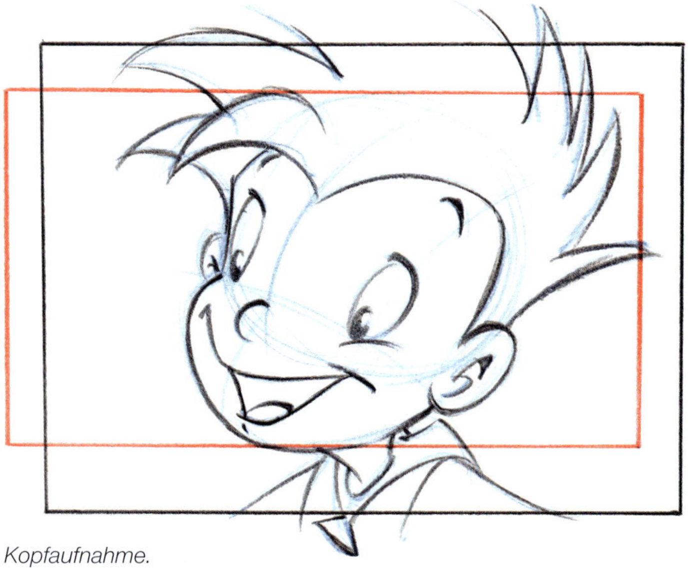

Kopfaufnahme.

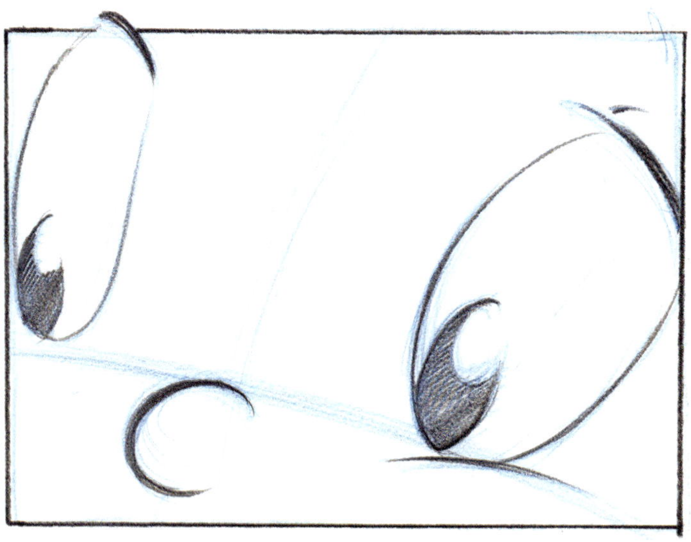

Detailaufnahme.

KOPFAUFNAHME (*CLOSE UP*)

Der Schnittwinkel liegt auf der Höhe des Halses. Im 4:3-Format nimmt das Gesicht einer Figur praktisch das gesamte Blickfeld ein. Im 16:9-Format sind in dieser Einstellungen noch Fragmente des Hintergrunds zu erkennen, es sei denn, man visiert das Modell noch näher an und verzichtet auf die Darstellung bestimmter Teile des Kopfes. Dann erzielt man eine ähnliche Wirkung wie im 4:3-Format.
Das Gesicht ist bei der Kopfaufnahme das einzige dramaturgische Mittel, das eingesetzt wird und vom Zuschauer zu sehen ist. Mit ihr können wir größtmögliche Spannung erzeugen. Wie die Totale wird sie oft bei einem Höhepunkt in der Handlung eingesetzt, jedoch entwickelt sich bei der Totalen die Intensität der Dramatik durch die Zeichnung oder den Szenenaufbau, während bei der Kopfaufnahme die Ausdruckskraft der Figur im Vordergrund steht.

GROSSAUFNAHME (*EXTREME CLOSE UP*)

Diese Einstellung zeigt ein Fragment oder ein bestimmtes Detail einer Figur oder eines Objektes.
Mit ihr betonen wir Einzelheiten oder stellen eine kurze Aktion dar: Eine Figur, die etwas in ihrer Tasche verbirgt oder eine Notiz auf einem winzigen Stück Papier entdeckt, etc.
Mit der Großaufnahme können wir außerdem optimal die Dramatik einer Aktion hervorheben, indem wir beispielsweise einen rauchenden Revolverlauf zeigen oder eine Hand, die versucht, sich an einem Vorsprung festzuhalten.

WIE MAN EINE SEQUENZ PLANT

Es gibt gewisse Methoden von einer Einstellung fließend in die nächste überzugehen, ohne dass es dem Zuschauer wie ein Durcheinander vorkommt. Zwar wäre es nicht sehr geschickt, von einer Totalen in eine Kopfaufnahme oder eine Großaufnahme überzugehen, dennoch muss man sich nicht unbedingt an feste Regeln halten, denn durch kreatives Experimentieren erhält man oft überraschende Ergebnisse. Im folgenden Beispiel eines Sequenzausschnittes sehen wir, wie man die verschiedenen Einstellungen anwendet, um einen gewöhnliche Dialog zwischen zwei Personen spannend in Szene zu setzen.

1. Kopfaufnahme von Lucy. Sie hört ihrem Bruder Pol zu, der aus dem Off spricht.
2. Halbnahe von Pol, der versucht, seine Schwester von einem Vorhaben zu überzeugen.
3. Amerikanische Einstellung von beiden. Hier sieht man die Umgebung und die Platzierung der Figuren.
4. Die Halbtotale behält die Dialogpose bei und zeigt uns mehr Einzelheiten der Umgebung.

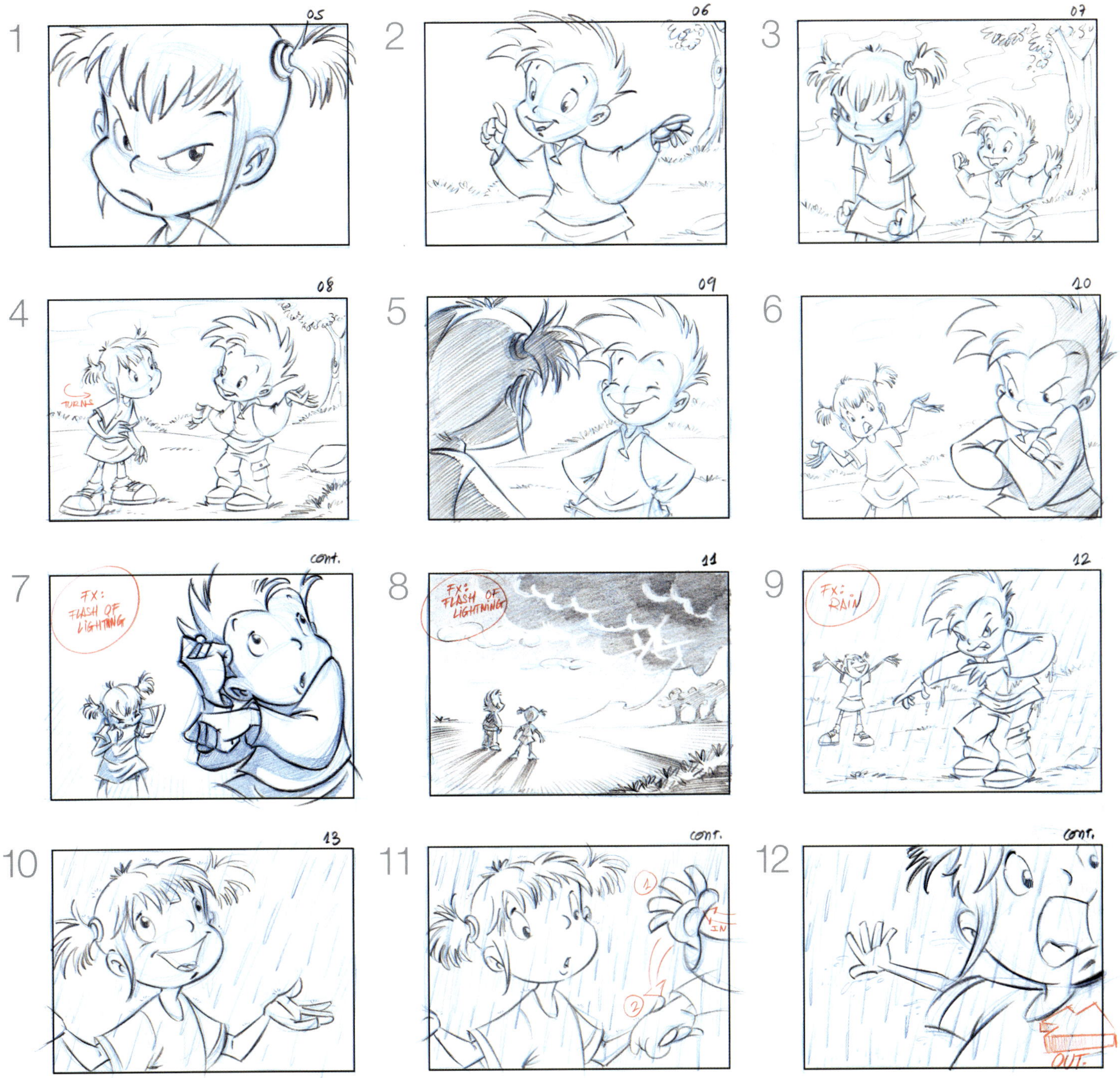

5. Halbnahe, in der Pol seinen Dialog beendet und auf eine zustimmende Antwort von Lucy wartet.
6. Halbnahe. Versetzte Ansicht von vorne, in der Lucy eine abweisende Reaktion zeigt und Pol sich von ihr abwendet.
7. Die gleiche Einstellung. Ein Blitz unterbricht den Dialog der Personen und verändert das Geschehen schlagartig.
8. Totale, in der sich die Gewitterwolken nähern und die Umgebung verändern.
9. Halbtotale. Es beginnt zu regnen und die Personen reagieren unterschiedlich auf das neue Ereignis.
10. Nahaufnahme. Die Aufmerksamkeit gilt Lucy. Sie freut sich darüber zu sehen, dass der Regen die Pläne von Pol durchkreuzt hat.
11. Noch einmal die gleiche Einstellung, in der wir zusätzlich die Hand von Pol erkennen können. Eine neue Aktion beginnt dadurch, dass Pol nach Lucys Hand greift.
12. Die gleiche Einstellung. Pol zerrt Lucy aus dem Bild.

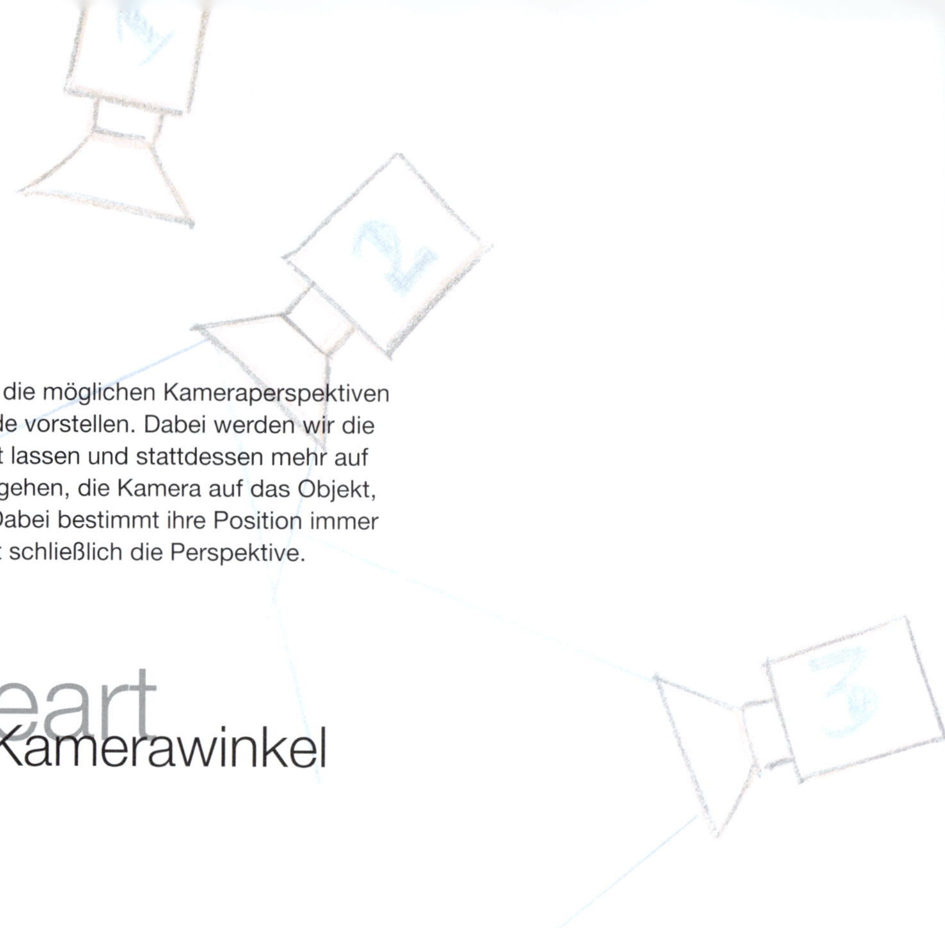

Im nächsten Abschnitt möchten wir die möglichen Kameraperspektiven einer Aufnahme und ihre Unterschiede vorstellen. Dabei werden wir die Schnittwinkel weitgehend außer Acht lassen und stattdessen mehr auf die verschiedenen Möglichkeiten eingehen, die Kamera auf das Objekt, zu richten, das wir filmen möchten. Dabei bestimmt ihre Position immer die Neigung des Objektivs und damit schließlich die Perspektive.

die Aufnahmeart nach dem Kamerawinkel

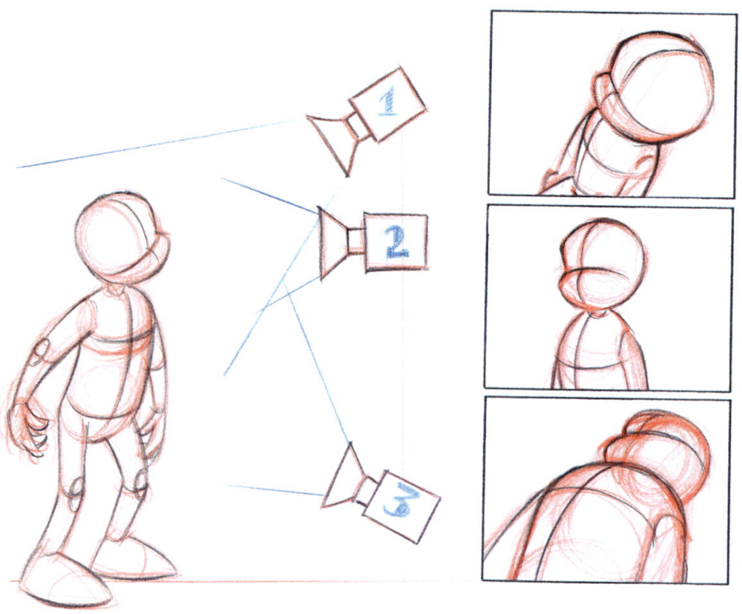

Dieses Modell macht die Wirkung der Kameraperspektive anschaulich. Wir sehen, dass eine Figur auf der Leinwand völlig unterschiedlich wirken kann, obwohl der Schnittwinkel (eine Halbtotale) immer gleich bleibt. Die Kameraperspektive kann die psychologische Wirkung unserer Zeichnung entscheidend verstärken.

HORIZONTALPERSPEKTIVE

Die Kamera befindet sich genau auf Augenhöhe der Figuren bzw. auf der Höhe des Horizonts. Diese Aufnahmeart ist in der Darstellungsweise sehr objektiv, da das gefilmte Element genauso wirkt wie wir es in der Natur sehen; der Blickpunkt bleibt also realitätsnah. Die Perspektive entspricht der des menschlichen Auges, und dies vermittelt dem Betrachter Ruhe und Natürlichkeit.

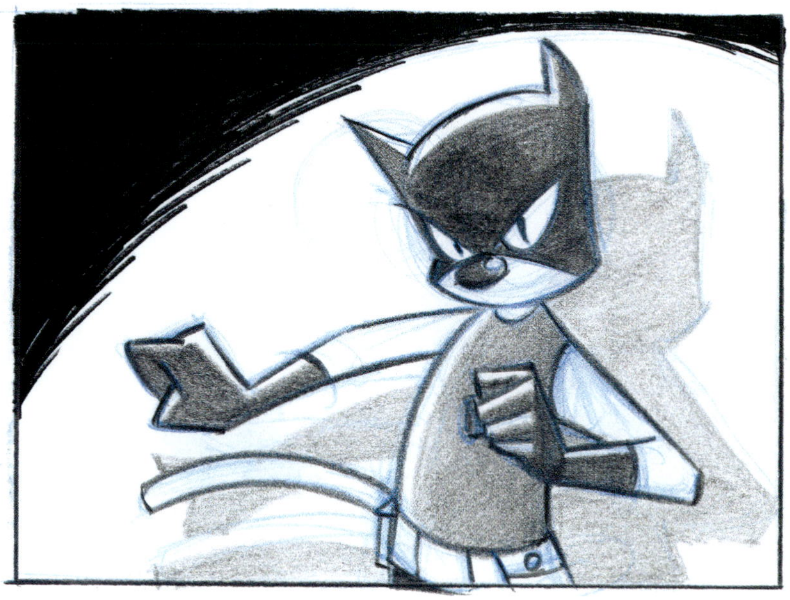

Der Kamerawinkel in der Horizontalperspektive vermittelt Natürlichkeit.

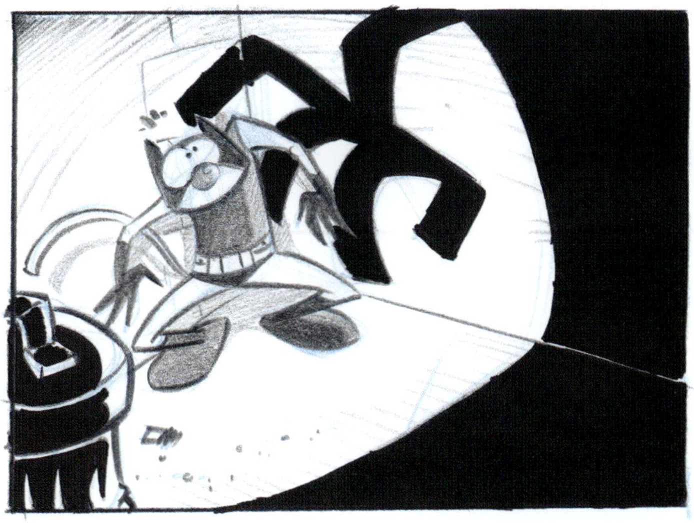

DIE VOGELPERSPEKTIVE

Bei der Vogelperspektive ist die Position der Kamera oberhalb der Horizontlinie der Landschaft bzw. der Augenhöhe unserer Figuren – das Objektiv filmt folglich schräg nach unten.
Um die Umgebung zu zeigen oder um ein Element etwa von einem hohen Gebäude aus darzustellen, eignet sich diese Perspektive besonders in Verbindung mit einer Totalen. Bei nahen Einstellungen und vor allem wenn Figuren gezeigt werden, erzeugt die Vogelperspektive oft das Gefühl, die gefilmte Figur wäre unterlegen.

Die Vogelperspektive lässt die Figuren in einer gefährlichen Situation wehrlos erscheinen.

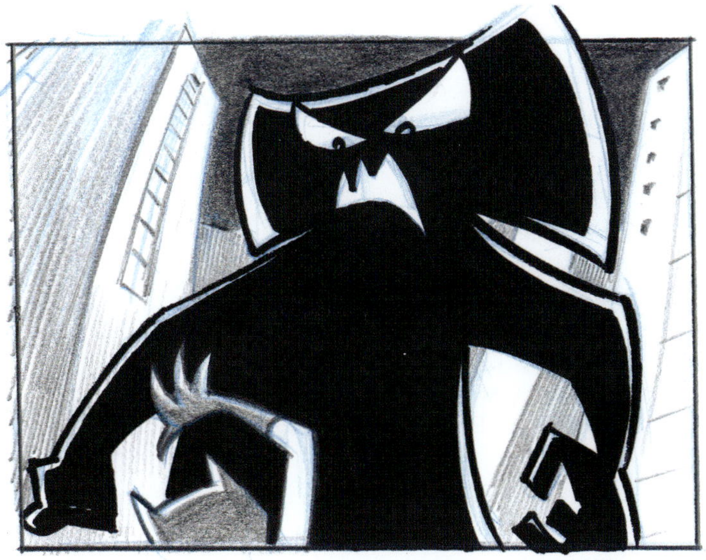

DIE FROSCHPERSPEKTIVE

Die Kamera befindet sich hier unterhalb der Augenhöhe der Figuren bzw. dem Horizont der Landschaft. Diese Perspektive steigert die Bedeutung des gefilmten Objekts und lässt es überlegen wirken.
Beide Kameraperspektiven haben eine verzerrende Wirkung auf die Optik des Bildes. Die Vogelperspektive verzerrt die Perspektive konkav, während die Froschperspektive eine konvexe Wirkung hat.

Die Froschperspektive betont die Überlegenheit einer Figur.

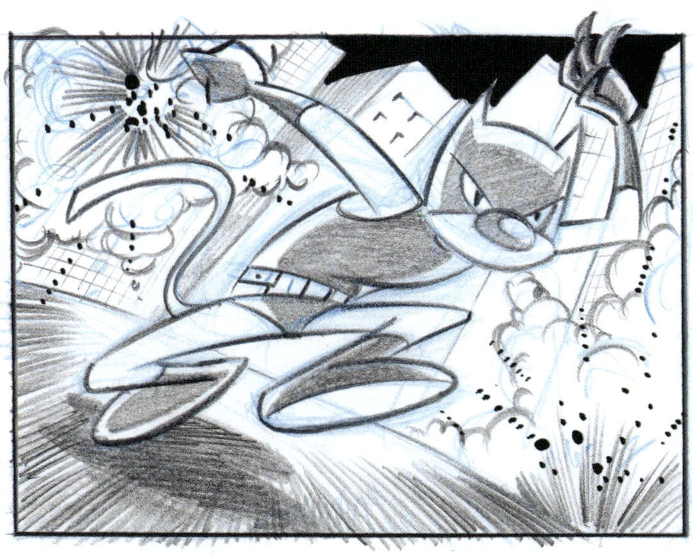

DIE SCHRÄGPERSPEKTIVE

Für diese Bildperspektive muss die Kamera in gleicher Weise übereck nach links oder rechts geneigt sein, sodass das Bild auf der Leinwand schief erscheint.
Dieser Kamerawinkel bewirkt beim Zuschauer ein Gefühl von Ungleichgewicht, vergleichbar dem Gefühl an einem Abhang zu stehen. Ein sehr wirkungsvolles Mittel um emotionale Schwankungen der Figur darzustellen, oder um eine chaotische Situation hervorzuheben.

Die Schrägperspektive unterstützt das Gefühl von Unsicherheit oder Gemütsschwankungen bei einer Figur.

die Bewegungen der Kamera

Auch die Kameraführung kann eine Szene beschreiben. Wenn wir die Kamera geschickt einsetzen, können wir dem Zuschauer das Gefühl vermitteln, er würde sich selbst durch die Szene bewegen, wobei Geschwindigkeit und Richtung vom Regisseur bestimmt wird. Oft werden Figuren während ihrer Aktion vom „Blick" der Kamera verfolgt. Mit einer ausgefeilten Kameraführung lassen sich spektakuläre visuelle Illusionen erzeugen: Feststehende Objekte bewegen sich plötzlich, Räume verändern ihre Perspektive etc.
Die Einführung von computergestützten 3-D-Anwendungen hat die Kameraführung in animierten Filmen sehr vereinfacht. Der Regisseur kann das ganze Potenzial möglicher Kameraeffekte einsetzen, um eine Geschichte eindrucksvoll zu erzählen, um bestimmte Momente zu betonen, oder um psychologische Effekte hervorzuheben. Dennoch muss man nicht unbedingt auf den Computer zurückgreifen, um komplexe Kamerabewegungen ästhetisch umzusetzen.
Die Kamerabewegungen, die wir in diesem Abschnitt beschreiben, werden im Animationsfilm sehr oft benutzt.

DIE KAMERAFAHRT *(TRACKING IN/ TRACKING OUT)*
Die Kamera bewegt sich auf die Szene zu oder entfernt sich von ihr. Früher erzeugte diese Bewegung der Kamera auf der Leinwand einen Effekt wie beim *Zoom*. Der Grund dafür war, dass sich das Objektiv in der Kamerasäule vertikal auf den Tricktisch zu bewegte und das gefilmte Bild völlig zweidimensional war.
Seit dem Jahr 1937, mit der Einführung der multiplanen Kamera, wirken die *Trackings* viel überzeugender, da die verschiedenen Aufnahmeebenen, die von der Kamera als Bild erfasst werden, in größerem Abstand zueinander aufgehängt werden, wodurch sich der visuelle Eindruck von Tiefe enorm verstärkt.
So kam die dritte Dimension schließlich in die traditionelle Animation. Der Trick dabei war einfach, die Kamerafahrt auch in der Wirklichkeit über räumlich getrennte Ebenen stattfinden zu lassen. Auf diese Weise gelang es, eine authentische Bewegung durch das Bühnenbild zu simulieren.
Die *Tracking*-Bewegungen in jede vorstellbare Richtung bringen mehr Dynamik in die Aktion und verleihen der Umgebung eine viel größere Wirkung sowohl in der Tiefe wie auch in der Perspektive.

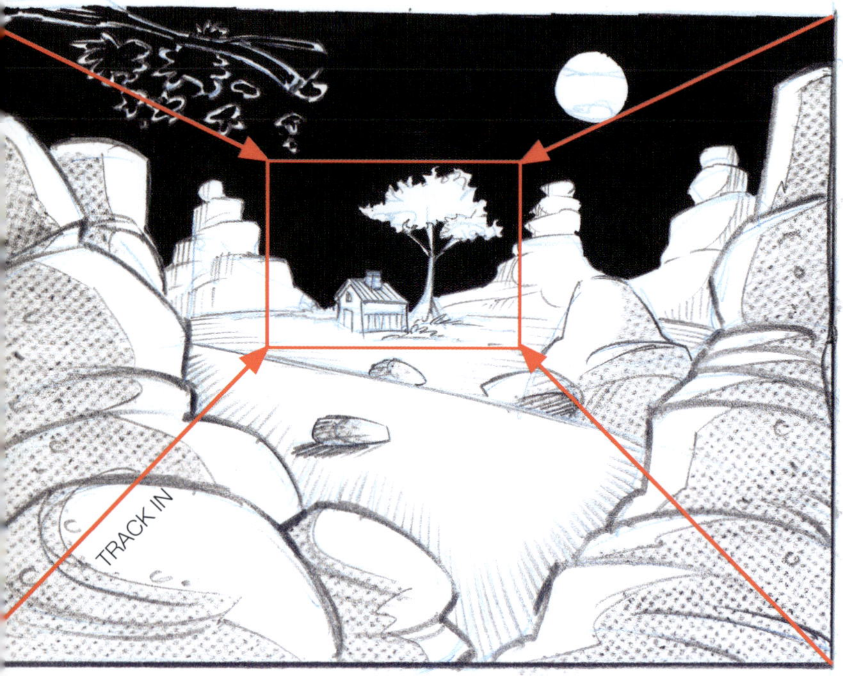

Beim Tracking-In *auf das Haus in diesem Bühnenbild können wir folgendes beobachten:*
Die Felsen, die sich im Vordergrund befinden, nähern sich der Kamera, werden immer größer und verschwinden dann auf beiden Seiten aus dem Bild.
In einer etwas langsameren Geschwindigkeit geschieht dasselbe bei dem Zweig mit Blättern, der sich im oberen Teil befindet:
Er verschwindet im gleichen Bereich ebenfalls aus dem Bild.
Auch die Felsen im Hintergrund weichen optisch auf die Seiten hin und erscheinen immer größer, genau in dem Verhältnis, in dem die Kamera sich ihnen nähert. Schließlich befinden wir uns im zweiten Bildausschnitt der Szene, der das Haus im Vordergrund zeigt.
Durch das Tracking *beobachten wir, dass die Elemente immer mehr auf uns zu kommen und unterschiedlich schnell verschwinden, während wir uns dem Haus im zweiten Bildausschnitt nähern. Der Mond dagegen vergrößert sich nicht, weil er vom Betrachter viel zu weit entfernt ist. Das* Tracking *behält die Tiefe im Bildfeld bei und verstärkt die perspektivische Darstellung der Elemente, die sich im Bildausschnitt befinden.*

DIE PANORAMAAUFNAHME

Rein technisch betrachtet, wird die so genannte Panoramaaufnahme bei der traditionellen Trickzeichnung durch eine Verschiebung der Hintergrundebene am Tricktisch umgesetzt. Panoramaaufnahmen dienen dazu, der fortdauernden Bewegung einer Figur zu folgen oder dem Zuschauer einen Überblick über weitläufige Szenenbilder zu verschaffen. In Realfilmen entspricht diese Bewegung einem Schwenk, bei dem die Kamera entweder eine fixe Position hat und sich um eine feste Achse dreht oder sich parallel zur gefilmten Figur bewegt, um deren Aktion einzufangen. Obwohl man beide Effekte problemlos simulieren kann, verwenden die meisten Regisseure die Panoramaaufnahme bei der Trickzeichnung in ihrer ursprünglichen Form als horizontaler, vertikaler oder auch diagonaler Schwenk. Natürlich gibt es unzählige Möglichkeiten, die Panoramaaufnahme umzusetzen und letztendlich entscheidet sich immer im Einzelfall, in welcher Art sie sich optimal für eine Szene eignet.

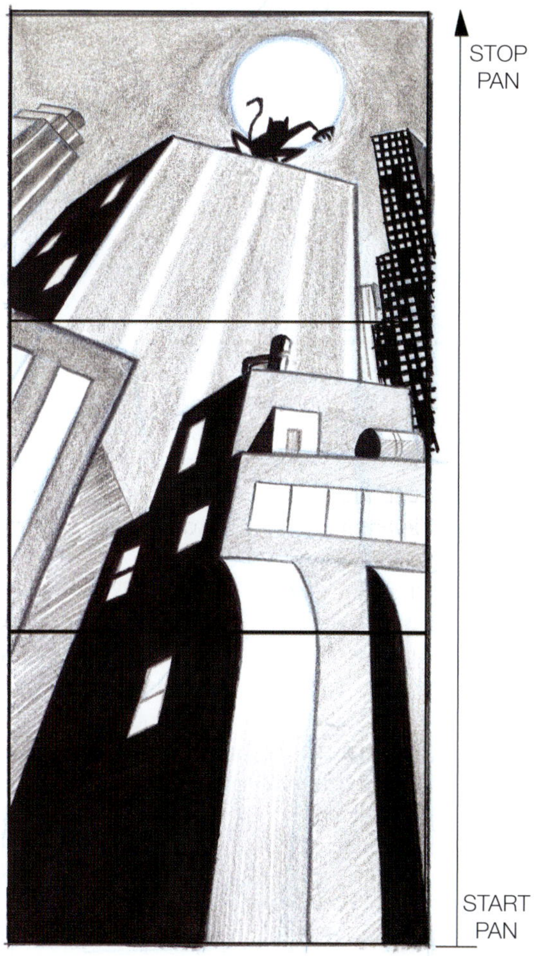

Beispiel für eine vertikale Panoramaaufnahme: Der Schwenk kann nach oben oder nach unten umgesetzt werden. Um zu vermeiden, dass das Bild verwackelt, filmt die Kamera dabei meist nur ein einziges Fotogramm.

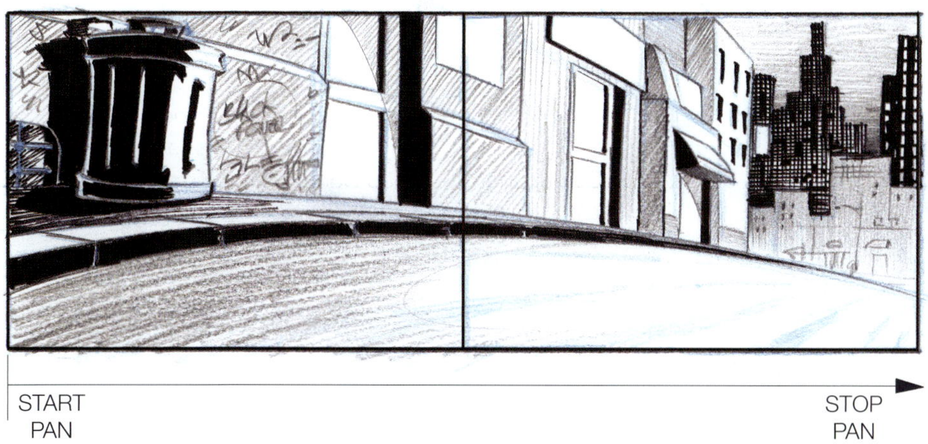

Eine horizontale Panoramaaufnahme kann nach rechts oder nach links erfolgen. Um einen weichen Bewegungsfluss sicher zu stellen, empfiehlt es sich, die Bewegung der Kamera langsam zu beginnen und auch sanft zu beenden.

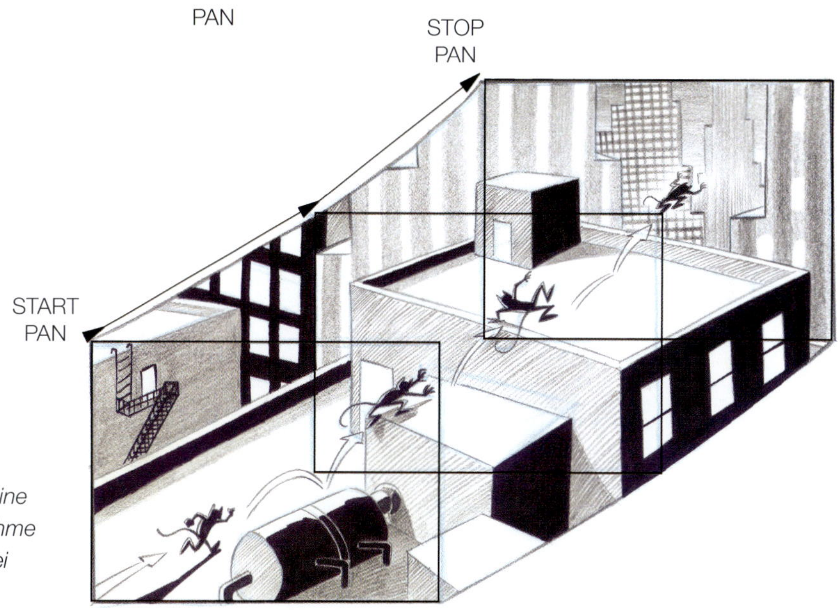

Eine diagonale Panoramaaufnahme kann völlig gerade sein oder eine bogenförmige Bahn beschreiben. Man kann jede Panoramaaufnahme mit einem Tracking-In *oder einem* Tracking-Out *kombinieren. Dabei genügt es, die Größe der Bildausschnitte zu verändern.*

DER *ZOOM*

Das einzige, das sich bei einem *Zoom* tatsächlich bewegt, ist das Innere der Kamera, also das Objektiv.
Indem man die Brennweite des Objektivs verstellt, kann man das fokussierte Bild vergrößern oder verkleinern. Die Wirkung ähnelt einem *Tracking*, wobei jedoch der grundlegende Unterschied darin besteht, dass ein *Tracking* in den Raum eindringt, und der Zuschauer die Kamerabewegung quasi körperlich erlebt, während wir uns bei einem *Zoom* der Szene lediglich durch eine optische Bewegung nähern. Anders als beim *Tracking* verschwimmen beim *Zoom* die Perspektiven und die Bildtiefe geht verloren. Kombiniert man diese beiden Varianten, erhält man den sogenannten „Vertigo-Effekt".

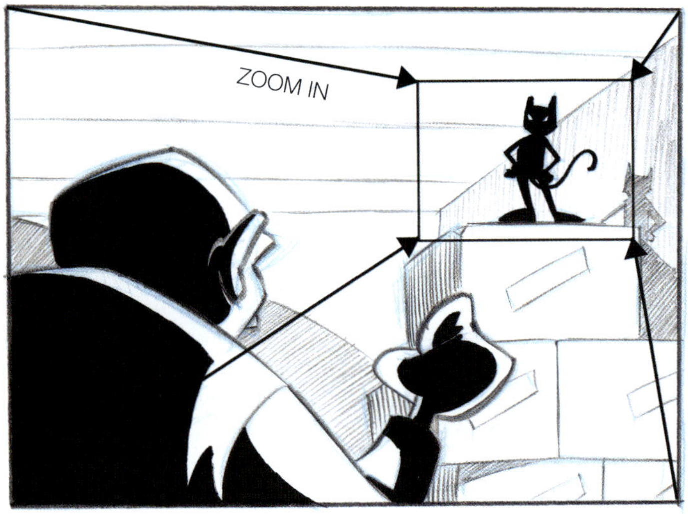

Der Zoom.

DER *ZIP-PAN* (REISSSCHWENK)

Dabei handelt es sich um einen kurzen, sehr schnellen Schwenk in eine beliebige Richtung. Aufgrund der hohen Geschwindigkeit dieser Bewegung, nimmt der Zuschauer den Raum zwischen Anfangs- und Zielbild nur noch durch verwischte Schwunglinien (*Fillages*) wahr. Man benutzt den *Zip-Pan* gelegentlich als Übergang zwischen zwei Sequenzen.

Zip-Pan.

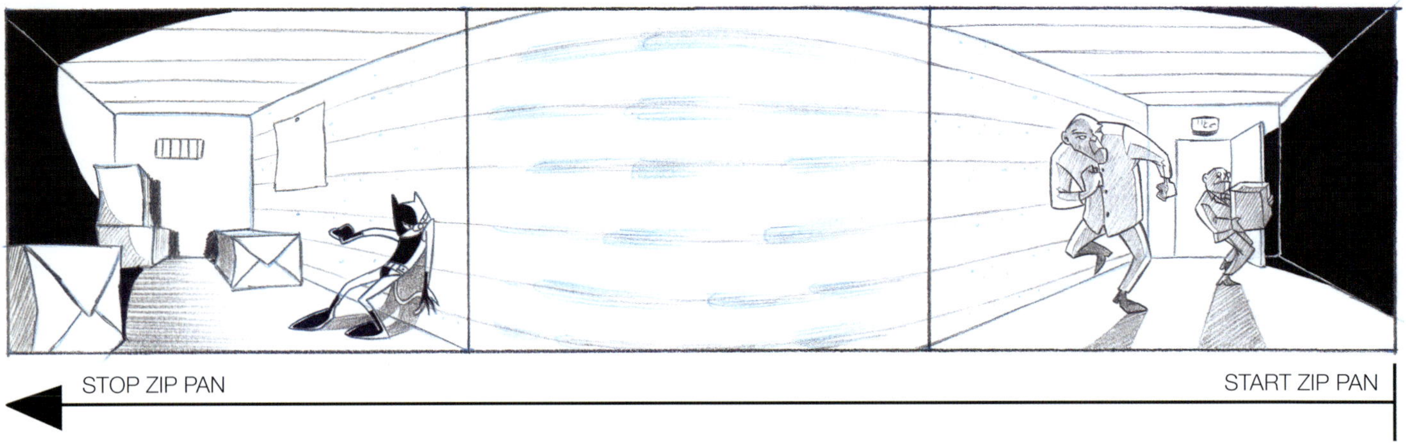

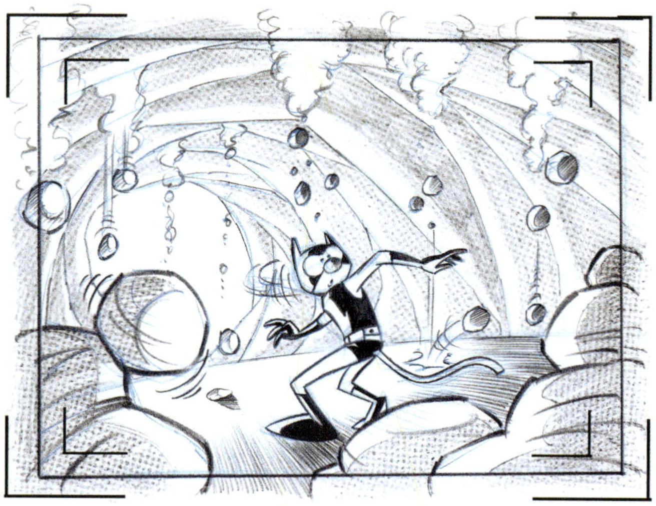

DER *KAMERA-SHAKE*

Von einem *Kamera-Shake* spricht man, wenn beispielsweise ein heftiger Stoß die Figur oder die komplette Szenerie erschüttert. Der „Blick" unserer Kamera beginnt zu wackeln, was meist mit kurzen, aber kräftigen Bewegungen realisiert wird. Obwohl es sich um genau kontrollierte Bewegungen der Kamera handelt, erzeugen wir beim Betrachter unserer Animation ein überraschendes, unerwartetes Gefühl.
Wir können den *Kamera-Shake* verwenden, um ein Erdbeben darzustellen, den festen Schritt einer voranschreitenden Figur oder auch als Mittel, um den Aufprall nach einem Sturz, eine Erschütterung oder eine Explosion in der Umgebung visuell zu verstärken.

Kamera-Shake.

VOM TRICKTISCH ZUM COMPUTER

In den frühen Jahren wurden Trickzeichnungen ausschließlich in Handarbeit hergestellt. Zunächst wurden die Animationsbilder mit Tinte gezeichnet oder auf Folien kopiert, auf die so genannten *Cells,* und anschließend mit Farbe – zumeist Acrylfarbe – ausgeschmückt.
Die Verfilmung der kolorierten Phasen fand dann am Tricktisch statt. Zu diesem Zweck befand sich in der Kamerasäule über diesem Tricktisch eine spezielle Trickkamera, die alle Zeichnungen abfotografierte und sie so zu Fotogrammen machte. Da an einem Tricktisch unzählige Varianten der technischen Verschiebung möglich waren, konnte man fast jede denkbare Bewegung umsetzen, wie auch Panoramaaufnahmen, Drehungen, etc. Die Kamerasäule wurde für die *Tracking-In* und *Tracking-Out*-Bewegungen, also kurz, die Kamerafahrten, genutzt.

Heutzutage haben Computerprogramme den Tricktisch völlig ersetzt, da man die gleiche Arbeit mit ihnen oft schneller und effektiver bewältigen kann. Es gibt sehr benutzerfreundliche *Software*, die die Funktionsweise der alten Tricktische praktisch simuliert und auch die selben 2-D-Effekte möglich macht, die früher am Tricktisch umgesetzt wurden. Auch multiplane Effekte lassen sich mit den richtige Programmen leicht verwirklichen.
Zudem hat die Integration von computergestützten 3-D-Anwendungen dem traditionellen Animationsfilm nahezu dieselben Möglichkeiten eröffnet, die jeder Realfilm aufweist.

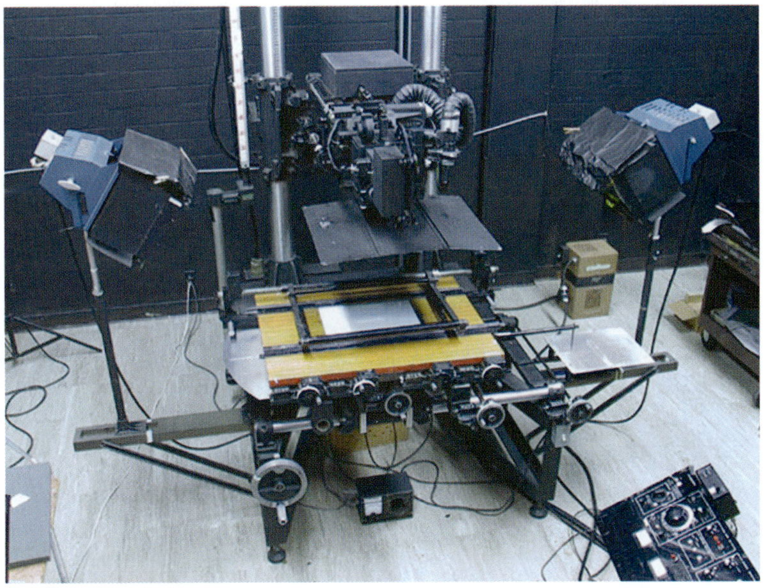

Fotografie eines Oxberry Tricktisches. Wir erkennen einige Kurbeln, mit denen alle Bewegungen – auch die Auf- und Abbewegungen – umgesetzt werden können. Ein automatisches Fokussiersystem stellte sicher, dass das Motiv stets scharf anvisiert wurde. Zur Beleuchtung der Szenen verließ man sich auf leistungsstarke Scheinwerfer, die mit polarisierten Filtern geschützt waren, sodass das Licht auf den Folien keine Reflexionen hervorrufen konnte.

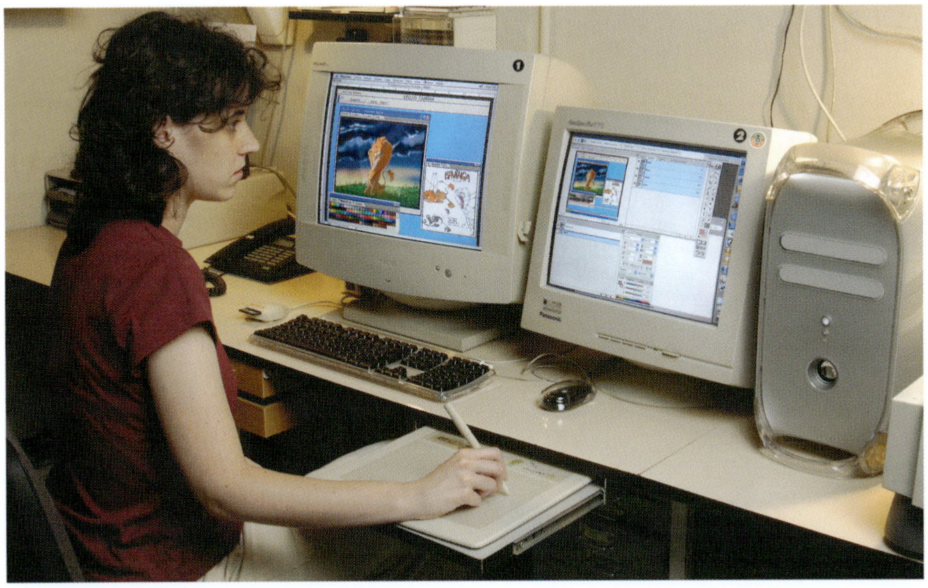

An einem gewöhnlichen Computer wie diesem, können wir nicht nur eine Animation vollständig kolorieren, sondern auch, die Szenen zusammenstellen, sie mit den Hintergründen kombinieren und das Finish vornehmen.
Möchten wir für eine Produktion traditionelle Animationen mit dreidimensionalen Szenenbildern kombinieren, werden die Hintergründe und die Bewegungen der Kamera an verschiedenen Computern bearbeitet, die jeweils mit speziellen Programmen ausgestattet sind.

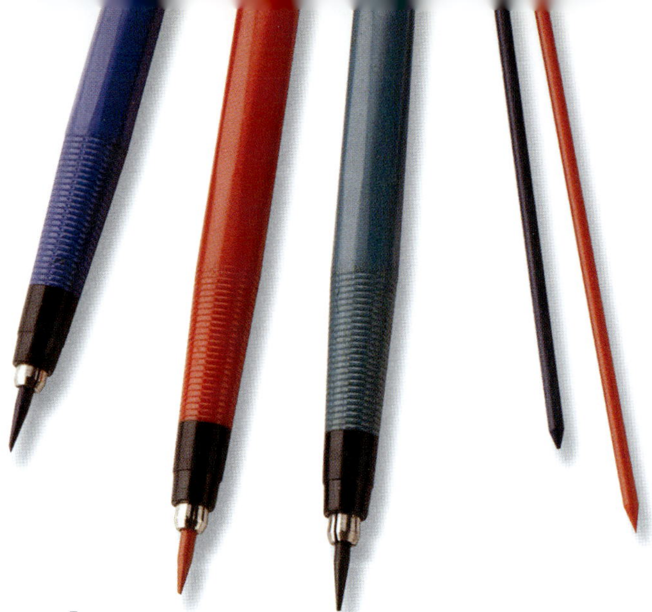

die Umsetzung des

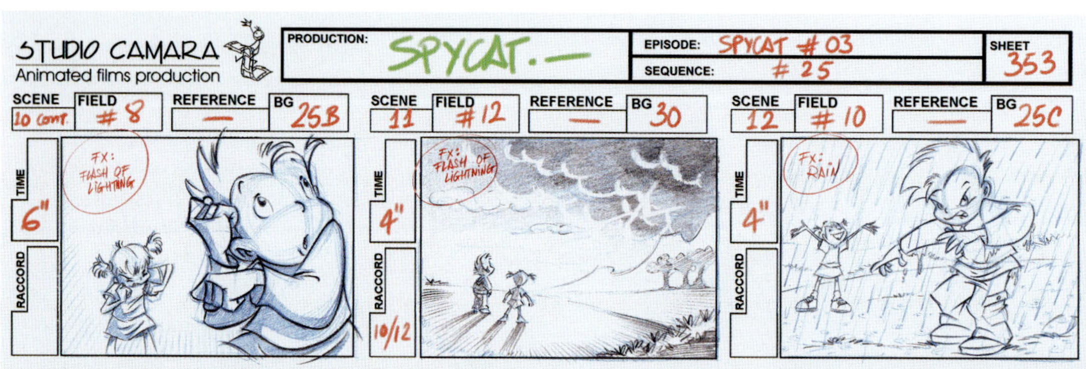

SERGI CÁMARA.
SPY CAT, 2004, AUSSCHNITT AUS DEM *STORYBOARD*.

Storyboards.

Ein Filmemacher muss das *Storyboard* präzise umsetzen,

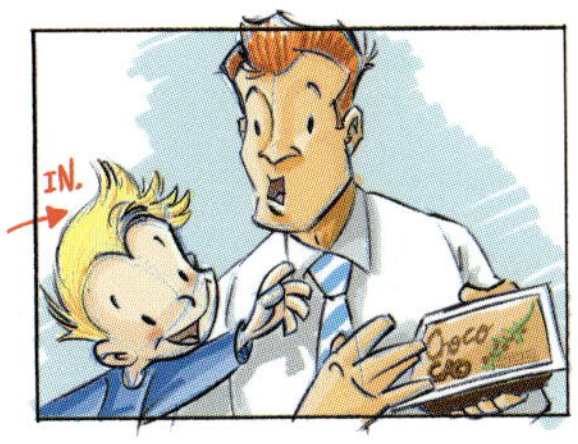

oder den Mitarbeitern, denen er diese Aufgabe überträgt, seine Vorstellungen und Absichten genauestens vermitteln können. Im Wesentlichen ist das *Storyboard* eine erste Struktur des Films, eine Aufeinanderfolge von gezeichneten Entwürfen. Es basiert auf dem Drehbuch, und muss alle wichtigen Angaben zum Film enthalten: Die Anzahl, Größe und Dauer der Aufnahmen, die Relation zwischen den Aufnahmen einer Sequenz sowie zwischen den Sequenzen untereinander, die Auswahl der Bildausschnitte einer Szene nach unseren Aspekten der Komposition und unter Beachtung der Beleuchtung, die Übergänge, die Kameraführung, die Dialoge, die Beschreibung der Handlung, etc. Zudem ist es auch ein Konzept für den zeitlichen Ablauf und Rhythmus unseres Films, der ja eine Aneinanderreihung von Aufnahmen unserer Zeichnungen ist. Mit dem *Storyboard* erhalten wir also einen detaillierten visuellen Bezug zur Handlung der Geschichte, die wir erzählen wollen.

auf der Suche nach der richtigen Aufnahme

bevor wir damit beginnen, das *Storyboard* zu bearbeiten, müssen wir lernen, in exakten filmischen Maßstäben zu denken. Schließlich zeichnen wir keinen Comic, sondern befinden uns mitten im Entstehungsprozess eines Filmes. Daher dürfen wir keinen Aspekt außer Acht lassen, der später für die korrekte Herstellung einer fertigen Aufnahme wichtig ist. Wir sollten die Geschichte mit visuellen Attraktionen verstärken und bereichern, an die nicht einmal der Drehbuchautor gedacht hat.
Die Planung muss allgemeine, wie auch sehr spezielle Aspekte berücksichtigen, wobei wir sicher stellen müssen, dass das Essentielle in jeder Aufnahme optimal von uns erfasst wird und die Aussage jeder Sequenz gut verständlich ist. Am besten ist es, später nochmals genau im umgekehrten Sinne vorzugehen und den Rhythmus jeder einzelnen Sequenz, sowie das Ergebnis der Sequenzen untereinander, welche die Aussage des Films und seinen allgemeinen Rhythmus bestimmen, mit der Struktur und der ungefähren Dauer jeder einzelnen Aufnahme abzustimmen.
Zwar ist nicht einmal diese durchdachte Planung die Garantie, genau das in Szene zu setzen, was wir in unserer Vorstellung visualisiert haben, aber mit Sicherheit hilft sie uns dabei, unserem Ziel näher zu kommen.
Die Frage ist jedoch: Wie gehen wir beim Lesen eines Drehbuchs vor, um es in Aufnahmen für den Film umzusetzen?
Sehen wir uns eine kurze Beschreibung an, die uns der Drehbuchautor über eine Szene vorgegeben hat:

Spy Cat reagiert erschrocken und hilflos gegenüber einem unbekannten Gegner, der ihn in die Enge treibt und eine drohende Gefahr darstellt.

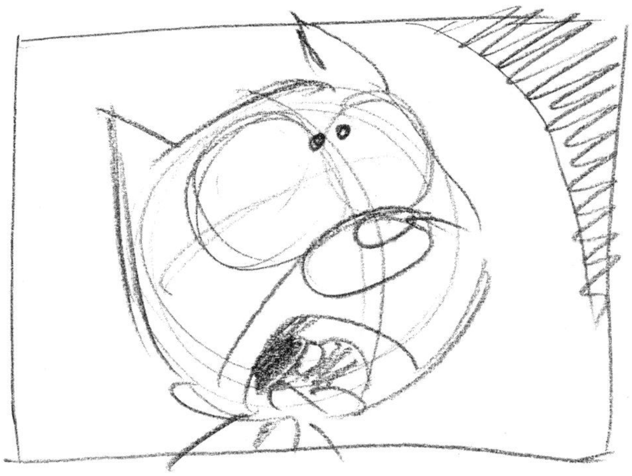

Wir sehen den hilflosen Gesichtsausdruck des Hauptdarstellers und erkennen die Richtung, aus der die Bedrohung kommt an seinem Blick, aber wir kennen nicht den Grund für seine Reaktion und auch nicht die Umgebung, in der sich die Szene abspielt.

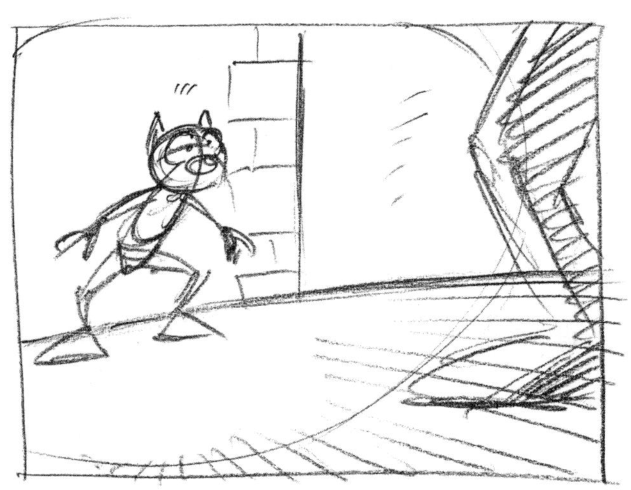

Wir sehen den erschrockenen Protagonisten und einen Teil des Gegners. Dieses Bild kann auf die bevorstehende Konfrontation zwischen beiden hinweisen, oder aber auf Spy Cats Flucht.

Wahrscheinlich eignet sich diese Einstellung am besten. Die Vogelperspektive betont Spy Cats Unterlegenheit gegenüber seinem Kontrahenten, von dem wir jedoch kein einziges Detail erkennen können. Nur seinen bedrohlichen Schatten. Durch die Totale sind Teile der Umgebung sichtbar. Dadurch entsteht für den Zuschauer ein beengendes Gefühl.

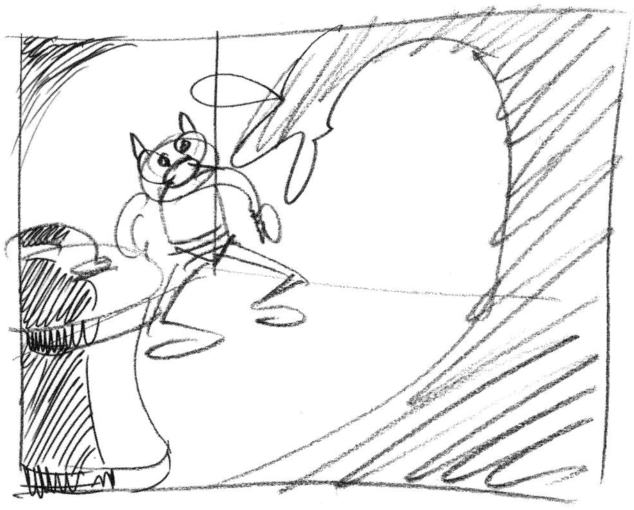

Es ist auch möglich, die Situation nicht in nur einerm einzigen Bild zu erklären, sondern eine Bilderreihe daraus zu machen, die den Inhalt weitaus umfassender vermittelt.
Dieses Beispiel zeigt uns Spy Cat von hinten gezeichnet. Er dreht sich herum, da er etwas bemerkt, und als er etwas erkennt, erschrickt er. In der nächsten Zeichnung sehen wir den „unbekannten Gegner" in der Froschperspektive, die seine Überlegenheit visuell betont. Es folgt die zuvor ausgewählte Zeichnung mit dem Schatten des Kontrahenten, der sich Spy Cat nähert, bis das ganze Bild schwarz wird.

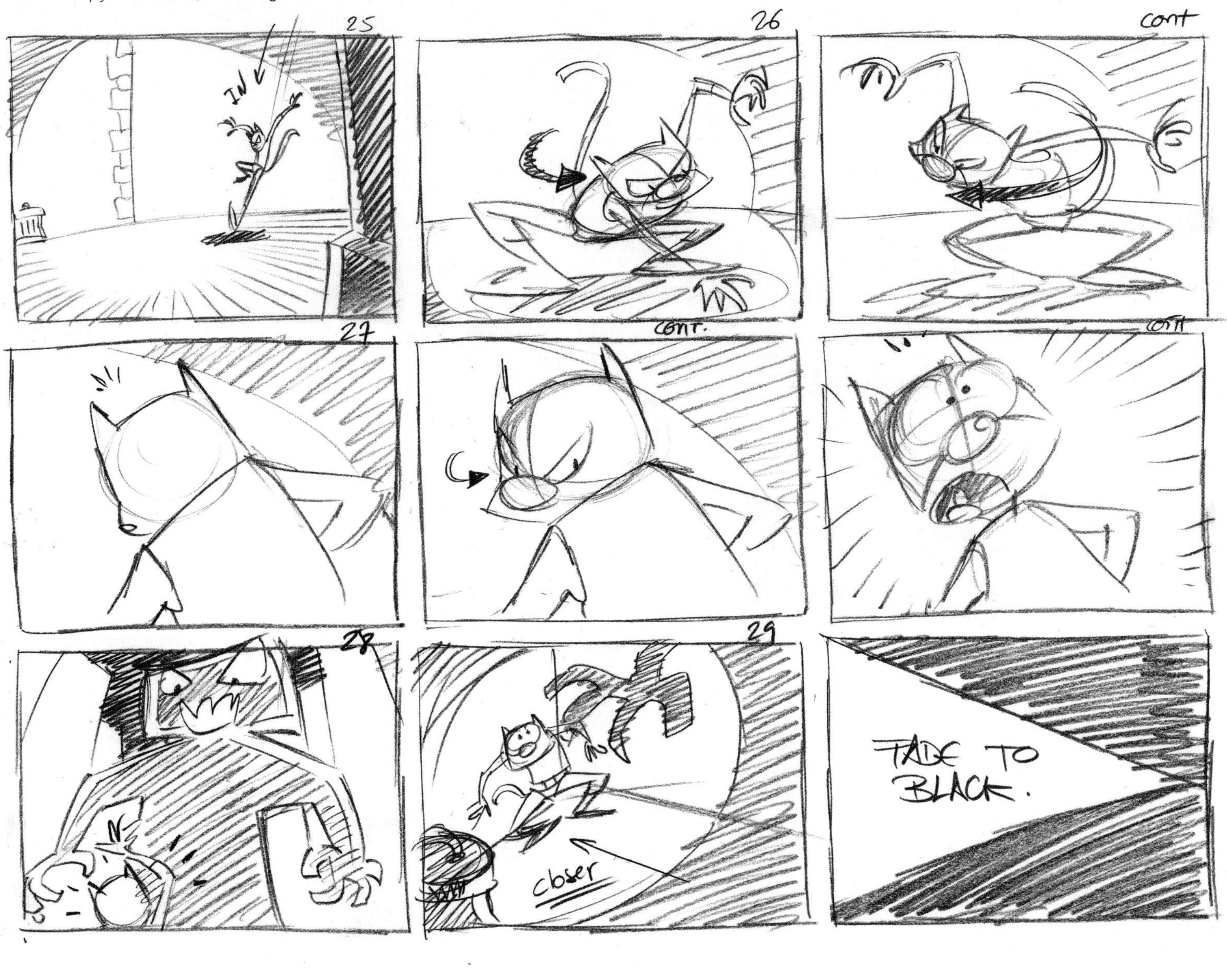

da ein *Storyboard* als Leitfaden sowohl für den Regisseur, wie auch für den Rest des Teams fungiert, müssen alle Hinweise so präzise sein, dass jede Sequenz und jede Zeichnung schnell und eindeutig erkennbar ist. Das *Storyboard* muss alle Informationen enthalten, die zur Umsetzung benötigt werden.

Grundlegende Angaben

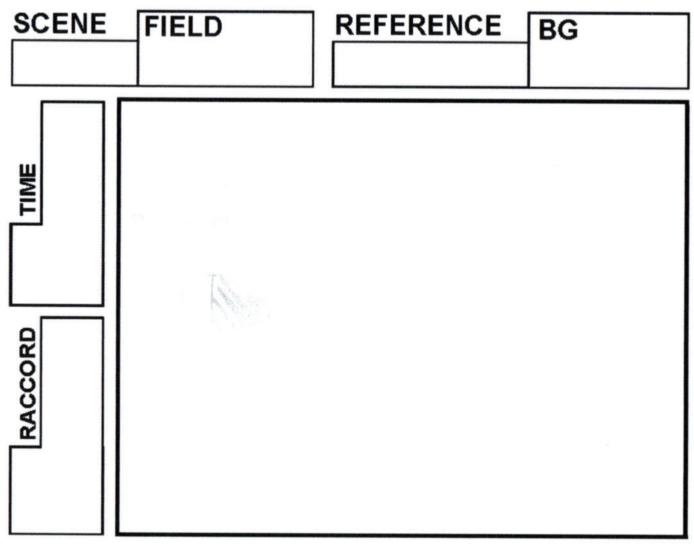

Jede Anschlussskizze der Story beinhaltet die Informationen, die für ihre Aufnahme relevant sind. In der Kopfzeile jeder Seite finden wir wichtige Angaben, wie den Titel der Episode, sowie die Nummer der Sequenz, etc.

Sobald man sich für die Art der Kameraführung und Spezialeffekte entschieden hat, trägt man sie unverzüglich ins Storyboard ein. Dabei ist es besonders wichtig, dass die benötigten Informationen in einer klaren und eindeutigen Form wiedergegeben werden.

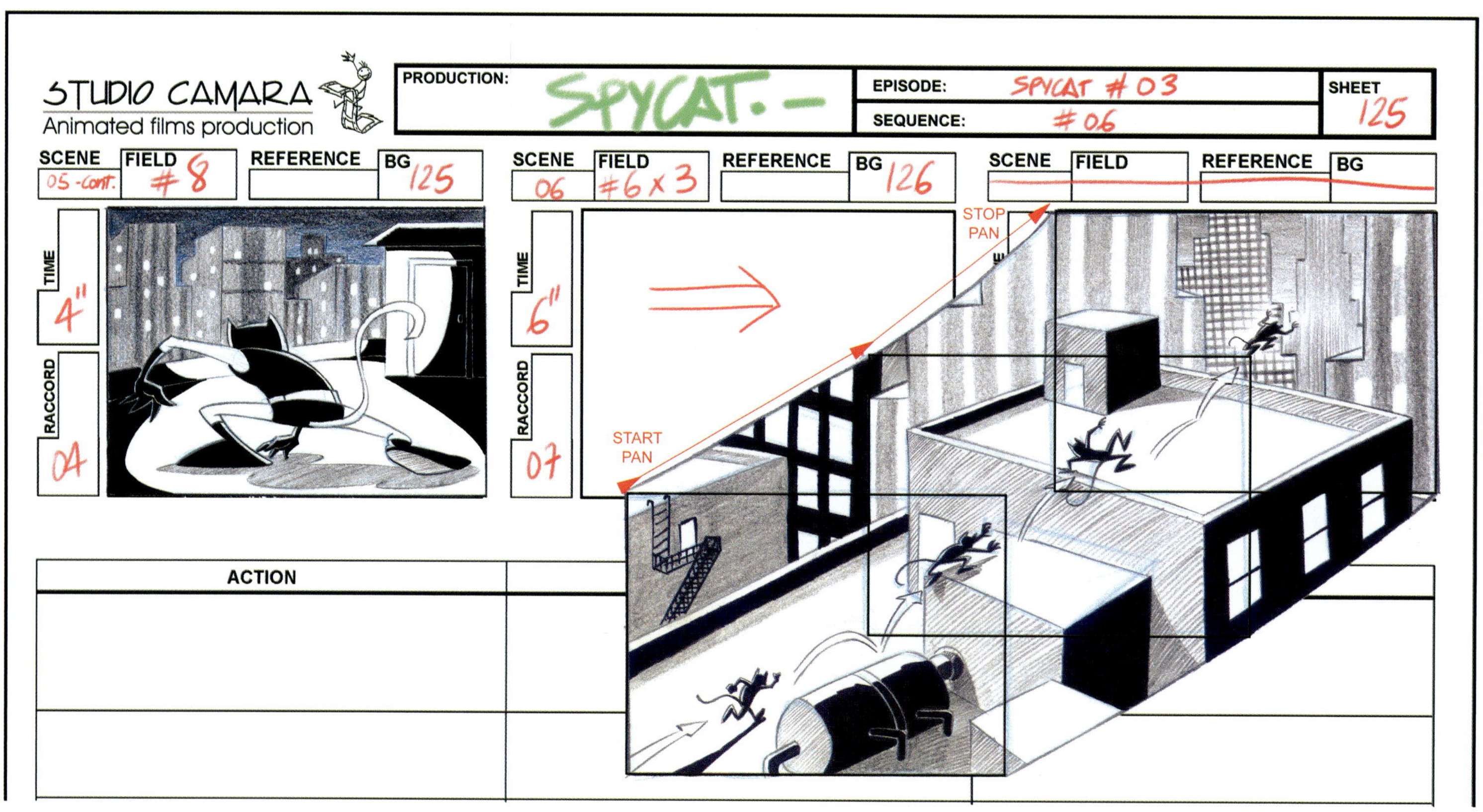

DIE ÜBERGÄNGE

In einem Film gibt es verschiedene Möglichkeiten, die Übergänge von einer Sequenz in die nächste gestalten. Wie bereits erwähnt, entspricht ein Wechsel der Sequenz auch einem Wechsel der Aktion in der Handlung, was uns in der Geschichte zeitlich und räumlich voranschreiten lässt. Innerhalb einer Sequenz geschieht ein Übergang meist durch einen Schnitt, da er natürlich und dynamisch wirkt und zudem ziemlich offensichtlich vorhanden ist. Wir nehmen einen Schnitt allerdings eher unbewusst wahr und bleiben zeitlich und räumlich an derselben Stelle. Zwar wird auch bei einem einfachen Sprung in die nächste Sequenz häufig ein Schnitt verwendet, jedoch benötigen wir für die Übergänge bei einem offensichtlichen Wechsel der Situation, sowie beim Voranschreiten in Zeit und Raum der Geschichte oder bei Zeitsprüngen in der Handlung noch andere visuelle Mittel. Wir konzentrieren uns im Folgenden auf die drei wichtigsten Übergänge: den Schnitt, die Ein- und Ausblendung (*Fade-In* und *Fade-Out*), sowie die Überblendung.
Alle anderen Mittel sind Variationen dieser drei Übergänge.

DER SCHNITT

Ein sauberer und direkter Übergang von einer Einstellung in die nächste. Da er erzählerisch sehr beständig ist, muss man besonders auf die visuelle Kontinuität achten (*Raccord*). Ein Schnitt bewirkt, dass die Erzählung flüssig bleibt. Er ist nicht unbedingt geeignet für drastische Änderungen der Handlung.

DIE ÜBERBLENDUNG

Der Übergang erfolgt hier langsam, wobei uns die Dauer des Übergangs Aufschluss über die Intensität der Änderung von Thema, Ort, Rhythmus oder Zeit gibt. Man kann eine Überblendung verwenden, um Rückblenden (*Flashbacks*) einzuleiten oder auf eine Szene, die noch bevorsteht, vorzugreifen (*Forward-Back*). Zudem ist die Überblendung ideal, um in einen Zeitraffer überzugehen (etwa beim Bau eines Hauses).

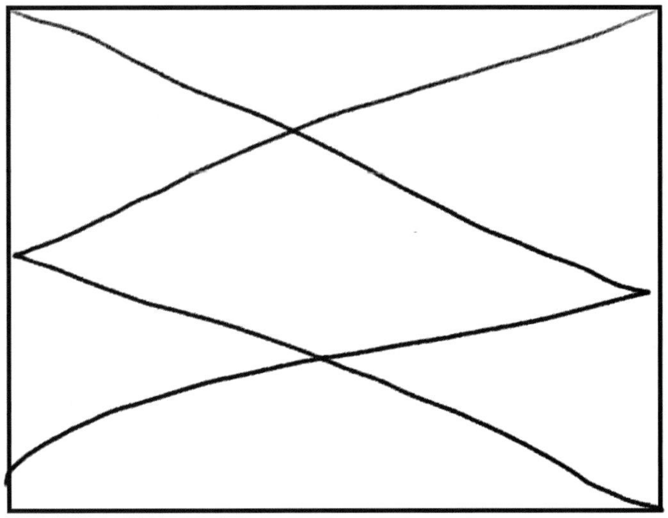

Diese Anschlussskizze verwenden wir im Storyboard*, wenn eine Überblendung eingesetzt werden soll.*

EIN- UND AUSBLENDUNG (*FADE-IN/ FADE-OUT*)

Während sich das Bild bei einem *Fade-Out* kontinuierlich verdunkelt, bis auf der Leinwand nur noch schwarz zu sehen ist, erhält die schwarze Leinwand bei einem *Fade-In* nach und nach mehr Licht, bis das Bild zu sehen ist. Beide Varianten, die wir wahlweise am Ende oder am Anfang einer Sequenz einsetzen können, sind durchaus vergleichbar mit Punkten oder einem neuen Absatz in einer Erzählung. Diese Art des Übergangs ist auch geeignet, um Änderungen in der Handlung zu verdeutlichen. Dabei muss der Übergang jedoch zeitlich länger sein.

Mit diesen Symbolen kennzeichnen wir die Ein- oder die Ausblendung.

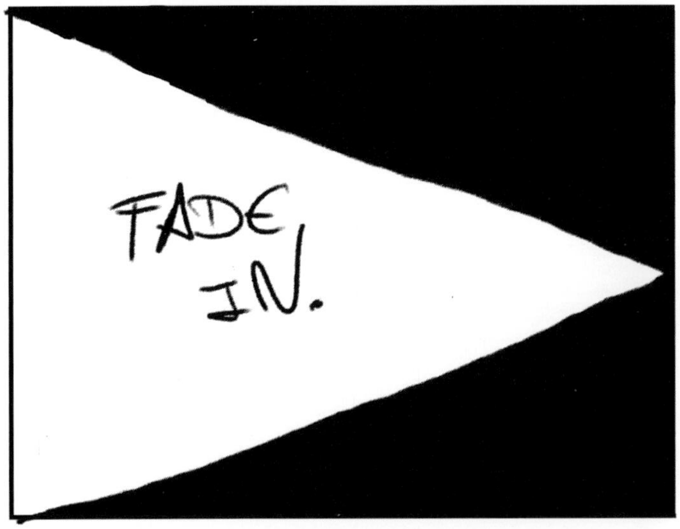

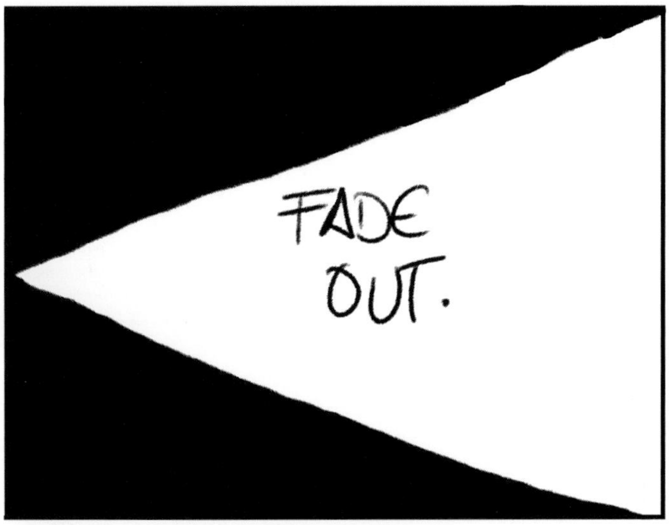

Stilrichtungen der Ausarbeitung

Natürlich ist das *Storyboard* nicht das Ergebnis unserer Arbeit, sondern es ist ein Mittel, das uns dabei hilft, unserem Ziel näher zu kommen.Daher muss es klar, kompakt und konkret formuliert sein.
Die künstlerische Ausarbeitung hängt in großem Maße vom Format des Films ab, sowie von der Auffassungsgabe und dem Teamgeist der Künstler, die am Film arbeiten. Das *Storyboard* eines Kurzfilms, an dem nur wenige Personen im selben Studio arbeiten, ist nicht vergleichbar mit dem einer Fernsehserie, an der viele Künstler mitwirken, und bei der Episoden sogar in räumlich getrennten Studios bearbeitet werden. Im Folgenden sehen wir einige Stilarten der künstlerischen Ausarbeitung eines *Storyboards*. Sie alle sind mögliche Varianten, die sich jeweils auf andere Schwerpunkte konzentrieren.

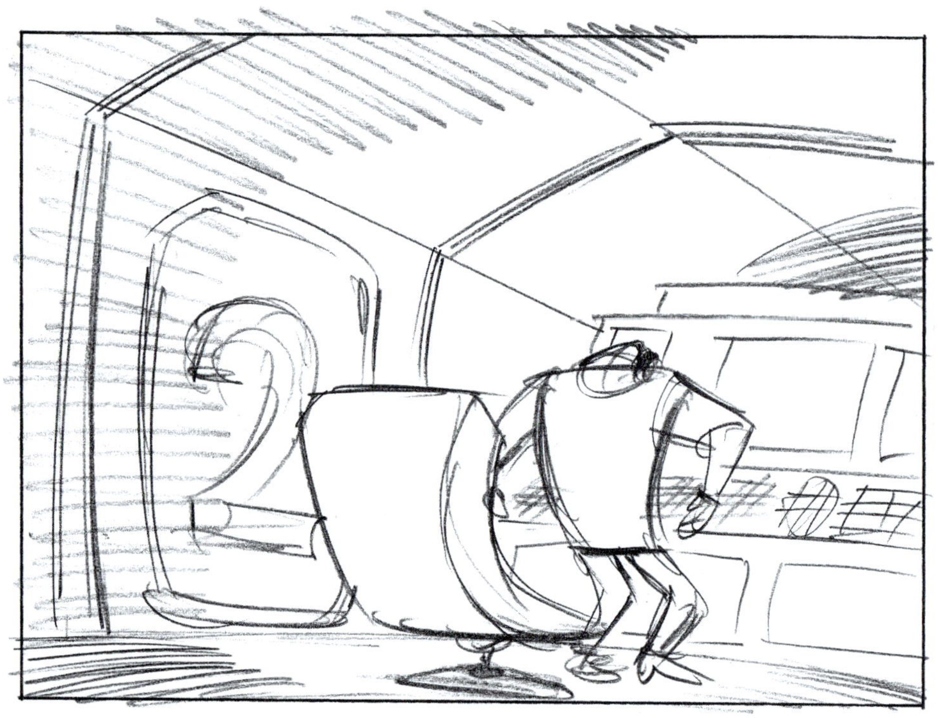

Für die Herstellung eines Kurzfilms kann ein Storyboard *ausreichen, das aus sehr einfachen und dynamischen Skizzen besteht. Jedoch muss der Regisseur dabei in ständigem Kontakt zu dem Team stehen, das den Film bearbeitet.*

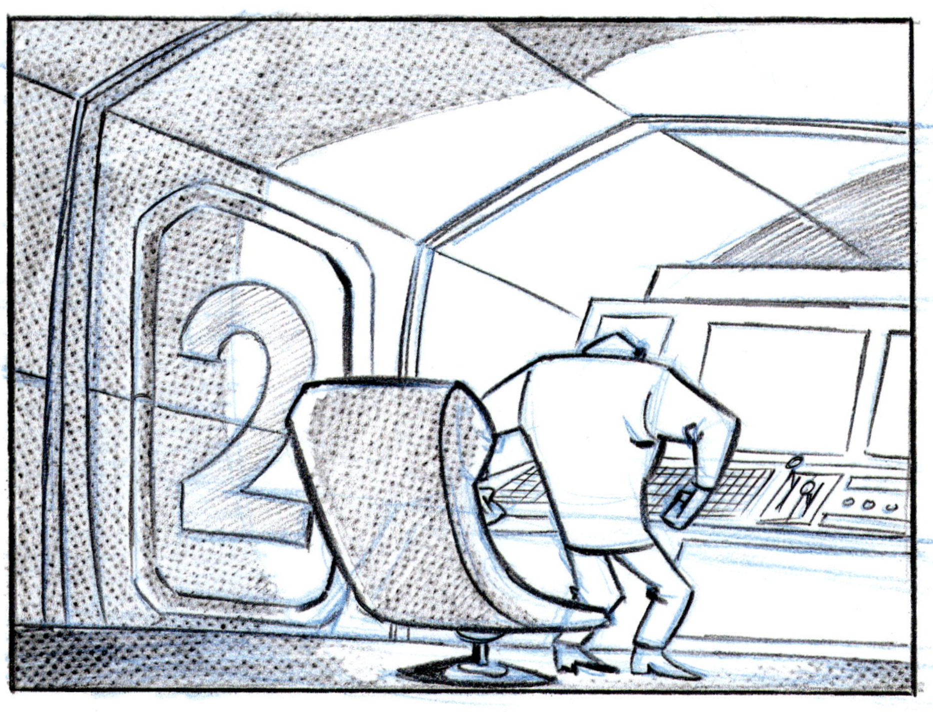

Ein ausgearbeitetes Storyboard *hilft bei der Umsetzung einer Animationsarbeit bei der Mitarbeiter in verschiedene Fachabteilungen unterteilt sind, und der Regisseur nicht direkten Kontakt zu jedem einzelnen halten kann.*

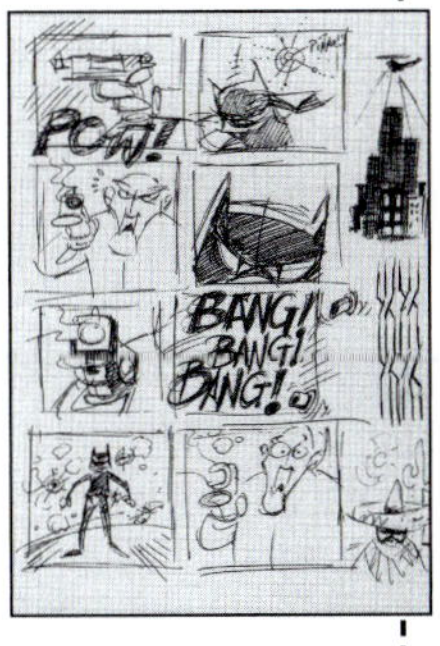

Ein guter Einfall für eine Sequenz kommt meist unerwartet. Am besten hält der Regisseur all seine Ideen auf diversen Zetteln fest. Mit weiteren mündlichen Anweisungen kann später ein Mitarbeiter aus diesen Notizen ein komplettes *Storyboard* erstellen.

Dieser Teil aus einem *Storyboard* würde absolut ausreichen, um einem kleinen professionellen Team die Vorstellung des Regisseurs verständlich zu machen. Einige nachträgliche Erläuterungen für die Verantwortlichen der verschiedenen Abteilungen genügen, um die Grundidee zu vermitteln und die Zusammenhänge zu konkretisieren. Ein weiteres Beispiel finden wir auf Seite 51. Obwohl beide sehr schlicht sind, können wir alle Figuren sowie die gezeichneten Details klar erkennen. Wann immer es erforderlich war, wurden sogar die Lichtverhältnisse angedeutet.

Unabhängig von der Ausarbeitung muss der Handlungsverlauf in jedem Storyboard *durch die Angaben von Schnittwinkel, Kamerawinkel, Bildkomposition und den Lichtverhältnissen visualisiert werden.*

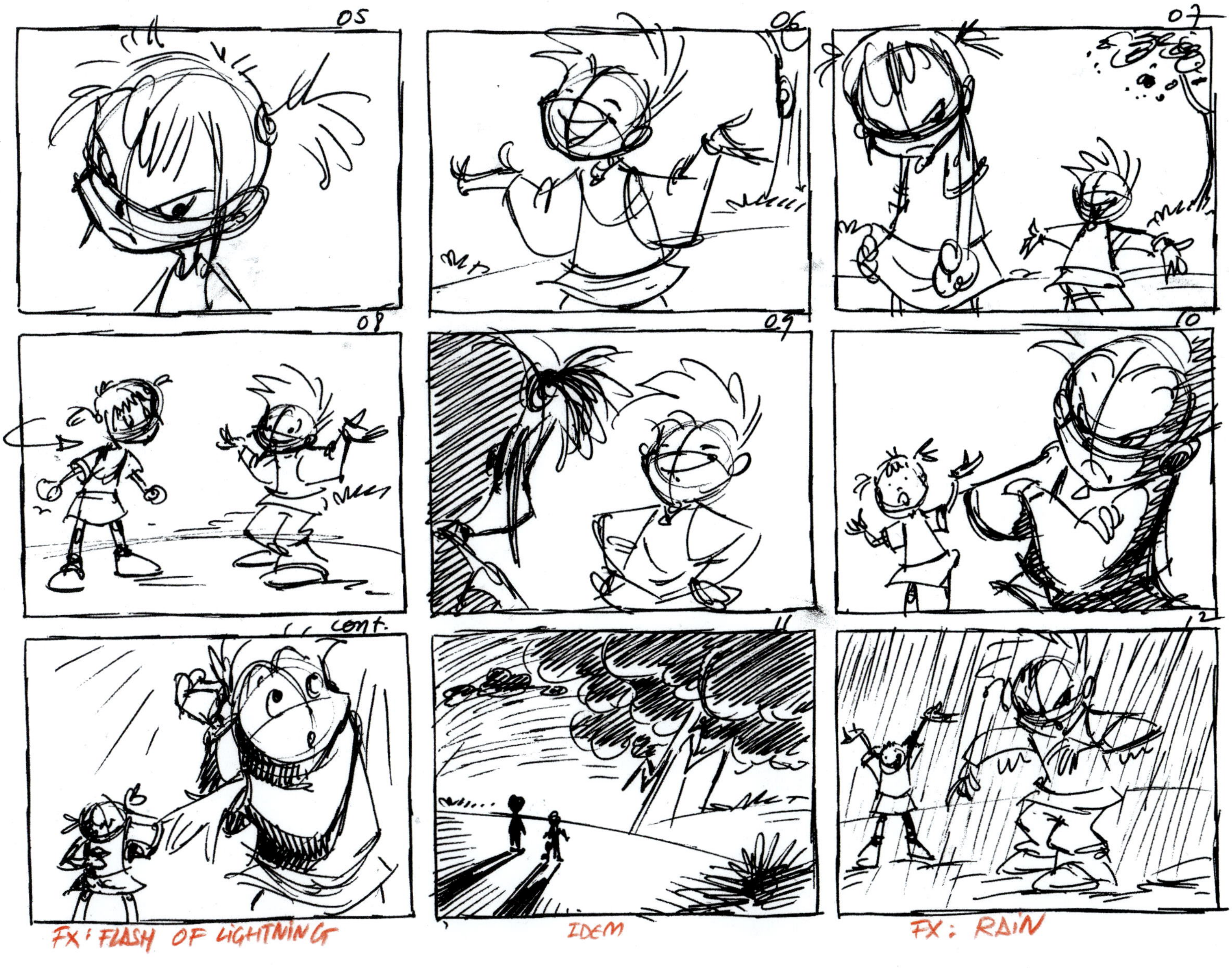

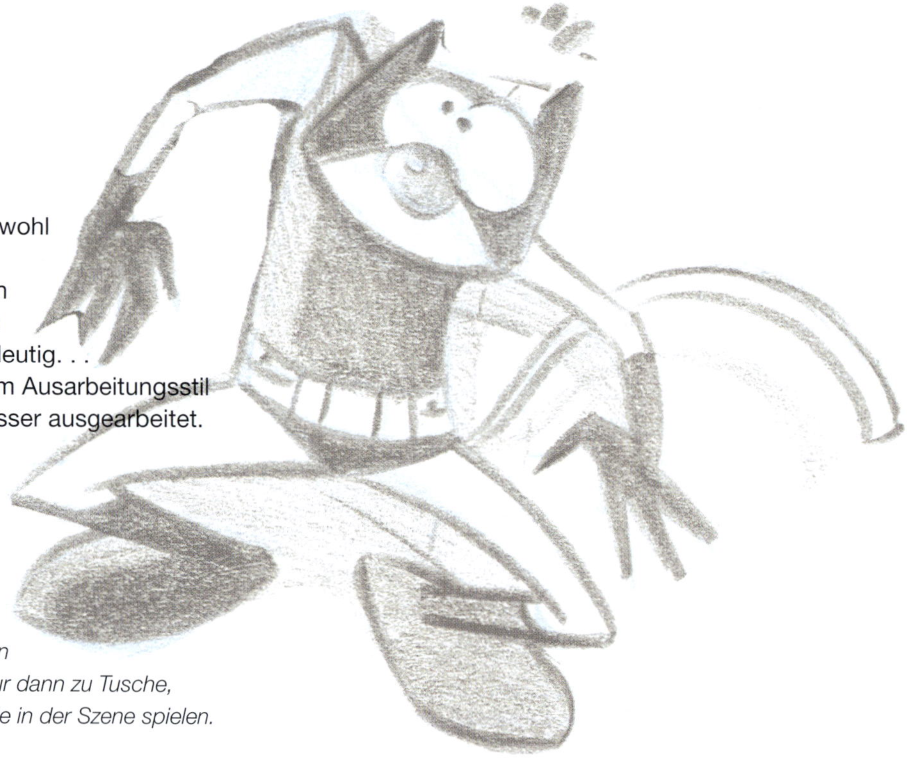

Diese Form der Ausarbeitung kommt wohl am häufigsten zum Einsatz.
Wir erkennen die Planung vollkommen klar, auch die Figuren finden wir leicht wieder, die Lichtverhältnisse sind eindeutig. . .
Zwar sind die Anweisungen bei diesem Ausarbeitungsstil die selben, jedoch sind die Details besser ausgearbeitet.
Diese Art des *Storyboards* wird meist für Fernsehserien verwendet.
Ein weiteres Beispiel ist der Ausschnitt auf Seite 41.

Die normalen Storyboards *für Fernsehserien werden mit Stiften bearbeitet. Man greift nur dann zu Tusche, wenn Licht und Schatten eine wichtige Rolle in der Szene spielen.*

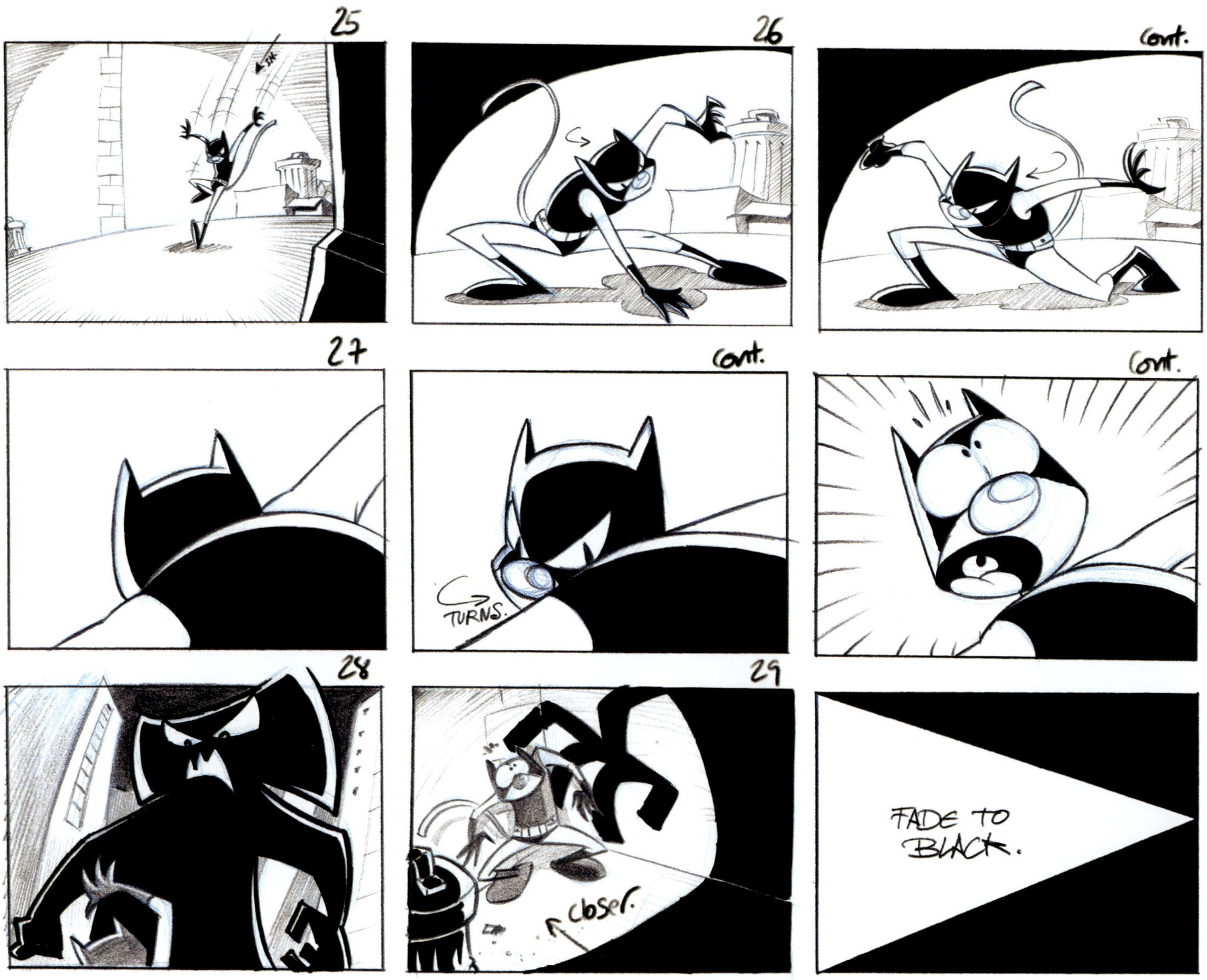

Der folgende Stil wird meist in *Storyboards* verwendet, die als Grundlage für Werbungen gedacht sind. Obwohl für die Erstellung meist ein kleines Team zuständig ist, das eng mit dem Regisseur zusammen arbeitet, werden die *Storyboards* bis ins kleinste Detail ausgearbeitet. Dieser Widerspruch erklärt sich dadurch, dass der Auftraggeber für die Animation meist ein Kunde ist, der sich mit den fachspezifischen Abläufen nicht auskennt, sodass die *Storyboards* allgemein und leicht verständlich gehalten werden. Die Ausarbeitung soll dem Kunden zeigen, was im Rahmen des Möglichen liegt.

Bei der Animationsarbeit für Spielfilme setzt man für gewöhnlich eine Mischung aus den drei verschiedenen Stilen ein. Mit einem ersten Entwurf skizziert der Regisseur die Grundideen seiner Erzählweise. Ein zweiter, ausgearbeiteter Entwurf erleichtert die Arbeiten am Layout. Eine dritte Zeichnung in Farbe wird nur dann erstellt, wenn die verwendeten Farbskalen elementare Bedeutung für das Erzählen der Geschichte haben oder bestimmte Stimmungen vermitteln sollen.

Bei einer Animationszeichnung für Werbezwecke erstellt man ein farbiges Storyboard, *damit der Kunde alle geplanten Einzelheiten des Films umfassend studieren kann. Handelt es sich um einen Spielfilm, setzt man Farbe nur in Sequenzen ein, in denen die farbliche Ausstattung der Szene Teil der Handlungsgestaltung ist oder den Zuschauer in diverse Stimmungen versetzen soll.*

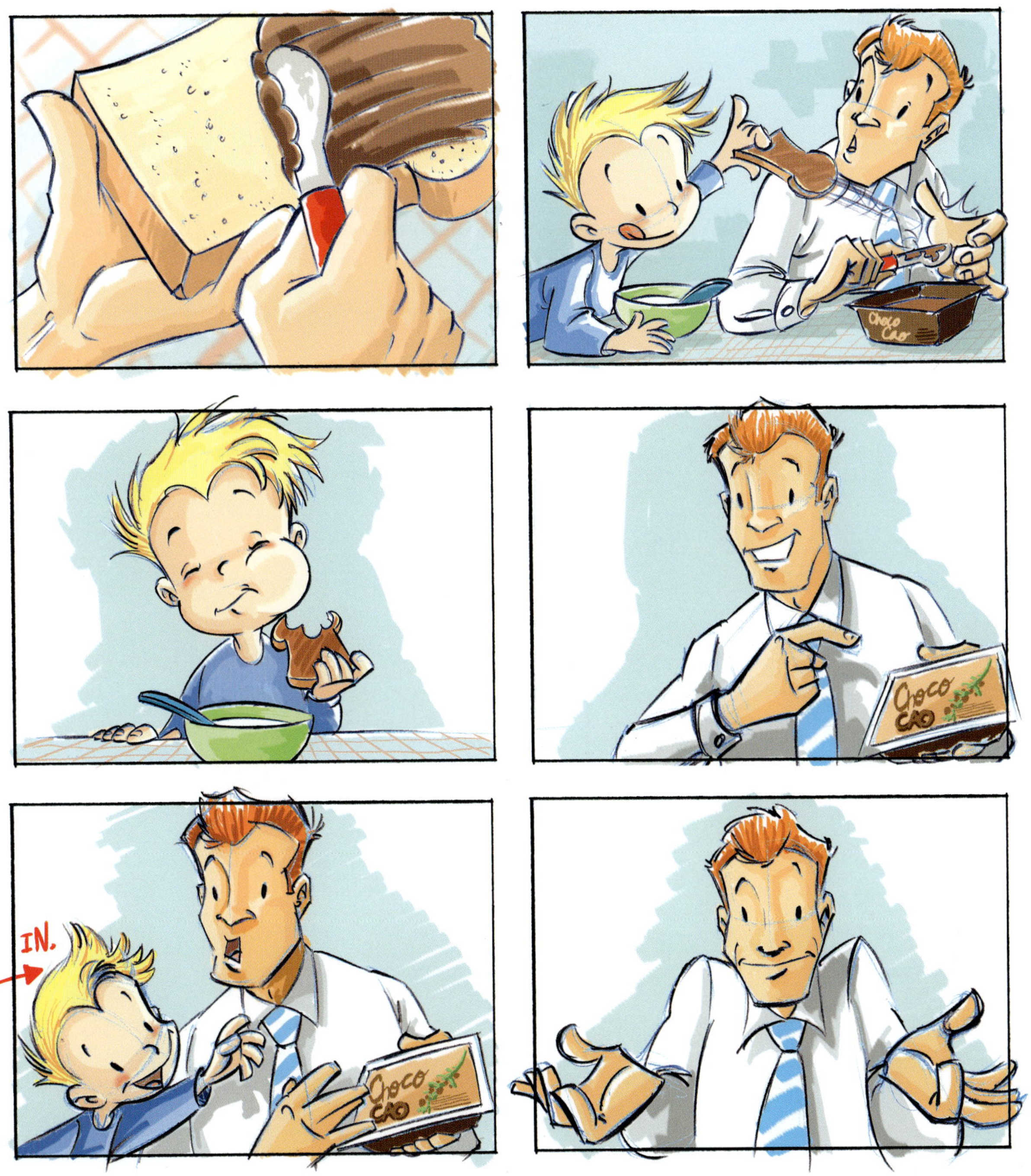

Gestaltung und Aufbau der Figuren

„ES IST LEICHTER, EINEN SCHAUSPIELER ZUM COWBOY ZU MACHEN, ALS EINEN COWBOY ZUM SCHAUSPIELER." *John Ford.*

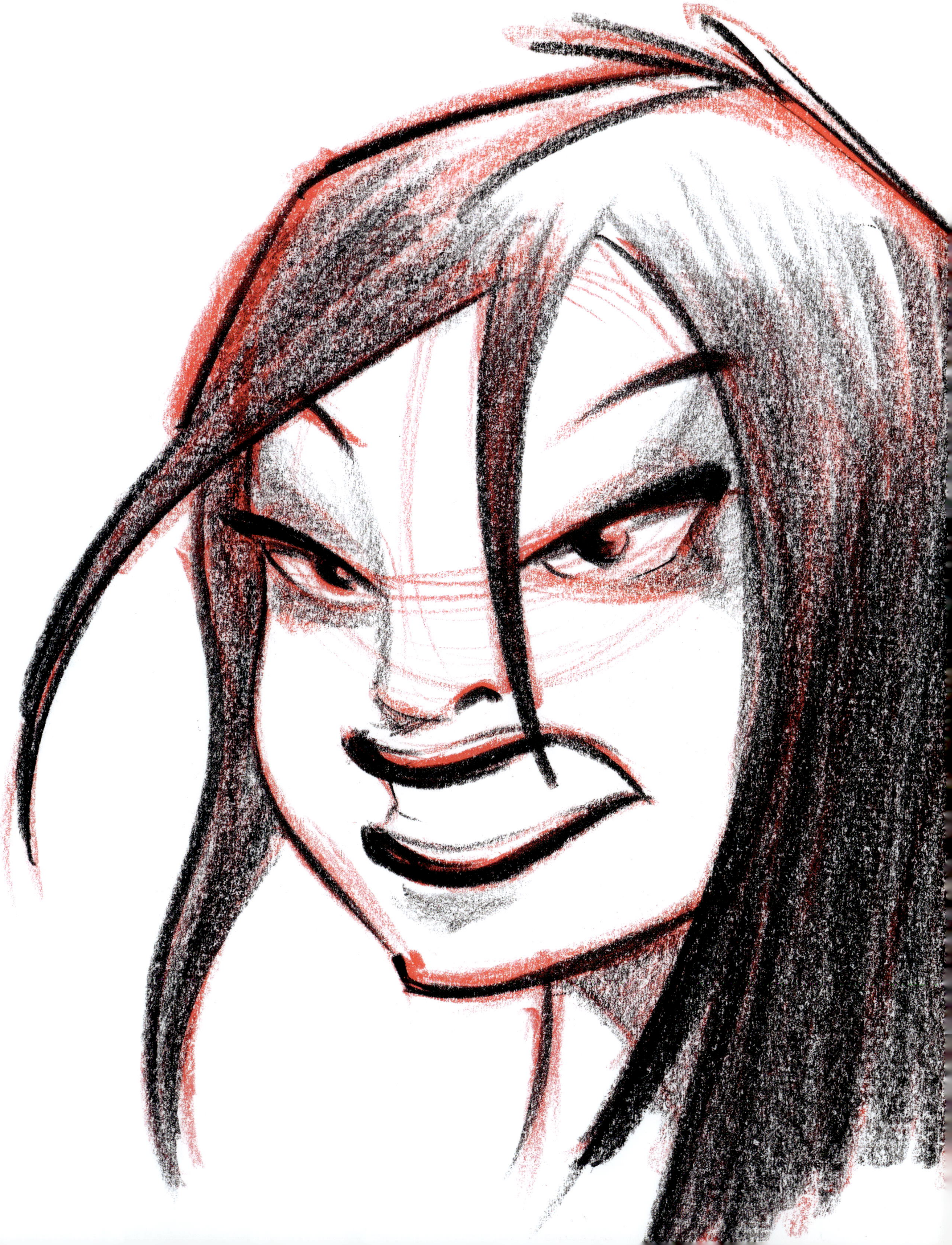

die Kreation der Darsteller nach Drehbuch

der eigentliche Darsteller in einem Animationsfilm ist der Animator selbst. Natürlich nicht körperlich, sondern in Form einer fiktiven Figur, der er mit Hilfe der Technik und nicht zuletzt seinen Stiften Leben einhaucht. Diese Figur führt das Publikum durch die Handlung des gesamten Films. Aus diesem Grund werden wir den Figuren ein psychologisches Profil, Morphologie, Struktur und Charaktereigenschaften verleihen, die für ihre Rolle in der Geschichte wichtig sind. Um den Zuschauer in die Zeit und die Situation der Handlung zu versetzen, müssen wir auch eine passende Garderobe und geeignete Accessoires für die Figuren erschaffen. Die Hauptaufgabe des kreativen Teams ist die Dokumentation und die Ausarbeitung eines detaillierten Entwurfs, der alle Möglichkeiten aufzeigt. Nur so können wir sicher stellen, den idealen „Darsteller“ für die Figur, der wir Leben einhauchen wollen, zu finden. Das kreative Team hält sich beim Erstellen ihrer Vorschläge bezüglich Ausarbeitung der Figuren, Hintergründe, etc. streng an das Drehbuch und leitet ihre Ergebnisse weiter an den Regisseur. Aus allen Entwürfen werden letztendlich die Figuren ausgewählt, die aufgrund ihres Aufbaus das geeignete Profil für die bestimmte Rolle aufweisen.

Ein detaillierter und individueller Entwurf jeder Figur hilft uns, die typologischen und charakteristischen Aspekte, die das Drehbuch vorgibt, einzuhalten, damit die Figur auch in das Konzept der Handlung passt.

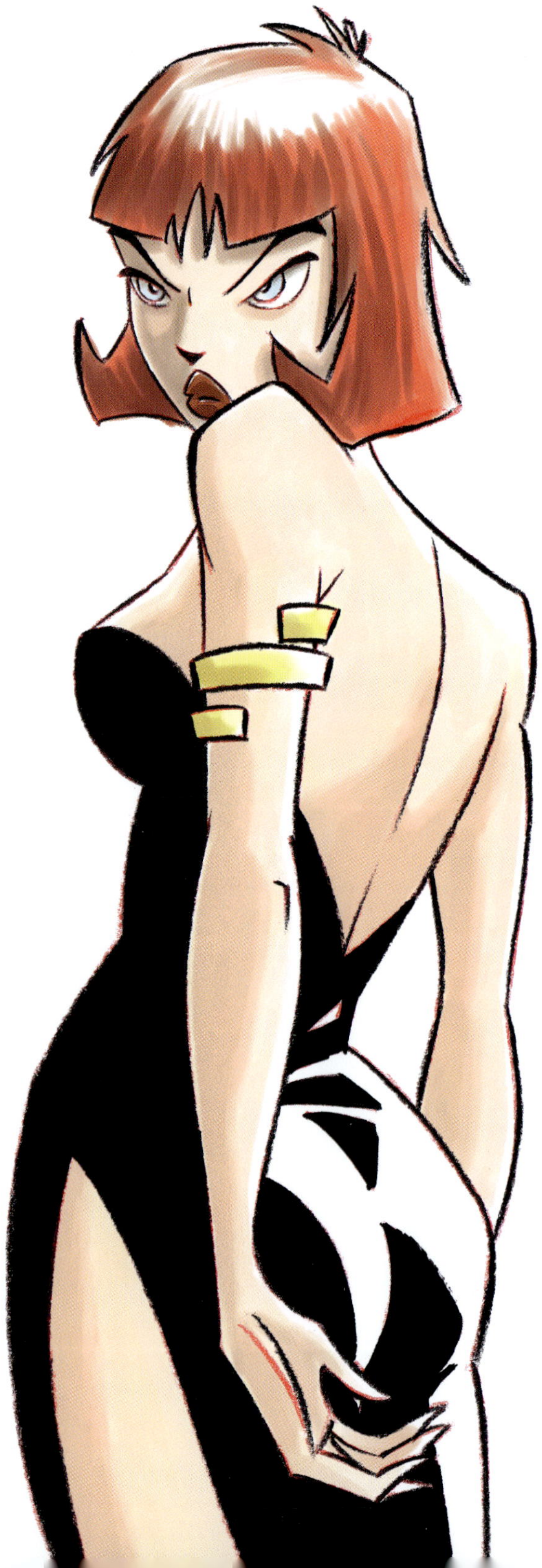

Die Figuren, die in einer Geschichte aufeinander treffen, müssen im selben grafischen Stil entworfen sein – es sei denn, man entscheidet sich aus künstlerischen Gründen bewusst dagegen. Für ein gutes Ergebnis ist es wichtig, Stilbrüche zu vermeiden.

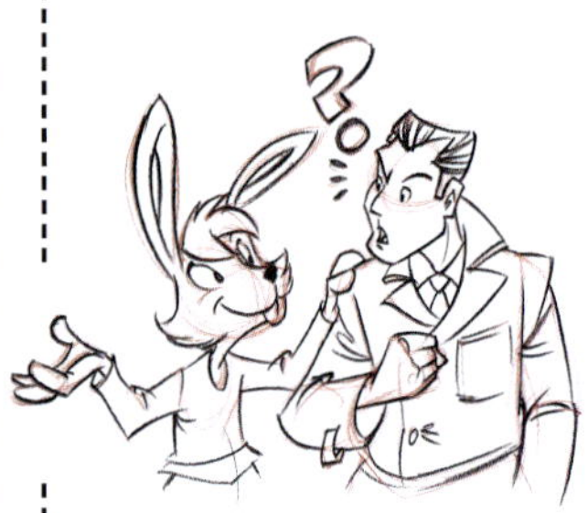

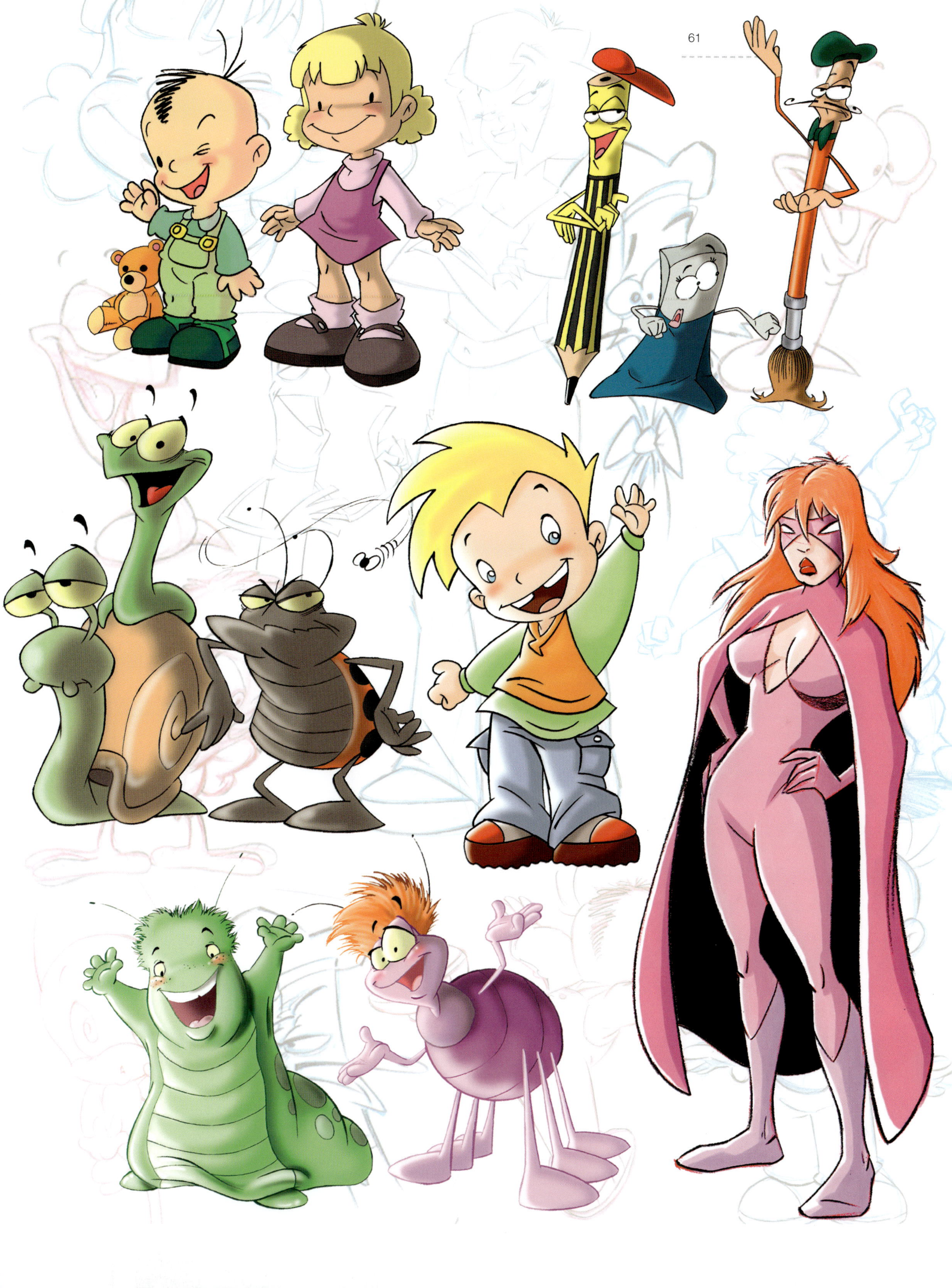

der Aufbau nach einfachen geometrischen Formen

In dieser Produktionsphase erstellt das kreative Team konkrete Entwürfe jeder Figur, auf deren Grundlage später alle anderen Künstler des Studios arbeiten werden. Da für den Zuschauer stets der Eindruck entstehen soll, sämtliche Zeichnungen seien von einem einzigen Künstler angefertigt worden, ist es wichtig, dass diese ursprünglichen Entwürfe auf einfache und leicht reproduzierbare Muster aufbauen. Schlecht strukturierte und undefinierte Modelle würden unterschiedliche Interpretationen ein und derselben Figur nach sich ziehen und damit auch Stilbrüche und falsche Formen. Als Folge würden die Figuren auf der Leinwand fehlerhaft und irritierend wirken, wodurch der Zauber unserer Geschichte vollkommen verloren ginge.

DER AUFBAU DES KOPFES

Wir betrachten die Schädelstruktur des Kopfes zunächst als ein rundes Gebilde, das bereits oval oder kugelförmig ist. Beim Aufbau unserer Figuren sollten wir beachten, dass ein großer, voluminöser Schädel im Allgemeinen besser zu Figuren mit hohem Intellekt passt und kleinere Köpfe eher zu Figuren, die vergleichsweise einfach gestrickt sind. Lang gezogene, kantige oder spitze Schädelformen eignen sich besonders für intrigante, böse und hinterlistige Charaktere. Auf dieser Basis beginnen wir damit, Achsen anzulegen, die uns die ungefähre Position der Augen und einiger wichtiger Gesichtszüge vorgeben.

Das einfachste und gebräuchlichste Mittel für eine einheitliche Gestaltung ist der Aufbau auf simple geometrische Formen, zum Beispiel nebeneinander liegende Kreise, die es uns auf Grund ihrer exakten Symmetrie und Proportion erlauben, alle verschiedenen möglichen Formen anzulegen.

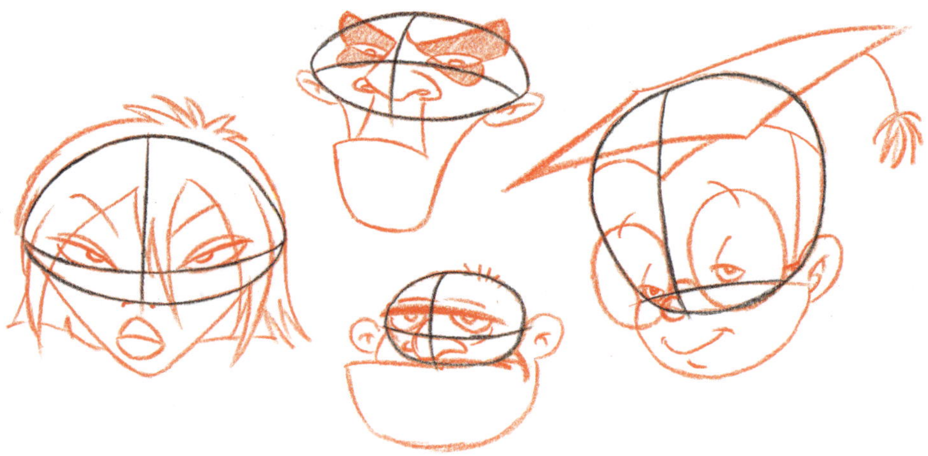

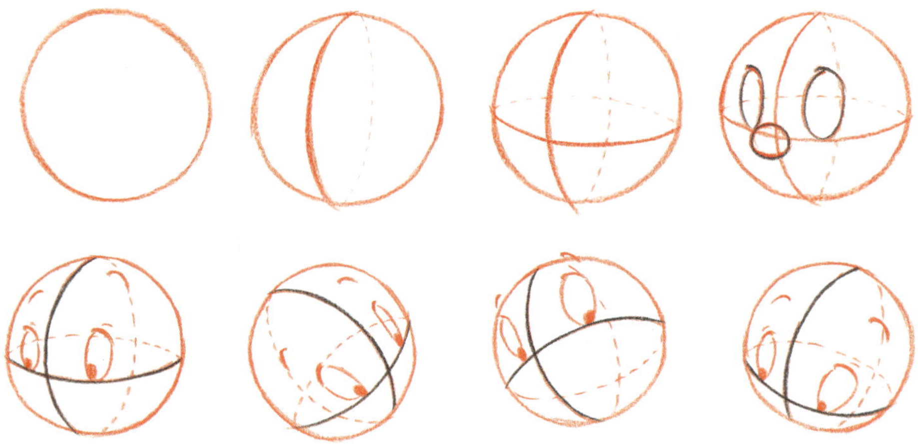

Die Achsen zeigen uns die Anordnung der charakteristischen Gesichtszüge einer Figur sowie die Blickrichtung. Die senkrechte Achse teilt das Gesicht der Länge nach und zeigt den Neigungswinkel des Kopfes, während wir an der horizontalen Achse, die wir zum Platzieren der Augen anlegen, erkennen, ob das Gesicht nach oben oder nach unten gerichtet ist.

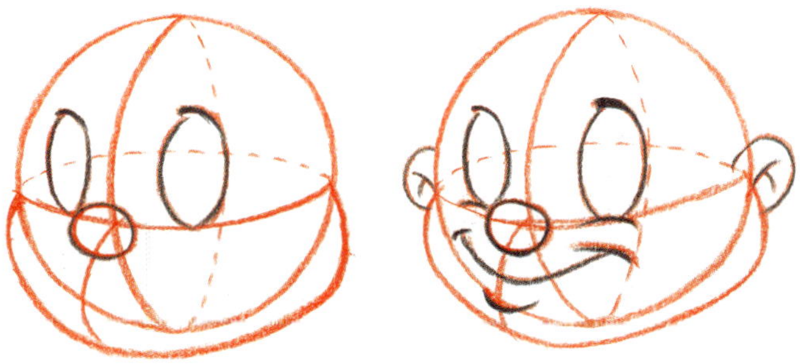

Genau wie beim Kopf lässt sich die Struktur des Kiefers aus einer runden Form konstruieren. Auch hier zeichnen wir Achsen ein, an denen wir den Mund zentrieren und die richtige Position der Nase festlegen können. Darüber hinaus gibt uns die Kieferpartie mehr Informationen über die Figur und beschreibt ihren Charakter etwas näher.

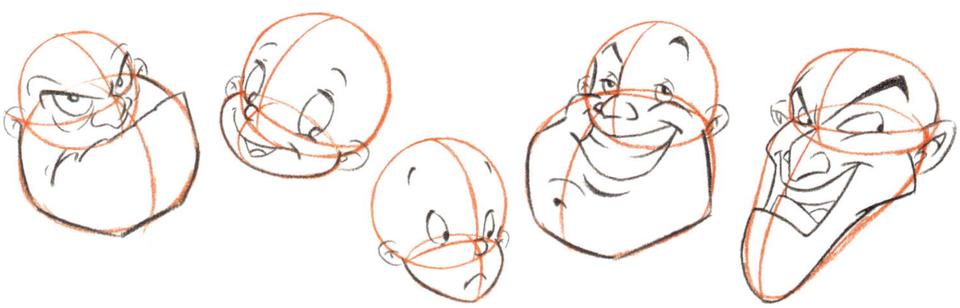

Verletzliche Figuren haben oft eine schmale Kieferform mit weichen, zarten Strukturen. Große und runde Formen finden wir dagegen oft bei massigen und schweren Figuren. Ist die Kieferpartie kantig oder quadratisch, denken wir sofort an starke Charaktere mit großer Entschlossenheit.

Zwischen den bisher beschriebenen Strukturen gibt es einen klaren Unterschied, den wir uns vor Augen halten müssen, wenn wir mit dem Animieren der Figuren beginnen. Während die Struktur des Schädels fest und starr ist, ist der Kiefer weicher und außerdem beweglich. Das ist ein wichtiger Aspekt, wenn wir Dialoge darstellen oder Gefühlsausdrücke zeigen möchten, da unsere Animation viel mehr Auswirkung auf den Bereich des Kiefers hat.

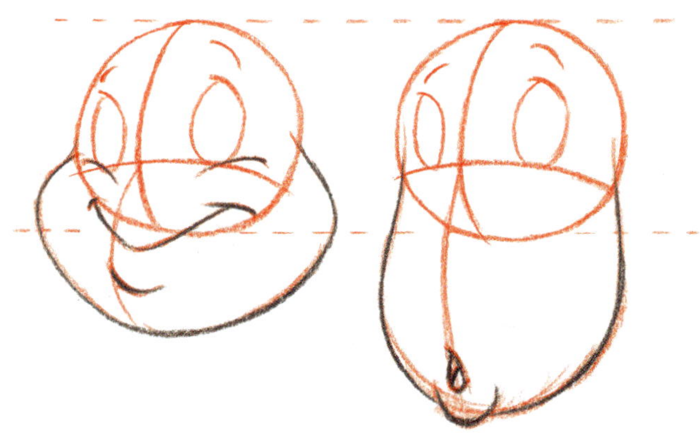

Die meisten Figuren in Kinofilmen oder Fernsehserien entstehen auf die zuvor beschriebene Art und Weise. Der einfache Aufbau macht sie leicht reproduzierbar und garantiert einen gleich bleibenden und einheitlichen Stil, auch wenn mehrere Künstler an derselben Figur arbeiten.

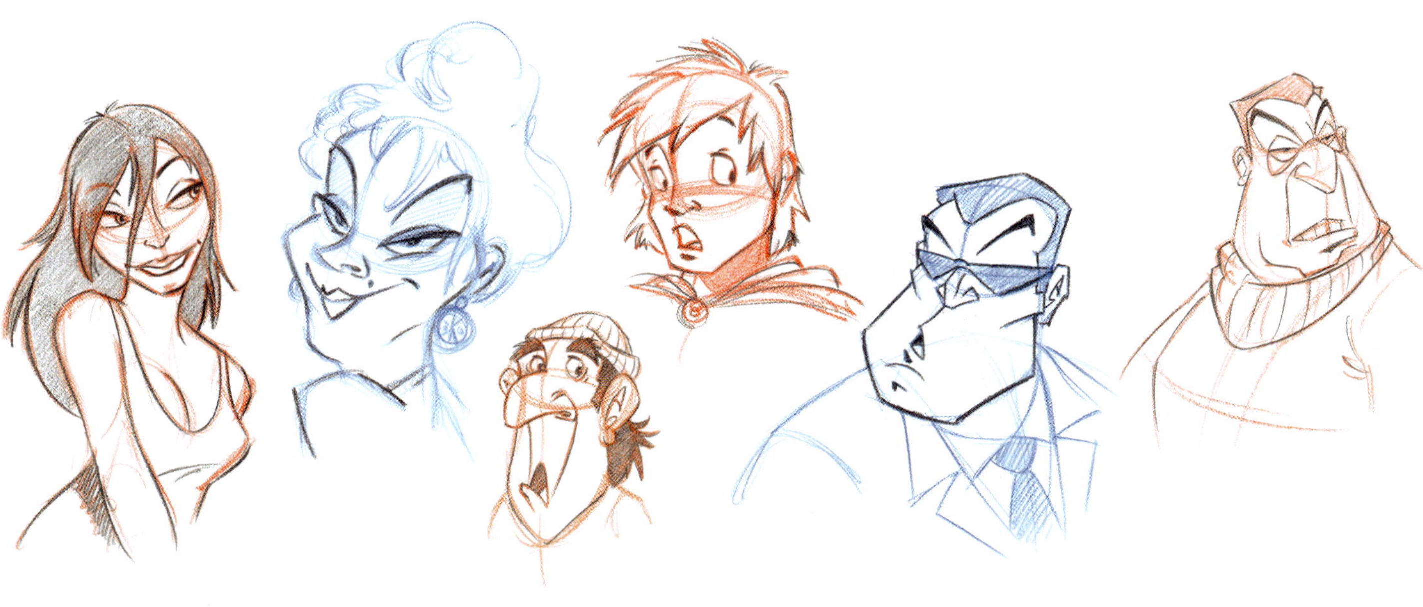

DER AUFBAU DES KÖRPERS

Für den Aufbau des Körpers einer Figur befolgen wir die klassische akademische Methode, die die Gesamtgröße eines menschlichen Körpers in acht Proportionen unterteilt. Da diese Methode eine Figur stets realistisch und proportional korrekt wirken lässt, behalten wir sie immer als Basis für unser Vorgehen beim Zeichnen bei.
Nur eine realitätsnahe Zeichnung, die absolut natürlich wirkt und nicht nur alle Gelenkfunktionen, sowie die Muskeln und Knochen detailliert darstellt, sondern auch die richtigen Größenverhältnissen aufweist, kann uns als Grundlage für eine kreative Ausarbeitung dienen.
Wenn wir unsere eigenen Vorstellungen bezüglich der Form und des Stils geschickt in eine anatomisch korrekte Zeichnung einfließen lassen, gelingen uns mit Sicherheit sensationelle Ergebnisse.
Nach den Vorgaben des Drehbuchs erstellen wir die unterschiedlichen Typiken unserer Figuren aus kugelförmigen und ovalen Variationen. Wir betonen die prägenden und charakteristischen Züge jeder Figur die wir darstellen, je nach ihrer Rolle im Film und nach der Funktion ihrer physischen und psychischen Merkmale.
Manchmal erhalten wir nicht einmal vom Drehbuchautor nähere Einzelheiten zur Typfrage der Figuren, und der gesamte kreative Prozess unterliegt unserer Verantwortung und hängt von unserer Intuition ab. Ebenso kommt es hin und wieder vor, dass wir eine sehr detaillierte Beschreibung erhalten. Der kreative Prozess setzt immer Teamwork voraus. *Art-Director*, Drehbuchautor und die Künstler, die alle Figuren schließlich entwerfen, müssen zusammen arbeiten.

Die klassische Methode der proportionalen Darstellung teilt einen menschlichen Körper bei erwachsenen Männern und Frauen in acht gleich große Teile. Bei Kindern und Jugendlichen werden zwischen vier und sieben Teile zu Grunde gelegt, und bei einer wichtigen Hauptfigur können es sogar neun Teile sein.

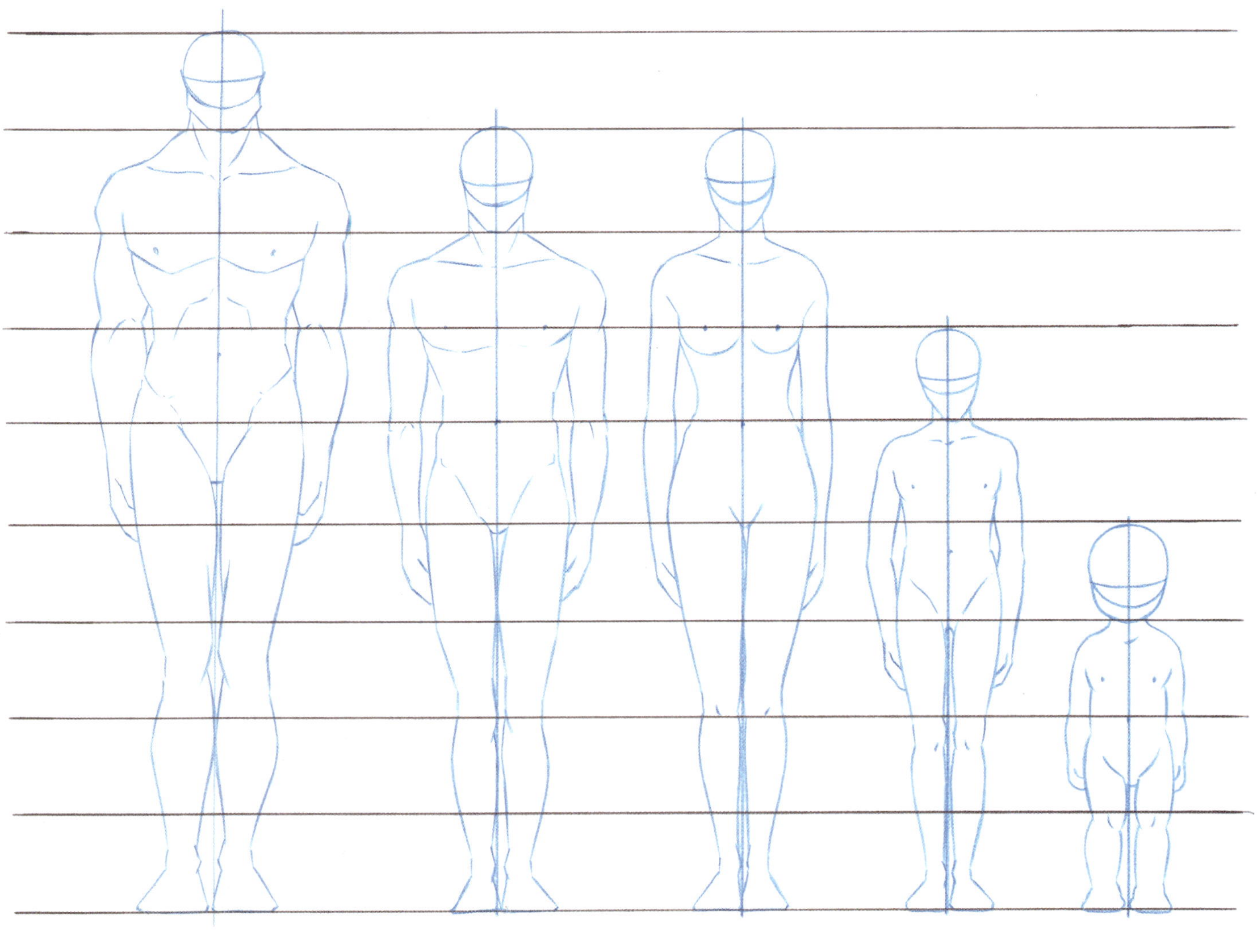

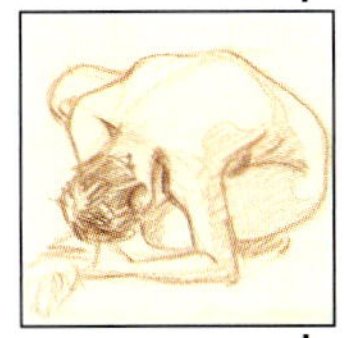

Bewirbt sich ein Animator bei einem Studio, dürfen in seiner Mappe naturgetreue Zeichnungen von Mensch und Tier keinesfalls fehlen.

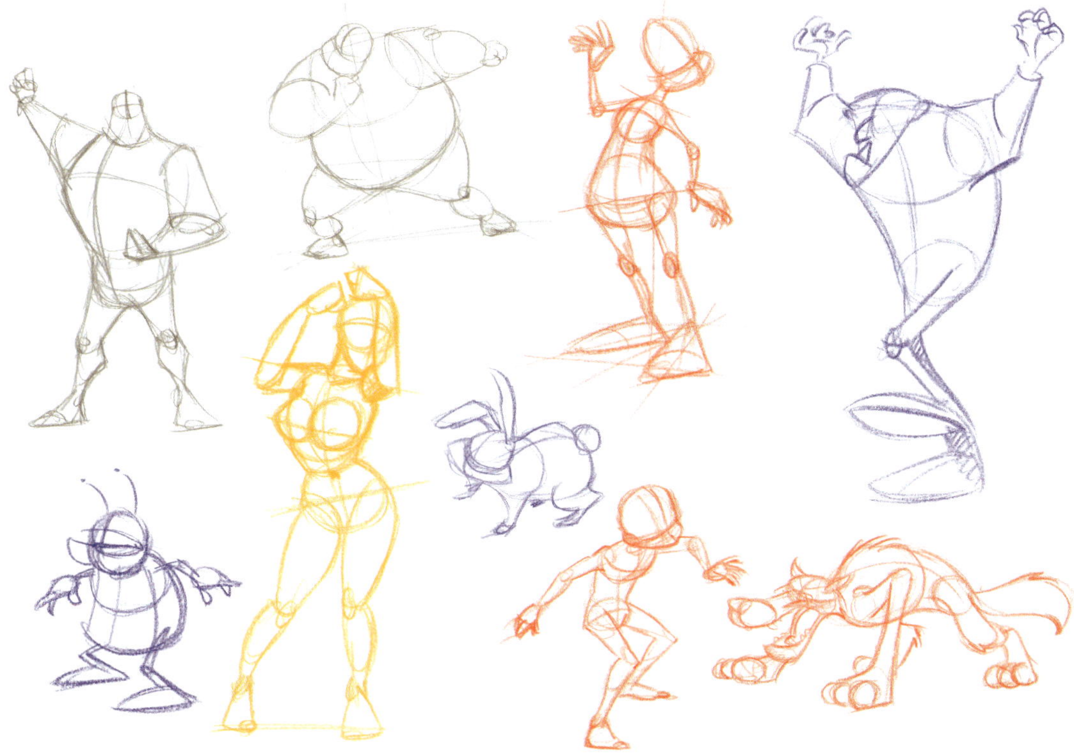

Wir zeichnen Ovale, um den Brustbereich und den Unterleib, sowie die Beine und Arme darzustellen. Jede Form und jede Struktur definiert einen Teil der allgemeinen äußeren Gestalt. Dahinter steckt die Grundidee, eine Figur in Strukturen aufzuteilen, die sowohl veränderbar wie auch reproduzierbar sind, wobei allerdings garantiert sein muss, dass die wichtigsten Charaktereigenschaften jeder Figur bis ins kleinste Detail nachvollziehbar sind.

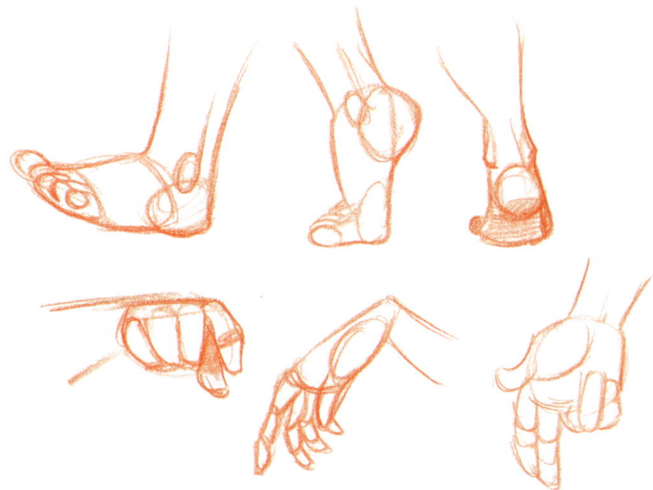

Auch die Hände und Füße entstehen auf der Grundlage von Ovalen. Mit der Ausdruckskraft der Hände werden wir uns später ausführlich befassen, zunächst jedoch lernen wir, ihre Hauptstruktur zu zeichnen, damit unser erster kreativer Versuch gut gelingt.

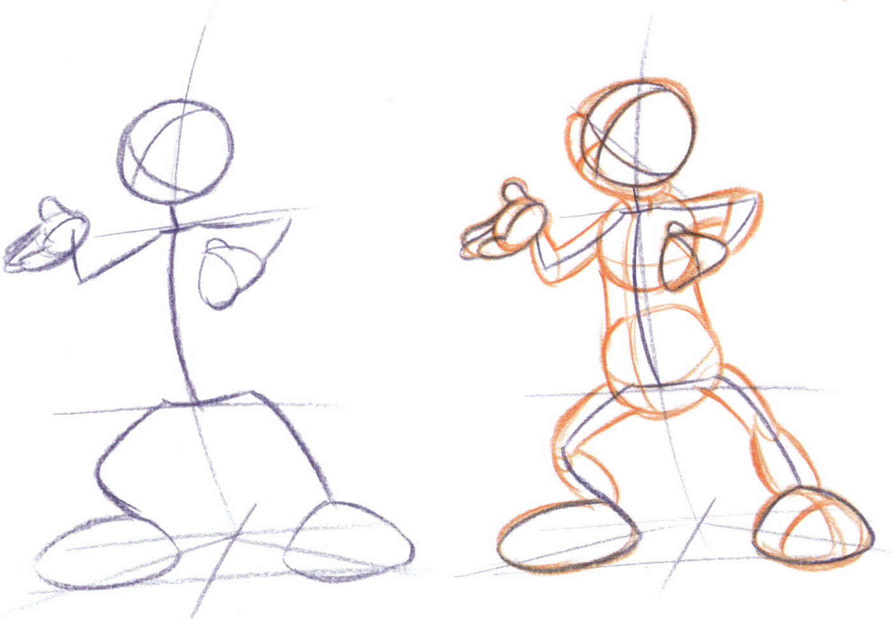

Um die ovalen Strukturen zu verbinden, benötigen wir ein Grundschema des Skeletts und eine Reihe von Linien und Achsen. Im Allgemeinen fertigt man einen ersten Entwurf der Figur mit Hilfe dieser Achsen und dem Skelett an. Auf diese erste Struktur legen wir das Volumen mit kugelförmigen Variationen und Ovalen an.

die Pose der Figur: das Grundgerüst definiert die Form

Ein wesentliches Merkmal, auf das wir bei jeder unserer Figuren achten müssen, ist deren Körperhaltung. Schon von Weitem erkennen wir Personen an ihrem Schritt, ihrer Art sich zu bewegen und an ihrer Gestik. Wenn wir also von der Pose sprechen, meinen wir eigentlich, dass der Betrachter, der einen flüchtigen Blick auf die Figur wirft, sie auch schnell wieder erkennen kann. Unser Entwurf soll also schlicht, ausdrucksstark und attraktiv sein.

Die Figuren, ob sie nun heldenhaft, süß oder hinterhältig sind, erhalten nicht nur durch ihre Morphologie und Details eine Persönlichkeit, sondern auch durch ihre Pose. Wir müssen imstande sein, nicht nur den Gemütszustand, das Verhalten und die Absichten der Figur, sondern auch, alles andere, was in der Szene passiert über die Körperhaltung wiederzugeben. Der Zuschauer soll in den wenigen Sekunden, die eine Szene dauert, den gesamten dramatischen Inhalt erfassen können. Dies ist grundlegend, da die gesamte Handlung erst durch die visuelle Kontinuität der rasch aufeinander folgenden Szenen verstanden wird.

Später lernen wir eine Reihe von grafischen Mitteln kennen, mit denen wir unsere Figuren in einer überzeugenden Pose darstellen und sie richtig in Szene setzen können.

Durch die Körperhaltung verleihen wir jeder Figur und jedem Objekt soviel „Leben“, dass der Zuschauer einen emotionalen Bezug entwickeln kann. Das Papier, auf dem wir eben noch gezeichnet haben, kann sich plötzlich in eine Figur verwandeln, die sich ideal dafür eignet, eine Geschichte zu spielen und sie uns zu erzählen.

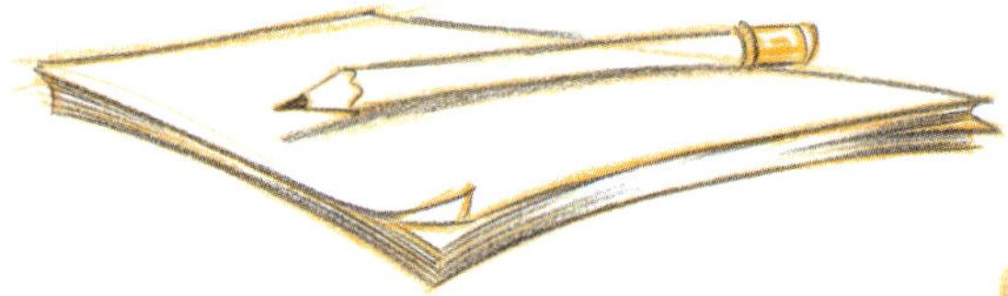

Bewegungslos.

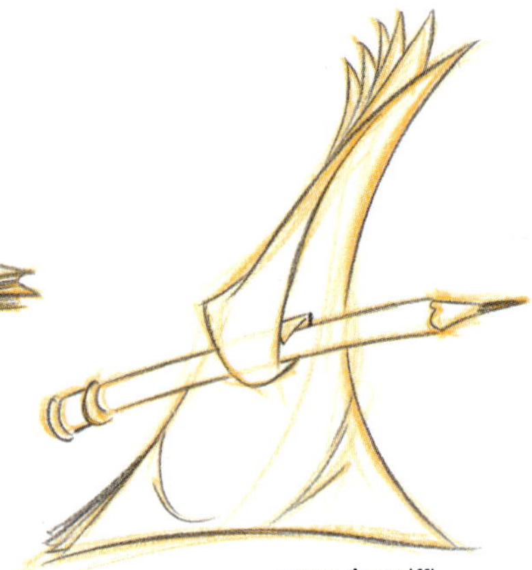

. . . zum Angriff!

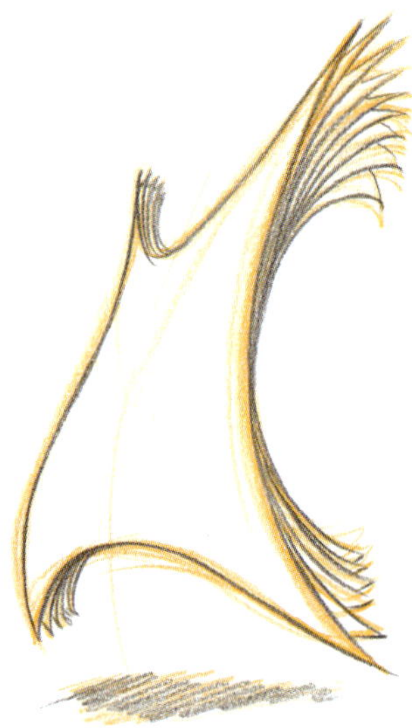

Freudensprung.

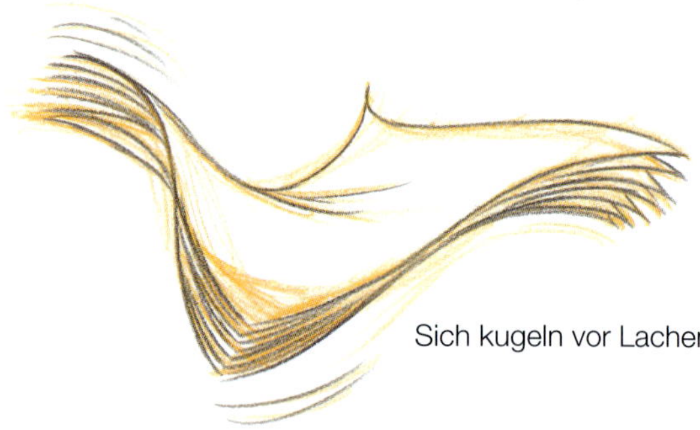

Sich kugeln vor Lachen.

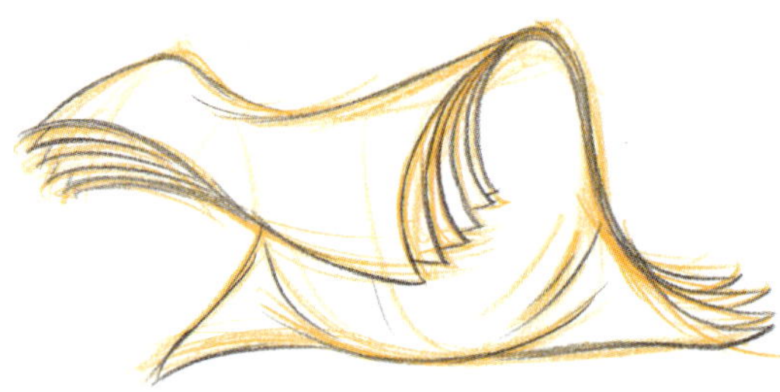

Niedergeschlagen.

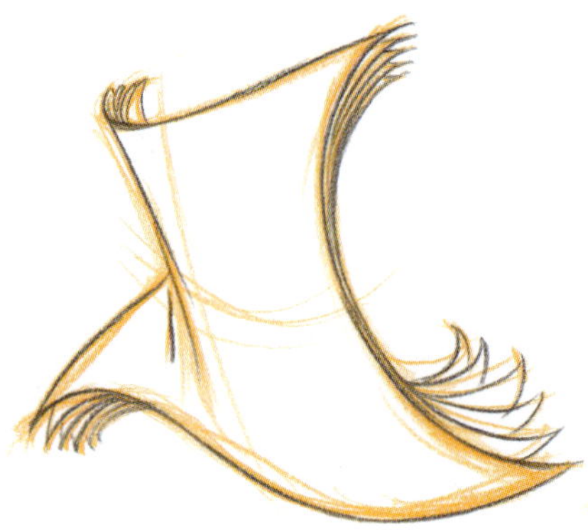

Im Laufschritt.

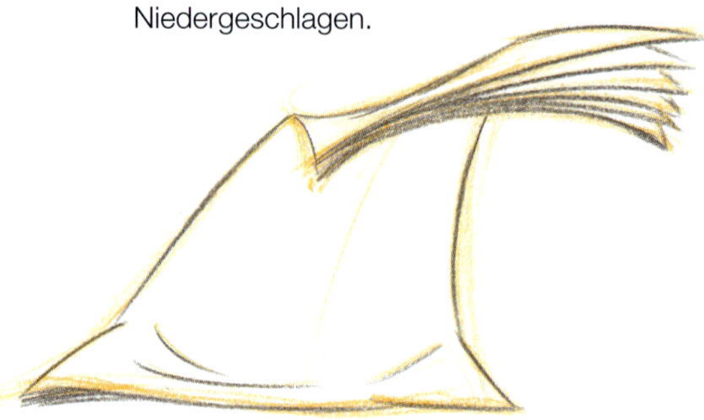

Neugierig.

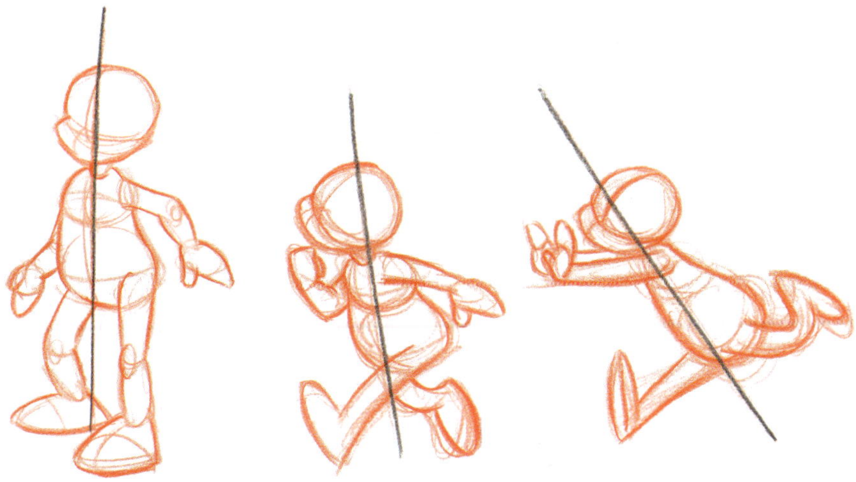

Die Gravitationsachse hält die Figur im Gleichgewicht, nicht nur im unbewegten, in stehender Position auf dem Boden, sondern auch im dynamischen Gleichgewicht, während sich die Figur gerade bewegt. Wir werden nachweisen, dass wir mit der richtigen Gravitationsachse jede Neigung oder Haltung einer Figur bearbeiten können, ohne dabei das Gefühl von Stabilität zu verlieren.

DIE ACHSEN

Wir müssen lernen, mit imaginären Linien zu arbeiten, die unseren Figuren, unabhängig von der Handlung, die sie gerade ausführen, Gleichgewicht und Stabilität verleihen. Diese Linien helfen uns auch dabei, die Figuren immer in der richtigen Perspektive zu zeichnen.

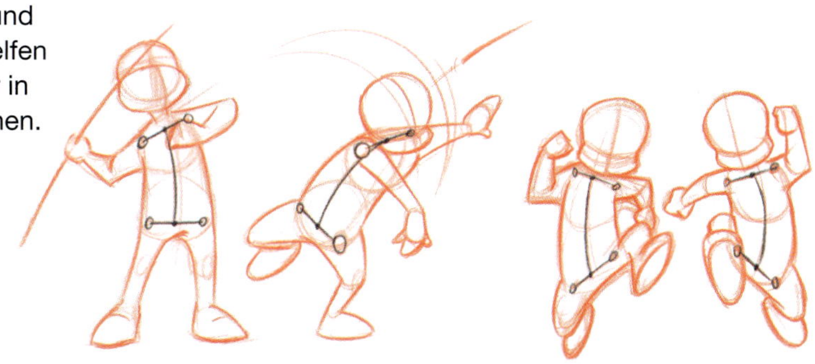

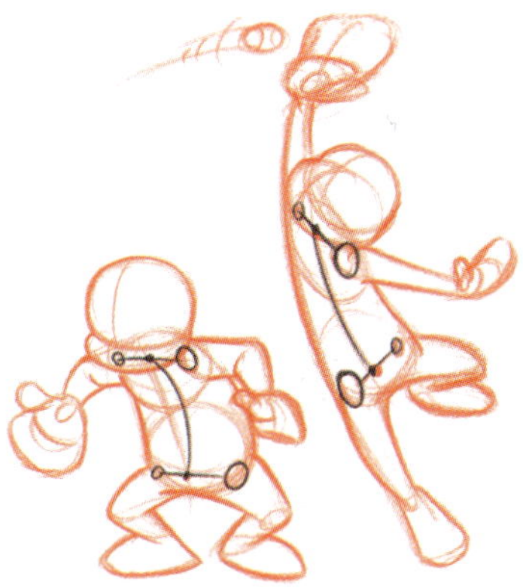

Die Achsen an den Schultern und den Hüften zeigen uns die perspektivische Haltung der Figur in der Zeichnung. Bei einer Bewegung der Figur können diese beiden Achsen in die entgegengesetzte Richtung verlaufen, damit die Figur dabei die nötige Balance beibehält. Wenn sich eine der Achsen in eine beliebige Richtung dreht oder neigt, bewegt sich die andere Achse immer im entsprechenden Tempo in die Gegenrichtung. Dabei richten sich beide Achsen stets nach der Gravitationsachse.

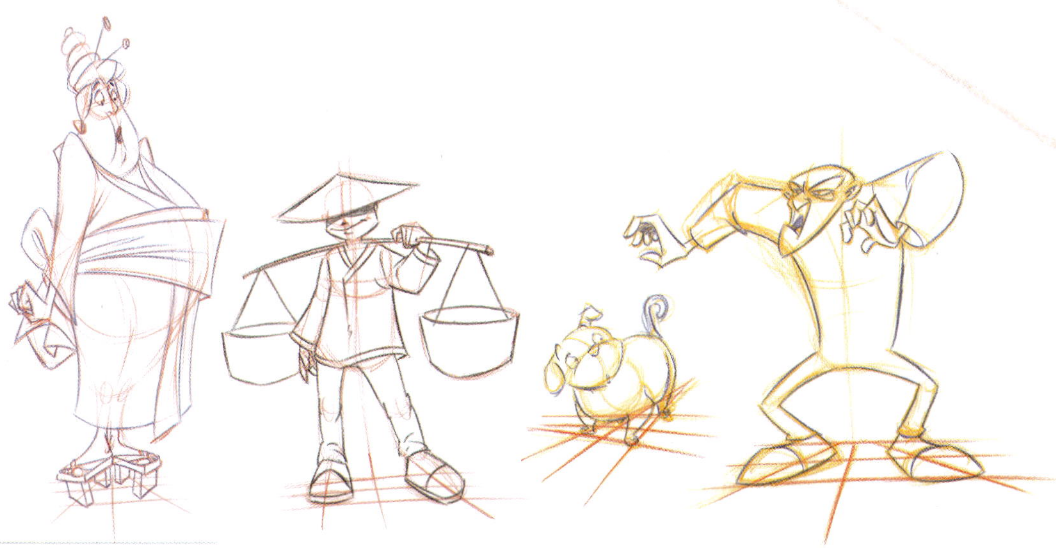

Unabhängig von der Gravitationsachse oder den Achsen an Schultern und Hüften, runden die Achsen, die die Fußstellung auf dem Boden festlegen die Pose der Figur ab. Sie verstärken das Gleichgewicht und die Ausrichtung der Figur ganz wesentlich, und geben ihr ein festes, stabiles und „reales" Erscheinungsbild.

DIE AUSDRUCKSLINIEN

Diese imaginären Linien drücken den Gemütszustand der Charaktere und die Stärke der Figur aus.
Sie helfen uns nicht nur, die jeweiligen morphologischen Strukturen deutlich zu machen, sondern sie zeigen auch psychologische Unterschiede zwischen den Figuren auf. Wie auch reale Personen besitzen unsere Charaktere einen festgelegten physischen Körperbau, der sie von vornherein befähigt, bestimmte Aufgaben zu erfüllen. Auf Grund ihres Charakters meistern sie verschiedene Situationen auf unterschiedliche Art und Weise.
Die Ausdruckslinien verdeutlichen also das Temperament, und von ihnen hängt ab, ob unsere Figuren mehr oder weniger tapfer oder energisch auftreten, ob sie unselbstständig sind, oder ob sie Entscheidungen alleine treffen.

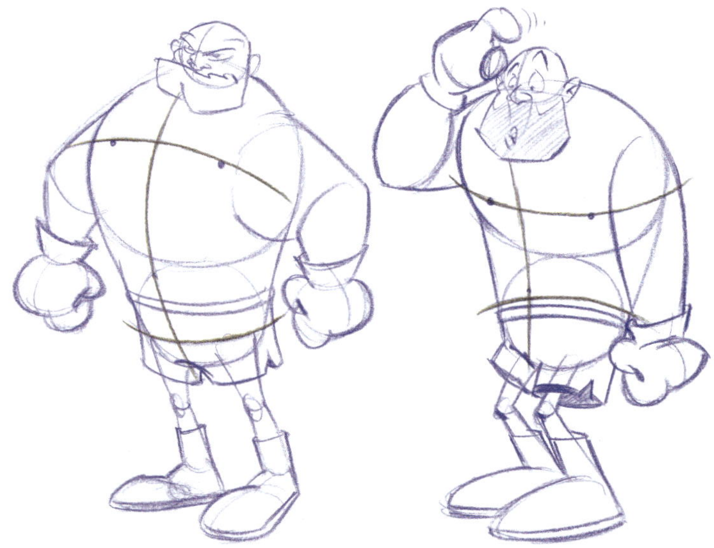

Die Ausdruckslinien sind eine Kombination aus der Brustachse und der Taillenachse. Trotz eines sehr ähnlichen Körperbaus zeigt uns eine nach außen gewölbte – konkave – Kombination eher temperamentvolle, mutige und selbstbewusste Figuren, während dagegen eine konvexe Kombination meist furchtsame, unentschlossene oder feige Figuren beschreibt.

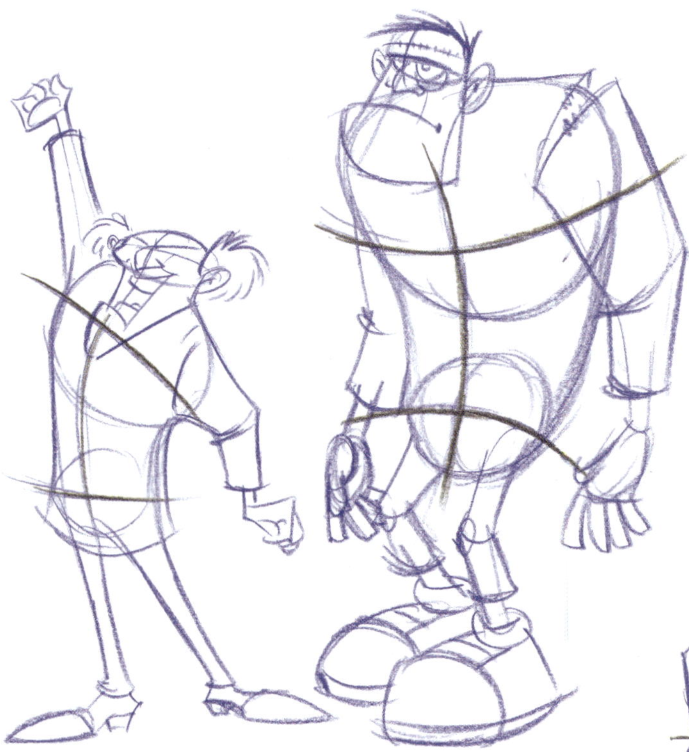

Lassen wir wie in diesem Beispiel einen starken Kontrast zwischen zwei verschieden aufgebauten Figuren entstehen, kann eine kleine und zerbrechliche Figur selbstsicher wirken und Anweisungen erteilen, während eine große und starke Figur gehorsam und eingeschüchtert wirkt.

Es ist möglich, dass ein und dieselbe Figur in einer Animation verschiedene Zustände ausdrückt. Sie kann sich beispielsweise zu Beginn ihrer Abenteuer energisch und vital zeigen, und am Ende einer Auseinandersetzung müde und schwach wirken.

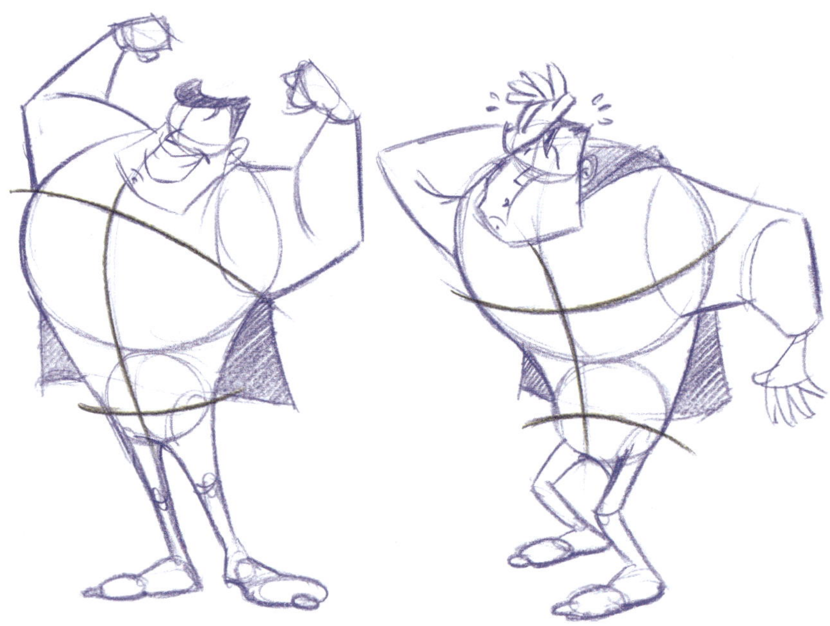

AUFBAU EINER SOLIDEN DREIDIMENSIONALEN ZEICHNUNG

Wir dürfen bei der Herstellung eines Animationsfilms nicht vergessen, dass unsere Figuren einfache gezeichnete Entwürfe auf zweidimensionalem Papier sind, und wir die reale Dreidimensionalität somit unmöglich darstellen können. Dennoch möchten wir im Film den Eindruck von Tiefe und Volumen erzeugen, sowohl in der Umgebung, in der sich die Handlung abspielt, wie auch bei den Charakteren, die die Handlungen ausführen.
Nur mit Erfahrung und großer Professionalität werden wir in der Lage sein, die Animationsbilder so zu gestalten, dass sie nicht wie flache, zweidimensionale Zeichnungen wirken, sondern unser Publikum in eine absolut überzeugende dreidimensionale Welt versetzen.

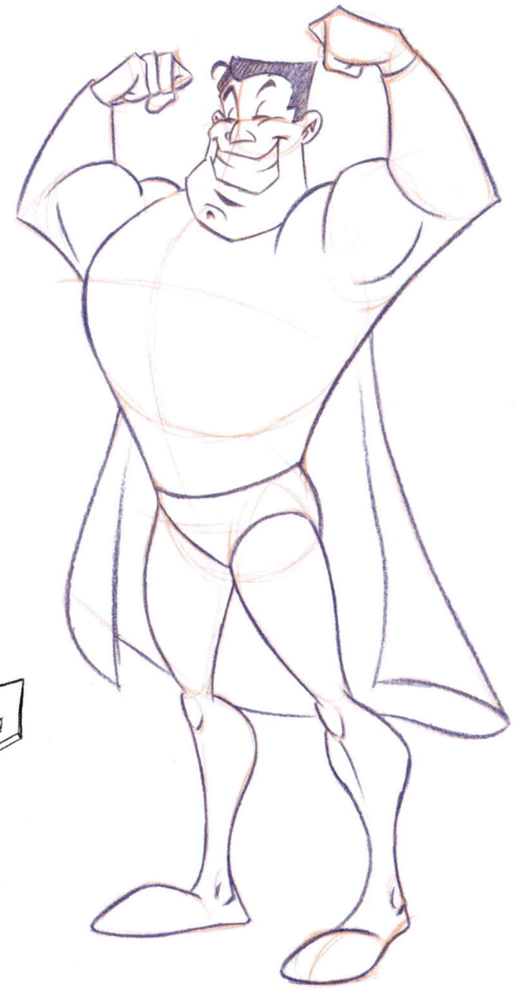

Am leichtesten erzeugen wir einen Eindruck von Dreidimensionalität, wenn wir die Dreiviertel-Ansicht wählen. Für eine perspektivisch gute Darstellung empfiehlt es sich, jene Positionen zu vermeiden, in denen die Figur in der Frontalansicht oder im Profil präsentiert wird.

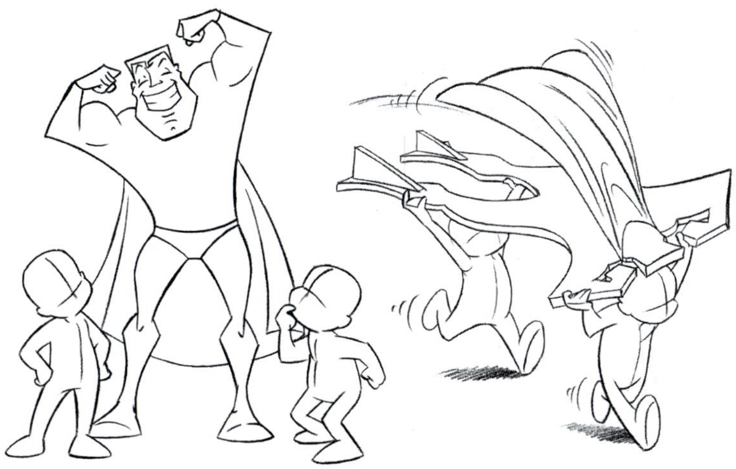

AUFBAU DER ASYMMETRISCHEN STRUKTUREN

Diese Art des Aufbaus wird uns dabei helfen, den Figuren Tiefe und Volumen zu verleihen, und darüber hinaus, jegliche Monotonie sowohl in ihrer Haltung als auch in der gesamten Handlung aufzubrechen.
Ein asymmetrischer Aufbau lässt unsere Figuren real wirken. Symmetrie dagegen verwenden wir für groteske Charaktere, die seltsam wirken sollen.

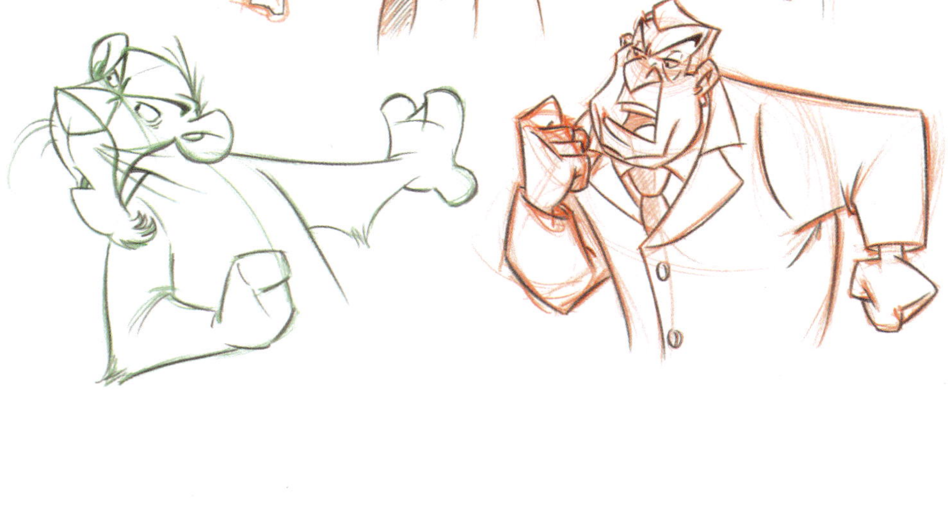

Ein asymmetrischer Aufbau verleiht unseren Figuren viel Natürlichkeit und überzeugende Echtheit.

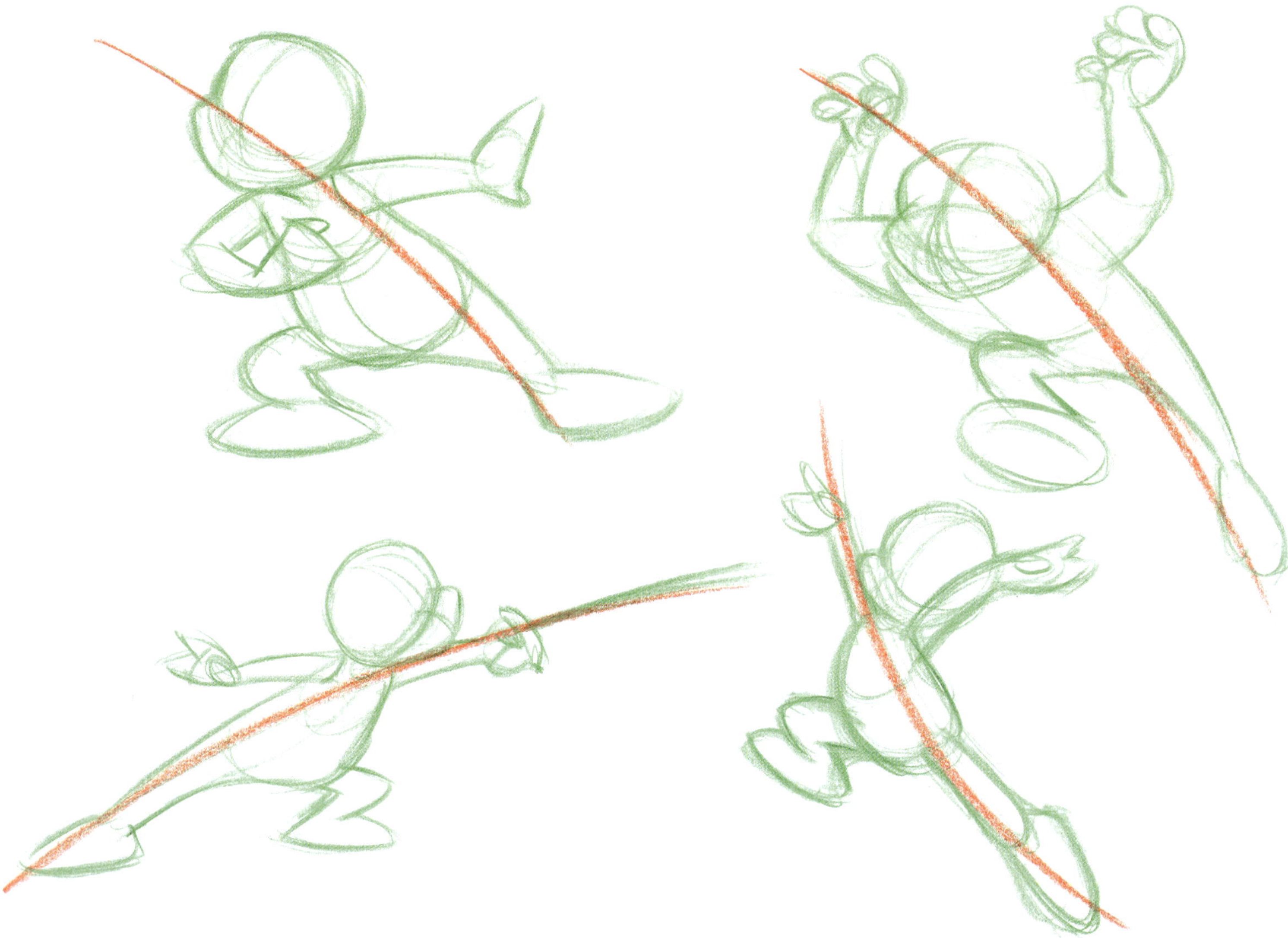

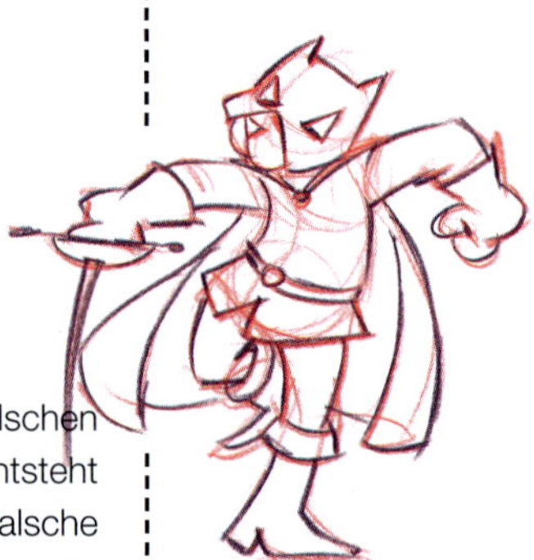

Aus einer falschen Aktionslinie entsteht auch eine falsche Körperhaltung, die eventuell dazu führt, dass der Zuschauer die Handlung nicht versteht.

DIE AKTIONSLINIE

Hierbei handelt es sich um die vielleicht wichtigste imaginäre Linie, auf die wir bei der Umsetzung einer Animation achten müssen. In der Hauptaktion erstreckt sich die Aktionslinie über die gesamte Figur und verstärkt dabei den dramatischen Effekt, den Ausdruck in der Bewegungsabsicht, den Schwung und die Richtung der Energie (Vektoren). Für gewöhnlich entsteht die gesamte Typik einer Figur nach der Aktionslinie, wird also Stück für Stück an ihr aufgebaut.

Die gesamte Struktur und Energie der Figur wird durch ihre Aktionslinie definiert. Damit erreichen wir zwei wichtige Effekte: Einerseits wird die Haupthandlung verdeutlicht und sie erhält zudem Dynamik und Ausdruck. Andererseits erhalten wir eine einfache und korrekte Struktur der Figur, die dem Zuschauer die Situation klar und unmissverständlich nahe bringt.

Die Aktionslinie verändert sich immer gemeinsam mit den schwungvollen Bewegungen der Figur. Dadurch erhält die gesamte Aktion Rhythmus und wirkt flüssig.

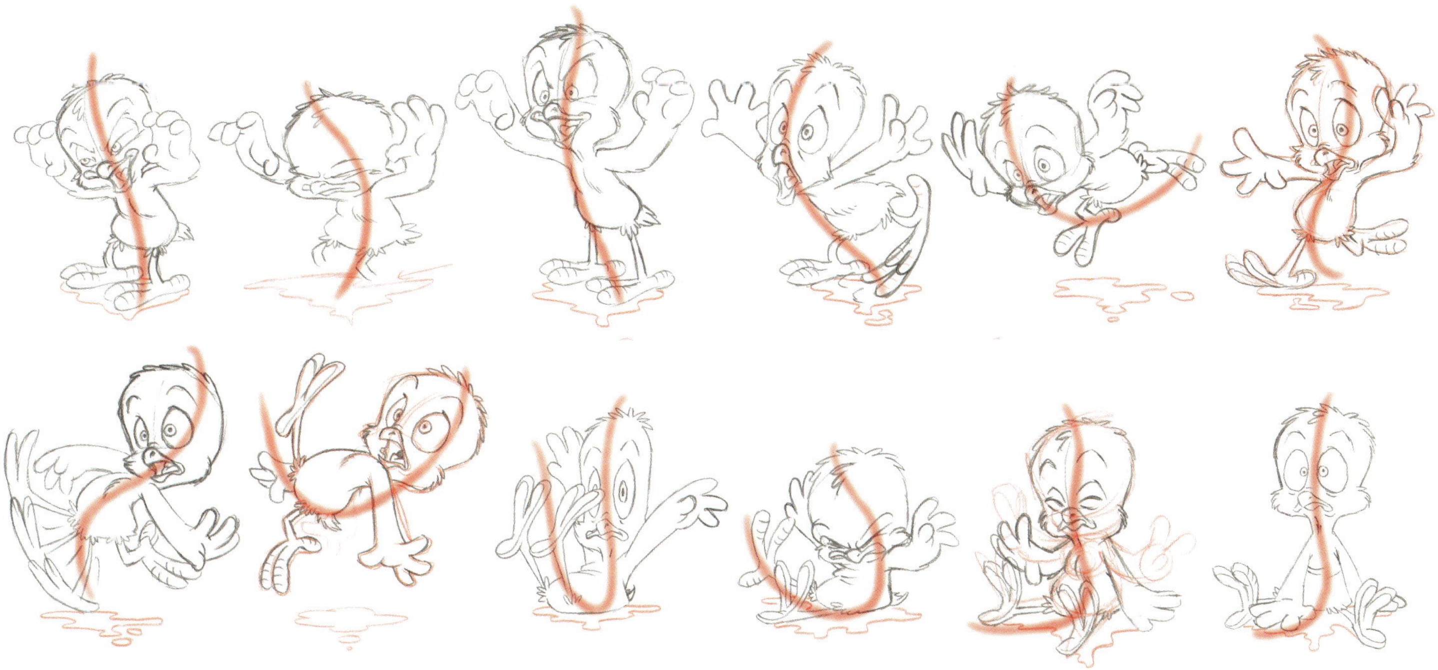

DIE SILHOUETTE

Ein wichtiges Ziel für uns besteht darin, Posen zu erschaffen, die allein so aussagekräftig sind, dass sie den gesamten Inhalt eines Aktionsmoments wirkungsvoll zusammenfassen. Folglich müssen wir lernen, eine gut strukturierte Zeichnung, die die Aufmerksamkeit des Zuschauers auf die Hauptaktion lenkt, optimal zu treffen.
Sobald wir dem kreativen Team unsere Entwürfe zeigen, oder wenn wir während der Animation die wichtigsten Posen für eine bestimmte Aktion auswählen, müssen wir sicher stellen, dass die entstandenen Silhouetten, die Absicht hinter jeder unserer Zeichnungen eindeutig beschreiben.

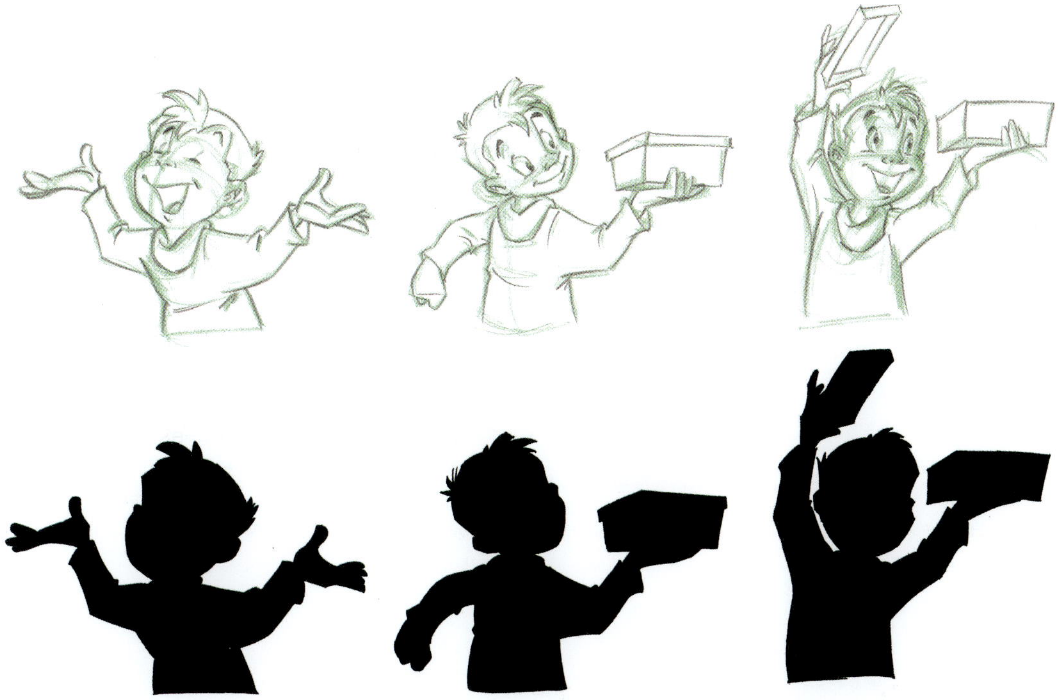

Je klarer die Silhouette einer Pose ist, desto besser kann der Zuschauer die Aktion verstehen.

Unsere Figuren sind fiktive Geschöpfe, die entweder frei erfunden wurden oder Menschen nachahmen, die uns inspirieren. Sie sind die Grundlage, auf die unsere Geschichte aufbaut und die sie in Bewegung hält. Da die Animationskunst unserer Fantasie keine Grenzen setzt, können wir als Darsteller auch Tiere, Pflanzen oder verschiedenste Objekte wählen.

die typischen Merkmale unserer Darsteller

Eine Figur im Film handelt vor allem nach ihren eigenen Motivationen und aus eigenem Antrieb oder auch, weil sie auf Aktionen von anderen Darstellern reagiert. Als Charakter kann sie vielschichtig sein und tiefgründig denken sowie auch im Gegenteil, eher einfältig und leicht zu beeinflussen.
Ob die Figuren und ihr Innenleben sehr wichtig und so interessant wie die Handlung selbst sind, oder aber, eher nebensächlich, richtet sich immer nach dem Thema an dem wir arbeiten. In beiden Fällen und vor allem wenn wir eine ausgewogene Kombination der Möglichkeiten erschaffen, können wir sicher mit einem guten Ergebnis rechnen.

Eine Figur muss uns ihre Gefühlswelt, ihre Motivation und etwas von ihrer Persönlichkeit auf eine einfache und wirksame Weise vermitteln.

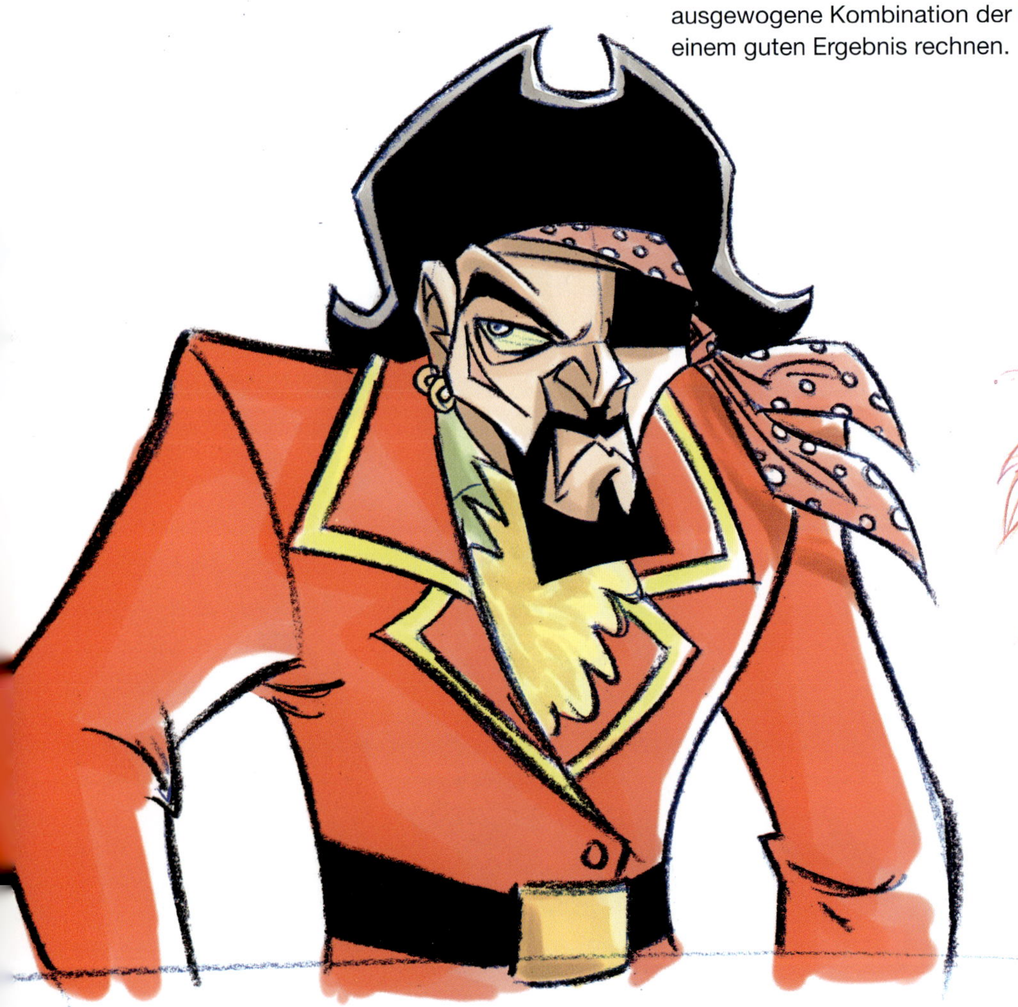

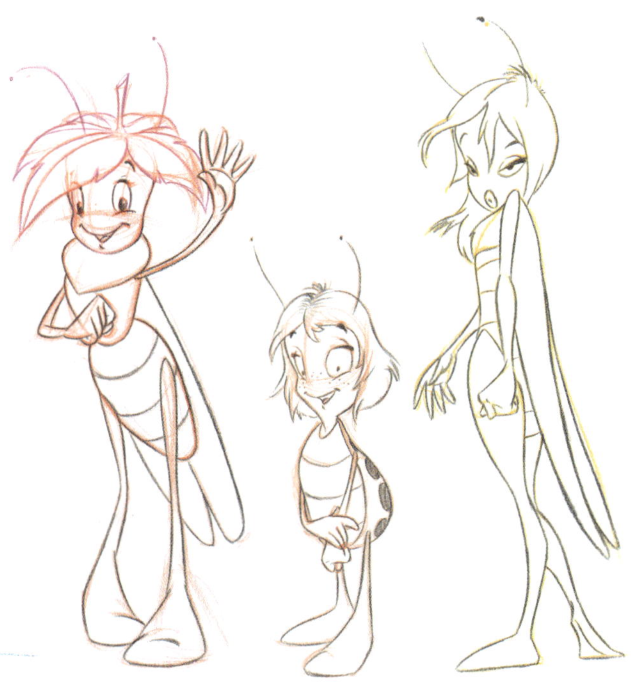

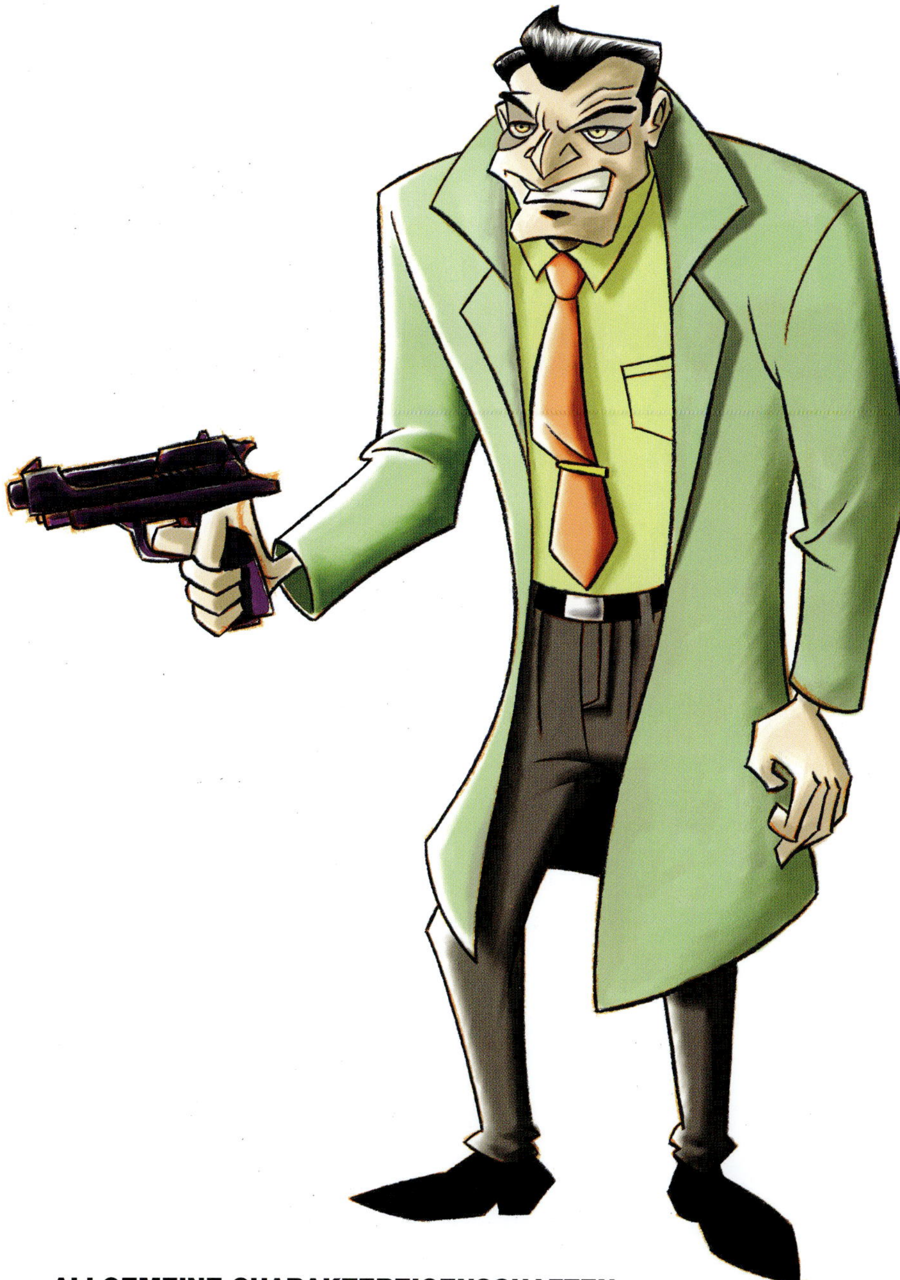

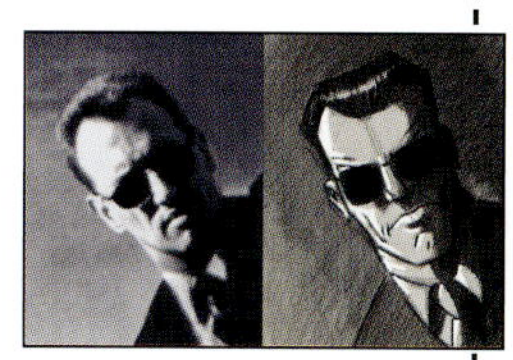

Eine Möglichkeit, um einem Entwurf Persönlichkeit zu verleihen ist, uns von jemandem aus unserem realen Umfeld inspirieren zu lassen und zu versuchen, dessen Wesen in der Zeichnung „einzufangen".

Der Aufbau der verschiedenen Volumen, die Körperhaltung und der Ausdruck der Figur sind für uns die Grundlage auf der wir unzählige Variationen entwerfen können.

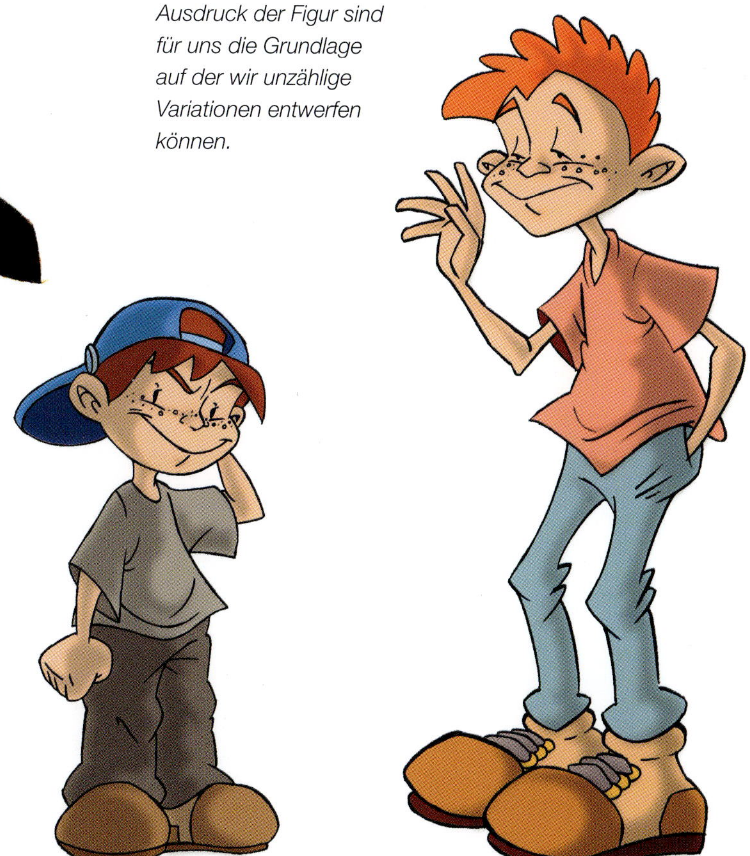

ALLGEMEINE CHARAKTEREIGENSCHAFTEN VON KLISCHEEFIGUREN

Jede Figur muss mit Persönlichkeit, sowie mit passenden Charaktereigenschaften und Temperament ausgestattet werden. Um dem Publikum einen ersten Eindruck des Darstellers und seiner Lebensweise zu vermitteln, entwickeln wir eine stereotype Vorstellung seines physischen Aussehens. Das Äußere einer Figur steht für den Zuschauer in direktem Zusammenhang mit ihrer Lebensweise. Ebenso schließt er vom Aussehen der Figur darauf, welche körperliche Arbeiten sie verrichtet.

Für die Darstellung von Kopf, Brust und Unterleib verwenden wir ovale Strukturen. Um die Figuren unterschiedlich zu typisieren, können wir dabei mit verschiedenen Dimensionen und Formen spielen.

Die folgenden Beispiele zeigen häufige Stereotypen einiger Klischeefiguren und ihre verschiedenen Erscheinungsbilder im Film. Natürlich wird jeder kreative Zeichner beim Entwurf der Figuren seine eigenen Vorstellungen mit einfließen lassen.

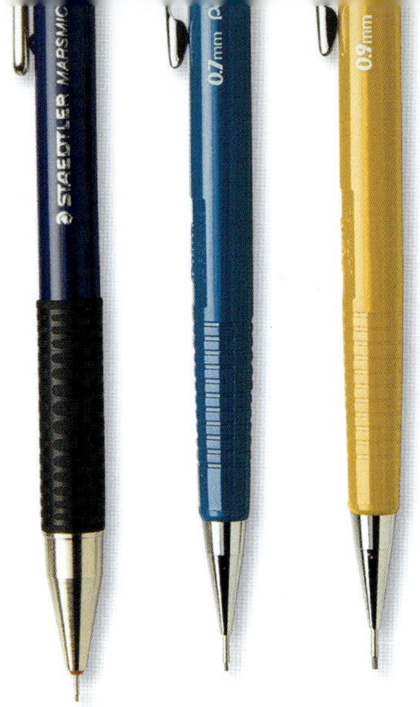

DIE HAUPTFIGUR

Ob Kinder, Jugendliche, Erwachsene oder auch Tiere – in der Welt des Animationsfilms gibt es unzählige Möglichkeiten, die Rolle der Hauptfigur zu besetzen. Ihre Charaktereigenschaften und ihr Körperbau variieren je nach Art der Geschichte, in der sie auftreten. Das gleiche gilt für ihre Motivationen, die Widrigkeiten, denen sie sich stellen, etc. Der Protagonist steht immer im Mittelpunkt der Geschichte und muss charismatisch sein, damit der Zuschauer sich von Anfang an mit ihm identifizieren kann. In jedem Fall ist es wichtig, dass unabhängig davon, welcher Typus dargestellt wird, eine Reihe von Faktoren, die eine klassische Hauptfigur ausmachen, berücksichtigt werden.

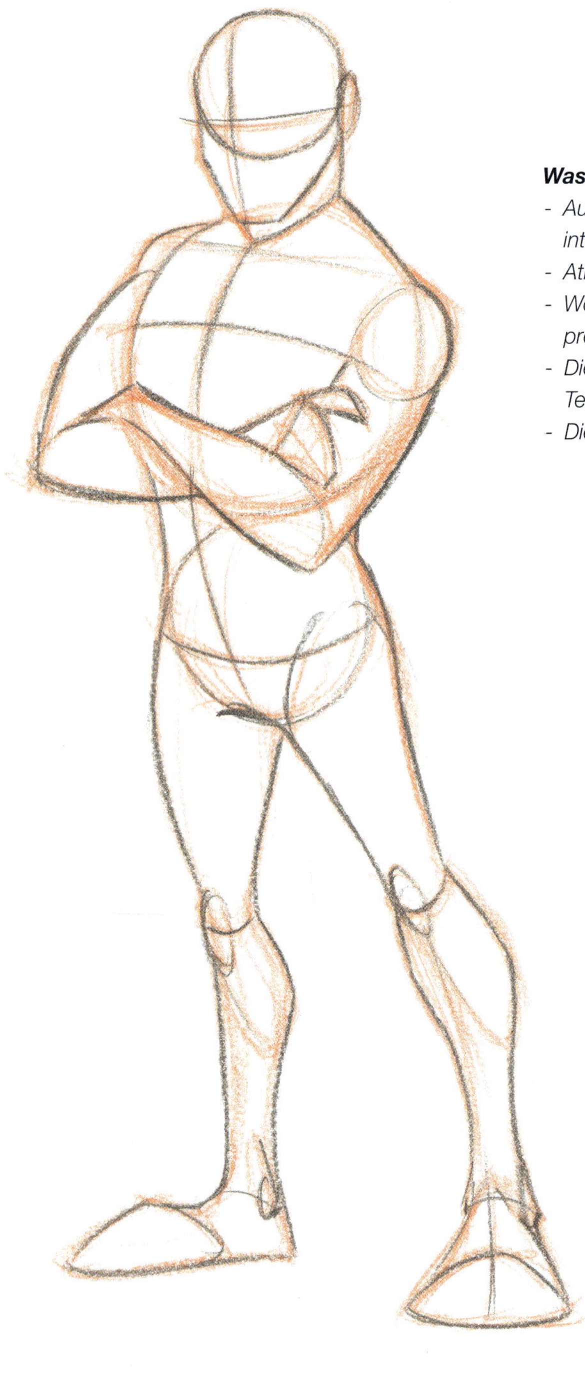

Was eine typische Hauptfigur ausmacht:

- *Ausgeglichene Struktur von Kopf und Kiefer. Diese lassen auf seine intellektuellen Fähigkeiten schließen.*
- *Athletischer und kraftvoller Körperbau.*
- *Wohl proportionierter Körper (wir verwenden die klassische Methode der proportionalen Darstellung).*
- *Die Ausdruckslinien sind konkav und zeigen eine vitale Haltung, Temperament und eine starke Persönlichkeit.*
- *Die Aktionslinie zeichnet sich durch ausgeprägte Dynamik aus.*

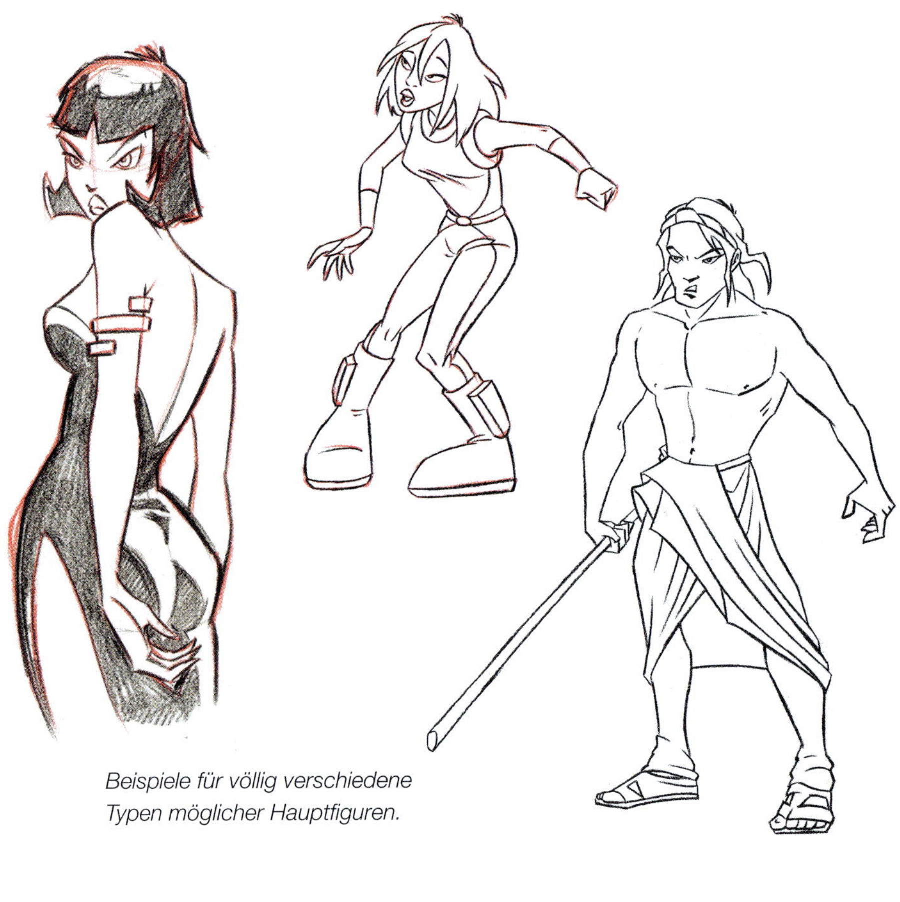

Beispiele für völlig verschiedene Typen möglicher Hauptfiguren.

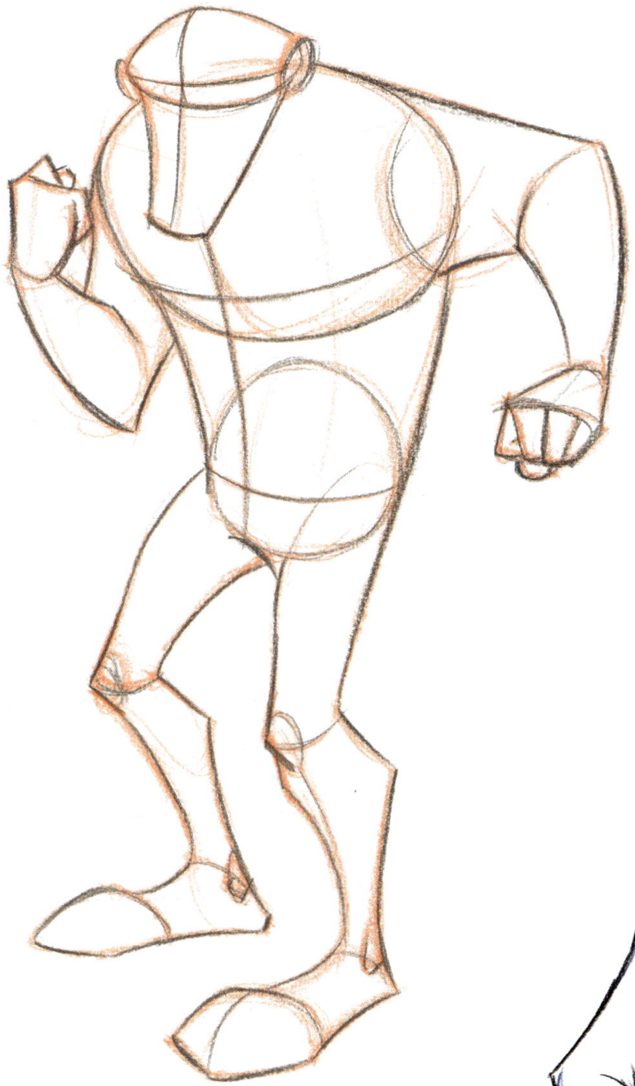

DER BÖSEWICHT

Nicht selten sind Bösewichte die wichtigsten Figuren im Trickfilm, und in einigen Filmen sind sie sogar bedeutender als die Hauptfiguren. Besonders in den Fällen, in denen die Ziele der beiden gegensätzlich sind, hängt von den Widersachern ein großer Teil der Handlung ab. Oft sind sie auch aufgrund der sie antreibenden Motivation und ihres Einfallreichtums charismatischer als die Protagonisten. In einer spannenden Geschichte ist es zudem meist der Bösewicht, der den „Stein ins Rollen bringt", wogegen die Hauptfigur nur auf seine Aktionen reagieren kann.

Denkbar ist auch der Fall, dass die Hauptfigur und ihr Widersacher in der Handlung dasselbe dramatische Ziel verfolgen, also direkt miteinander konkurrieren.

Oft hängt die Spannung einer Geschichte von ihrem Bösewicht und seinen Eigenschaften ab – seiner Durchtriebenheit, seinem Einfluss oder seiner körperlichen Stärke.

Seine Aufgabe ist es, dem Protagonisten Schwierigkeiten zu bereiten. Je erfolgreicher er dies kann, desto mehr muss sich die Hauptfigur anstrengen, und desto mehr wird unser Film das Publikum in Atem halten.

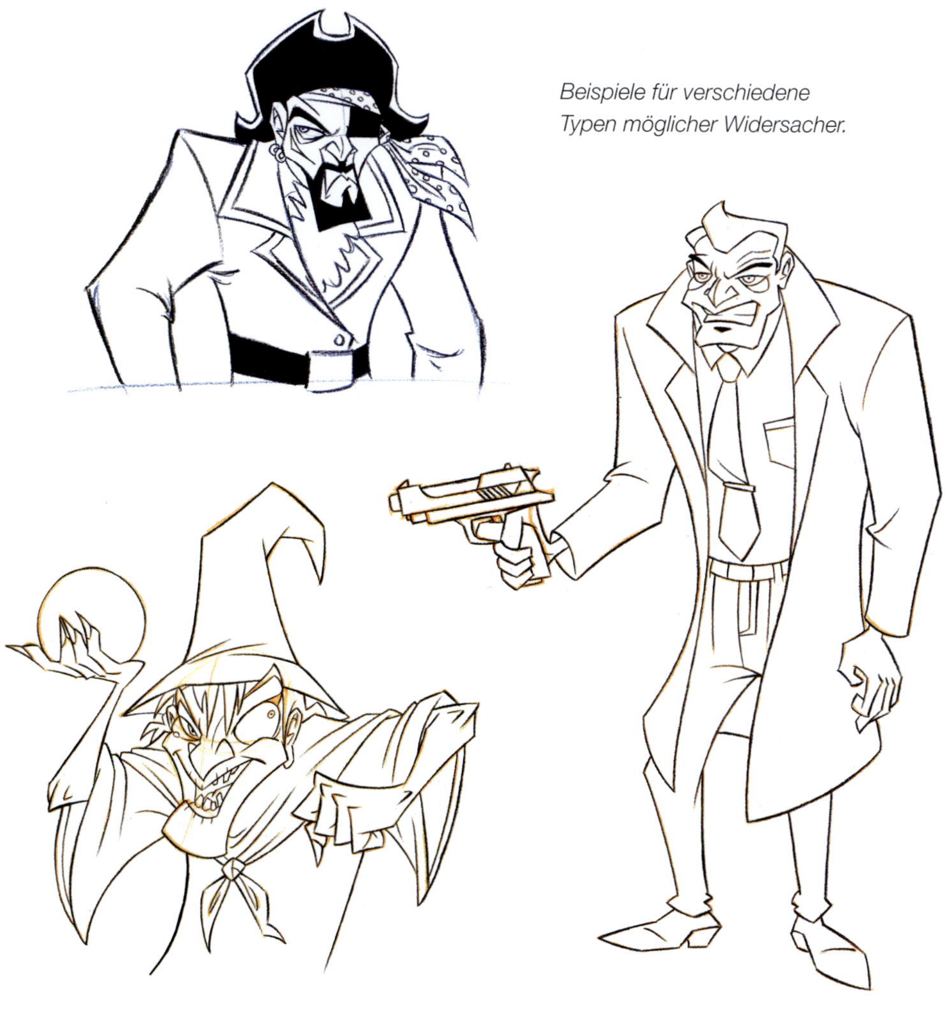

Beispiele für verschiedene Typen möglicher Widersacher.

Was einen typischen Bösewicht ausmacht:

- *Ovale Kopfform und kantige Kieferstruktur.*
- *Irgendein Anzeichen für seine Boshaftigkeit ist direkt erkennenbar. Auch ein Merkmal, das geheimnisvoll wirkt, passt sehr gut.*
- *Der Kopf ist mindestens so groß wie der unserer Hauptfigur.*
- *Die Ausdruckslinien können konkav oder konvex angelegt sein. Die Körperstruktur wird durch die Haltung festgelegt.*
- *Die Aktionslinie kann zwar gekrümmt sein, ist jedoch immer dynamisch. Oft zeigt sie eine herausfordernde Haltung.*

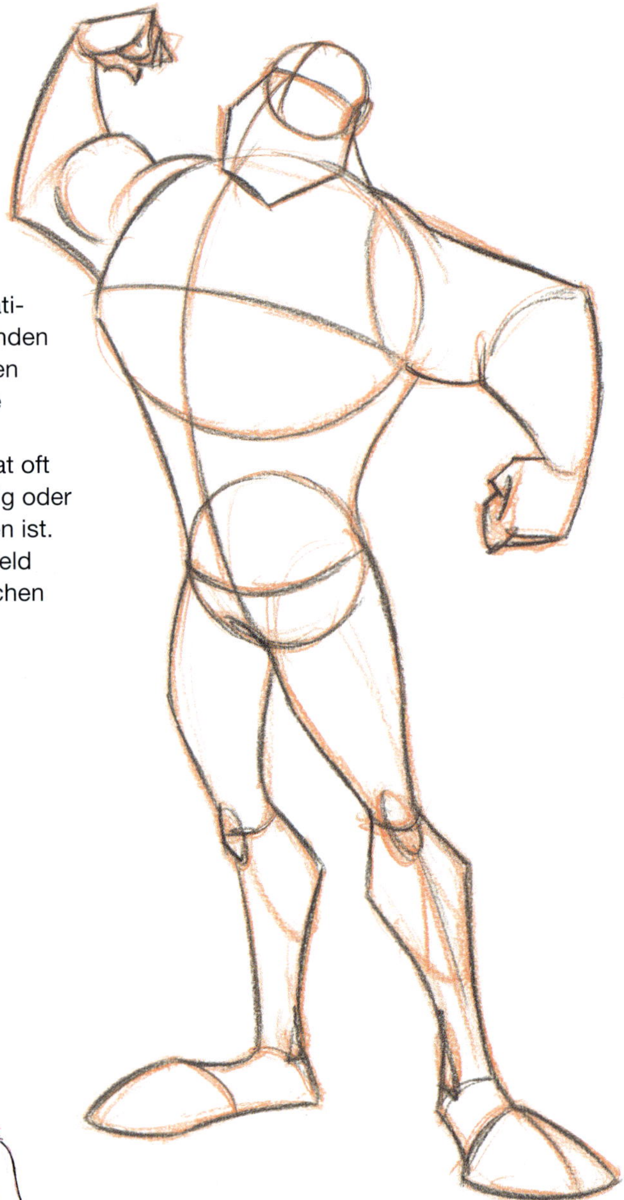

DIE HELDENFIGUR

Der positive Protagonist soll ein Vorbild für den Zuschauer sein, sei es aufgrund seiner Stärke, seiner Intelligenz, seiner Fähigkeiten oder seines außergewöhnlichen Mutes.
Oft wird er über den gesamten Film mit dramatischen Widrigkeiten konfrontiert, die er überwinden muss. Seine Vorbildlichkeit spiegelt sich für den Zuschauer immer durch seine Taten und seine Entscheidungen wider.
Er kämpft gegen alles, was schlecht ist und hat oft einen direkten Widersacher, der ihm ebenbürtig oder an Stärke, Macht und Klugheit sogar überlegen ist. Im entscheidenden Moment besiegt ihn der Held aufgrund seiner Brillanz oder seines idealistischen Handelns zumeist doch noch.

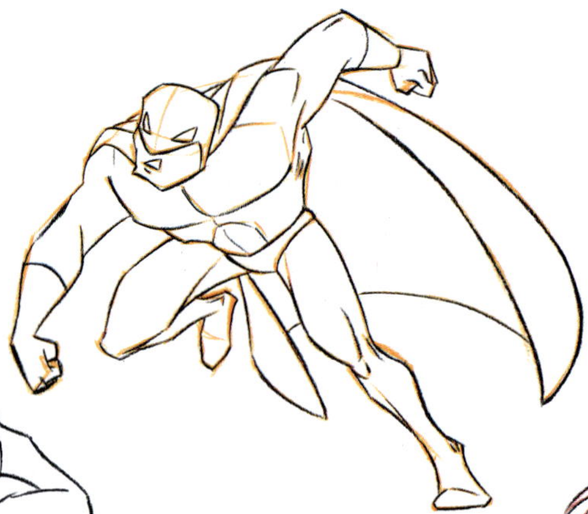

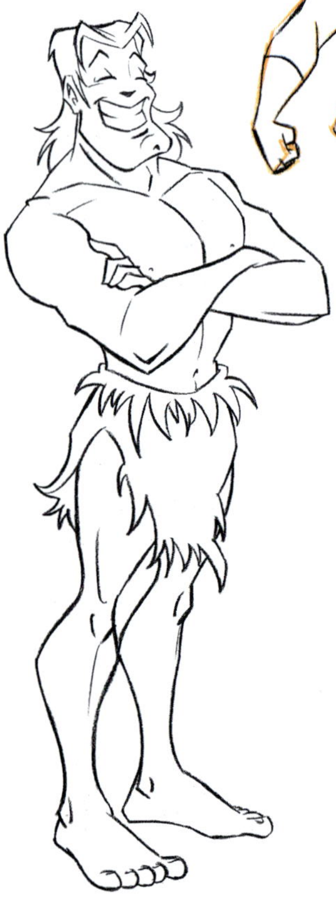

Beispiele für verschiedene Typen möglicher Heldenfiguren.

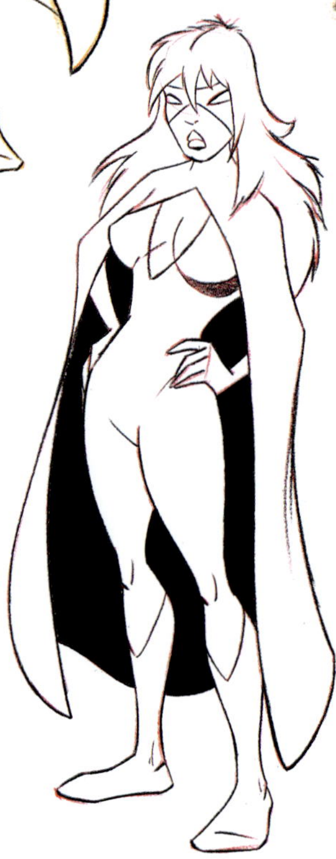

Was den typischen Helden ausmacht:

- *Normale Kopfform, voluminöse und kantige Kieferstruktur.*
- *Der Körperbau kann eine Mischung aus athletischen und schwerfälligen Proportionen sein.*
- *Statt der klassischen Aufteilung in acht Teile, werden neun Teile für die proportionale Darstellung verwendet.*
- *Konkave Ausdruckslinien signalisieren Wachsamkeit und Alarmbereitschaft.*
- *Eine dynamische und kraftvolle Aktionslinie zeigt großen Tatendrang.*

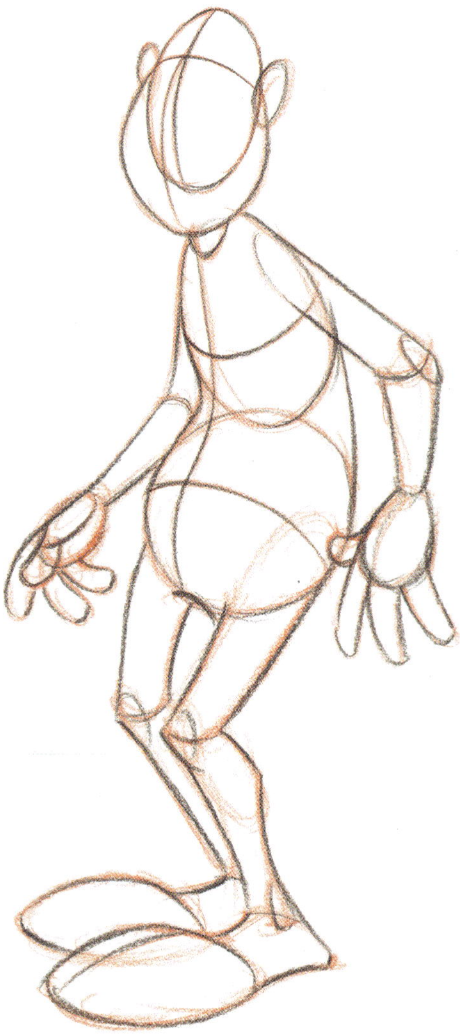

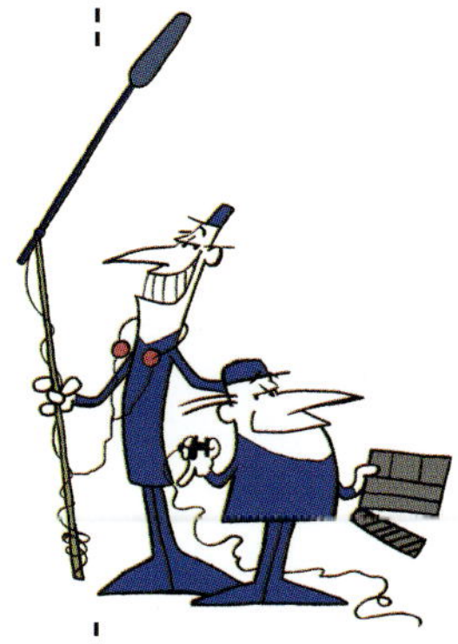

DER ANTIHELD

Statt durch Stärke, Intelligenz, Schönheit, Mut oder andere Tugenden hervorzustechen, ist die Mittelmäßigkeit die typischste Eigenschaft des Antihelden. Seinen Charme gewinnt er gerade durch seine menschlichen Schwächen, die es dem Zuschauer leicht machen, sich mit dieser Figur zu identifizieren.
Meist wird seine Tolpatschigkeit sehr überzogen dargestellt. Als Begleiter des Helden oder dessen Widersachers spielt der Antiheld in der Handlung eine eher untergeordnete Rolle. Im Idealfall zeigt er all die Eigenschaften, die den Hauptfiguren fehlen. Denn dann verleiht er der Geschichte eine gewisse Wärme und Menschlichkeit, was ihn nicht selten zum heimlichen Sympathieträger der Zuschauer macht.

Was einen typischen Antihelden ausmacht:

- *Die Schädelform ist meist klein und oval. Der Kiefer kann übertrieben groß sein und herunterhängen, oder ist im Gegenteil manchmal auch sehr klein.*
- *Typischerweise ist die Stirn ist sehr eng, die Augen halb geschlossen und matt, die Nase groß, und der Mund zeigt hervorstehende Zähne.*
- *Die Proportionen können je nach Typ variieren, sollten jedoch niemals allzu harmonisch verteilt sein.*
- *Die Ausdruckslinien sind konvex und zeigen eine eingesunkene Brust und einen massigen Bauch. Die drollige Wirkung wird durch lange, kraftlose Extremitäten, wie etwa große, plumpe Hände und Füße, noch betont.*
- *Die Aktionslinie zeigt viele Krümmungen. Die Schultern sind kraftlos.*

Wir sollten beachten, dass es sich bei den hier vorgestellten Figuren um sehr klischeehafte Stereotypen handelt, die wir nicht einfach so übernehmen müssen. Wir können uns von den Übertreibungen ins Klischee inspirieren lassen, mit charakteristischen Eigenschaften, die uns gut gefallen, experimentieren und versuchen, auf diesen Grundlagen eigene Ideen umzusetzen.

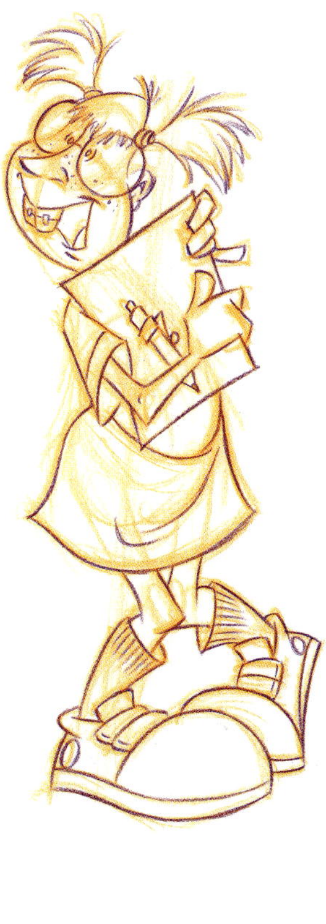

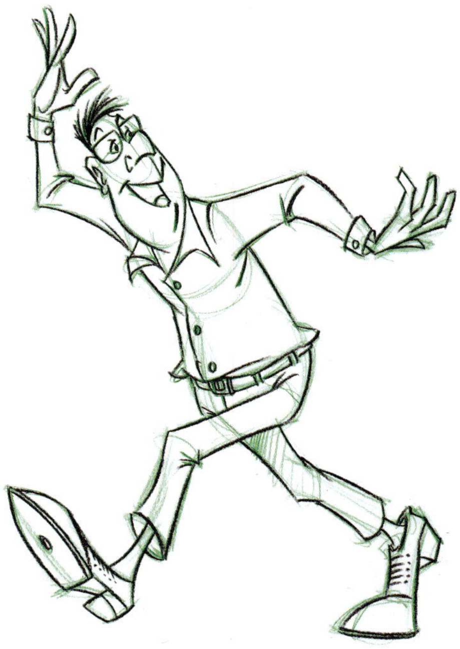

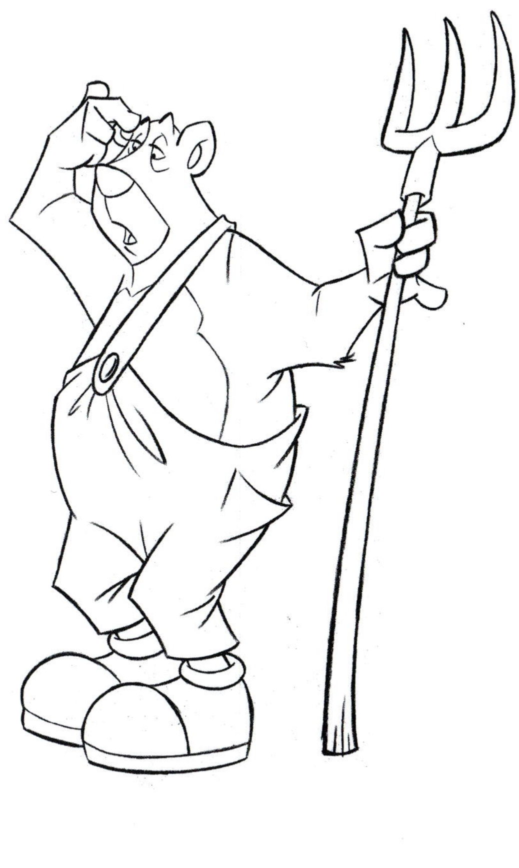

Beispiele für verschiedene Typen möglicher Antihelden.

DIE KINDLICHE FIGUR

Da kindliche Figuren im Animationsfilm sehr wichtig sind, treten sie manchmal sogar als Hauptfiguren auf. Sie fallen durch großes Geschick, Intelligenz und ihr sympathisches Wesen auf. Durch ihre offene und nette Art fällt es ihnen leicht, Verbündete zu finden, die ihre körperliche Unterlegenheit ausgleichen. Gemeinsamen stellen sie sich dann ihrem meist erwachsenen Widersacher, der praktisch immer viel stärker und mächtiger ist als die kindliche Figur. Beim Publikum sind sie beliebt, weil sie so süß sind, und vor allem junge Zuschauer können sich leicht mit ihnen identifizieren.

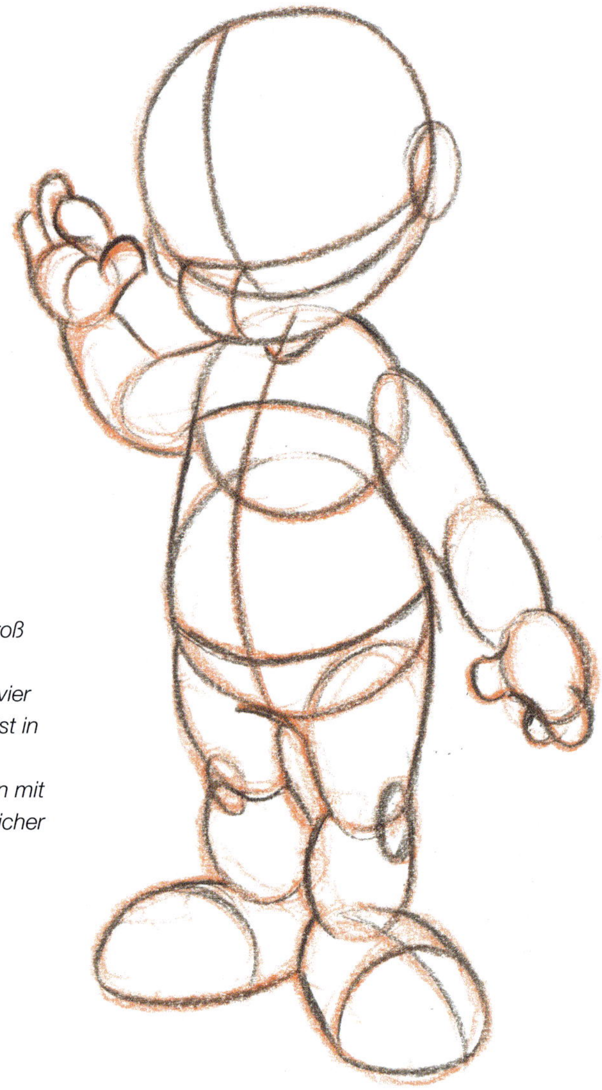

Was eine typische kindliche Figur ausmacht:

- *Der Kopf ist im Vergleich zum restlichen Körper sehr groß.*
- *Der Kiefer ist klein und unscheinbar.*
- *Die Stirn ist meist sehr hoch und breit. Auch die Augen sind ziemlich groß und liegen weit auseinander. Nase und Mund sind dagegen eher klein.*
- *Der Körper von Kleinkindern wird bei der proportionalen Darstellung in vier Teile gegliedert. Der von Jugendlichen in sieben Teile. Diese Einteilung ist in der Animation natürlich frei veränderbar.*
- *Die Ausdruckslinien sind konkav. Ihre große Neigung in der Kombination mit kurzen und kompakten Extremitäten verstärkt den Eindruck von körperlicher Unterlegenheit und Schwäche.*
- *Die Aktionslinie ist dynamisch.*

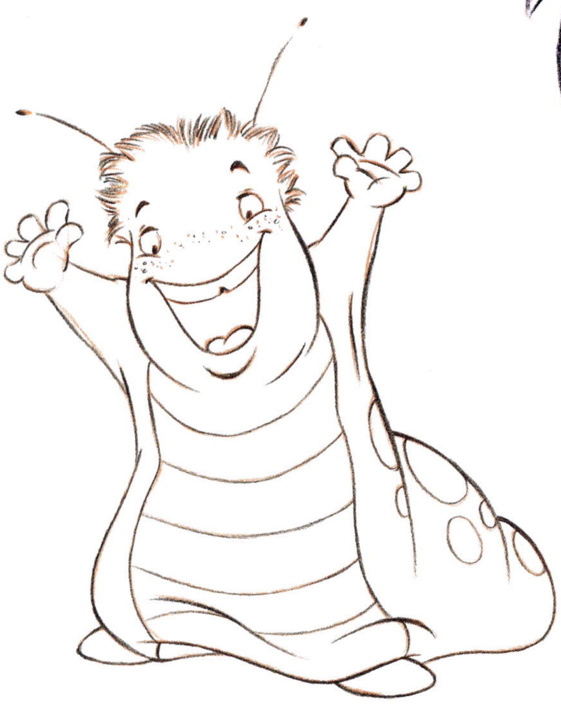

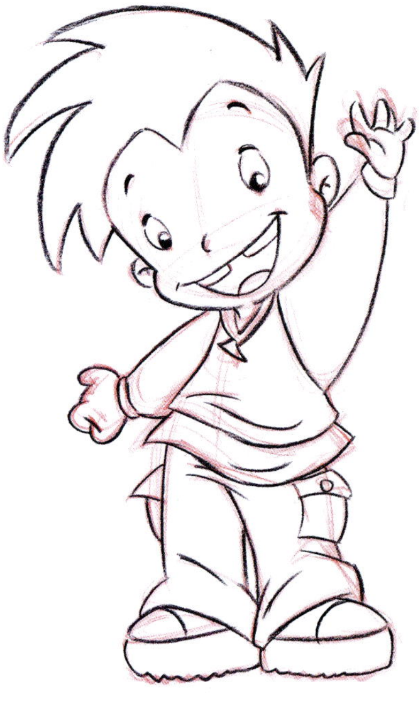

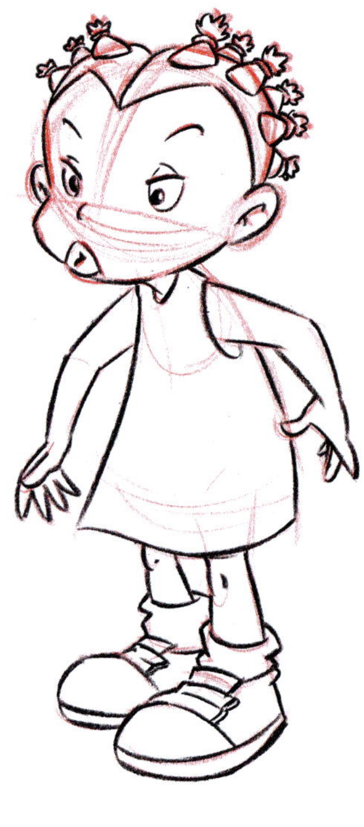

Beispiele für verschiedene Typen möglicher Kinderfiguren.

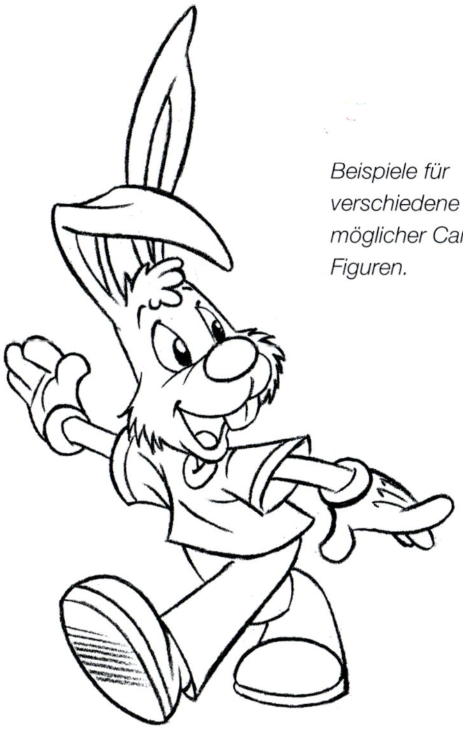

Beispiele für verschiedene Typen möglicher Cartoon-Figuren.

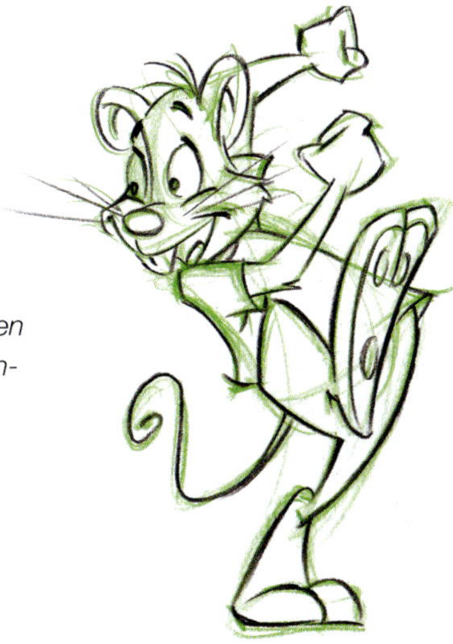

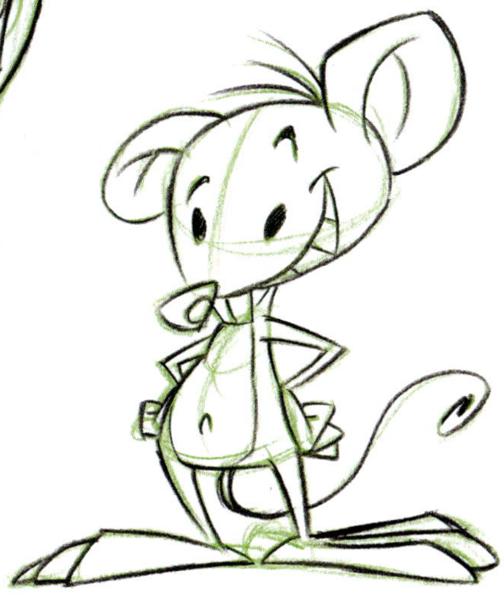

DIE CARTOON-FIGUR

Cartoons kommen fast ausschließlich in karikaturistischen Trickfilmen vor und bringen den Zuschauer im Kino wie auch vor dem Fernseher immer sehr zum Lachen. Denken wir beispielsweise an die vielen schweren Kisten und andere harten Gegenstände, die auf ihre Köpfe fallen, oder an die Unfälle, bei denen sie jedoch immer unversehrt davonkommen. Sie treten entweder in der Rolle eines frechen oder niedlichen Protagonisten auf, oder aber als ein Begleiter der Hauptfigur oder des Bösewichts. Auf jeden Fall gehen die meisten Lacher eines Filmpublikums auf das Konto der Cartoons.

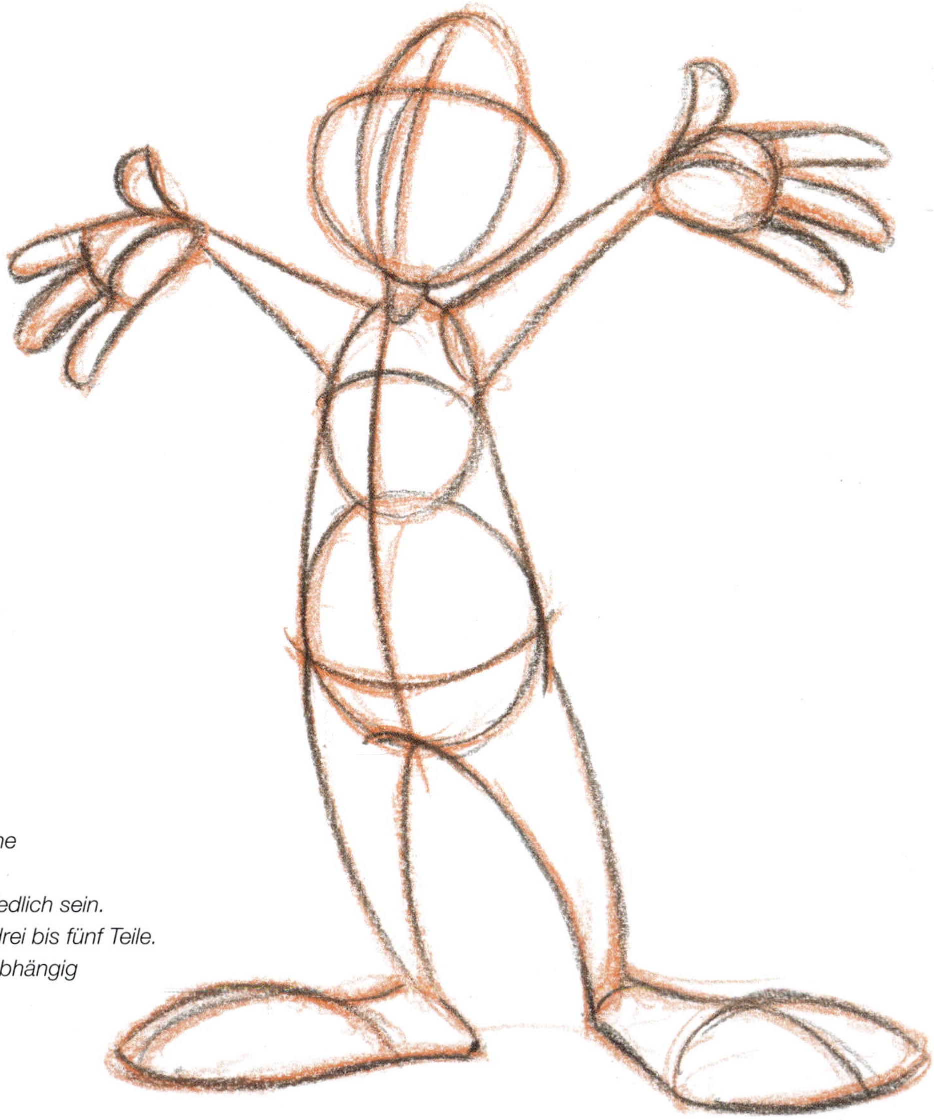

Was eine typische Cartoon-Figur ausmacht:

- *Längliche Kopfform und lustige Gesichtszüge.*
- *Aufgeweckte Augen und eine große, übertriebene und ausdrucksstarke Mundform.*
- *Die proportionale Einteilung kann sehr unterschiedlich sein. Wir gehen von einem Mittelwert aus, das heißt drei bis fünf Teile.*
- *Die Ausdruckslinien sind fast immer konkav, unabhängig vom Typ des Cartoons.*
- *Die Aktionslinie ist extrem dynamisch.*

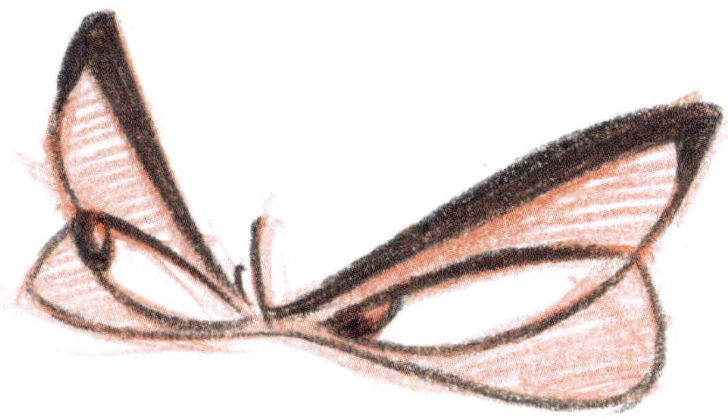

die Körpersprache: Ausdruck ohne Worte

Eine animierte Figur muss ein ausgezeichneter Schauspieler sein – ein Meister im Ausdrücken von Gefühlen. Folglich liegt es am Können des Animators, nicht nur die Bewegungen der Figur auf das Papier zu bringen, sondern vor allem auch ihre verschiedenen Gemütszustände festzuhalten. Denn diese geben der Figur, wie wir bereits gelernt haben, Persönlichkeit, ein Gefühlsleben und Charakter.
Die Dialoge im Film allein können uns die Figuren nicht ausreichend beschreiben. Auch ohne ein Wort zu sprechen, müssen die Figuren dem Zuschauer ihre Gefühle durch Gesten vermitteln.

Viele Animatoren arbeiten mit einem Spiegel auf ihrem Zeichentisch, damit sie ihre eigene Mimik studieren können, und auf diese Weise lernen, die Charaktere so realistisch wie nur möglich gestalten zu können.
Wir haben bereits gelernt, dass man durch die Pose Sprache auf physischer Ebene, also non-verbal ausdrücken kann. Dabei sind das Gesicht und die Hände die wahrscheinlich wichtigsten Elemente der Körpersprache, die unseren animierten Figuren noch mehr Ausdruckskraft verleihen.

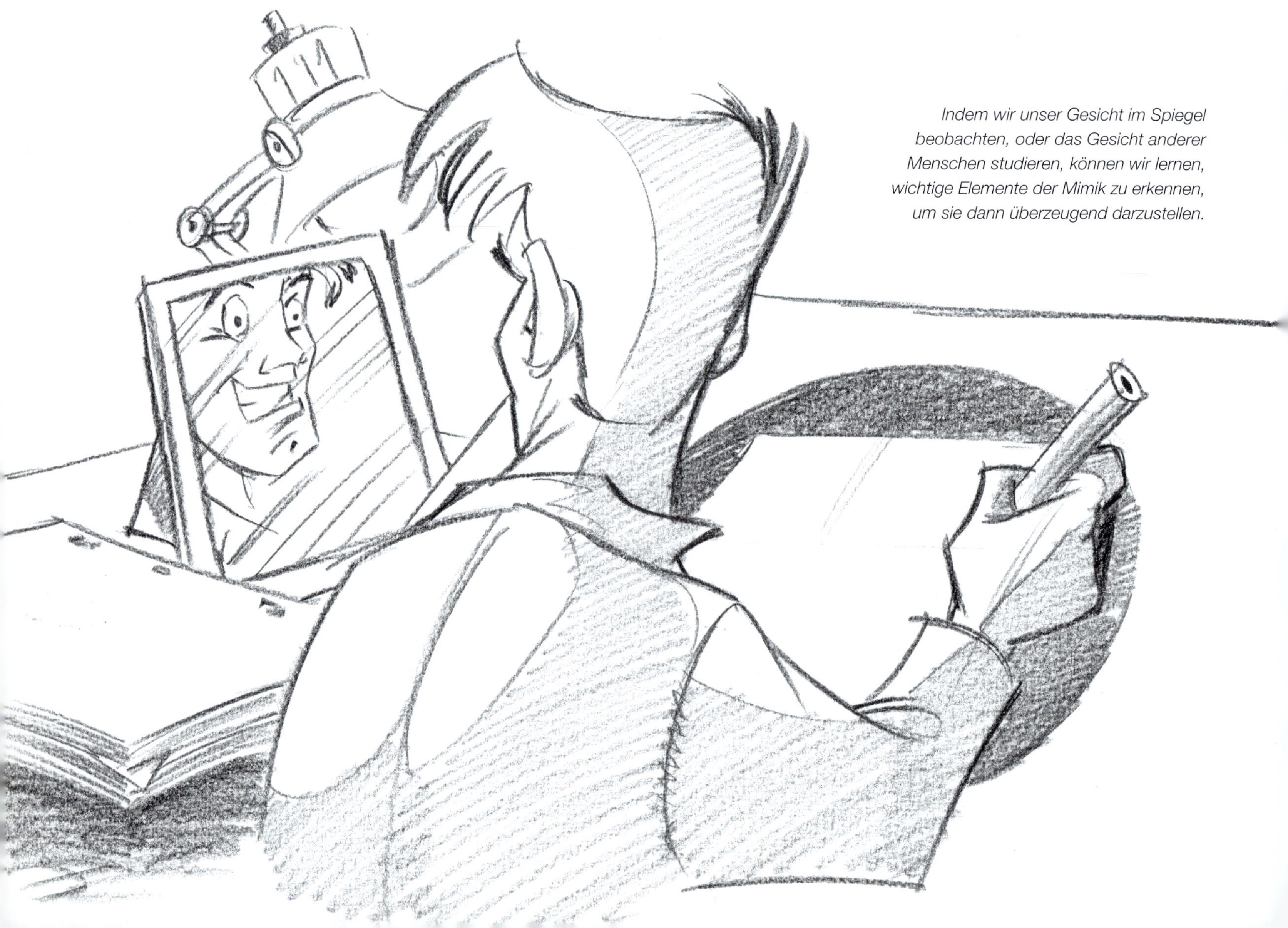

Indem wir unser Gesicht im Spiegel beobachten, oder das Gesicht anderer Menschen studieren, können wir lernen, wichtige Elemente der Mimik zu erkennen, um sie dann überzeugend darzustellen.

DAS GESICHT

In Gesichtern begegnen uns die wichtigsten Züge der menschlichen Ausdrucksform. In der Animation können wir die Mimik auf alle Objekte und Figuren, auf Tiere oder auf Gegenstände, übertragen. Diese Antropomorphisation („Vermenschlichung“) wurde in der Animation von Anfang an eingesetzt und hat daher eine sehr lange Tradition. Obwohl sich die Augen sicherlich am besten eignen, Gefühle oder eine bestimmte Absicht auszudrücken, geschieht dies jedoch immer in Kombination mit anderen Gesichtsteilen, wie den Augenbrauen, den Lidern oder den Wangen. Daraus folgt, dass erst ein gutes Zusammenspiel all dieser Elemente die Grundvoraussetzung für einen gelungenen Gesichtsausdruck bildet. Werden etwa die Augenbrauen bewegt, betrifft dies auch die oberen Lider. Diese wiederum verursachen eine entsprechende Reaktion in der unteren Augenpartie. Ebenso folgt jeder Mundbewegung auch eine Bewegung der Wangen und somit auch der unteren Augenlider. Folglich steht sogar jede Lippenbewegung in direktem Zusammenhang mit der Form unserer Augen.

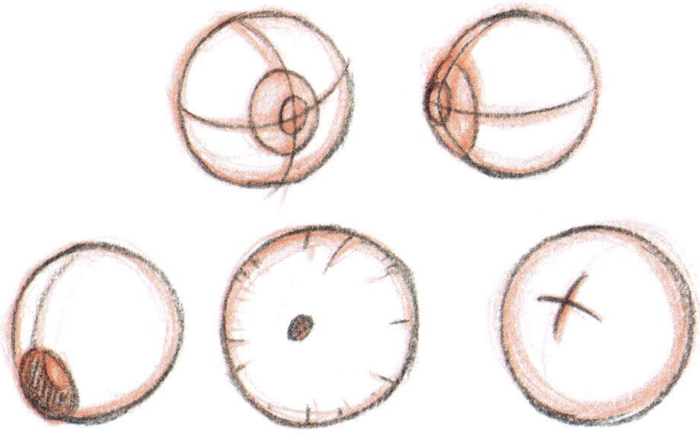

Die Pupille im Inneren des Auges zeigt uns nicht nur die Blickrichtung, sondern verrät uns durch ihre Form auch etwas über die Absichten der Figur. Nur wenn wir alle Faktoren berücksichtigen, kann uns die schwierige Aufgabe gelingen, den Gesamteindruck überzeugend und korrekt zu vermitteln.

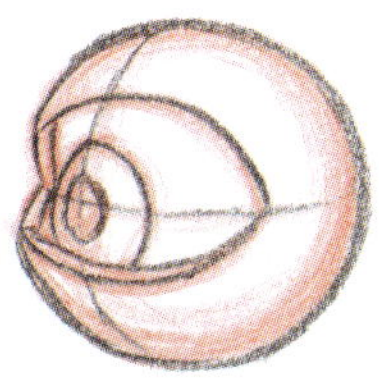

Das Kombinieren von Pupille und Augenlidern ist äußerst aufschlussreich, da wir durch das facettenreiche Zusammenspiel noch sehr viel mehr Informationen über die Figur erhalten.

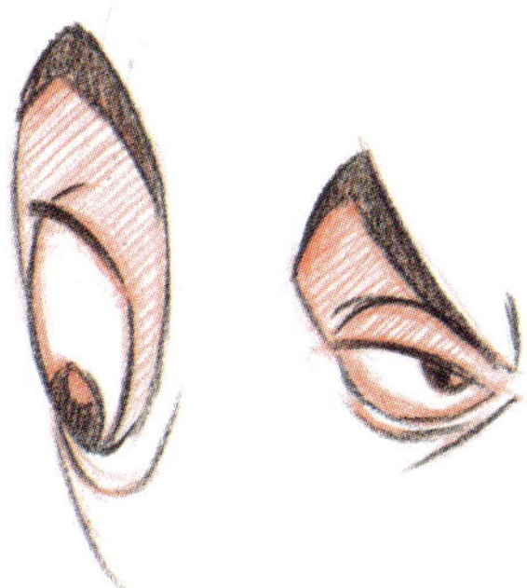

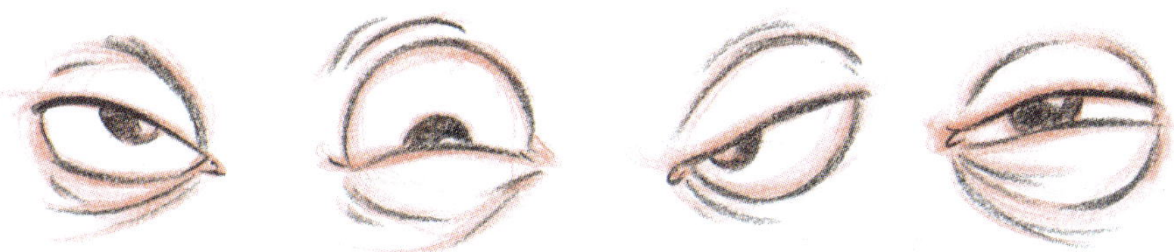

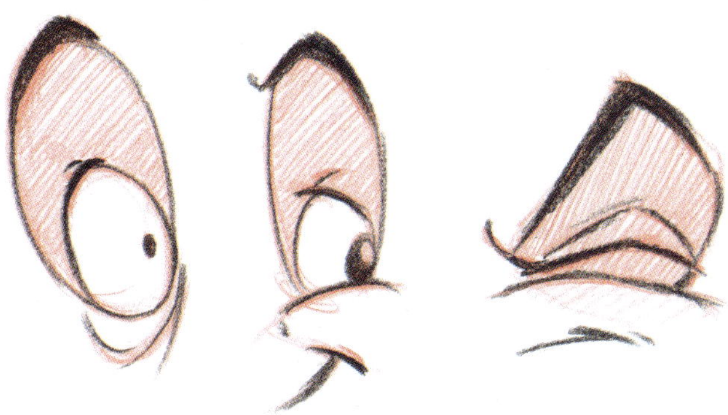

Wir müssen immer berücksichtigen, dass die Bewegungen von Augenbrauen und Wangen Kräfte erzeugen, die auf die Augenlider wirken. Folglich wird die Form der Augen und somit deren Ausdruck nachhaltig verändert.

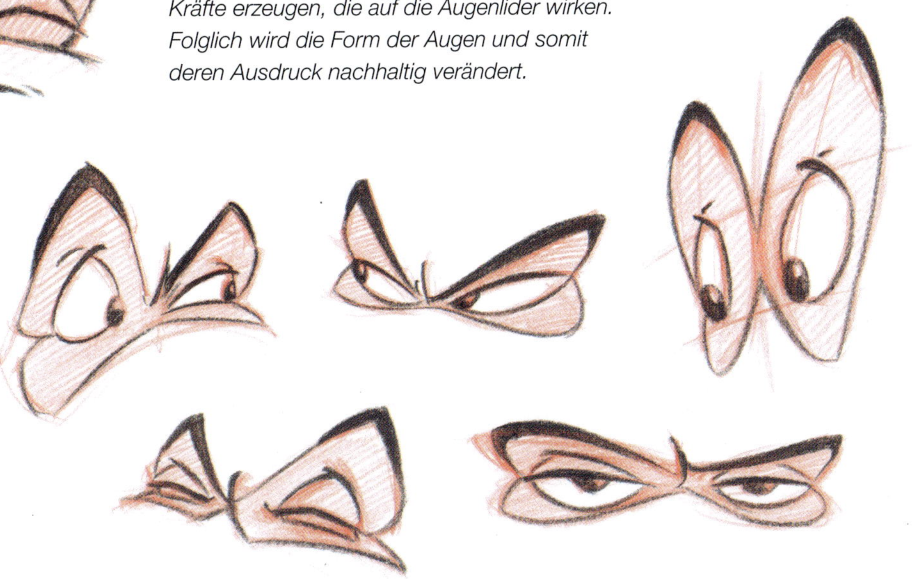

Das Zusammenwirken von Augen, Lidern, Brauen und dem oberen Wangenbereich können wir uns als bewegliche Masse aus Elementen, die alle voneinander abhängen, vorstellen. Auf diese Weise ist es einfacher zu erkennen, welcher Bereich einen anderen beeinflusst, wenn wir damit beginnen, der Figur einen bestimmten Ausdruck zu verleihen.

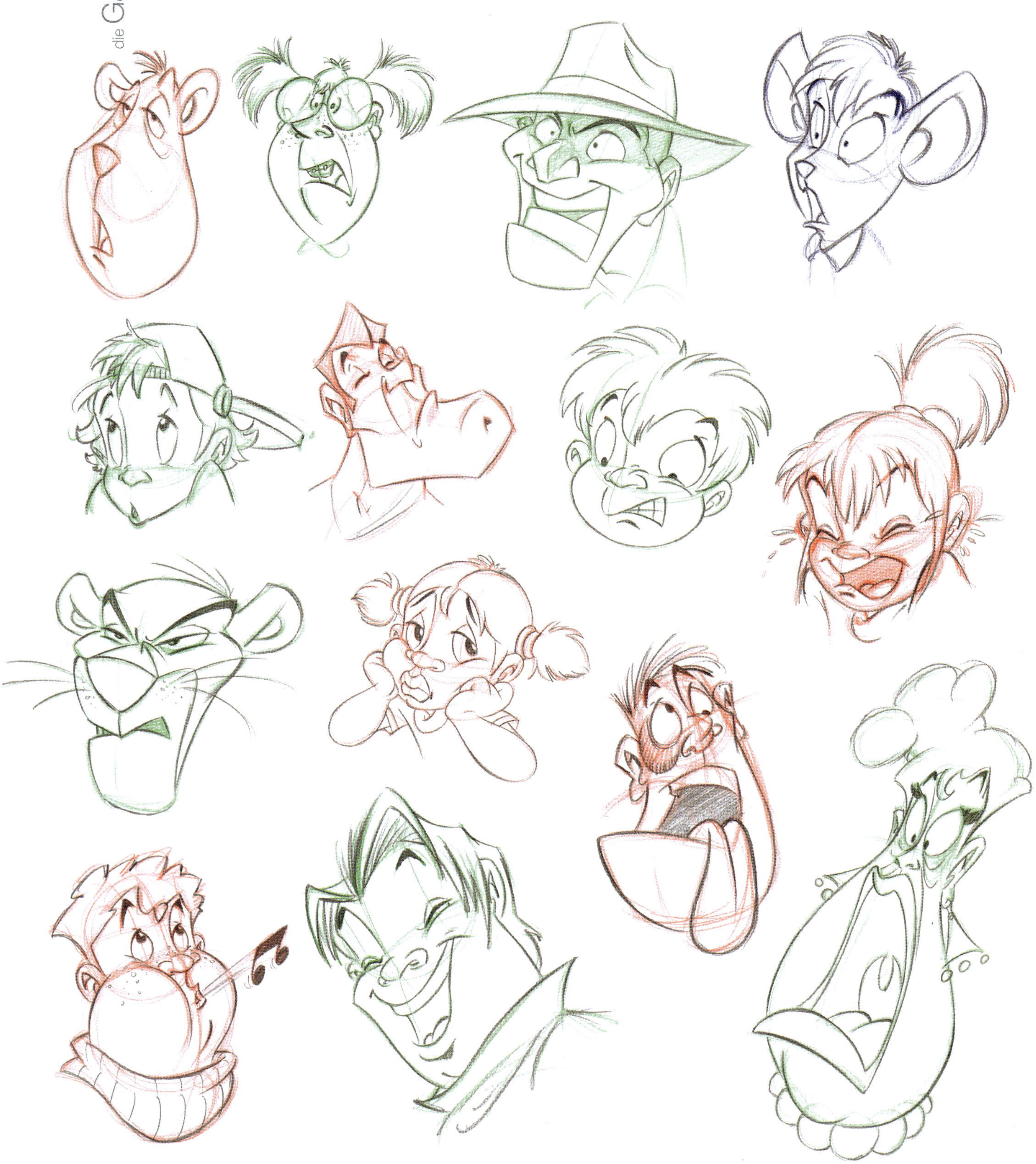

DER AUSDRUCK

Wir wenden das bisher Gelernte konsequent bei jeder Figur an. Zur Übung nehmen wir verschiedene Charaktere und beobachten, wie sich das Zusammenspiel von Augen, Lidern, Augenbrauen, Wangen und auch dem Mund bei ihnen auswirkt. Auf diese Weise und mit viel Übung finden wir die beste Vorgehensweise heraus, um den gewünschten Ausdruck auch wirkungsvoll darzustellen. Bis wir an diesen Punkt kommen, haben wir sicherlich eine Vielzahl „akzeptabler" Entwürfe angefertigt. Mit dem einen oder anderen hätten wir uns vielleicht zufrieden geben können, brachten aber den Ehrgeiz auf, solange weiter zu arbeiten bis uns das Ergebnis überzeugte.

DIE HÄNDE

Die Ausdruckskraft der Hände einer Figur ist genauso stark wie die ihres Gesichts. Aufgrund ihrer Anatomie lassen sich die Hände in einer Vielzahl möglicher Haltungen darstellen. Unentwegt benutzen wir unsere Hände zur Verständigung und wir drücken viele Gefühle mit ihnen aus. Dabei sind nicht nur verschiedene Bewegungen entscheidend, sondern auch ihre Haltung im Bezug auf den Rest unseres Körpers. Befinden sich die Hände beispielsweise in Höhe der Taille, der Schultern oder über unserem Kopf, signalisieren sie dabei jeweils unterschiedliche Absichten.
Sollen unsere Figuren realistisch wirken, zeichnen wir ihre Hände naturgetreu mit fünf Fingern. Sollen sie jedoch komisch wirken, stellen wir sie in der Animation mit nur vier Fingern dar. Diese karikaturistische Vereinfachung wählt man entweder aus ästhetischen oder aus wirtschaftlichen Gründen, da das gesamte Produktionsteam auf diese Weise beim Zeichnen weniger Arbeit hat.
Ob vier oder fünf Finger, sie dürfen in keinem Fall parallel angeordnet werden. Durch verschiedene Kombinationen von Bewegungen sorgen wir für Ausdrucksstärke und ästhetischen Wert.

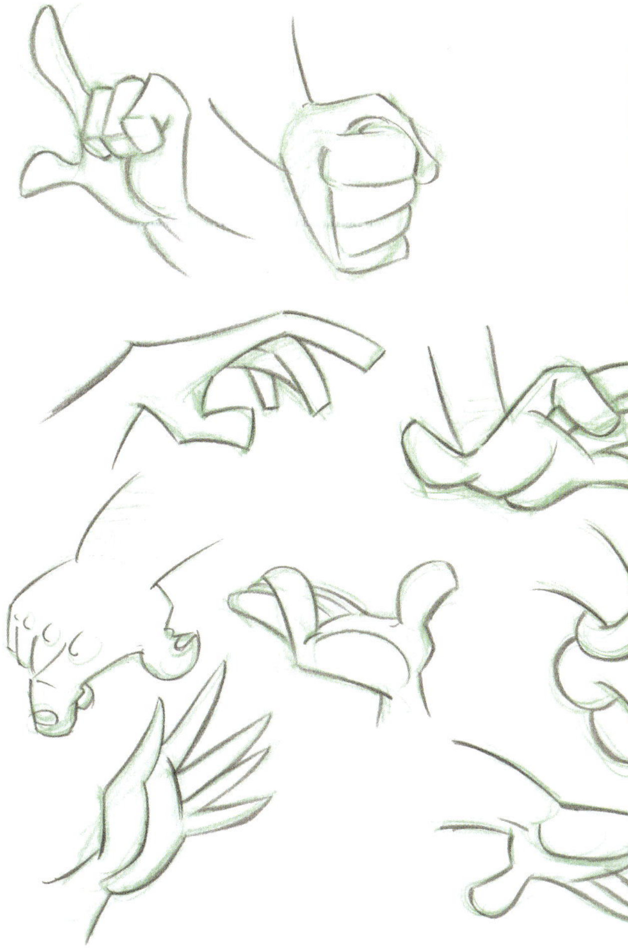

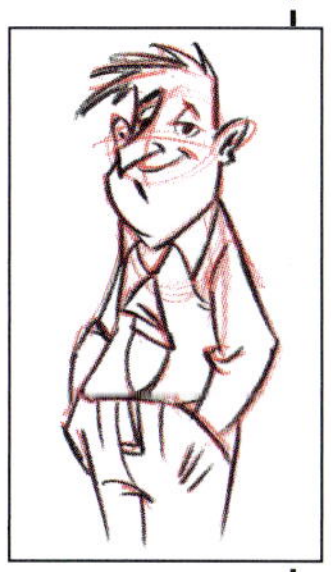

Unerfahrene Zeichner haben bei der Darstellung der Hände zumeist die größten Schwierigkeiten. Doch keine unserer Figuren kann ihre Hände immer in Taschen oder hinter dem Rücken verbergen. Gerade in der Animationskunst muss die gesamte Ausdruckskraft der Hände voll zur Geltung kommen.

Wie wir eine Hand stilistisch aufbauen, hängt vom Typ unserer Figur und ihrer Fingerfertigkeit ab. Wir können von einem Oval ausgehen, das den Mittelhandbereich darstellt. Anschließend nehmen wir längliche Ovale für die Finger, sowie für die entsprechenden Fingerknochen hinzu. Die gesamte Struktur kann auch vereinfacht werden, indem wir als Vorlage die Form eines Fäustlings nehmen, und die Finger wiederum durch entsprechend lange Ovale anfügen.

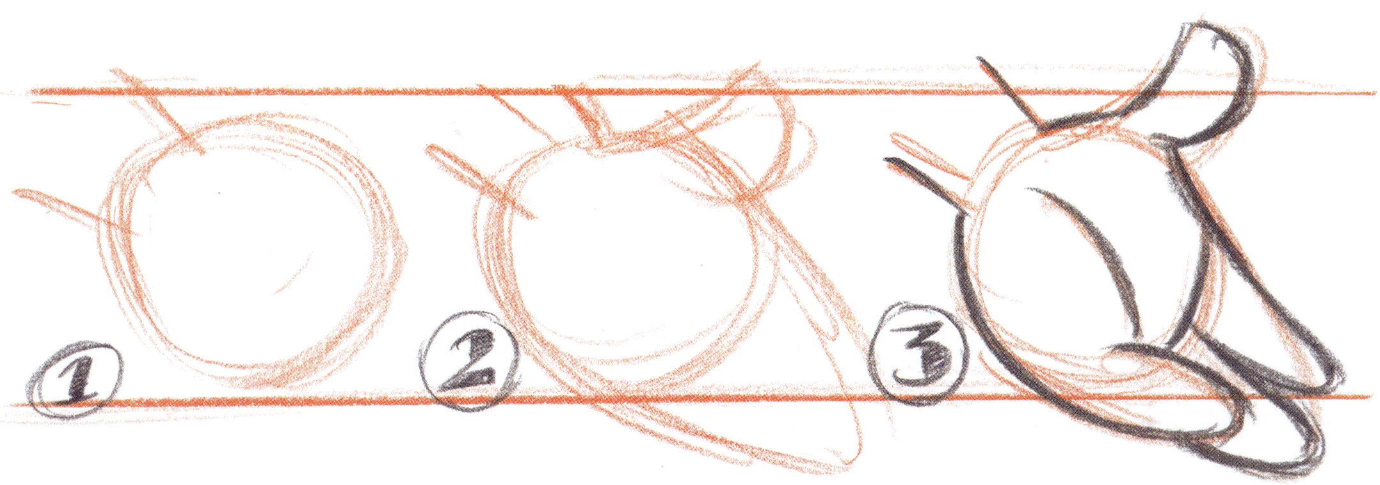

die Vorlagen-Blätter: *Model-Sheets*

Sobald die Figuren entworfen sind und für gut befunden wurden, fertigt das kreative Team die *Model-Sheets* an: Unterschiedliche Posen und verschiedene Ausdrücke der Figur verraten wichtige Details über ihre Form, ihren Aufbau, etc. Der Sinn der *Model-Sheets* liegt darin, den Animatoren und *Layoutern* konkrete Vorgaben bezüglich der Figur zu liefern auf deren Grundlage sie den grafischen Stil, den der kreative Leiter entworfen hat, exakt aufgreifen können.
Für Hauptfiguren wird ein sehr umfangreiches und detailliertes *Model-Sheet* erstellt, das meist folgende Vorlagen beinhaltet:
- Vorlagen zu den allgemeinen Merkmalen (*Chalk-Talk*).
- Drehung um 180° (*Turn-Around*).
- Vorlagen für Posen und Mimik.
- Vorlagen zu den Händen.
- Vorlagen für die Mundformen beim Sprechen, die so genannte Vokalisation (für Dialogszenen).

Bei den Nebendarstellern oder unwichtigeren Figuren entscheidet der *Art-Director*, welche Vorlagen benötigt werden. Für gewöhnlich genügt eine 180°-Drehung und Vorlagen für die wichtigsten Posen und Gesichtsausdrücke. Durch spezielle Vorlagen, in denen alle Figuren, die in der Produktion vorkommen, bezüglich ihrer Körpergröße miteinander verglichen werden, erhalten die Künstler einen wichtigen Anhaltspunkt zum Animieren der Szenen, in denen zwei oder mehr Figuren gemeinsam auftreten.
Außerdem benötigt jede Produktion auch Vorlagen für wichtige Requisiten oder Gegenstände, die von den Charakteren benutzt werden (*Model-Props*).
Die Farbvorlagen werden zuletzt erstellt.

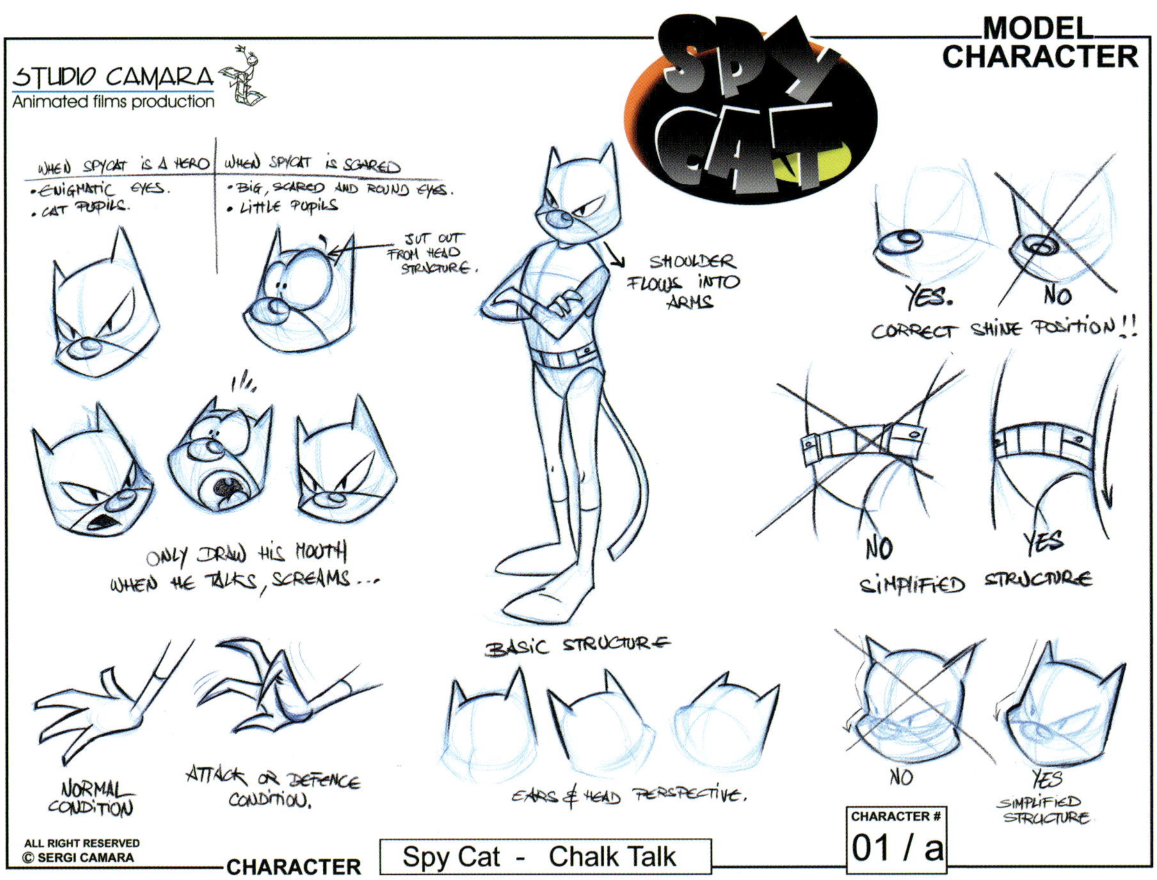

Ein Model-Sheet *über allgemeine Merkmale, das nicht nur exklusive Besonderheiten der Figur, sondern auch Details des Stils, Aufbau und Abschlussarbeiten aufzeigt.*

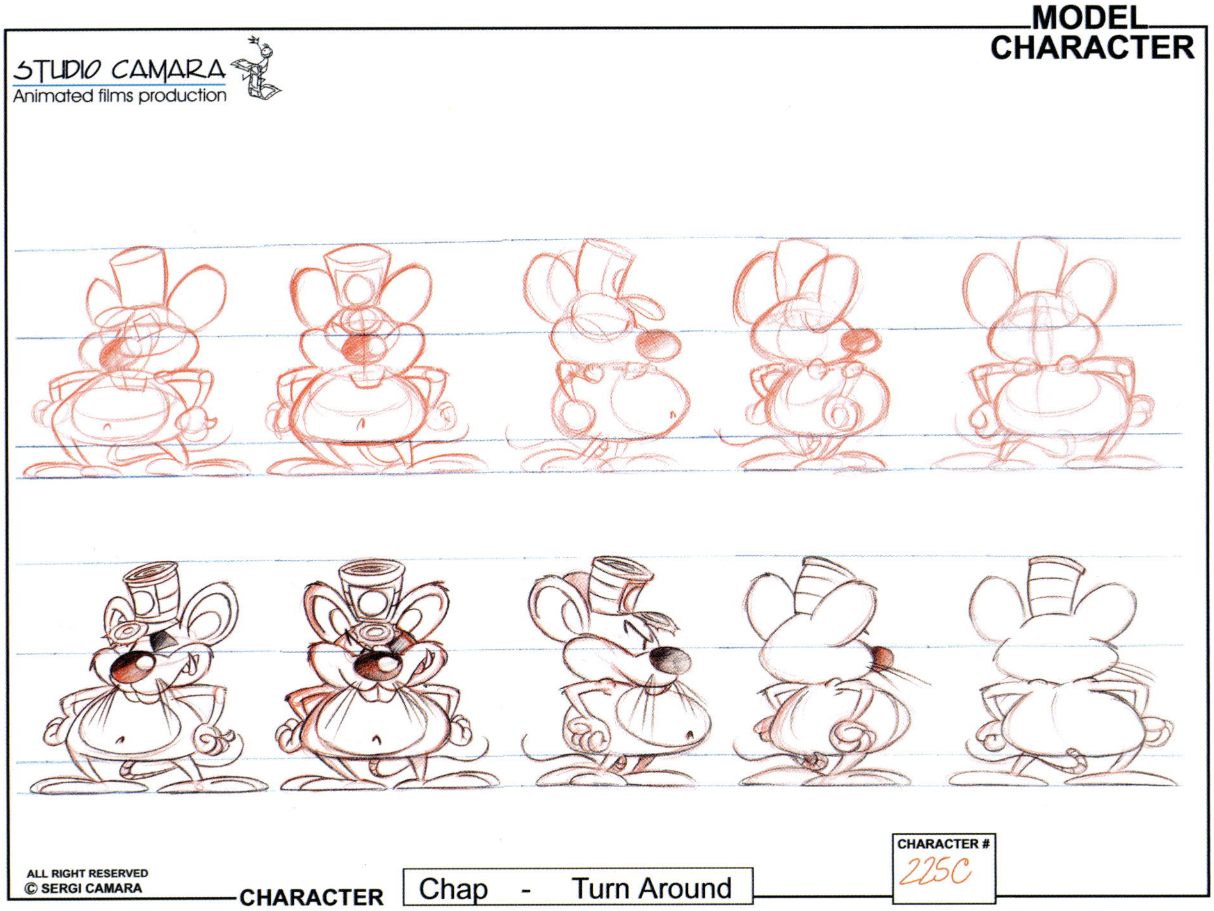

Der Animator erhält durch die 180°-Drehung von verschiedenen Blickpunkten aus einen Bezug zur Figur und lernt sie so dreidimensional kennen.

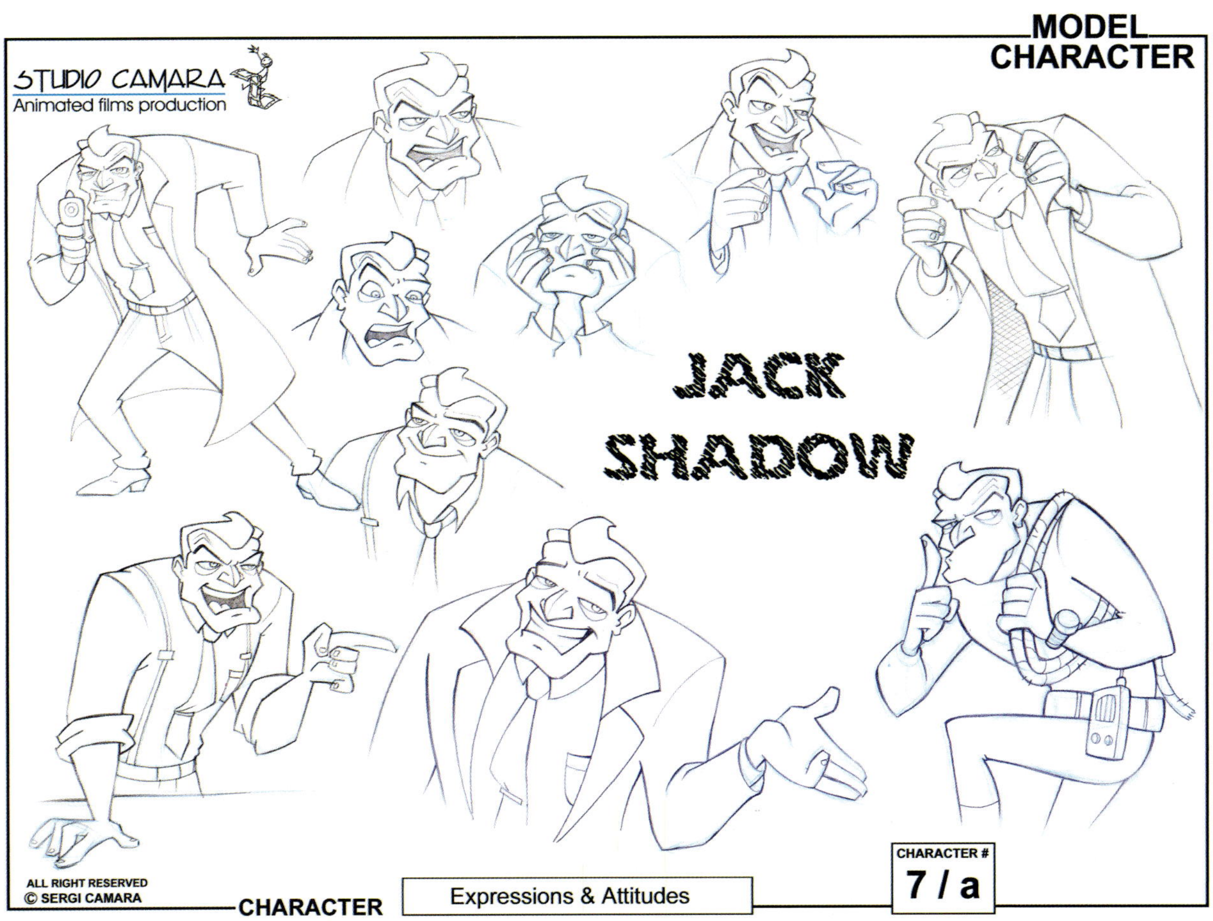

Häufige Posen und Gesichtsausdrücke der Figur, die ihre verschiedenen Stimmungen beschreiben.

Um dem Animator noch konkretere Vorlagen zu geben, werden die Model-Sheets *für Posen und Mimik manchmal getrennt voneinander erstellt. Natürlich gibt es dafür keine festen Regeln, und jedes kreative Team entwickelt die* Model-Sheets *nach den eigenen Anforderungen, je nachdem wie detailliert die Figuren in der Produktion auftreten sollen.*

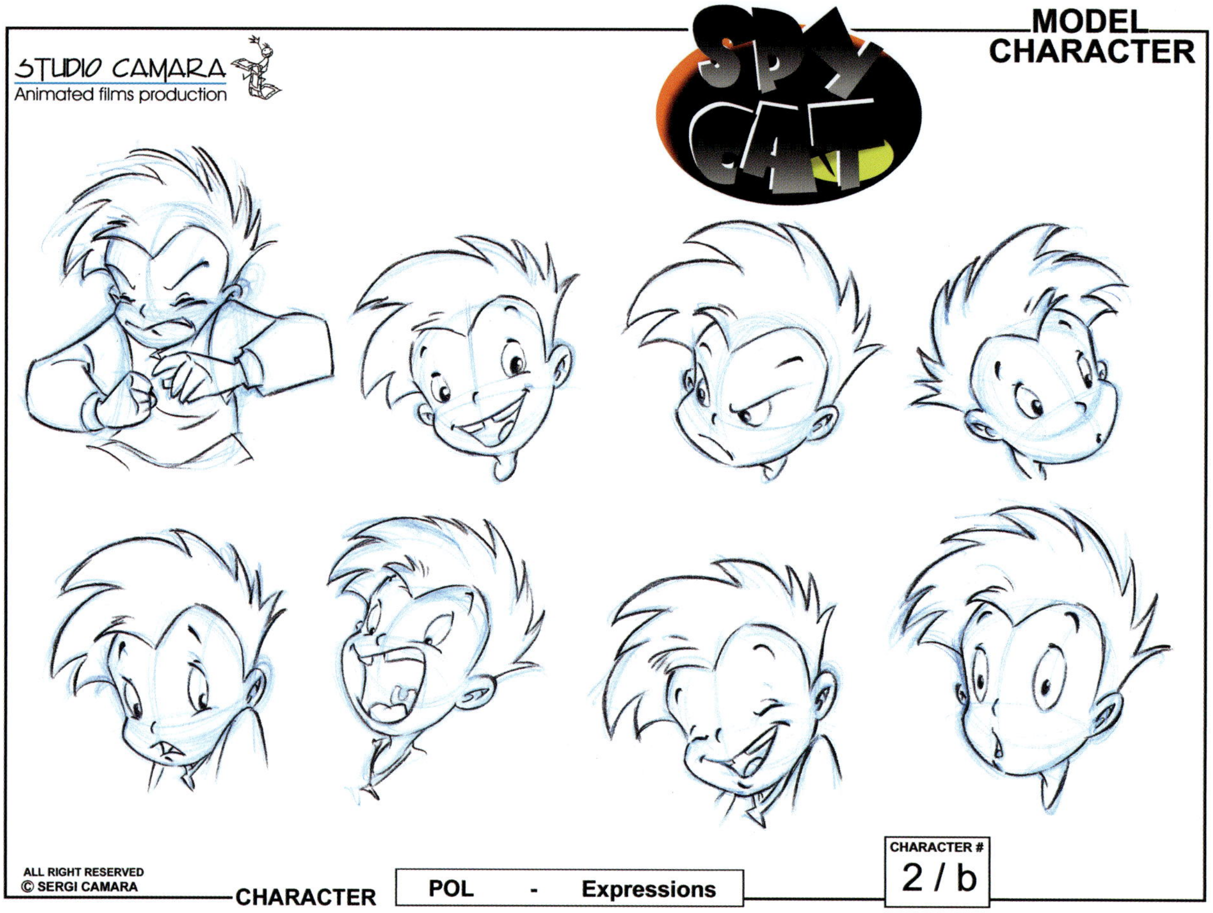

Die Hände sind gleich nach dem Gesicht das wichtigste Ausdrucksmittel der Körpersprache. Aus diesem Grund muss es unbedingt für jede Figur konkrete Vorgaben geben.

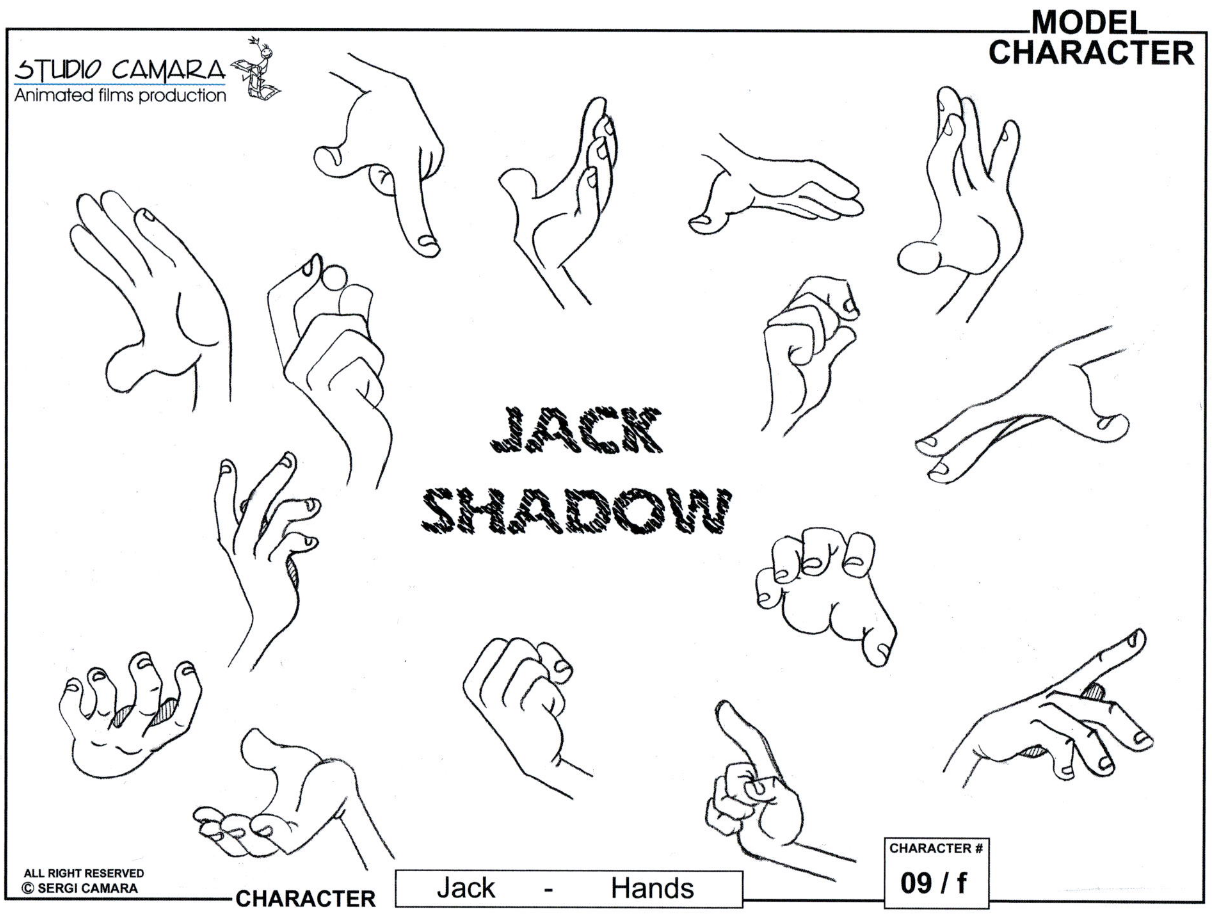

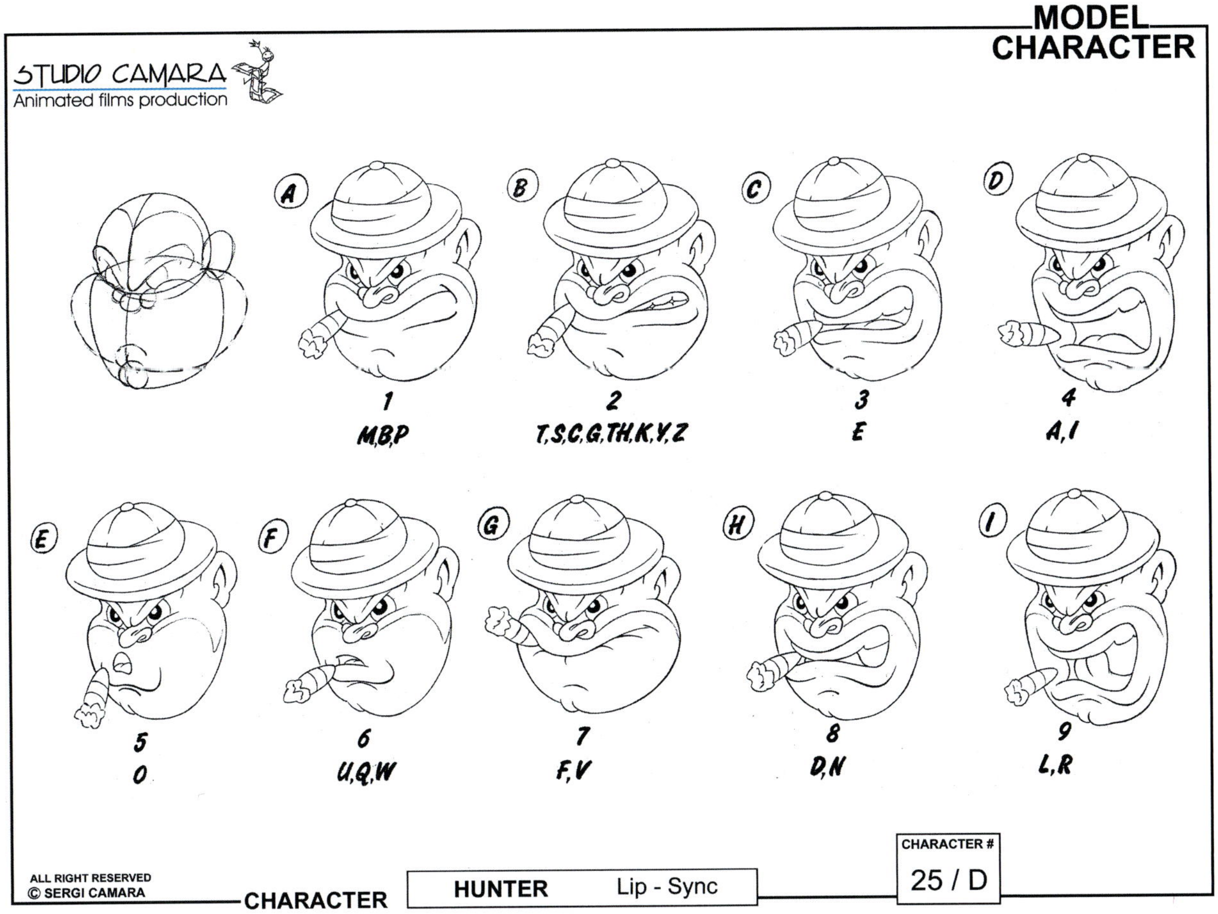

Mit dem Model-Sheet zur Vokalisation erhält der Animator die Muster der verschiedenen möglichen Mundformen jeder Figur. Diese Vorlagen müssen nicht streng befolgt werden; sie sind eher einfache Richtlinien, auf deren Basis der Animator den Gesichtszügen jeder Figur jenen Ausdruck verleiht, der sich je nach Tonfall und Absicht in jedem einzelnen Dialog optimal eignet.

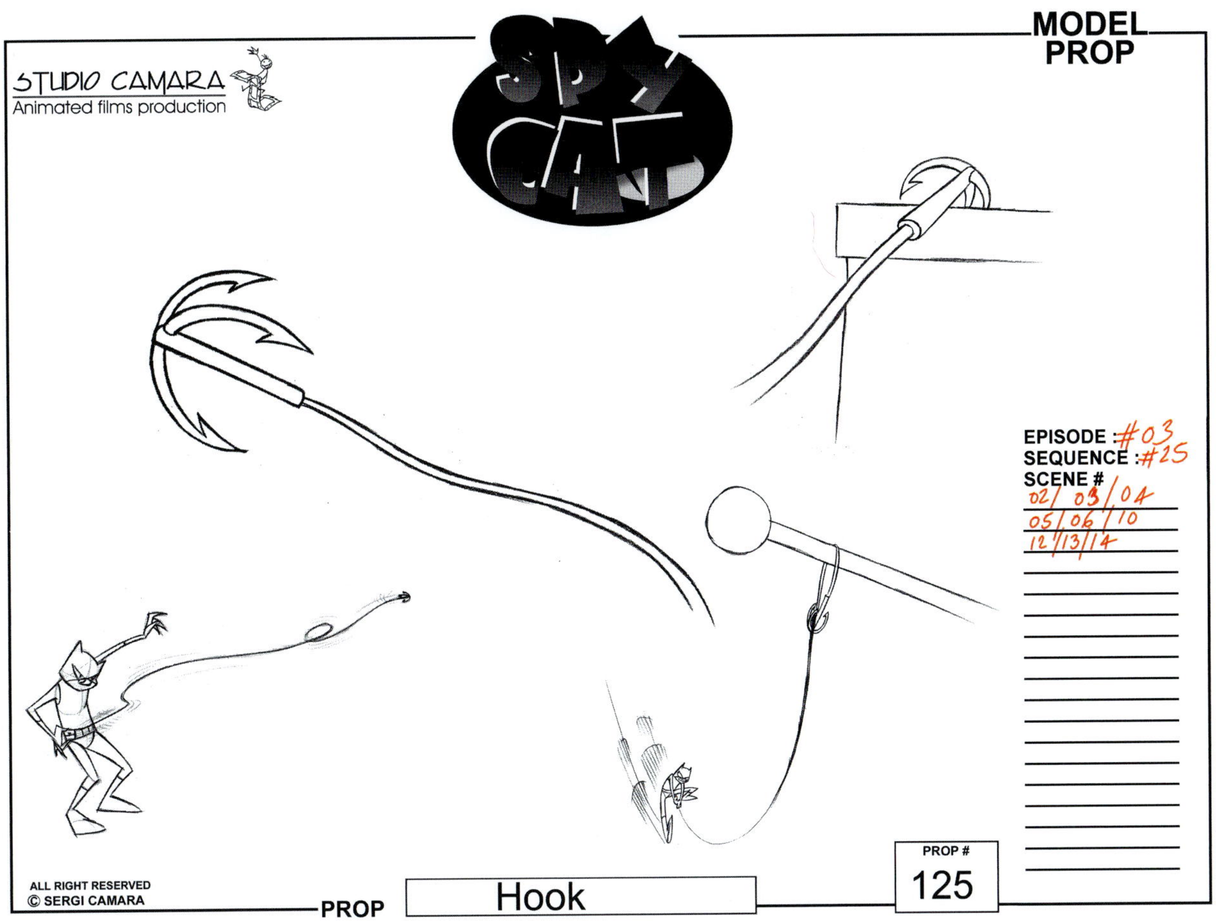

Jedes kleinste Detail, auch wenn es in einer Szene nur kurz, aber animiert erscheinen soll, erfordert eine konkrete Vorlage. Mit den Model-Props erhalten wir eine Vorstellung davon, wie ein bestimmtes Objekt von verschiedenen Blickpunkten aus darzustellen ist, und erfahren außerdem, in welchen Szenen und Aufnahmen es überhaupt vorkommt.

das Layout

„WER BEHAUPTET, DASS FILME NICHT IN TEAMWORK ENTSTEHEN, IST EIN DUMMKOPF.
DIE FRAGE IST NUR, MIT WIE VIELEN UND MIT WELCHEN PERSONEN MAN ZUSAMMEN ARBEITET."
Stanley Donen.

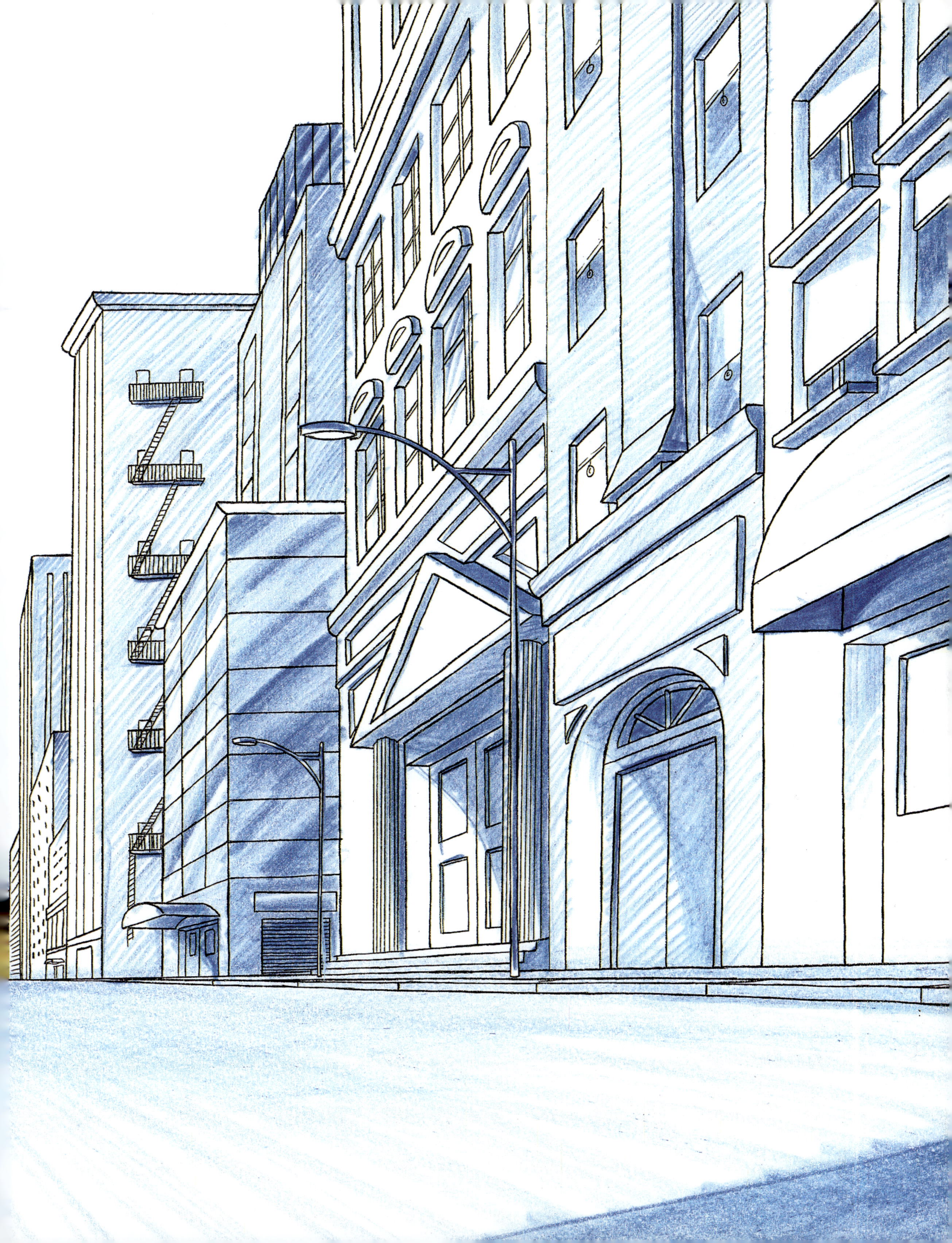

Elemente, die das *Layout* bilden

das *Layout* ist die Phase der Produktion, die zwischen *Storyboard* und Endbearbeitung der Szenen liegt. Hier handelt es sich um ein Bindeglied aus dem Drehbuch, welches im *Storyboard* in einzelnen Bildern dargestellt wurde, und der Arbeit aller anderen kreativen Bereiche der Animation, wie der Gestaltung der Hintergründe, Kolorierung und Kameraführung.
Ein *Layouter* muss mit der Filmästhetik bestens vertraut sein und ein großes künstlerisches Talent besitzen. Vor allem aber muss er in der Lage sein, sämtliche Informationen, seien es technische oder künstlerische, so festzuhalten, dass jeder einzelne Mitarbeiter in der Produktion alles, was er benötigt auch schnell erfassen kann. Das *Layout* einer fertigen Szene setzt sich aus den folgenden Elementen zusammen:

- Kamera-*Layout*
- Hintergrund-*Layout*
- Animations-*Layout*
- Fahrplan
  (Protokoll der Dreharbeiten, auch *Exposure-Sheet*)

Sobald das Material vollständig ist, wird es dem Animator in einer Mappe ausgehändigt, damit dieser die Animation der Szene ausarbeiten kann. Auch die Kolorierer erhalten das gesamte Material, das sie benötigen, um die Farbgebung der Hintergründe vorzunehmen.

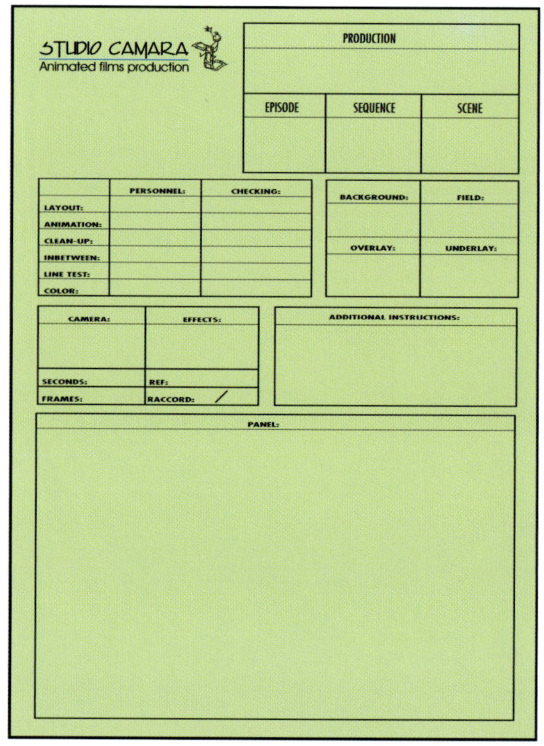
STUDIO CAMARA
Animated films production
PRODUCTION
EPISODE | SEQUENCE | SCENE
PERSONNEL: | CHECKING:
LAYOUT:
ANIMATION:
CLEAN-UP:
INBETWEEN:
LINE TEST:
COLOR:
BACKGROUND: | FIELD:
OVERLAY: | UNDERLAY:
CAMERA: | EFFECTS:
SECONDS: | REF:
FRAMES: | RACCORD:
ADDITIONAL INSTRUCTIONS:
PANEL:

Die Layouter fertigen ihre Angaben Aufnahme für Aufnahme an und übergeben sie den Verantwortlichen für Animation und Hintergründe auf einem Formblatt, das in etwa aussieht wie dieses. Dieser Vorgang sorgt in der Produktion für Ordnung und Übersicht. Die Arbeitsschritte können leicht nachvollzogen werden und das Material wird sicher archiviert.

DER *FIELD-GUIDE*

Der Regisseur wählt zunächst die Größe des Bildfeldes, das für eine bestimmte Aufnahme verbindlich ist und anschließend passt der *Layouter* auf der Grundlage des *Storyboard* jeden einzelnen Bildausschnitt ein.
Der klar strukturierte *Field-Guide* legt den Bereich, der in jeder einzelnen Szene aufgenommen wird, exakt fest, und zudem erleichtert er die Planung der Kameraführung. Auf der nächsten Seite sehen wir Beispiele für jeweils einen *Field-Guide* der beim 4:3- und beim 16:9-Format zum Einsatz kommt. Beide Muster zeigen 12 Bildfelder, da sie für Fernsehserien verwendet werden. Für Spielfilme benötigen wir einen *Field-Guide* mit 16 Feldern.

Die Größe des jeweiligen Bildfeldes legt fest, was genau später auf die Leinwand projiziert wird. Im Allgemeinen gelten folgende Einteilungen:
- Feld 6/7 – Für Kopf oder Großaufnahmen.
- Feld 7/8 – Für Großaufnahmen, Halbnahe und Amerikanische Einstellungen.
- Feld 8/10 – Für Amerikanische Einstellungen und Halbtotale.
- Feld 10/12 – Für Halbtotale und Totale.

Eine Kamerafahrt bewegt sich normalerweise in einem Rahmen von nicht mehr als sechs Feldern, unabhängig davon, ob sie sich dem Motiv dabei nähert oder sich von ihm entfernt (*Tracking-In/ Tracking-Out*).

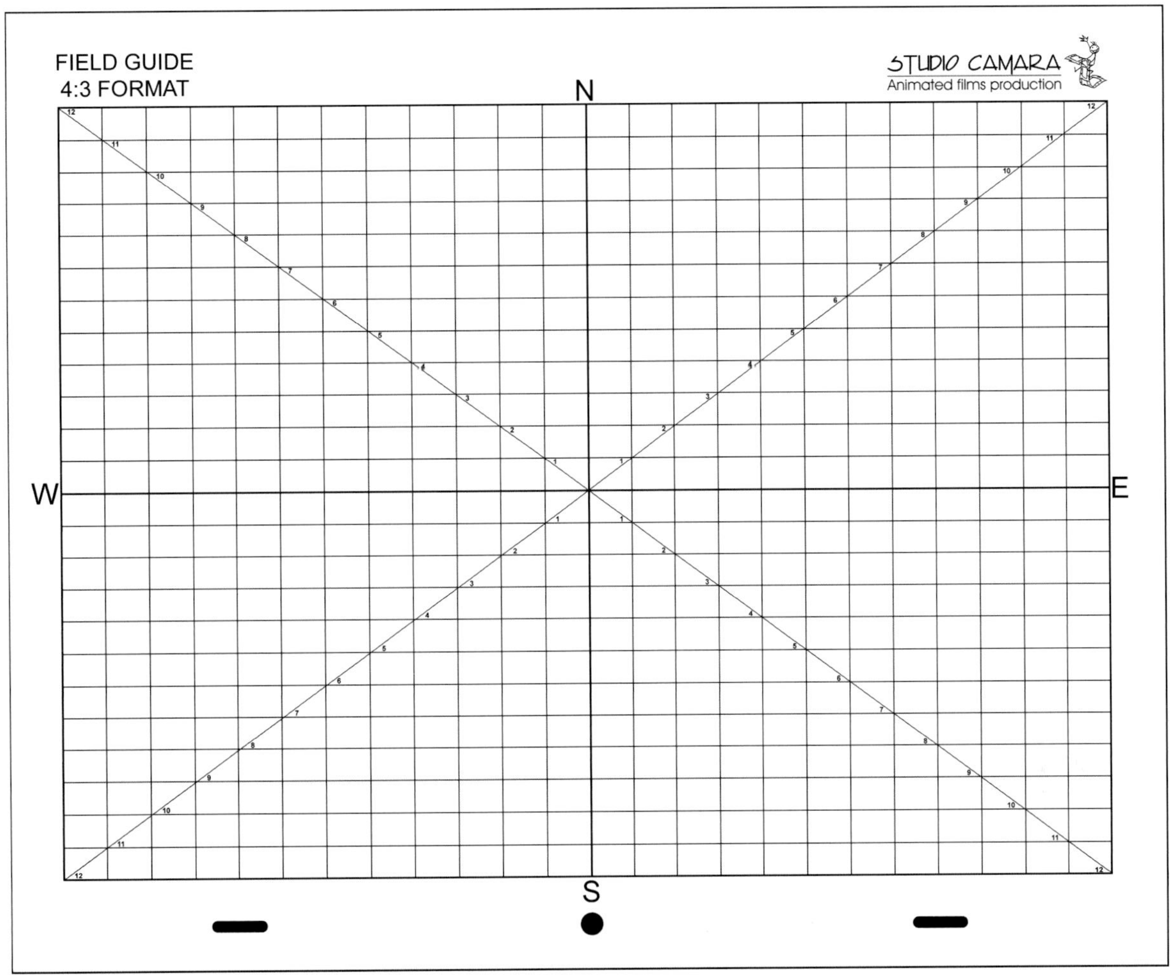

Field-Guide *für das 4:3-Format mit 12 Bildfeldern. Maße: 30,00 cm mal 21,80 cm.*

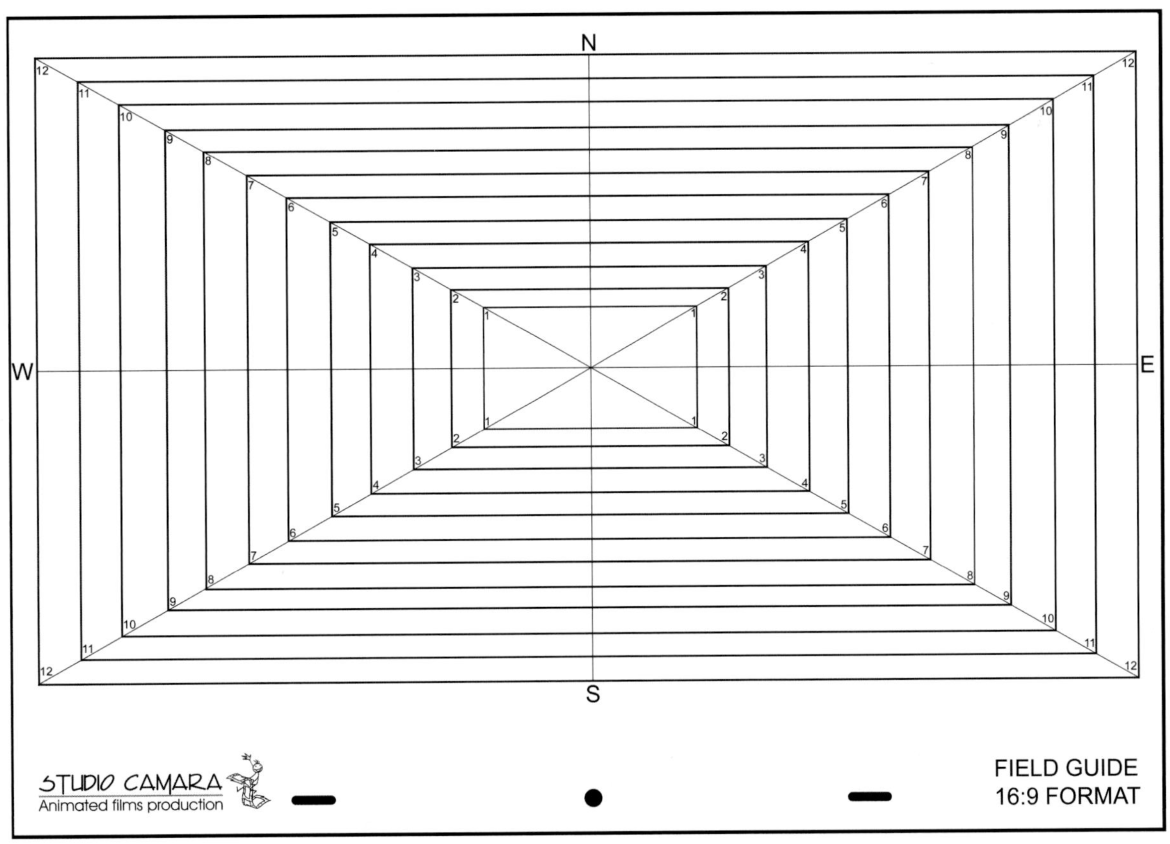

Field-Guide *für das 16:9-Format mit 12 Bildfeldern. Maße: 40,00 cm mal 22,50 cm.*

das Kamera-*Layout*: die Dokumentation der Kameraführung

das Kamera-*Layout* legt sowohl die Größe des Bildfeldes fest, in dem sich die Handlung abspielt, wie auch die verschiedenen Felder, in denen sich die Kamera bewegt. Es gibt bestimmte Kriterien für die Festlegung der verschiedenen Bildfelder, an die wir uns bei jeder einzelnen Aufnahme halten müssen.
Es gibt Regisseure, die darauf bestehen, dass die Layouter jedes einzelne Feld in einer anderen Farbe kennzeichnen, damit man sie leichter unterscheiden kann, wogegen andere eine einzige Farbe für alle Felder bevorzugen. Wirklich wichtig ist, dass man die Größe der Bildfelder, die Bewegungsrichtung der Kamera, sowie weitere zusätzliche Angaben, die jedes *Layout* beinhalten muss, immer eigens aufführt, damit man sie am Ende leicht umsetzen kann. Dabei handelt es sich für gewöhnlich um folgende Angaben:

- Titel der Produktion und die Nummer der Episode.
- Nummer der Sequenz und der Aufnahme.
- Größe des Bildfeldes und Nummer des verwendeten Hintergrunds.

Diese Angaben werden in einem Vermerk am sichtbaren Rand des *Layouts* notiert.

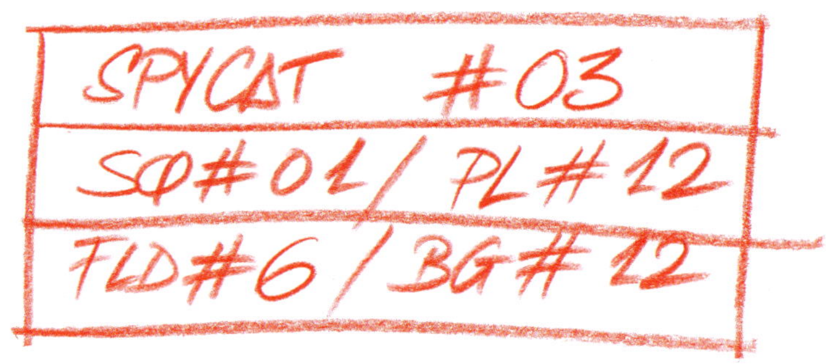

Ein Vermerk mit allen notwendigen Informationen für jede einzelne Aufnahme ist eine große Hilfe, um jedes Element des Layouts *in der dazu gehörigen Szene richtig zuzuordnen. In fast allen Animationsproduktionen sammelt sich mit der Zeit unglaublich viel Arbeitsmaterial an, sodass es letztendlich kaum noch überschaubar ist. So ist dies sicherlich die einzige Möglichkeit, den Überblick über die Elemente aller Szenen zu behalten und sie schnell verfügbar zu machen.*

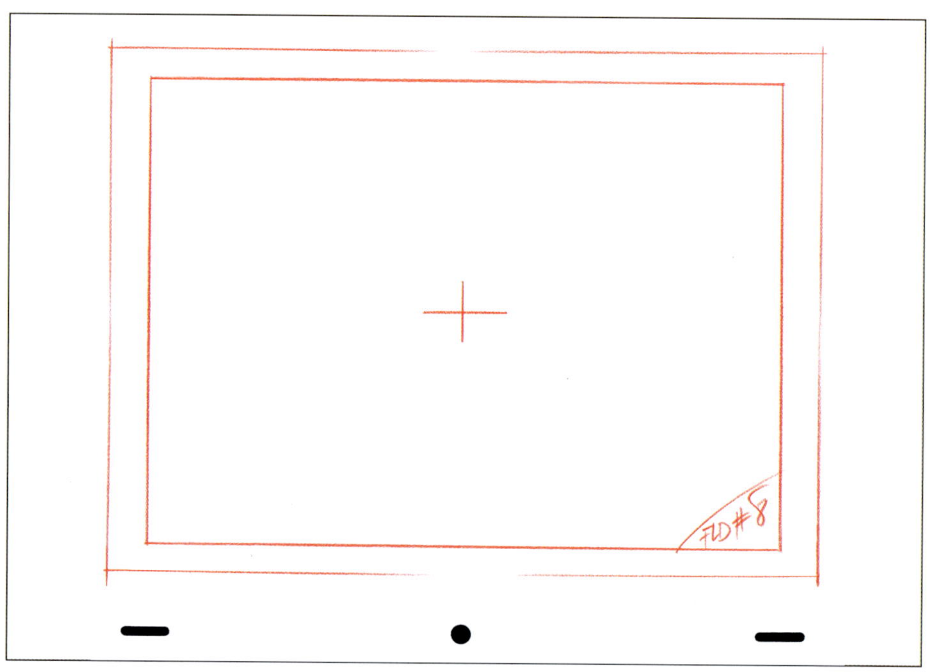

Wenn wir an einer Fernsehproduktion arbeiten empfiehlt es sich, dass wir unseren Bildausschnitt mit einem Sicherheitsrand versehen. Dieser nimmt ein eigenes Feld in Anspruch, das sich direkt über dem zuletzt ausgewählten Bildfeld befindet. Wir verhindern dadurch, dass ein wichtiges Element der Szene im Ausschnitt des Bildes, das auf der Leinwand zu sehen ist, verloren geht.

Um die Kameraführung zu dokumentieren, setzen wir eine Ordnung unter den verschiedenen Feldern fest und geben ihnen Buchstaben: A, B, C . . . Wir beschreiben die geplante Bewegung mit Hilfe von Richtungspfeilen, die uns von einem Bildfeld in das nächste führen. Abschließend müssen wir unbedingt die Größe des in diesem Moment verwendeten Bildfeldes in einer Ecke des Ausschnittes angeben.

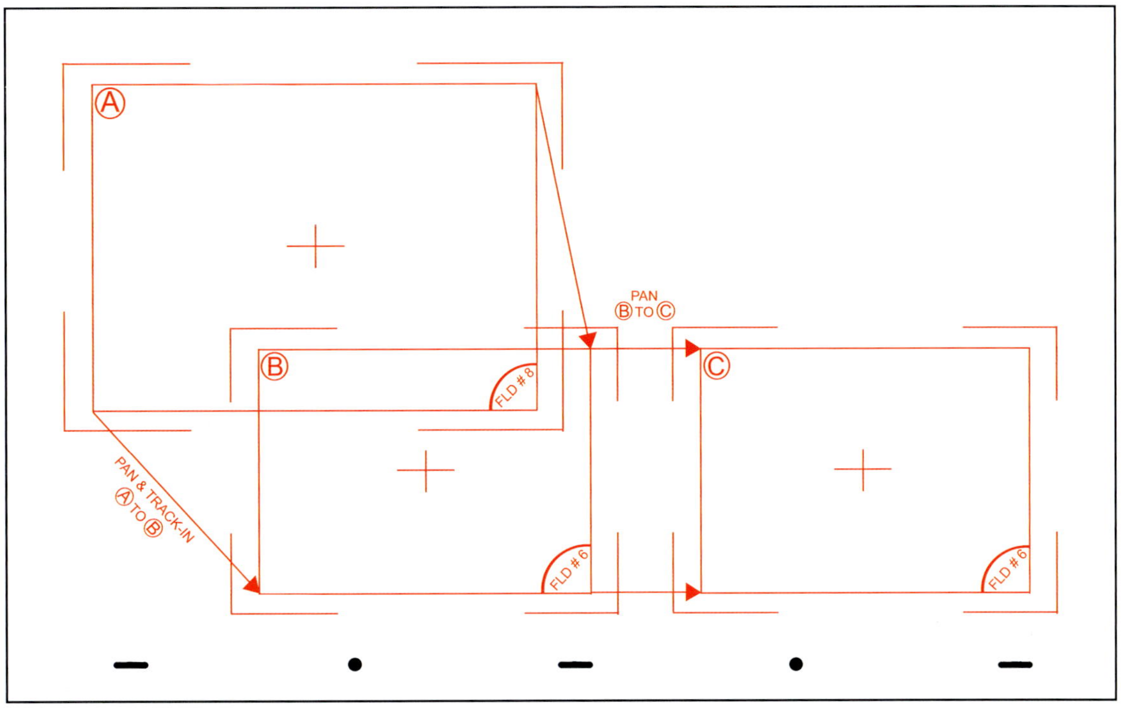

Die Geschwindigkeit der Kamerabewegung machen wir ersichtlich, indem wir die Zentren der verschiedenen Bildausschnitte verbinden und die Entfernung kennzeichnen, die die Kamera auf dem Hintergrund in jedem Fotogramm zurücklegt. Um eine fließende Bewegung der Kamera zu gewährleisten, muss man zu Beginn der Bewegung eine Beschleunigung und zum Ende eine Verlangsamung einplanen.

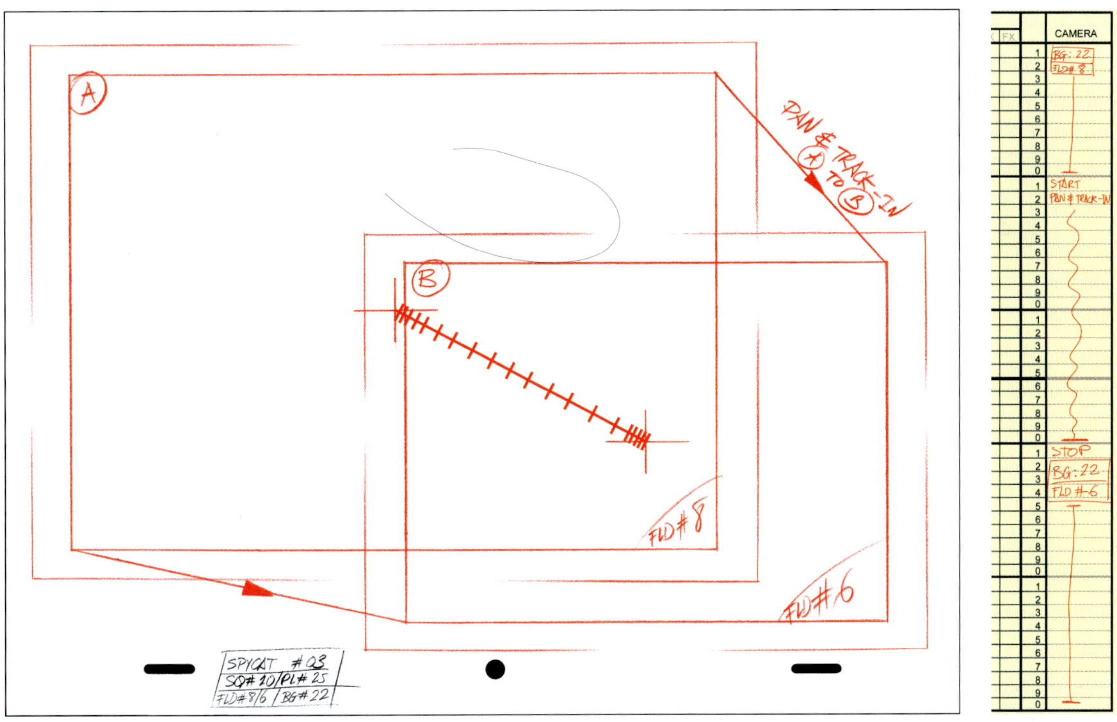

In dieser Szene beginnen wir mit der Kamerabewegung im Bildausschnitt „A" mit Bildfeld 8. Die Kamera nimmt innerhalb von 20 Fotogrammen einen Panoramaschwenk sowie ein Tracking-In vor und erreicht schließlich mit Bildfeld 6 den Bildausschnitt „B", in dem die Bewegung endet. Im Fahrplan sind alle Angaben der Verschiebung aufgeführt: Die Nummer des Fotogramms, in dem die Kameraverschiebung beginnt, die Dauer der Verschiebung und die Nummer des Fotogramms, in dem sie endet.

das Hintergrund-*Layout:* die Umgebung der Figuren im Detail

Das Hintergrund-*Layout* dient dem Animator als Grundlage, wenn er Figuren animieren will, die ihre Aktion vor einer bestimmten Kulisse ausführen. Sowohl die Perspektive wie auch das Zusammenspiel von Animationen und Hintergrundelementen lassen sich mit Hilfe des *Layouts* optimal überprüfen. Selbst die Kolorierer stützen sich auf dieses *Layout*, das ihnen sehr detaillierte Vorgaben liefert, insbesondere über Lichteinfall und Schattenwürfe in der Szene. Zusammenfassend können wir feststellen, dass das Hintergrund-*Layout* von Anfang an so detailliert wie möglich erstellt werden und dabei alle wichtigen Informationen für die verschiedenen Produktionsbereiche beinhalten muss, da uns die optimale Umsetzung nur so gelingen kann.

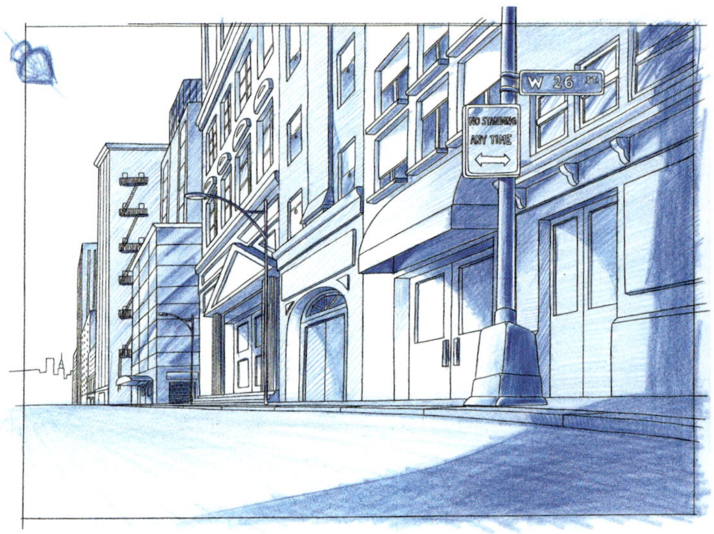

*Die Entwürfe der Hintergrund-*Layouts *sind am Ende der Übertragung aller erforderlichen Angaben meist einfarbig. Das Team, das die Hintergründe bearbeitet, wählt später zusammen mit dem Regisseur für jede Szene die passenden Farbskalen.*

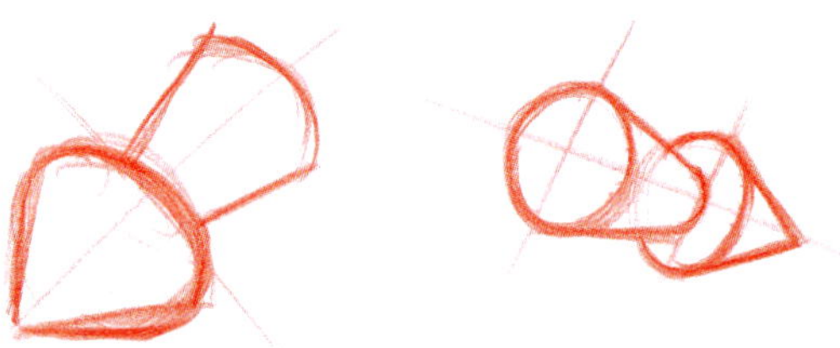

Die Layouter *verwenden Pfeile, um dem Rest des Teams den Hauptwinkel des Lichteinfalls exakt zu verdeutlichen.*

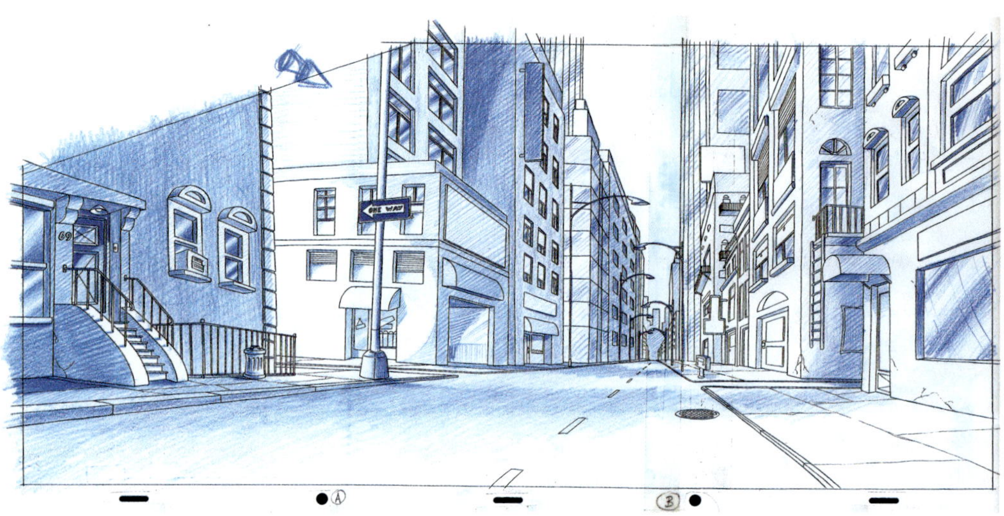

Die Angaben für Licht und Schatten sind essentiell. Die *Layouter* müssen sowohl den Winkel des Lichteinfalls wie auch die Intensität der Schatten für jede Aufnahme eindeutig angeben. Dies gilt für alle Hintergründe, die in einer Sequenz vorkommen. Licht und Schatten müssen stets die passend festgelegte Position beibehalten, um visuelle Kontinuität zwischen den Aufnahmen zu gewährleisten. Auch für die Animatoren sind diese Angaben sehr hilfreich, damit sie klar erkennen, wo und in welcher Weise das Licht auf die zu bearbeitenden Figuren fällt.

Manchmal werden *Overlays* und *Underlays* verwendet, die getrennt vom übrigen Hintergrund bearbeitet werden. Sie können sehr unterschiedlich eingesetzt werden:

- In Aufnahmen ohne Kamerabewegungen kann der Effekt erzeugt werden, bestimmte Figuren würden an anderen Figuren vorbeigehen. Auch die Wirkung einer Trennschärfe kann hervorgerufen werden.
- In Aufnahmen mit Kamerabewegung verschiebt man sie gemeinsam mit dem Hintergrund, aber in einer anderen Geschwindigkeit. Wenn man die Elemente im Vordergrund, die für den Zuschauer näher wirken, schneller verschiebt als die Objekte, die weiter entfernt scheinen, kann man in einem Hintergrundbild den Eindruck von Tiefe enorm verstärken.

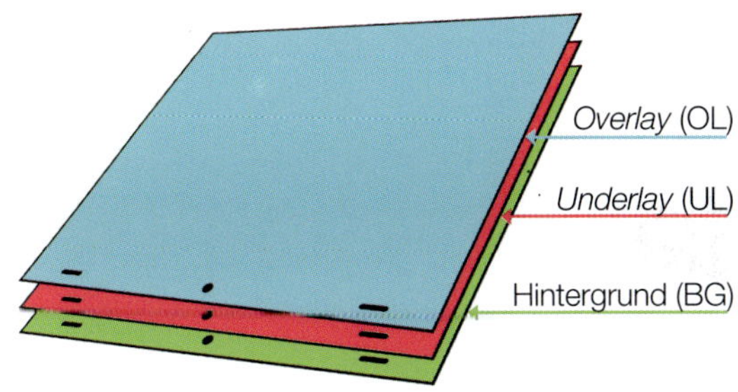

Overlays *und* Underlays *sind Elemente des Hintergrunds, die man auf separaten Ebenen bearbeitet. Wir greifen auf sie zurück, wenn wir eine größere Bildtiefe erzeugen, oder verschiedene Objekte mit den Elementen des Hintergrunds zusammenspielen lassen möchten.*

Stellen wir uns eine Landschaft vor, in der im Vordergrund eine grüne Wiese mit Bäumen, sowie – weiter entfernt – Wolken am Himmel zu sehen sind. Der wolkenbehangene Himmel ist dabei der Hintergrund im eigentlichen Sinne, der auf einer separaten Ebene bearbeitet wird, damit man ihn langsamer verschieben kann.
Auf diese Weise wird die Bewegung der Wolken simuliert. Die grüne Wiese ist das *Underlay*, weil sich auf ihr die Handlung der animierten Figuren abspielt. Die Bäume sind das *Overlay*. Diese können wir auch etwas unscharf darstellen, um den Eindruck von Tiefe noch zu verstärken.

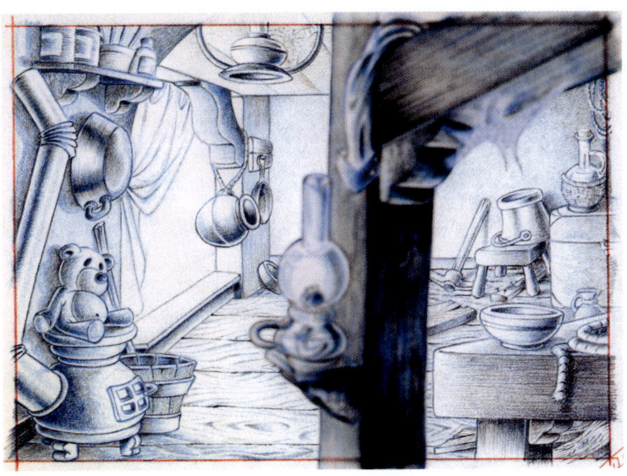

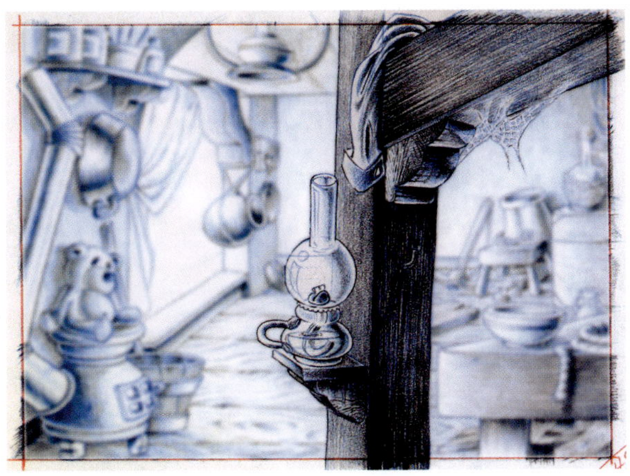

*Hier sehen wir ein Beispiel dafür, wie man die Einstellungen mit Trennschärfe über einem Hintergrund-*Layout *und dem jeweiligen* Overlay *anwenden kann.*

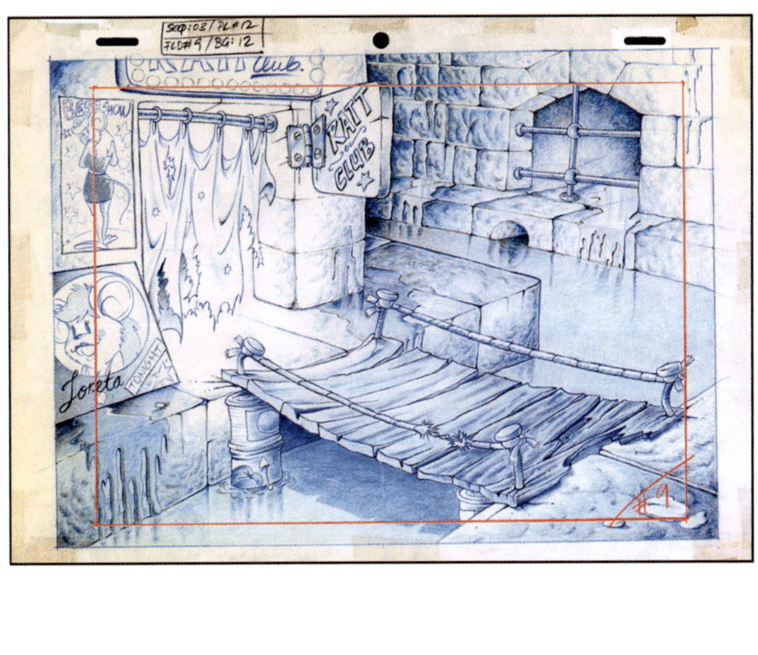

*Ein fertiges Hintergrund-*Layout *sollte diesem sehr ähnlich sein. Wir erkennen den Lichteinfall und die Schatten auf dem Hintergrund, die Größe des Bereichs, der in der Szene aufgenommen wird und den Sicherheitsrand. Außerdem beinhaltet es den Vermerk, der die Sequenz und die dazugehörige Aufnahme, sowie die Nummer des Hintergrunds angibt.*

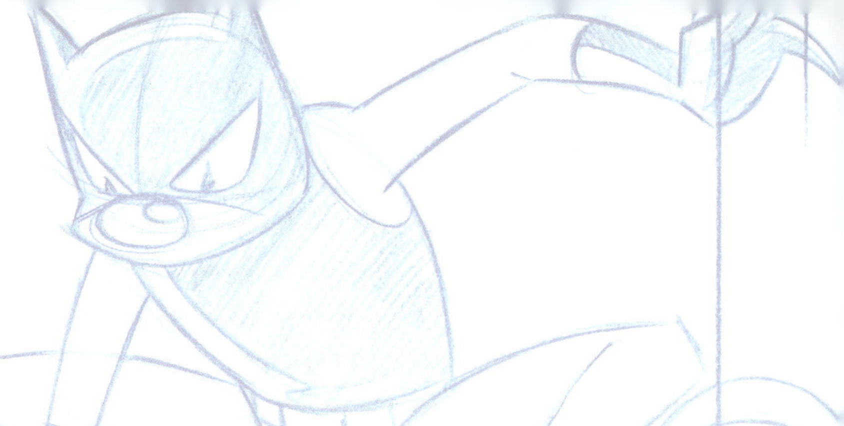

das Animations-*Layout*: die exakte Studie der Bewegung

Ein Animations-*Layout* wird meist mit blauer Farbe erstellt, damit man es von den eigentlichen Animationen unterscheiden kann, da diese nach der Bearbeitung nicht selten in die gleiche Mappe gelangen. Das Blau ist dabei natürlich nicht verbindlich, denn ebenso wie bei den Kamera-*Layouts*, kann bei jeder Produktion eine andere Farbe gewählt werden. Nachdem eine Reihe von Animations-*Layouts* angefertigt wurden, sollte man als Ergebnis einen klaren und sehr präzisen Entwurf geschaffen haben. Der Künstler muss dabei folgende Elemente mit einbeziehen:

- *Model-Sheets,*
- Verhältnis der Körpergrößen aller Figuren, die in der Szene auftreten,
- Körperhaltung,
- Ausdruck,
- Inszenierung,
- Bezug der Perspektiven von Figuren, Hintergrund und allen Objekten zueinander.

Der *Layouter* entscheidet, wie viele verschiedene Posen er entwerfen muss, um dem Animator schließlich alle Informationen über die Handlung, die in einer bestimmten Aufnahme ablaufen soll, zur Verfügung zu stellen.

Wenn einzelne Aktionen sich nicht mit anderen überschneiden, können unterschiedliche Posen auf ein und derselben Ebene umgesetzt werden. Ist eine bestimmte Pose von der darauffolgenden jedoch kaum zu unterscheiden, benötigt man verschiedene Ebenen. Die Posen, die in einer Aufnahme vorkommen, müssen unbedingt fortlaufend nummeriert werden: Pose #1, Pose #2, Pose #3, etc. Außerdem muss jedes Blatt des Animations-Layouts nummeriert werden, wobei auch die Summe aller Blätter angegeben wird, zum Beispiel: 1 von 4, 2 von 4, usw. Dadurch besteht keine Gefahr, eine Seite zu vergessen.

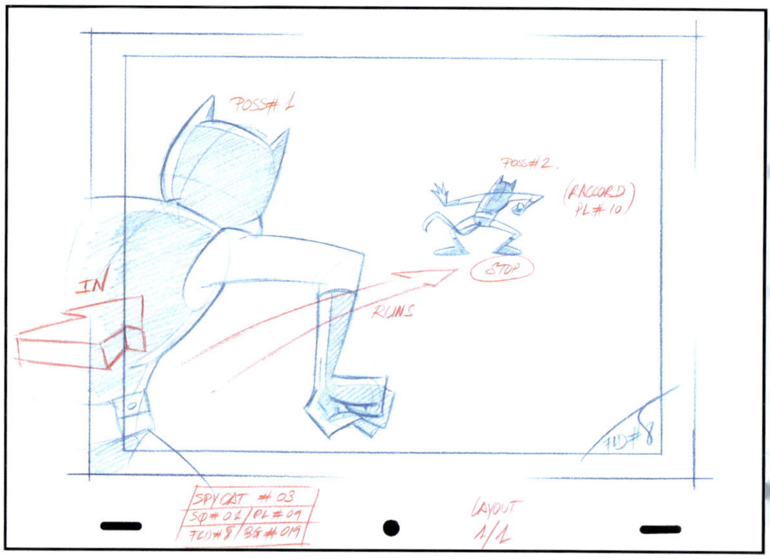

Damit der Animator die Handlung exakt nachvollziehen kann, muss das Layout *alle wichtigen Angaben enthalten. Die Figuren, die in den* Layouts *vorkommen, sind zwar nur Vorlagen; dennoch sollte sie der Animator mit den* Model-Sheets *vergleichen, um sie dem Stil der Produktion optimal anzupassen.*

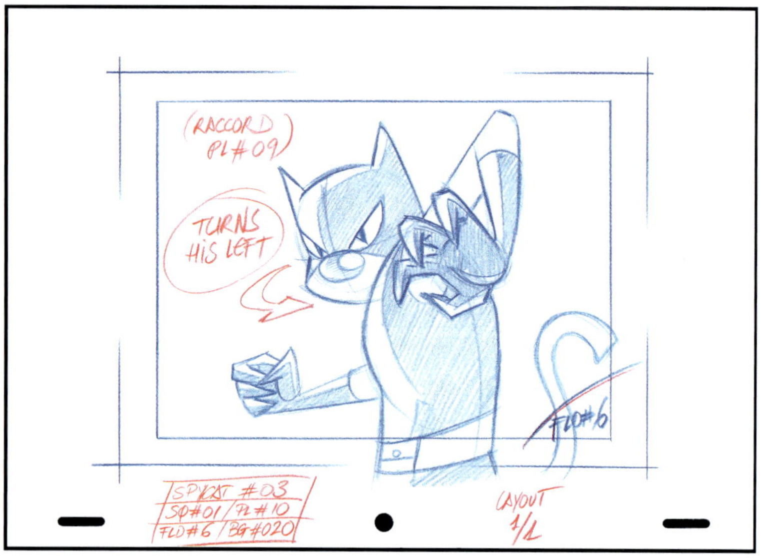

Der Layouter *kann alle grafischen mit schriftlichen Informationen ergänzen, wenn sie seiner Einschätzung nach wichtig für die Animation sind. Zum Beispiel kann er angeben, inwieweit ein Bezug von einer Aufnahme zur vorhergehenden oder nachfolgenden vorhanden ist, damit die Kontinuität der Aktion gewahrt wird.*

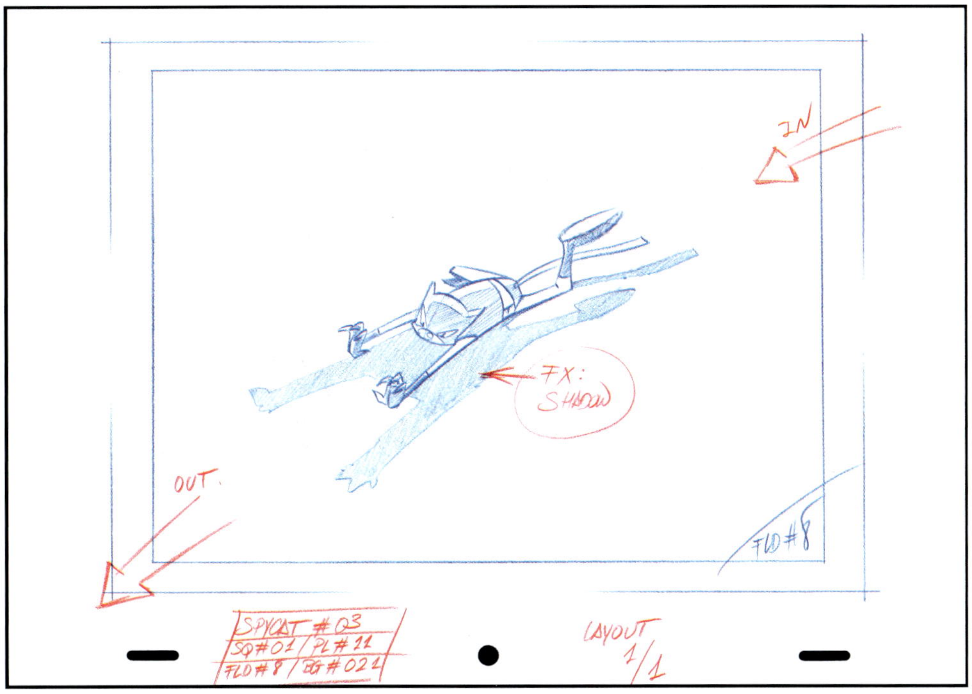

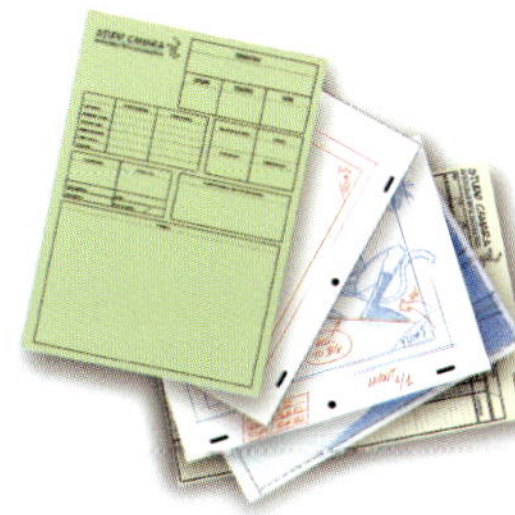

Alle Elemente des *Layouts* müssen durchweg überprüft und zusammen mit dem Fahrplan der Aufnahme in einer speziell angelegten Mappe aufbewahrt werden. So sammelt man alle wichtigen Informationen, damit sie stes abrufbar sind und jeder Mitarbeiter die entsprechenden Arbeitsschritte ausführen kann.

Bei jeder Aktion werden Pfeile angelegt, die uns die Richtung, die Start- und Endpunkte, etc. zeigen.

Wir setzen den Ausschnitt der Figur in Bezug zu den Hintergrundelementen, sowie zum Sicherheitsrand des gewählten Bildausschnitts. Der Animator bearbeitet die Aufnahme unter Einhaltung dieses Sicherheitsrandes.

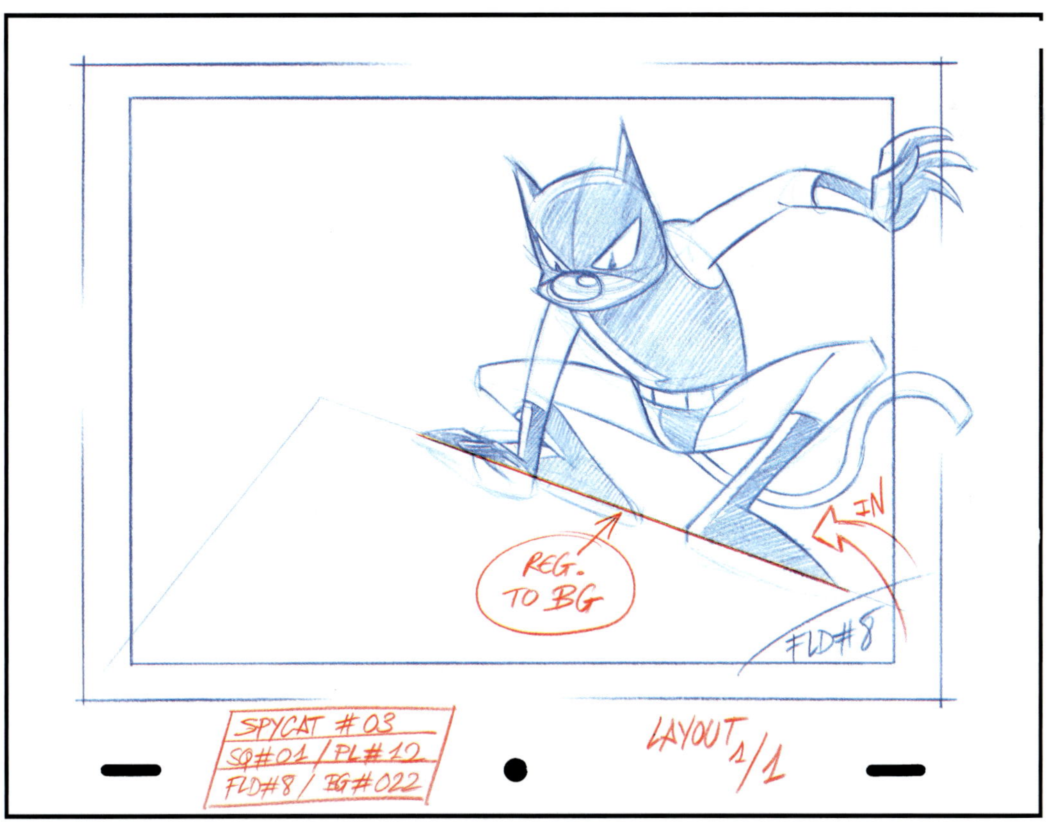

die Anima-tion

„ES GIBT KEINEN SPEZIELLEN TRICK IN DER ANIMATION . . . IN WIRKLICHKEIT IST SIE ÄUSSERST EINFACH – ABER WIE ALLES EINFACHE AUF DIESER WELT, IST SIE UNGEHEUER SCHWIERIG UMZUSETZEN.“

Bill Tytla. Animator in den Walt Disney Studios, 28. Juni 1937.

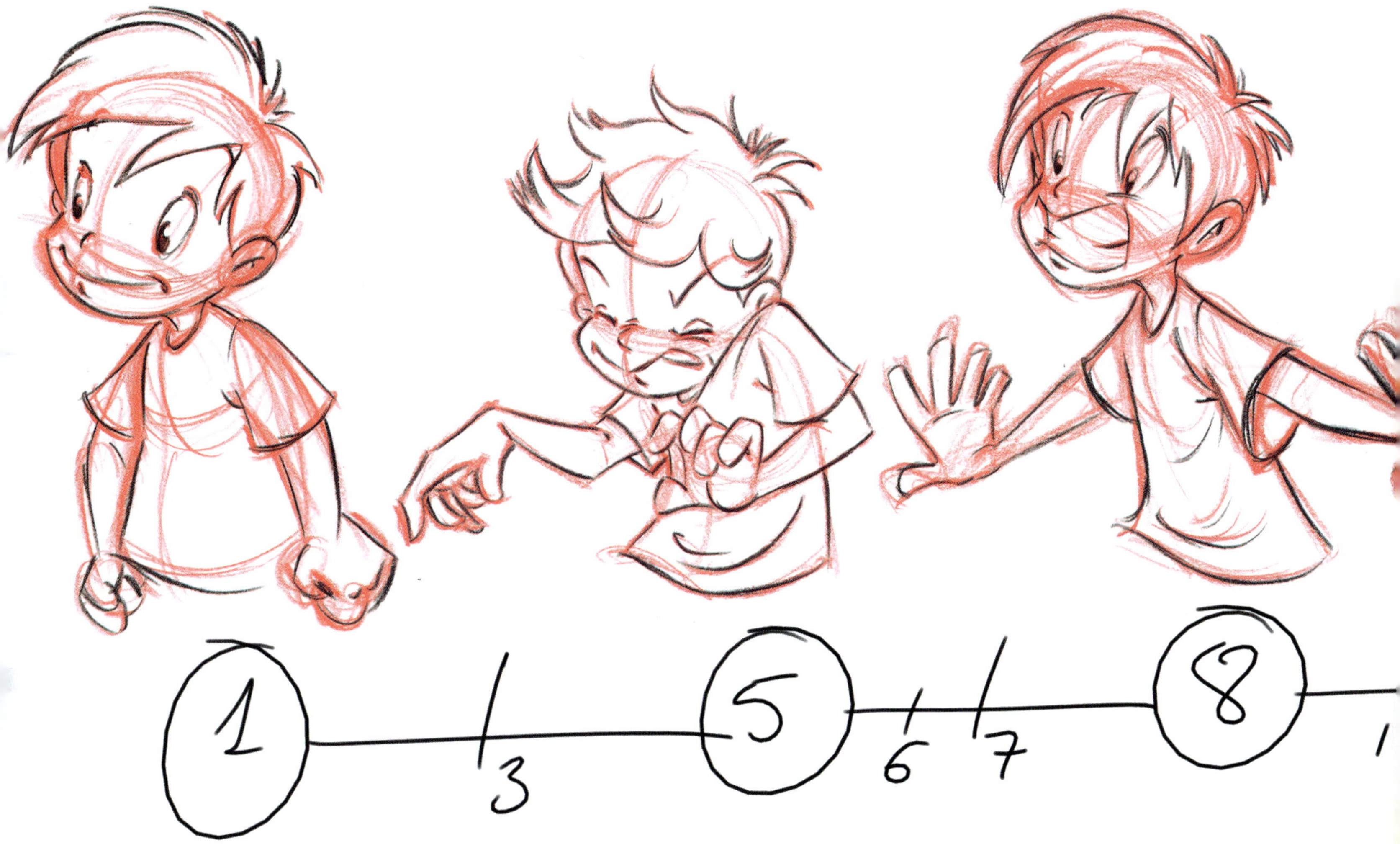
1
3
5
6
7
8

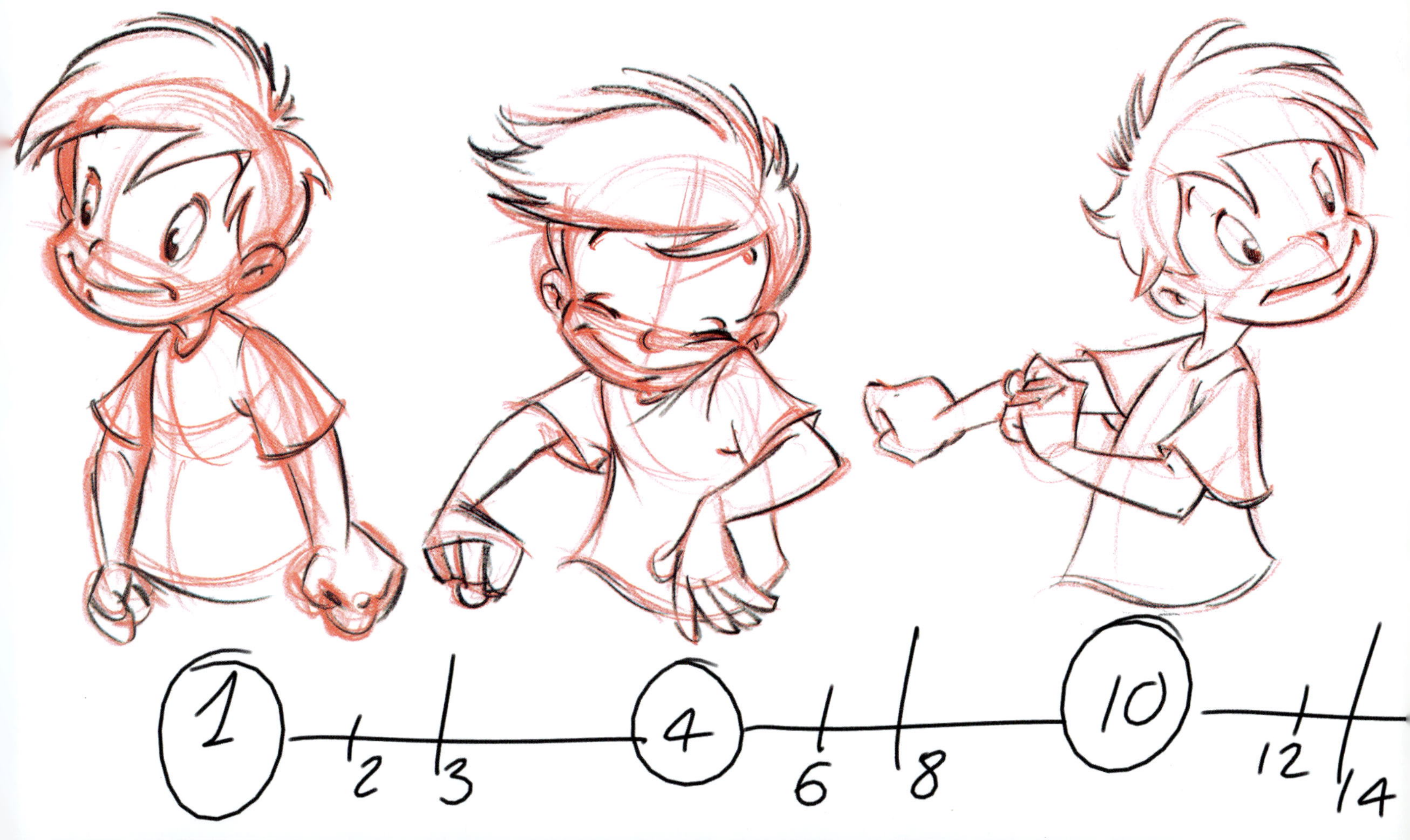
1
2
3
4
6
8
10
12
14

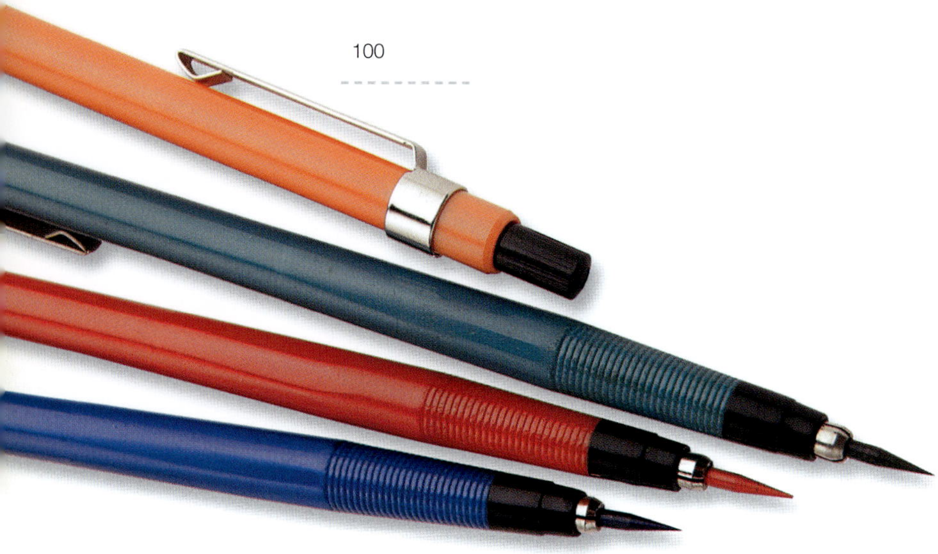

das Unbewegte

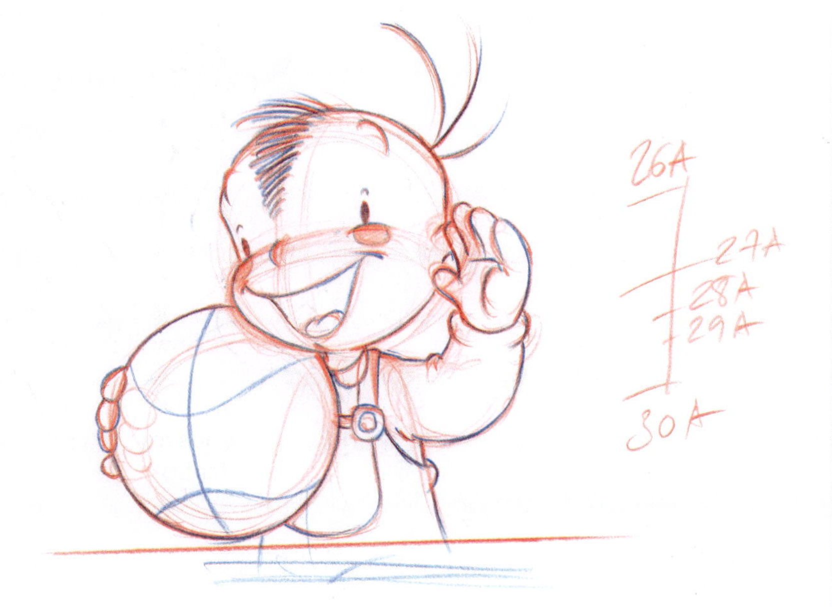

SERGI CÀMARA.
GERARD MEETS..., 1998. ANIMATIONSENTWURF.

animieren.

Ob Computer, Fernsehen oder Kino – die laufenden Bilder

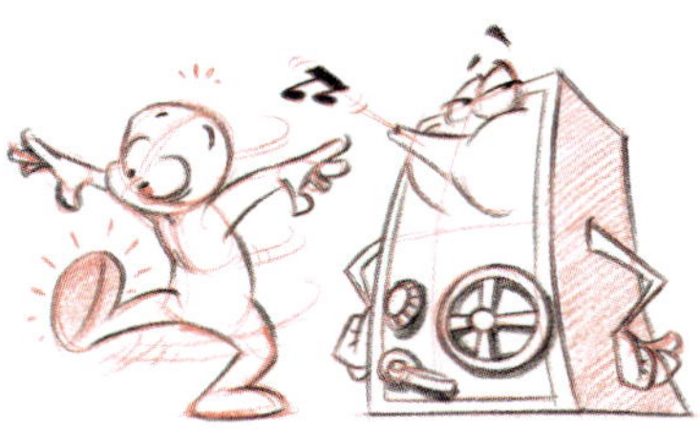

sind eigentlich nicht bewegt. Es handelt sich vielmehr um Einzelbilder, die in der Projektion so schnell wechseln, dass es aufgrund der so genannten „Trägheit des Auges" zu einer Bewegungstäuschung kommt. Das menschliche Gehirn kann einzelne Bilder, die in schneller Abfolge gezeigt werden, nicht mehr getrennt auflösen und interpretiert die Veränderung des Gesehenen als Bewegung. Aus der Erfahrung wissen wir, dass 24 Bilder pro Sekunde nötig sind, damit der Zuschauer eine flüssige Bewegung wahrnimmt.
In der Zeichentrick-Animation besteht diese verfilmte Bilderserie aus Zeichnungen, deren Abfolge durch die Handlungsaktionen bestimmt wird.
In Wahrheit ist jede Aktion, die wir auf der Leinwand sehen, lediglich die Illusion einer Bewegung.
Trotz modernster Technologie beruht noch heute das Grundprinzip aller „laufenden Bilder" auf einer Besonderheit des menschlichen Sehens. Für den Zuschauer ist jeder Film allenfalls nur ein fantastischer Trick oder vielmehr eine optische Täuschung.

das Skizzenbuch und naturgetreue Zeichnungen

Möchten wir einem unbewegten Objekt Leben einhauchen, ist es für eine korrekte Vorgehensweise in der traditionellen Animation sehr wichtig, über das gewisse künstlerische Können sowie über eine ausgeprägte Beobachtungsgabe zu verfügen.
Um qualitativ hochwertige Zeichnungen anzufertigen und unsere Fingerfertigkeit noch zu verbessern, üben wir zunächst, den natürlichen menschlichen Körper korrekt darzustellen.
In der Mappe jedes Animators findet man zahlreiche Entwürfe, die nicht völlig ausgearbeitete, schattierte und strukturierte Zeichnungen sind, sondern Skizzen, als Versuch, die Intention in einer bestimmten Aktion oder allgemein die Bewegung eines Körpers wiederzugeben. Die Umsetzung einer solchen Zeichnung sollte für eine Pose nicht länger als eine bis drei Minuten in Anspruch nehmen. Mit diesen Skizzen trainiert ein Animator sein Geschick, und gewinnt mehr Sicherheit und Zielstrebigkeit beim Zeichnen. Er lernt auch, grundlegende Merkmale eines Modells darzustellen: Ausgeglichene Proportionen, Gleichgewicht, etc.

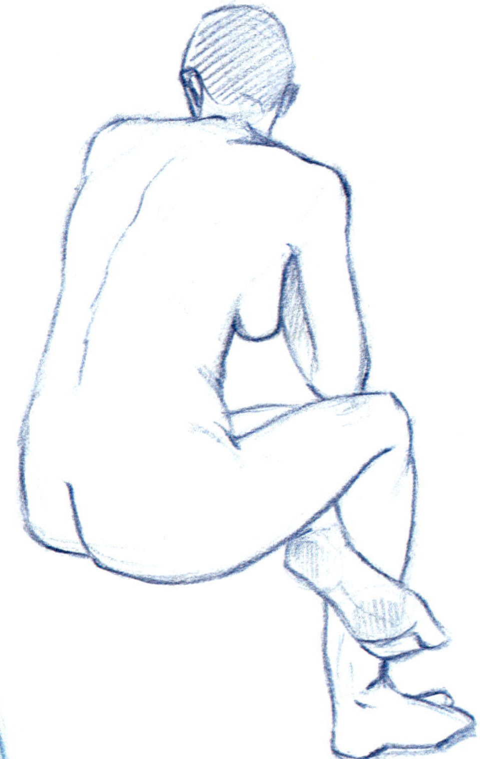

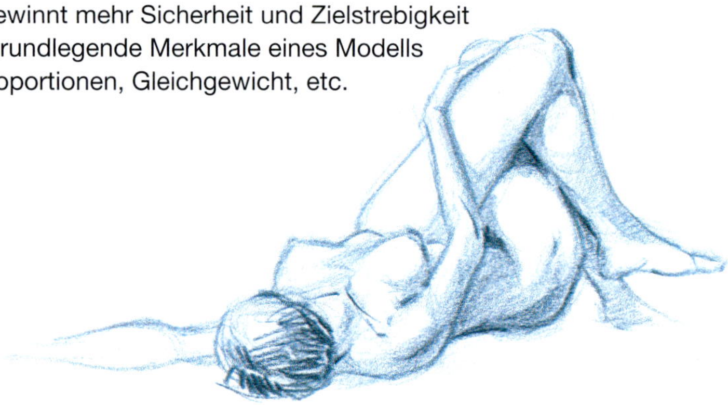

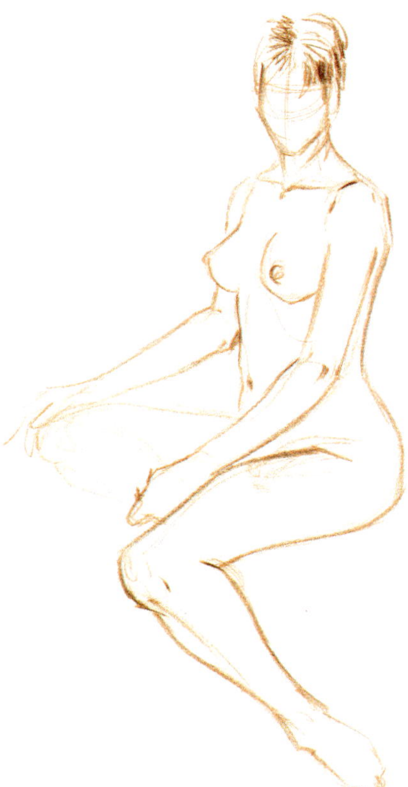

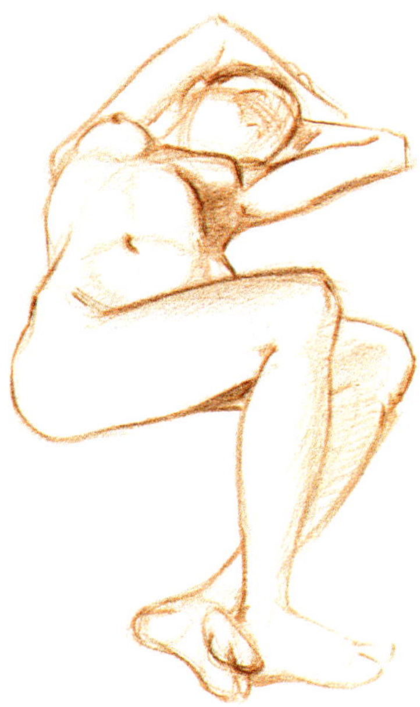

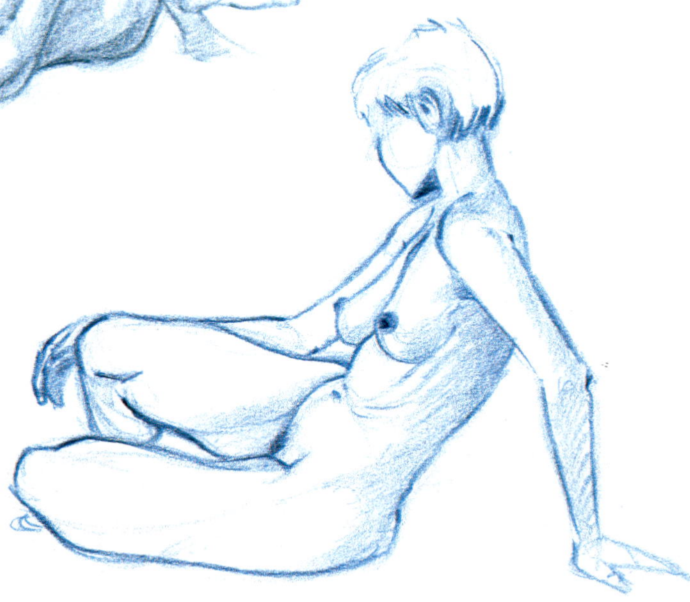

Innerhalb von höchstens drei Minuten zeichnen wir ein Modell in unbewegter Haltung. Auf diese Weise lernen wir, die Proportionen des Körpers korrekt darzustellen.

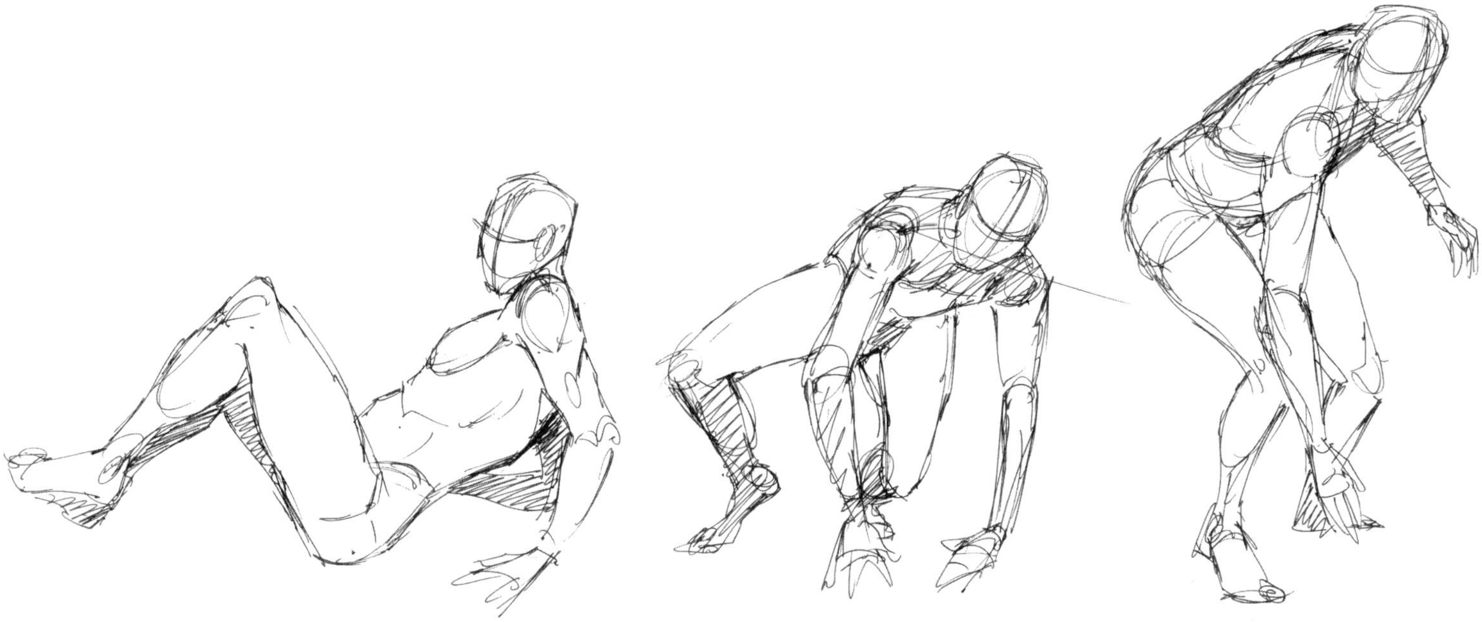

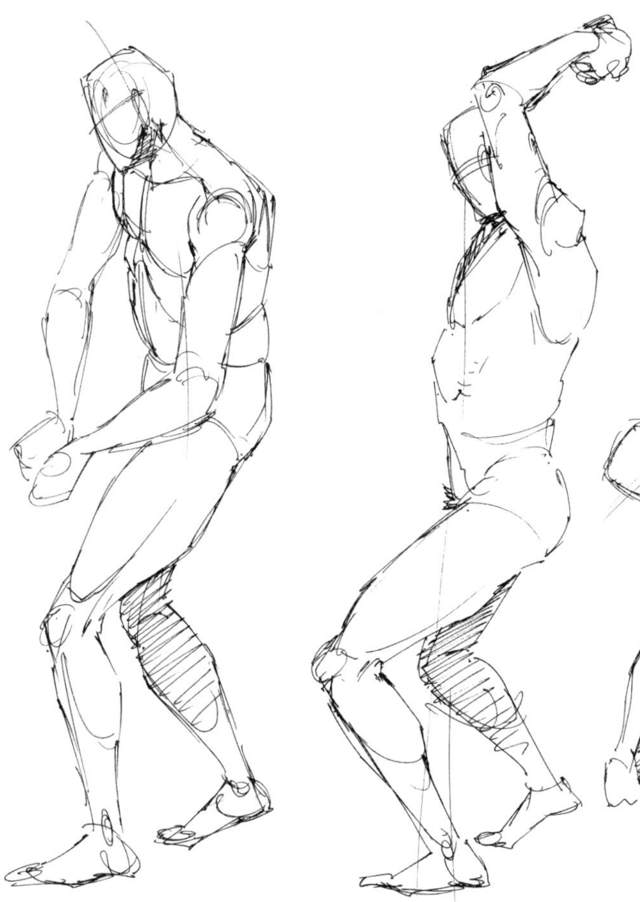

Als Nächstes arbeiten wir an Bewegungsserien. Für diese Übung sollten ein bis zwei Minuten pro Pose ausreichen, in denen wir versuchen, die Aktion, das Gleichgewicht und die Intention einzufangen.

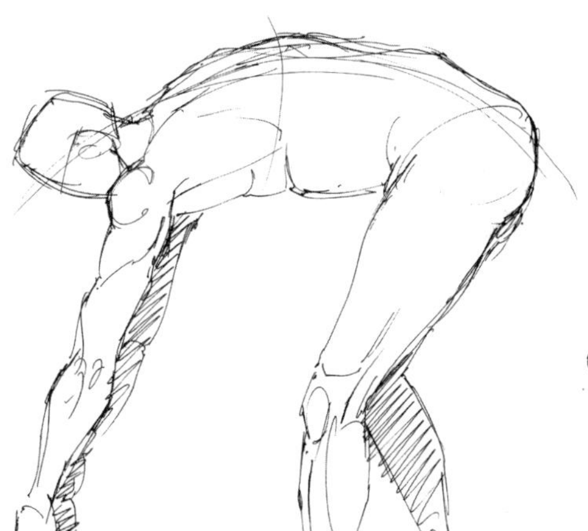

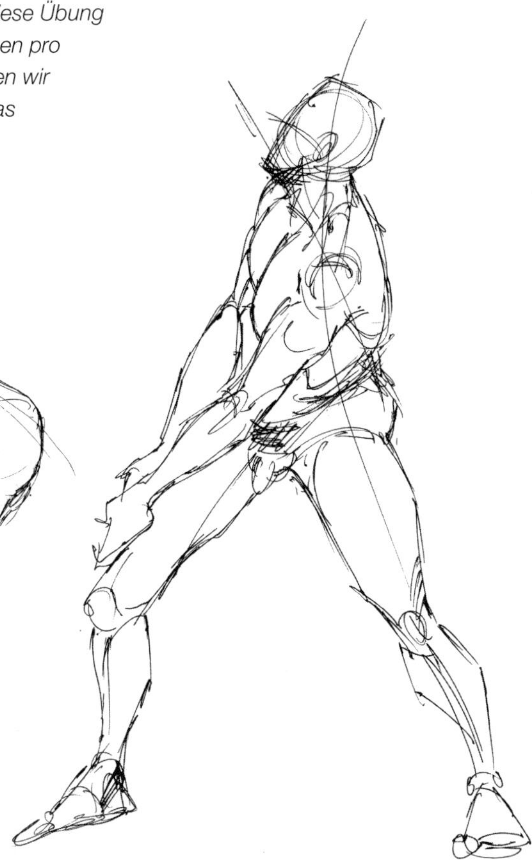

In unserer Laufbahn als Animator werden wir mit Sicherheit zahlreiche Tiere zeichnen und ihre Charakteristik beim Animieren herausstellen. So macht es Sinn, dass wir uns auch mit der Anatomie von Tieren vertraut machen. In vielen Fernseh- und Filmproduktionen übernehmen Tiere die Rolle der Hauptdarsteller und manchmal ersetzen sie die menschlichen Darsteller vollständig.
Nur unter der Voraussetzung, dass wir ihre Anatomie genau studiert haben, können wir sie karikieren und sie so weit charakterisieren, dass wir sie zu authentischen und glaubhaften Darstellern machen.

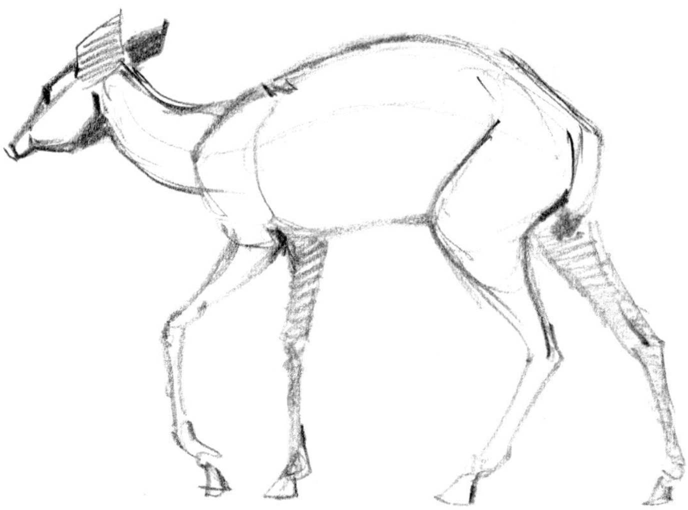

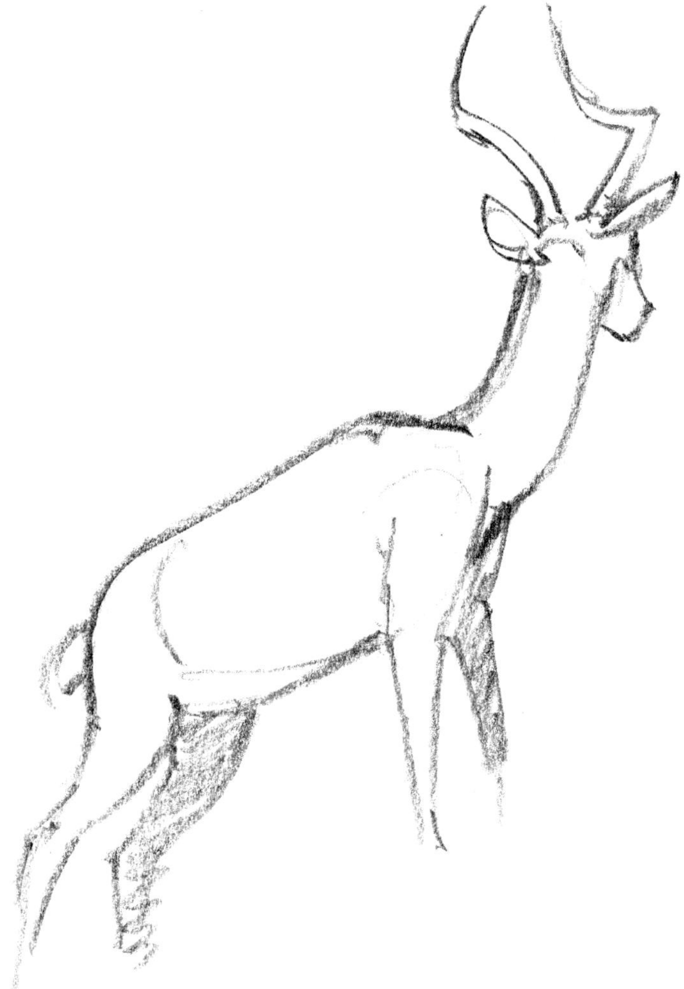

Als Studienobjekte bieten sich besonders die Tiere im Zoo oder unsere Haustiere an. Vor allem letztere können wir jederzeit beobachten und in Ruhe üben, sie zu zeichnen.

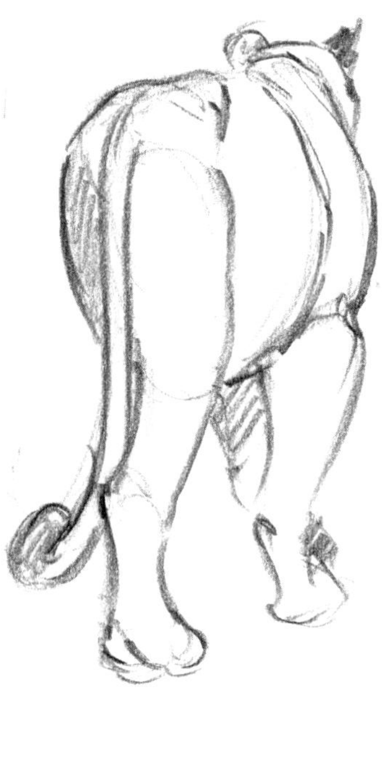

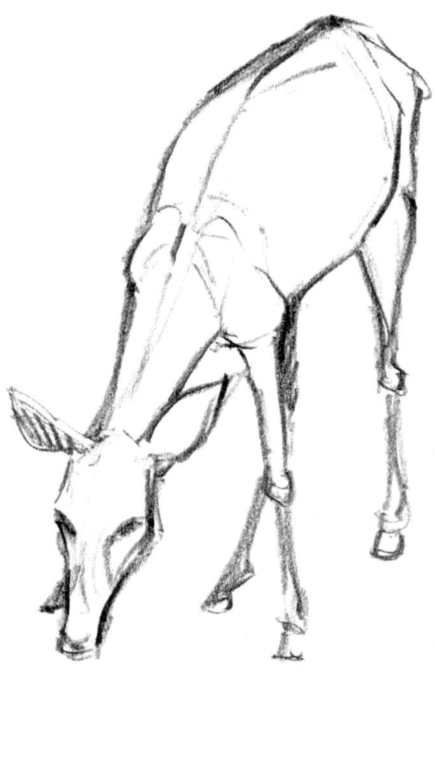

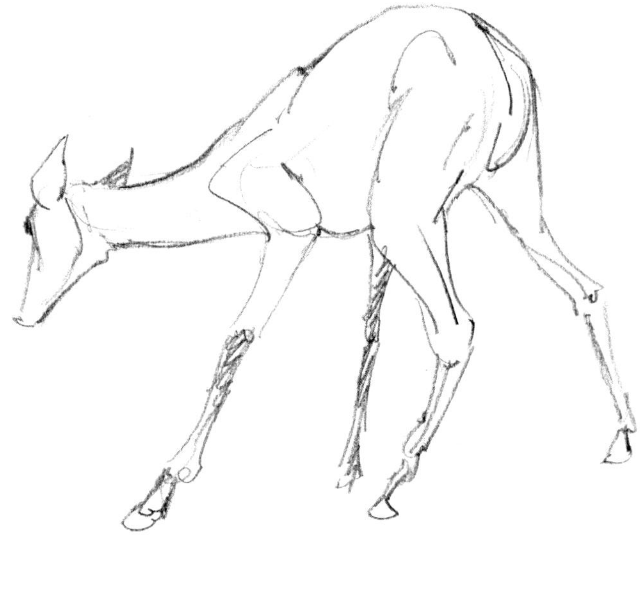

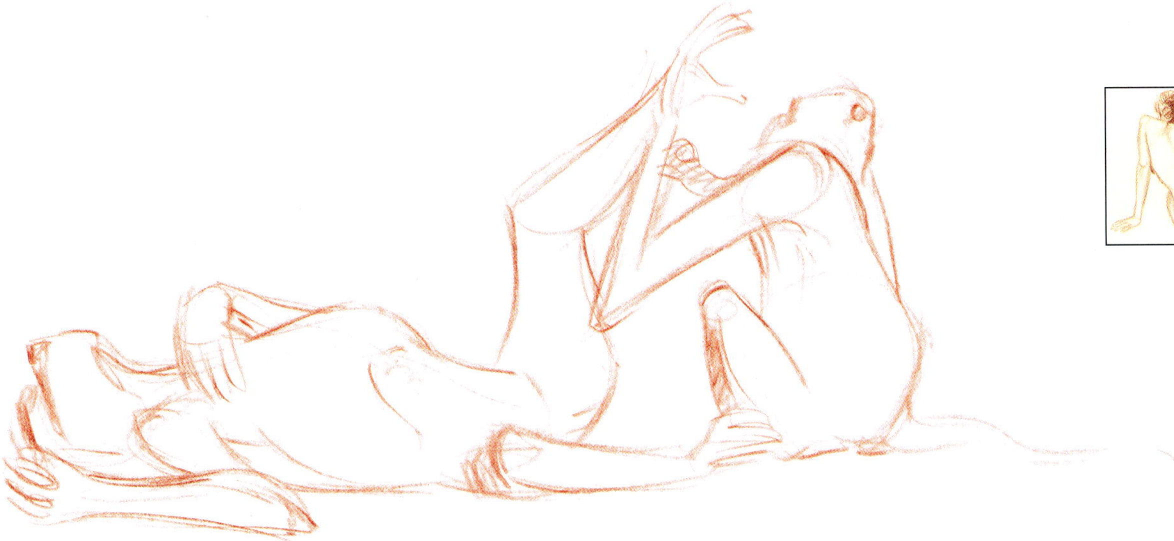

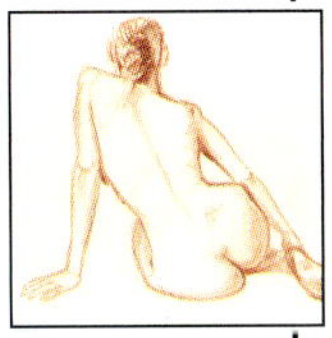

Um die Dynamik in den Bewegungsabläufen zu verstehen und diese in seinen Zeichnungen wiedergeben, muss ein guter Animator nicht nur die menschliche Anatomie, sondern auch die der Tiere kennen.

Zwar ist die Fähigkeit, Dinge zu beobachten jedem Menschen angeboren, dennoch sollte ein guter Animator sie täglich trainieren.
Am besten verschaffen wir uns die Möglichkeit, Skizzen von verschiedenen Situationen, denen wir täglich begegnen, oder von Szenen, die uns gerade in den Sinn kommen, jederzeit und schnell festhalten zu können. Ein Skizzenbuch hilft den Künstlern, sich das genaue Beobachten anzugewöhnen und kreative Einfälle zu dokumentieren.

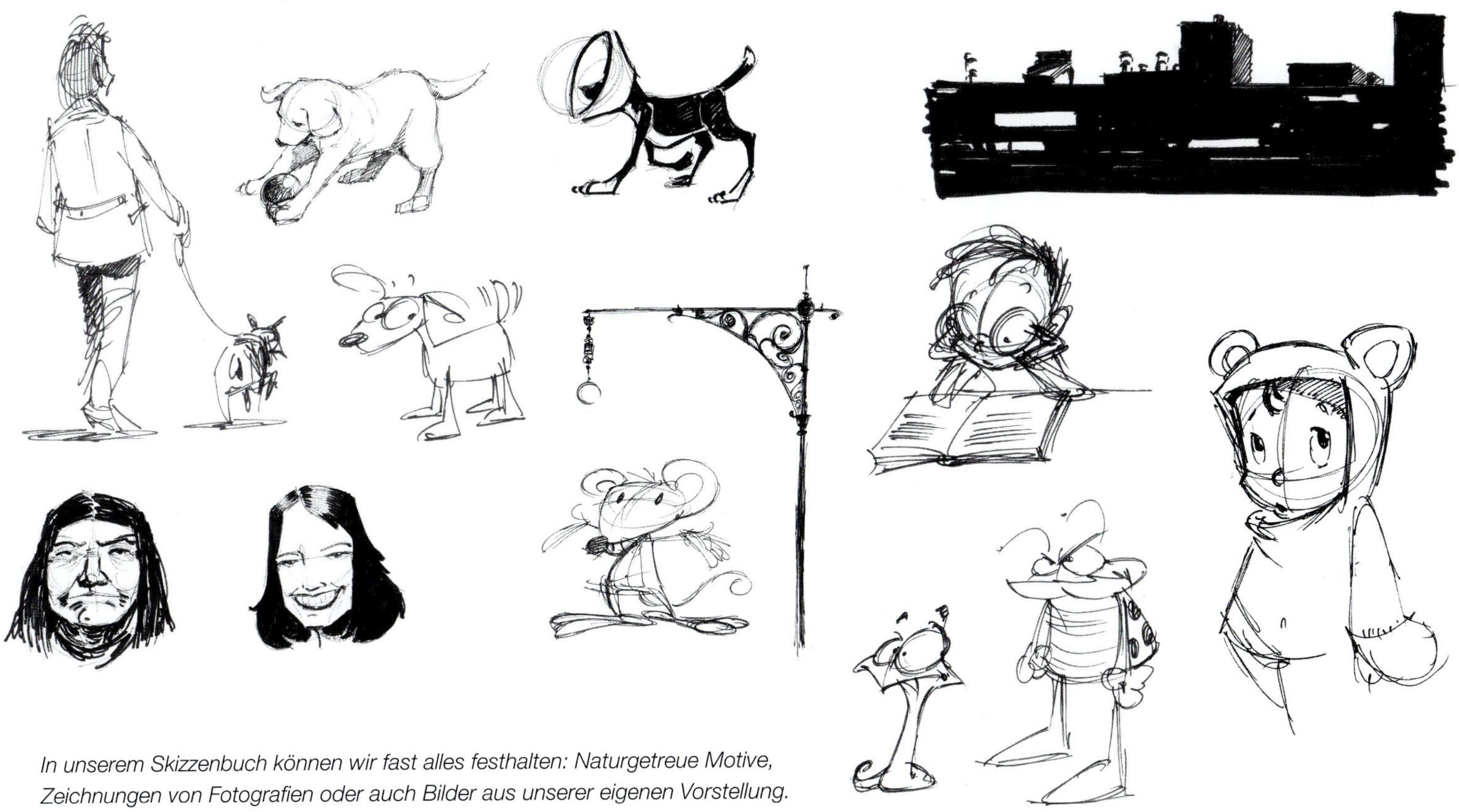

In unserem Skizzenbuch können wir fast alles festhalten: Naturgetreue Motive, Zeichnungen von Fotografien oder auch Bilder aus unserer eigenen Vorstellung.

der Fahrplan oder das *X-Sheet:* vom Papier in die Kamera

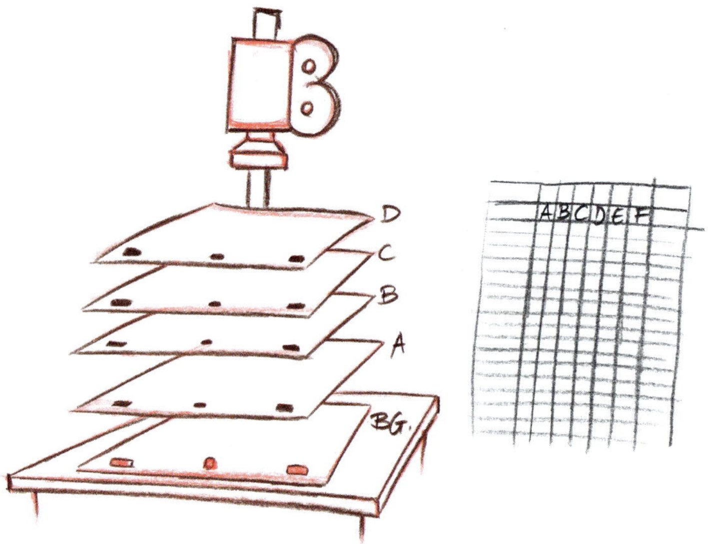

Diese schematische Abbildung verdeutlicht den praktischen Nutzen des Fahrplans. Bevor wir alle Elemente am Tricktisch abfotografieren können, muss eine klare Systematik eingehalten werden.
Die Anordnung der Animationsebenen ist im Allgemeinen umgekehrt zu ihrer Reihenfolge im Fahrplan. Die Ebene „A", liegt also ganz unten, direkt über der Hintergrundebene; und die letzte Ebene, die besetzt ist, liegt oben auf, dem Objektiv der Kamera also am nächsten.

Die Zeichnungen, die ein Animator anfertigt, um eine Aktion zu inszenieren, entstehen niemals zufällig. Um die visuelle Kontinuität aufrecht zu halten und das richtige Verständnis der Szene zu gewährleisten, muss jede einzelne Zeichnung einen Bezug zur nächsten haben. Außerdem muss jedes Bild eine festgelegte Projektionszeit auf der Leinwand andauern, und natürlich eine bestimmte Ordnung einhalten, damit die Fotogramme, die der Animator angefertigt hat, richtig eingeordnet und schließlich verfilmt werden können.
In der Animation arbeitet man für gewöhnlich „einbildweise" oder „zweibildweise". Jedes Fotogramm wird also entweder einmal oder aber zweimal auf die Leinwand projiziert. Folglich sieht der Zuschauer immer mindestens zwölf verschiedene Bilder pro Sekunde, die jedoch vollkommen ausreichen, um eine gute Qualität des Filmes zu gewährleisten. So liegt es auf der Hand, eine zweibildweise Aufnahme zu bevorzugen, da sich der gesamte Produktionsaufwand faktisch halbiert. Pausen im Film müssen grundsätzlich mindestens sechs Fotogramme andauern, damit der Zuschauer sie überhaupt registriert. Bei unbewegten Darstellungen hängt die Dauer, und damit die Anzahl der gleich bleibenden Fotogramme, von der jeweiligen Situation ab.
Dem Fahrplan entnimmt der Kameramann alle Anweisungen, die er benötigt, um eine Szene aufzunehmen. Dieser Fahrplan, auch *Exposure-Sheet* oder kurz *X-Sheet* genannt, ist in Spalten und Kästchen aufgeteilt, in die der Animator die Nummern der Zeichnungen für jede Szene einträgt. Das hier gezeigt Muster eines Fahrplans enthält 50 Fotogramme, die etwa zwei Sekunden Film auf der Leinwand ausmachen.
Wir erinnern uns, dass bei einer Filmvorführung immer 24 Fotogramme pro Sekunde ablaufen. Die meisten Fahrpläne sind in 24 oder 25 Fotogramme unterteilt, andere in 16, was einem Endbild oder sogenanntem „Fuß" entspricht. Unabhängig von der Aufteilung werden die Spalten immer wie zuvor beschrieben genutzt.

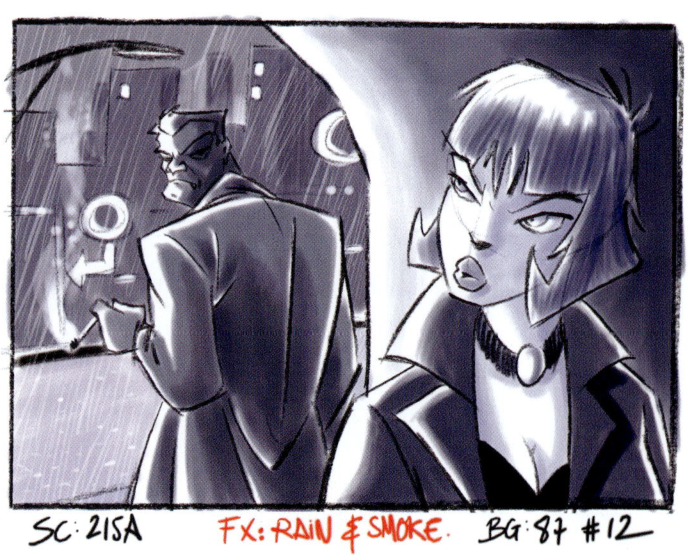

So wurde die Aufnahme im Storyboard dargestellt. Auf der nächsten Seite sehen wir den dazugehörigen Fahrplan mit allen notwendigen Angaben für diese Szene.

Muster eines Fahrplans *(auf Seite 107).*

STUDIO CAMARA
Animated films production

JACK SHADOW

SHEET: 1

BG: 87	OL: —	UL: —	EPISODE: 03 / SEQUENCE: 12	SCENE: 215A	FRAMES: 50	RACCORD: 195 / —

ACTING — JACK: Antic · TURNS HIS HEAD TO TESS. · Hold · Blink.

ACTING — TESS: Antic · Hold & talks · talks

DIAL: I DON'T KNOW YOU JACK

CAMERA: BG 87 #12

Frame	A	B	C	D	E	F	G	FX (SMOKE)	FX (RAIN)	FX
1	1A	X	1C					1S	1	3
2										
3								2S	2	4
4										
5								3S	3	5
6										
7			2C					4S	4	6
8										
9			3C					5S	5	1
0										
1	2A		4C					6S	6	2
2										
3	3A		5C					7S	1	3
4										
5	4A		6C					8S	2	4
6										
7	5A		7C					9S	3	5
8										
9	6A		8C					10S	4	6
0										
1	7A		9C					11S	5	1
2										
3	8A		10C					12S	6	2
4										
5	9A		11C					13S	1	3
6										
7	10A		12C					14S	2	4
8										
9	11A		13C					15S	3	5
0										
1	12A		14C					16S	4	6
2										
3	13A		15C					17S	5	1
4										
5	14A		16C					18S	6	2
6										
7	15A		17C					19S	1	3
8										
9	16A	1B	18C					20S	2	4
0										
1			19C					21S	3	5
2										
3		2B	20C					22S	4	6
4										
5		3B	21C					23S	5	1
6										
7		2B	22C					24S	6	2
8										
9		1B	23C					25S	1	3
0										

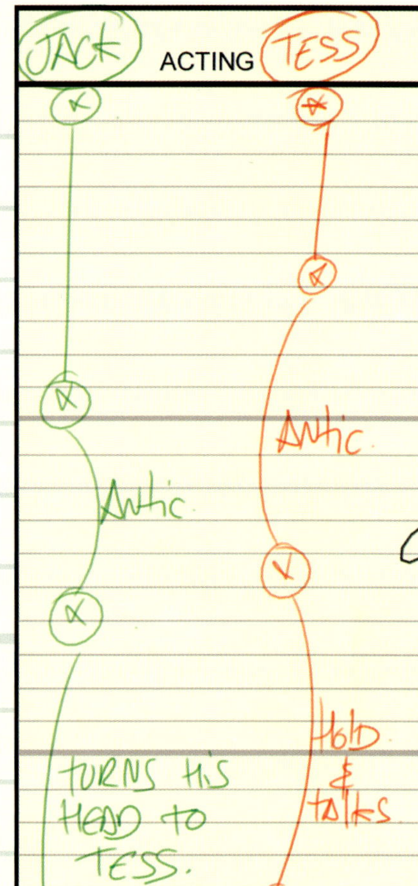

In der ersten Spalte, genannt „Acting", plant der Regisseur, oft zusammen mit dem Animator, die Aktion der Szene, legt die benötigte Zeit für jede Aktion fest, die gewünschte Interaktion zwischen den verschiedenen Figuren und weitere Elemente, die in der Aufnahme vorkommen.

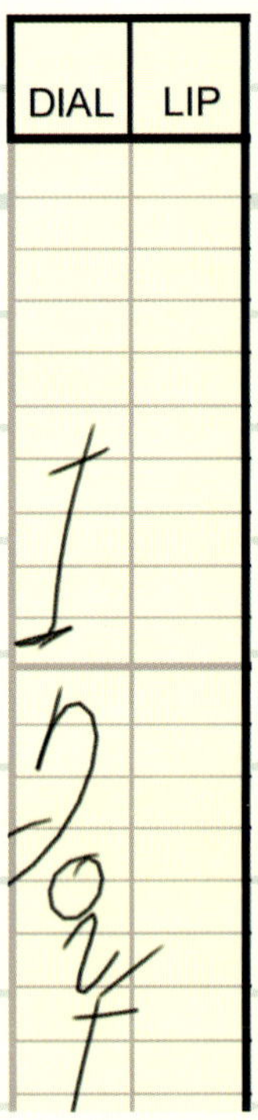

Die Spalten „Dial" und „Lip" sind für die Dialoge vorgesehen. In der Spalte „Dial" wird eingetragen, was die Figur später im Film sagen soll. In der Spalte „Lip" wird abhängig vom Text die Synchronisation der Lippen (Lip-Sync) in jedem einzelnen Fotogramm vorgenommen. Die Transkription des Dialogs in den Fahrplan erledigt ein Tontechniker, der dem Animator eine detaillierte Vorlage zum Synchronisieren der Dialoge aller Figuren liefert.

In die Spalten „Levels" werden die Zeichnungen des Animators genau zugeordnet. Jede Spalte entspricht einer eigenen Animationsebene. Wie viele verschiedene Ebenen besetzt werden, hängt von der Anzahl der Figuren ab, die in der bestimmten Aufnahme vorkommen, oder präziser gesagt von den bewegten Teilen der auftretenden Figur. Um die Produktionskosten zu senken, vor allem bei Fernsehserien, wird nicht immer die gesamte Figur, sondern manchmal nur ein bestimmtes Element animiert. In diesem Fall trägt eine der Animationsebenen dann den unbewegten Teil der Figur und die Elemente der Figur, die animiert werden, sind auf einer anderen Ebene untergebracht. Dieses Verfahren nennt man „Limited Animation". Die Spalten „FX" sind für Spezialeffekte vorgesehen.

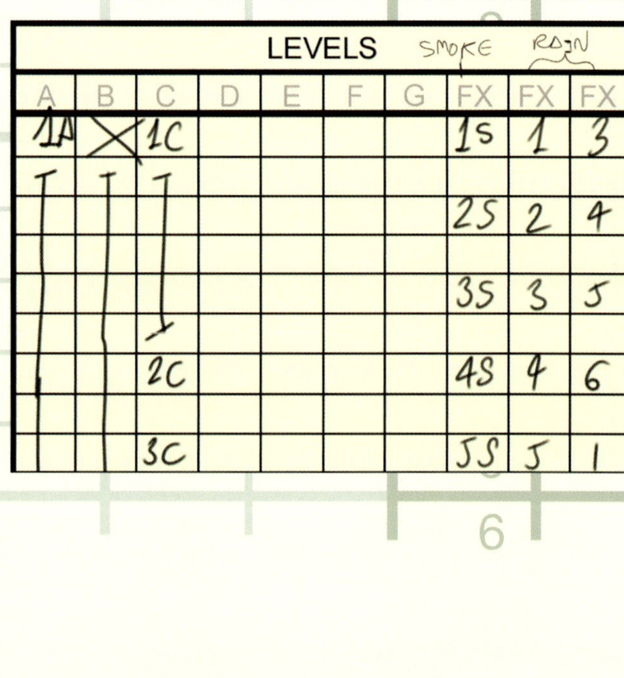

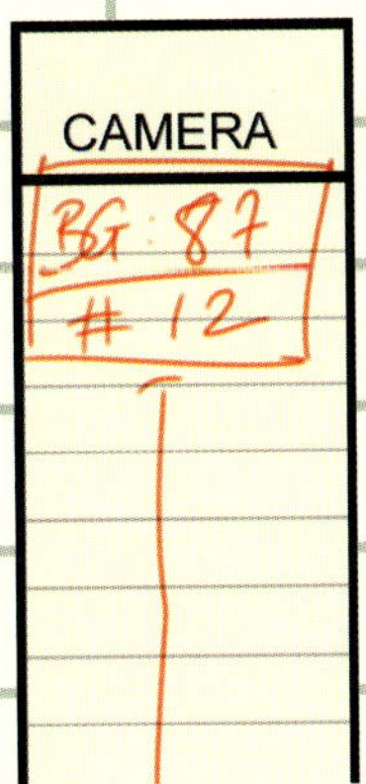

Die verschiedenen Bewegungen der Kamera, die in der Aufnahme stattfinden, werden in die Spalte „Camera“ eingetragen. Auf dieser Basis kann der Animator die Aktion danach planen, ob es in der Aufnahme etwa verschiedene Bildausschnitte gibt, oder nicht.

In die Kopfzeile des Fahrplans werden alle allgemeinen Angaben der Aufnahme eingetragen, wie etwa die Nummer der Sequenz, der Szene, etc. Auf diese Weise können die einzelnen Seiten schnell zugeordnet werden und es entsteht kein Durcheinander im Fahrplan. Für jeden Eintrag existiert ein fester Platz, sodass man auf einen Blick die Nummer des Hintergrunds findet, der für die jeweilige Szene verwendet wird, sowie weitere technische Angaben, die sowohl der Kameramann als auch das restliche Team unbedingt benötigen.

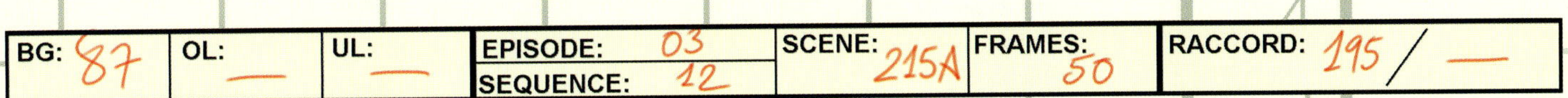

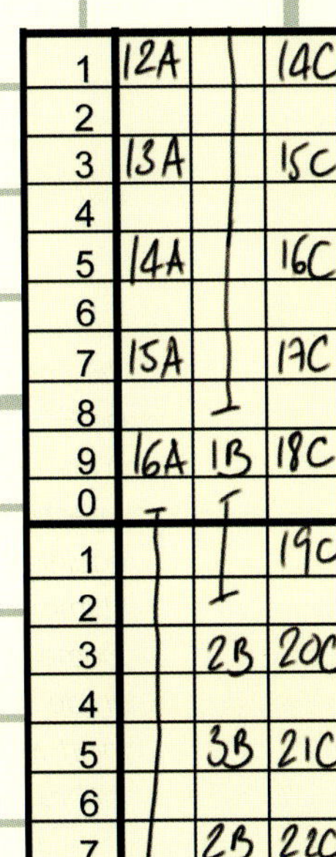

Damit der Fahrplan auch von jedem, der mit ihm arbeitet verstanden wird, müssen die Einträge übersichtlich und alle Zahlenangaben eindeutig und lesbar sein. Wenn alles gewissenhaft ausgefüllt wurde, ist der Bezug zwischen den nummerierten Zeichnungen und den unterschiedlichen Animationsebenen klar und für jeden nachvollziehbar.

die Arbeit des Animators: die Animation

Der Animator bearbeitet eine Sequenz entweder vollständig oder nur teilweise. Gleichzeitig plant er den Ablauf der Aufnahmen mit dem Ziel, der Aktion visuellen Fluss und Rhythmus zu verleihen, um dem Zuschauer ein überzeugendes und ansprechendes Ergebnis zu liefern.
Die Sequenz ist eine dramaturgische Einheit mit einem bestimmten Inhalt, den wir dem Zuschauer nahe bringen möchten. Die Aufnahme ist ein Bruchteil dieses Inhalts und gleichzeitig die Grundeinheit für die Arbeit des Animators. Nicht alle der Zeichnungen, die für eine Aufnahme benötigt werden, bearbeitet der Animator selbst. Seine Aufgabe besteht vor allem darin, den Gesamtablauf genau zu planen und die Hauptphasen so zu erstellen, dass sich die Aktion korrekt deuten lässt, sowie, die sogenannten Zwischenphasen, also die Zeichnungen zwischen den Hauptphasen, exakt zu definieren und die Ausarbeitung durch spezielle Mitarbeiter zu veranlassen.
Zwar kennen wir nun die Story der Sequenz, die wir animieren wollen, wissen wie wir die passenden *Layouts* zu jeder Aufnahme erstellen und wie wir den Fahrplan mit allen Angaben zu jedem einzelnen Fotogramm des Films verwenden, aber. . . Wie fangen wir an?

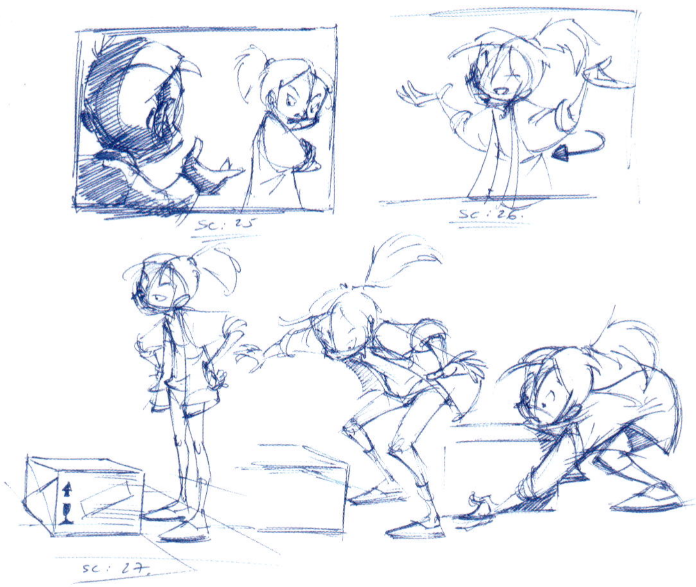

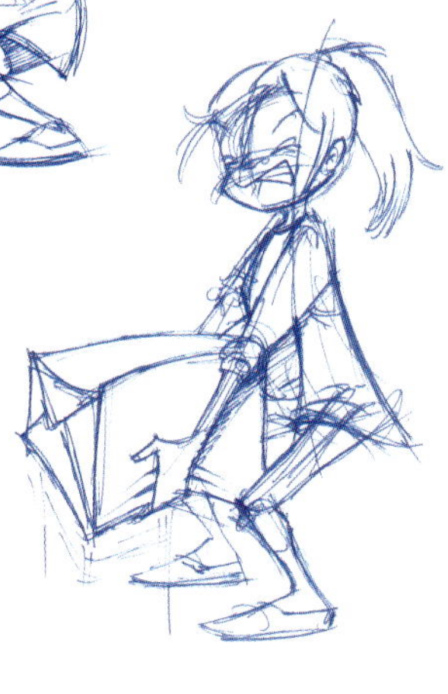

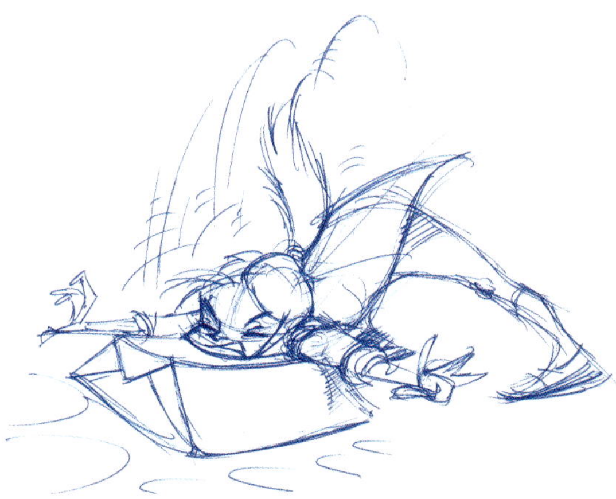

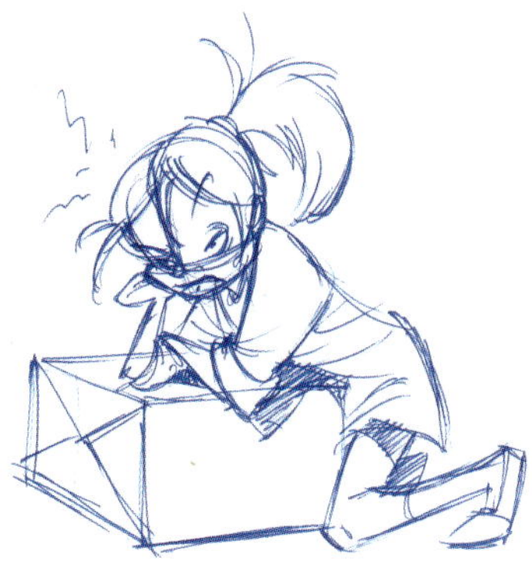

Beispiele für Thumbnails *zur Planung einer Szene.*

DIE *THUMBNAILS*

Eine gelungene Animation beginnt mit der richtigen Planung. Die beste Variante einer optimalen Vorarbeit ist das Erstellen der *Thumbnails* – kleine, rasch angefertigte Skizzen, die das Wesentliche der Aktion einer Aufnahme festhalten. Durch diese *Thumbnails* lernen wir schnell, die Figuren optimal in Szene zu setzen, die passende Körperhaltung zu finden, etc.
Wir werden viele Versuche benötigen, bis wir den geeigneten Entwurf in Händen halten, der später als Grundlage für die Anfertigung unserer Hauptphasen dient.

WIE EINE ANIMATION AUFGEBAUT IST

Die gesamte Animationsarbeit wird an der Unterlichtscheibe unseres Animationstischs umgesetzt. Nachdem wir die erste Zeichnung der Aktion angefertigt haben, legen wir ein neues Stück Papier mit Hilfe der *Pegbar* an unserer Scheibe exakt darüber, um die Folgezeichnung in Position, Größe und Bewegung korrekt fortzuführen. Wir beginnen damit, dic erste Zeichnung der Aktion anzufertigen. Ausgehend von den *Thumbnails* übertragen wir unsere Zeichnungen in die Originalgröße der Szene. Obwohl der visuelle Abgleich der Zeichnungen durch die Unterlichtscheibe sehr erleichtert wird, erfordert diese Arbeit hohe Konzentration und Aufmerksamkeit.
Während wir uns darauf konzentrieren, den Inhalt und den Sinn der Aktion durch die Bewegung darzustellen, skizzieren wir locker und stenografisch, legen die Aktions- und Rhythmuslinien fest und versuchen, den passenden Fluss und Rhythmus zwischen den Zeichnungen zu finden. Bei jedem Entwurf studieren wir alle Ausdrucksmöglichkeiten, probieren sämtliche Variationen aus und suchen den Entwurf, der uns schließlich überzeugt.

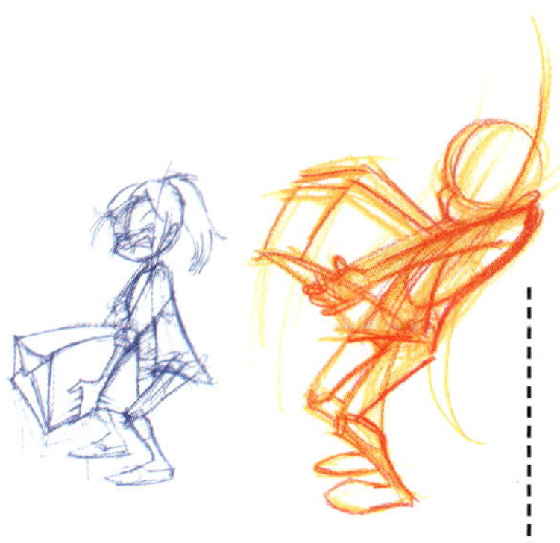

Einige Animatoren kopieren die *Thumbnails* auf die gewünschte Größe und entwickeln darauf die Animation ihrer Szene. Andere verwenden die *Thumbnails* als Vorlage und zeichnen sie erneut in passender Größe auf einem separaten Blatt. Beide Möglichkeiten sind erlaubt und effektiv.

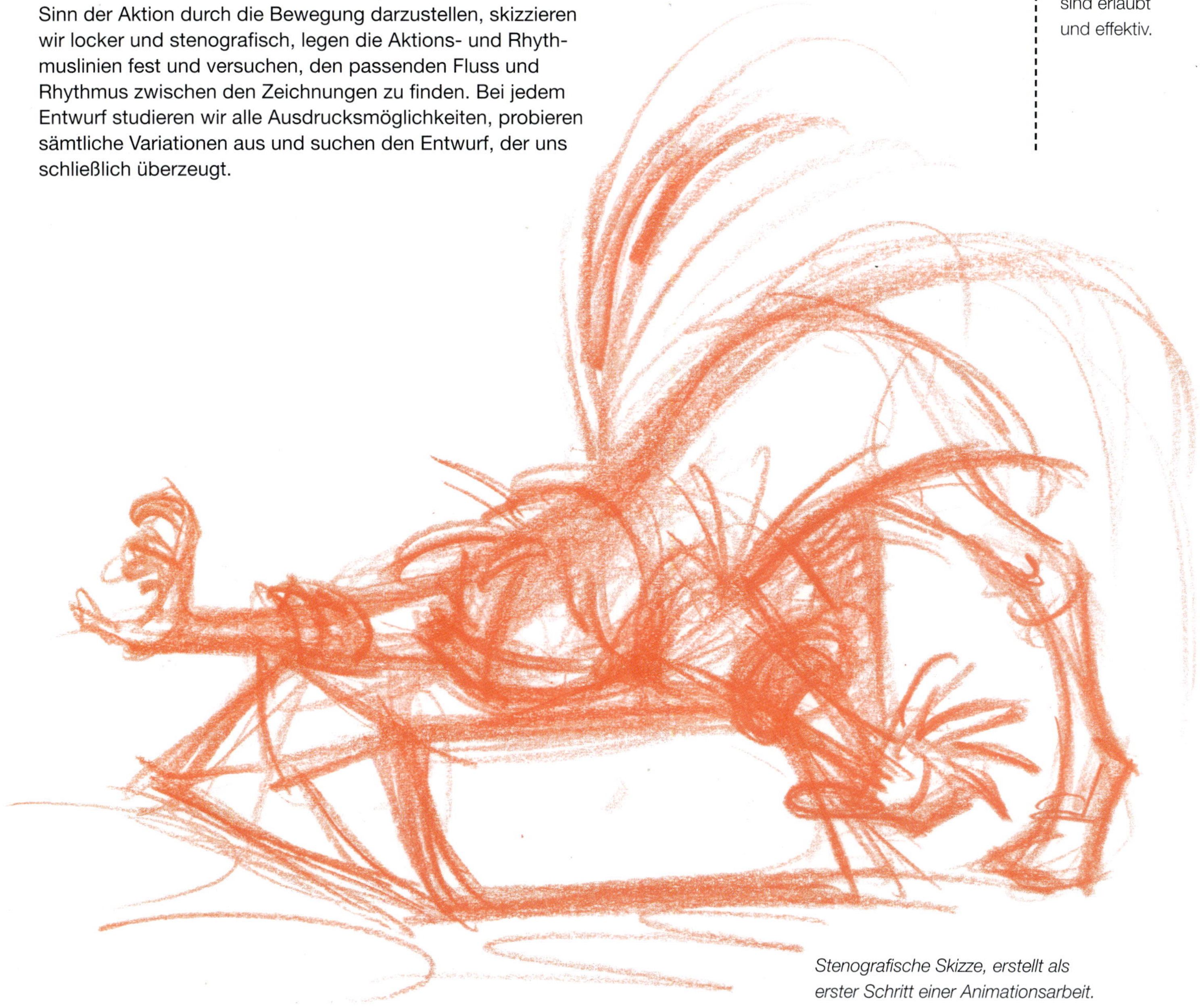

Stenografische Skizze, erstellt als erster Schritt einer Animationsarbeit.

Im zweiten Arbeitsschritt befassen wir uns mit dem Körperbau der Figuren, ihrer Struktur und ihrem Volumen.
Wir haben die Aktion bereits animiert. Die Grundlage für die Umsetzung der wichtigsten Posen waren die *Thumbnails*; diese haben wir nur im Sinne der Bewegung bearbeitet.
Nun müssen die ungenauen Skizzen zu einer gut ausgearbeiteten Figur werden, die diese Aktion ausführt.
Ein gelungener Körperbau bei einer Animationspose ist das Ergebnis vieler Entwürfe. Deshalb ist es wichtig, dass wir ausgehend vom ersten Arbeitsschritt mit einfachen Skizzen, die uns nicht viel Zeit rauben, weiterarbeiten. Dennoch werden wir auch viele dieser schnellen Entwürfe, auch *Scribbles* genannt, wieder verwerfen müssen, wenn sie die Aktion in der Darstellung nicht ausreichend unterstützen.
Würden wir eine bis ins Detail ausgearbeitete und vollständig konstruierte Zeichnung anfertigen, fiele uns die Entscheidung, sie wieder zu verwerfen, sicher viel schwerer.
Da sich der Zeitaufwand für die *Scribbles* jedoch in Grenzen hält, trennen wir uns leichter von ihnen und kommen nicht in Versuchung, zeichnerische Kompromisse einzugehen.

Beim Arbeiten mit stenografischen Linien und schnellen Skizzen ist es eher wahrscheinlich, dass wir das Volumen und die Struktur unserer Figur nicht absolut präzise wiedergeben. Doch genau das müssen wir im nächsten Schritt versuchen, und werden deshalb für den Moment auf überflüssige Details verzichten.
Wir konzentrieren uns darauf, die Struktur weiter aufzubauen, vervollständigen den Körperbau und überarbeiten ein weiteres Mal die Posen für die Hauptphasen.
Das ist der richtige Augenblick, um noch einmal die Intention jeder Pose zu definieren und die Aussagekraft der Aktion zu verbessern. Dabei konzentrieren wir uns auf die allgemeine Struktur der Figur.

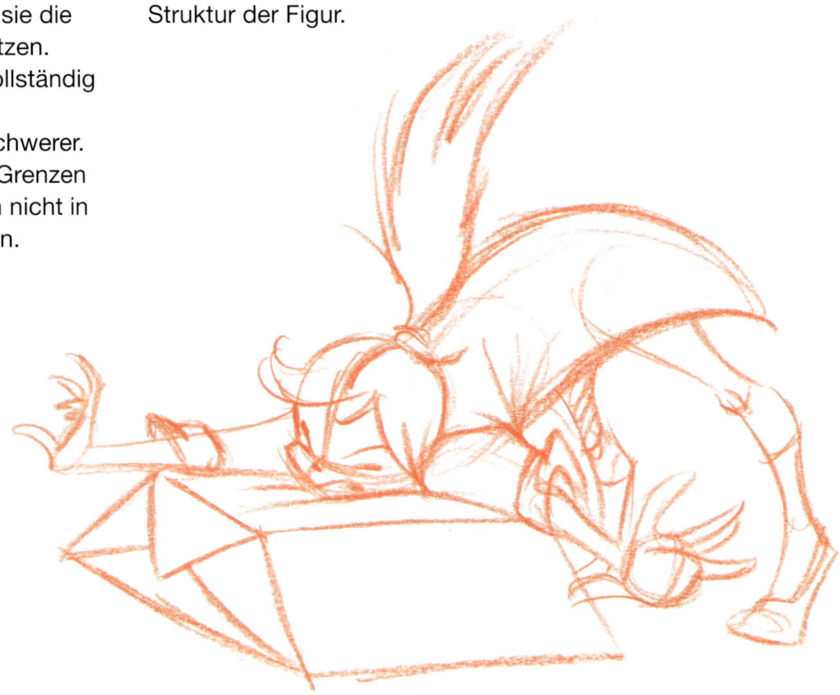

Hauptphase oder Schlüsselbild mit überarbeitetem Strukturaufbau der Figur.

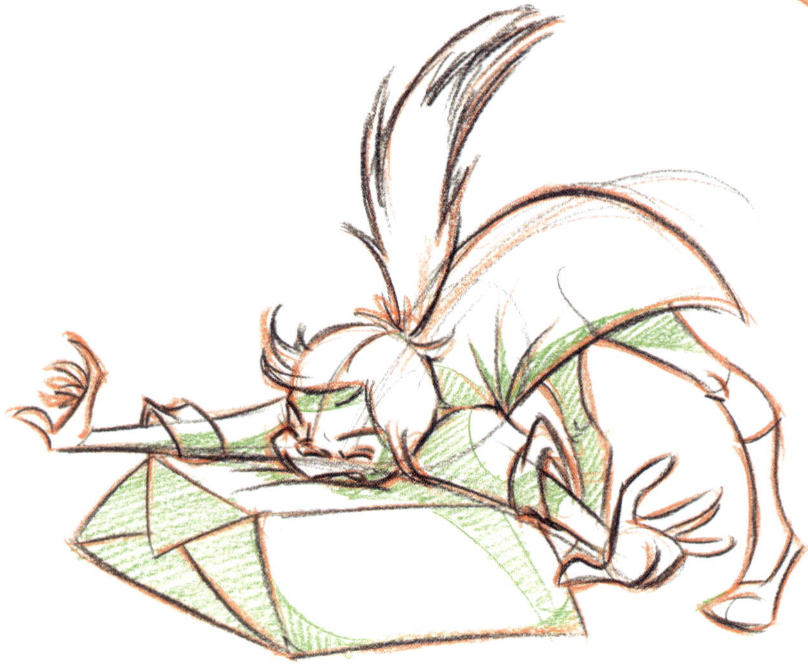

Im dritten Arbeitsschritt bearbeiten wir die Details der Figur. Fast zum ersten Mal im gesamten Prozess widmen wir uns dem eigentlichen Zeichnen, indem wir uns nicht nur auf Details wie Knöpfe, Taschen, Schmuck, etc. konzentrieren, sondern vor allem darauf, der Figur möglichst viel Ausdruckskraft zu geben.

Hauptphase oder Schlüsselbild mit Details der Figur und verbesserter Ausdruckskraft.

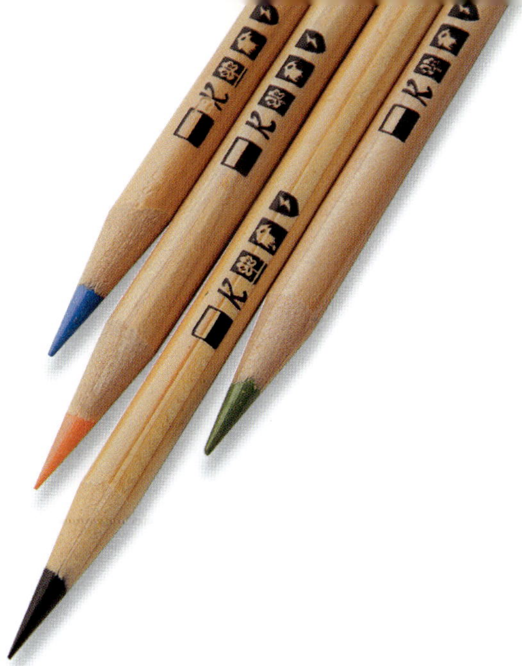

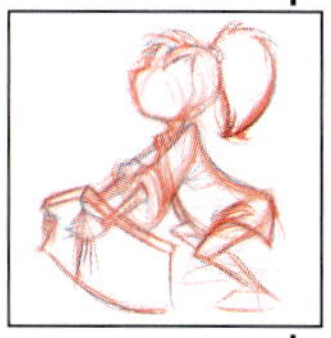

Der Animator kümmert sich hauptsächlich um den Rhythmus, die Struktur und die Animation der Figur. Sicher wäre es am besten, wenn auch das kleinste Detail selbst bearbeiten könnte, aber für diese Arbeit hat er üblicherweise seinen Assistenten, der den gesamten Vorgang und jede Aufnahme überwacht.

Der vierte und letzte Schritt stellt uns vor die Aufgabe, der Zeichnung den letzten Schliff zu geben und sie optisch abzurunden. Das Reinzeichnen unserer Animation können wir anderen Mitarbeitern überlassen, müssen uns in diesem Fall jedoch versichern, dass alle Posen unserer Animation die gewünschte Ausdruckskraft aufweisen.

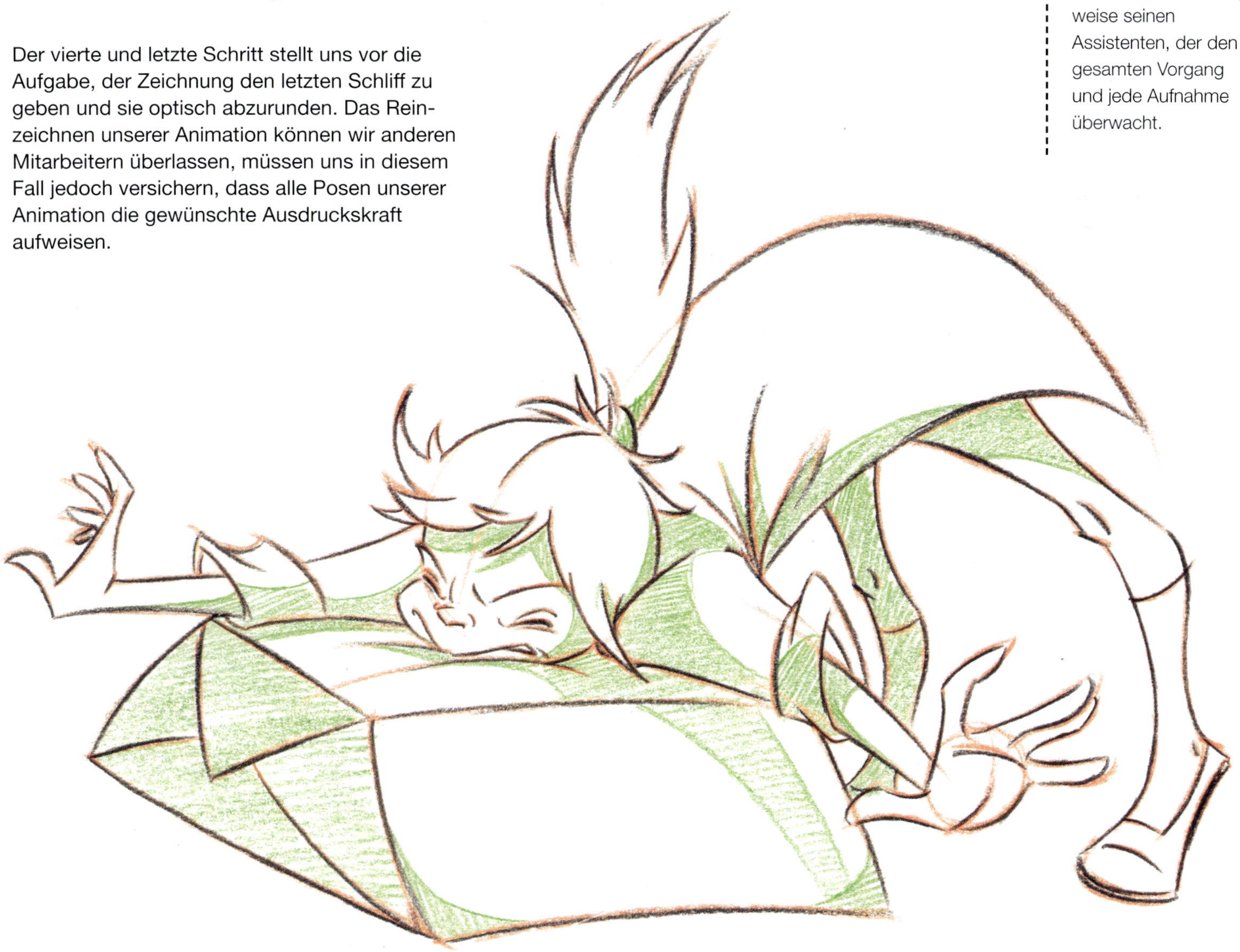

Das Schlüsselbild ist fertig und bereit zur endgültigen Reinzeichnung.

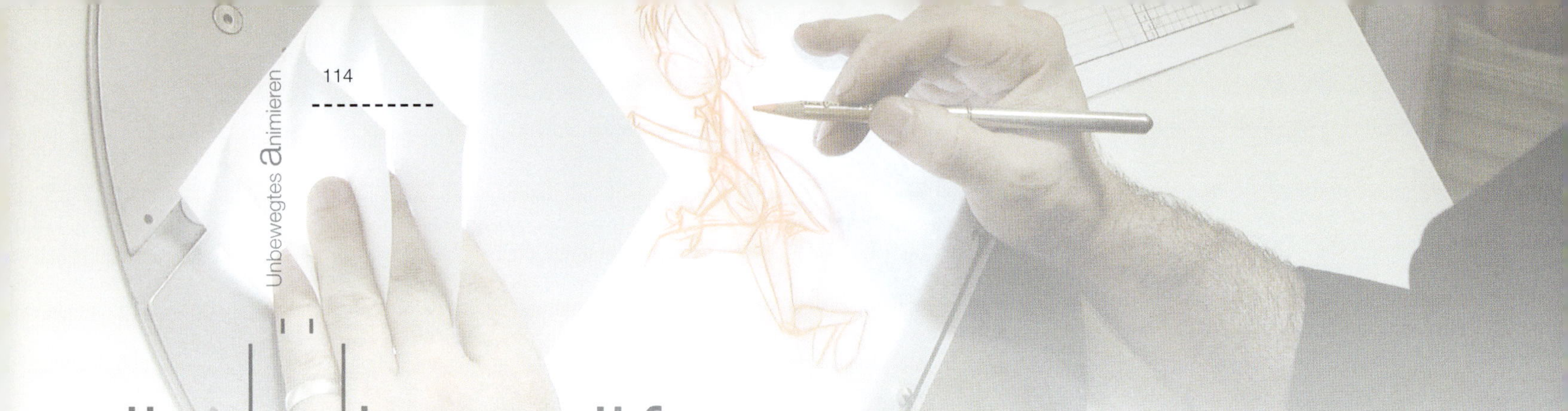

die Überprüfung der Animation anhand unserer Zeichnungen

Die meisten Animatoren nehmen jeweils nach drei oder fünf Zeichnungen eine Überprüfung vor. Wir bedenken dabei, dass drei Zeichnungen sechs Fotogrammen im Film und fünf Zeichnungen zehn Fotogrammen entsprechen, vorausgesetzt, wir verfilmen unsere Animationen zweibildweise. Zur Überprüfung „fächern“ wir die Anzahl der gewünschten Zeichnungen auf und mit ein wenig Übung und der richtigen Haltung unserer Finger lässt sich die Geschwindigkeit von 24 Fotogrammen pro Sekunde simulieren. Auf diese Weise können wir uns eine Vorstellung davon machen, wie unsere Animation zu diesem Zeitpunkt wirkt.

Um die Animation einer ganzen Aufnahme überprüfen, wenden wir ein anderes Verfahren an. Dazu nehmen wir alle Zeichnungen, die zur Szene gehören als Stapel in die Hand. Ähnlich einem Daumenkino werden die Blätter über den Daumen abgerollt, sodass mit entsprechender Übung, alle Zeichnungen in einer Geschwindigkeit, die der einer Projektion gleicht, an unserem Auge vorbei ziehen. Haben wir die Animation mit diesem Verfahren überprüft und gegebenenfalls nachgebessert, kann sie verfilmt werden, damit der sogenannte *Linetest* vorgenommen werden kann, der eine umfassende Kontrolle unserer Animation sicher stellt.

Um die Lauffähigkeit einer Animation auf fünf Zeichnungen zu überprüfen und dabei die Geschwindigkeit einer Projektion von 24 Fotogrammen pro Sekunde zu erreichen, müssen wir auf die Haltung der Finger achten und viel üben.

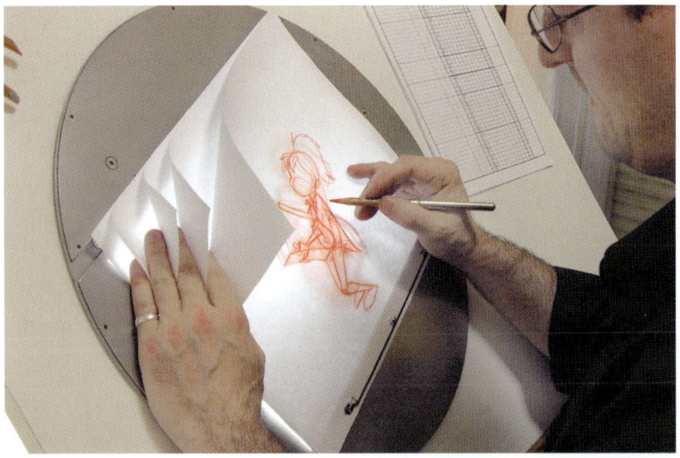

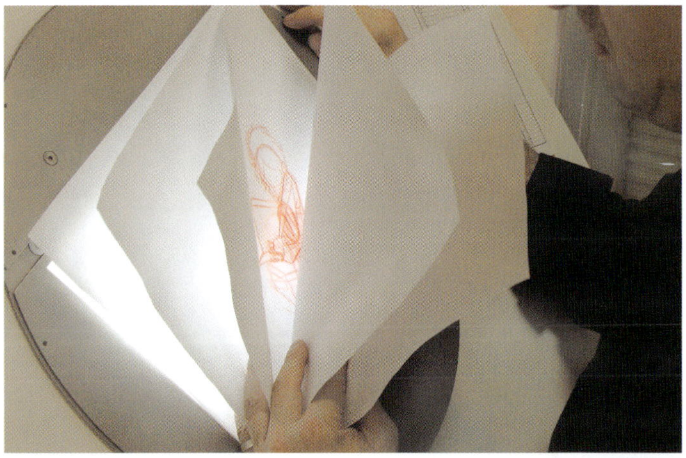

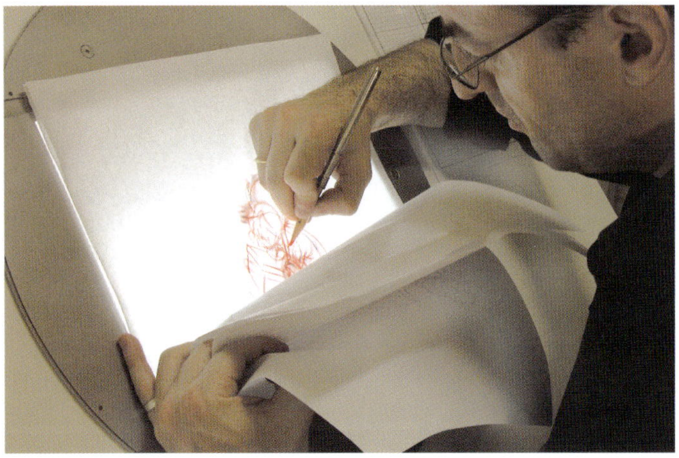

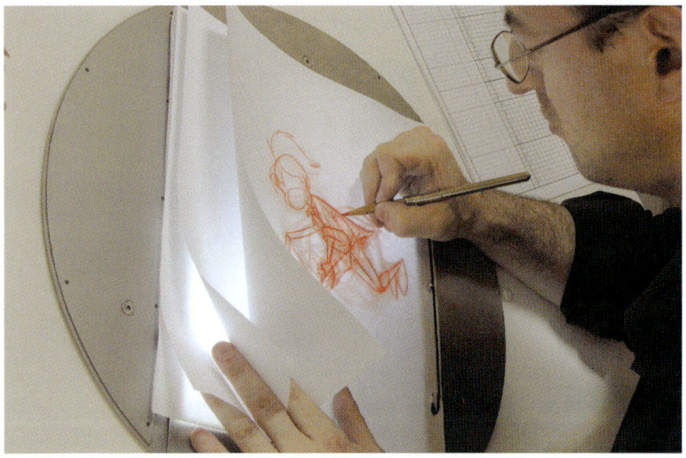

Die Zeichnungen werden geordnet, im Stapel gebogen und dann schnell vor unseren Augen abgerollt. So erhalten wir einen Eindruck von der Bewegung in einer kompletten Aufnahme.

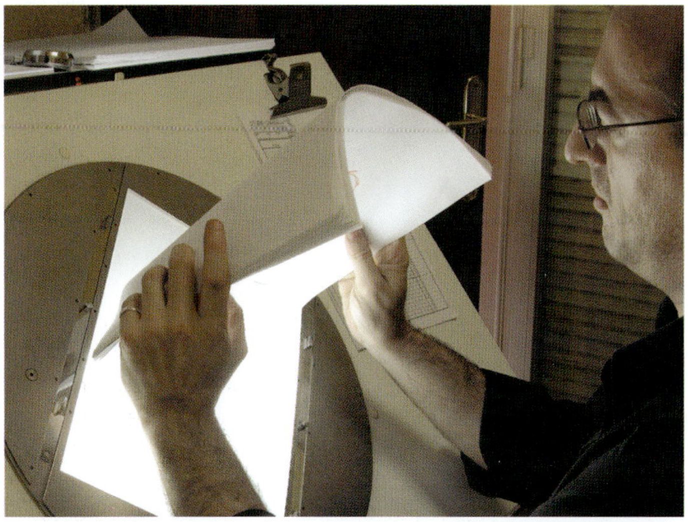

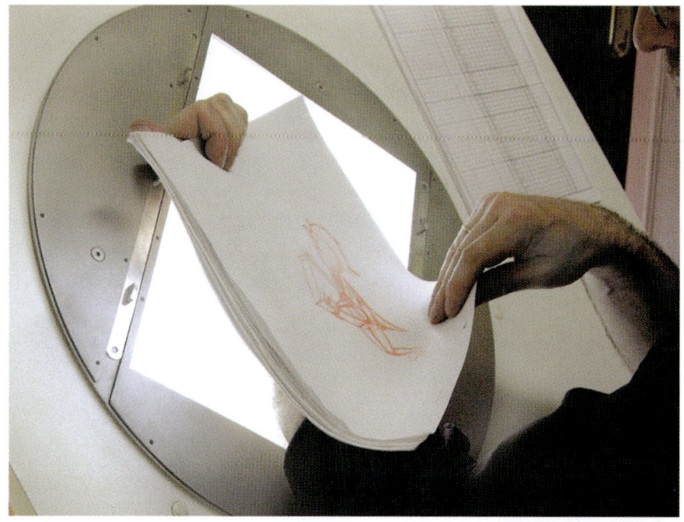

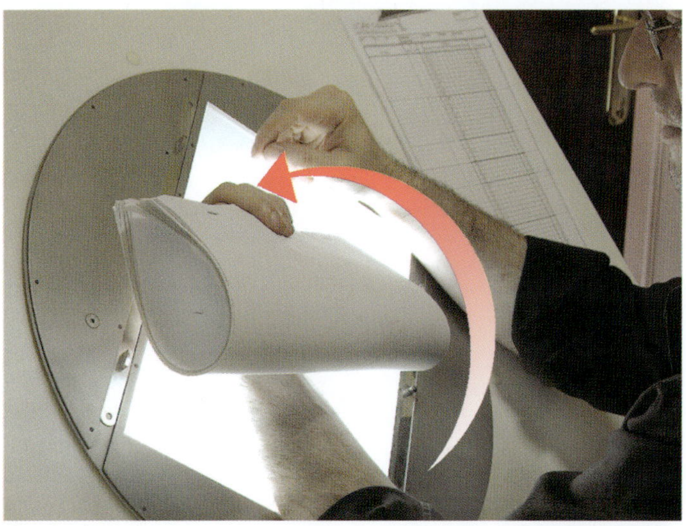

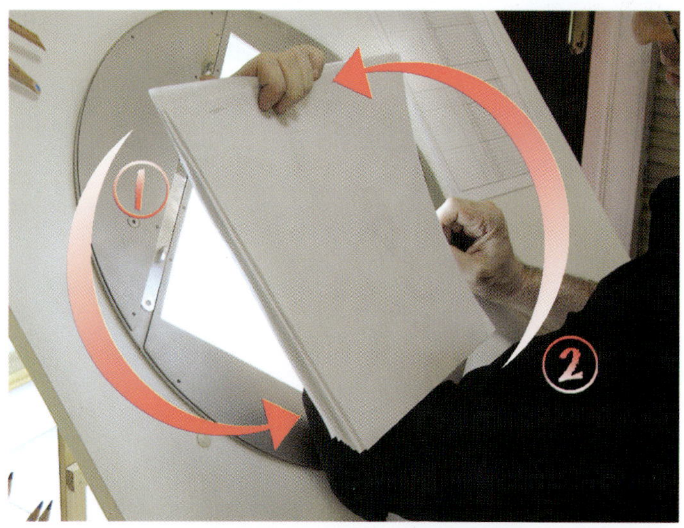

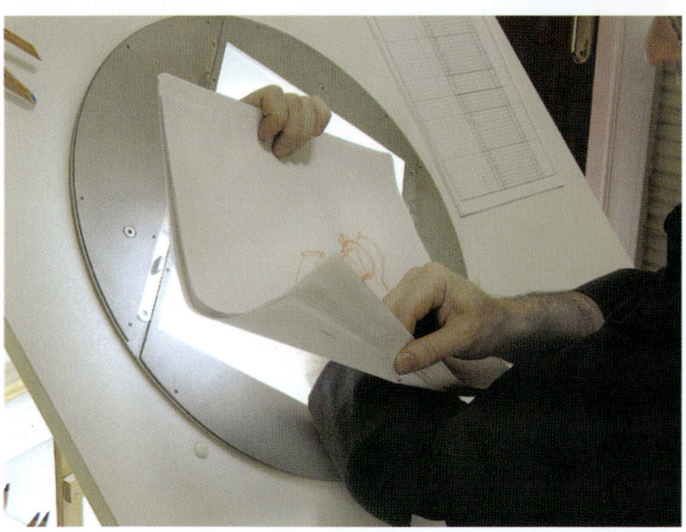

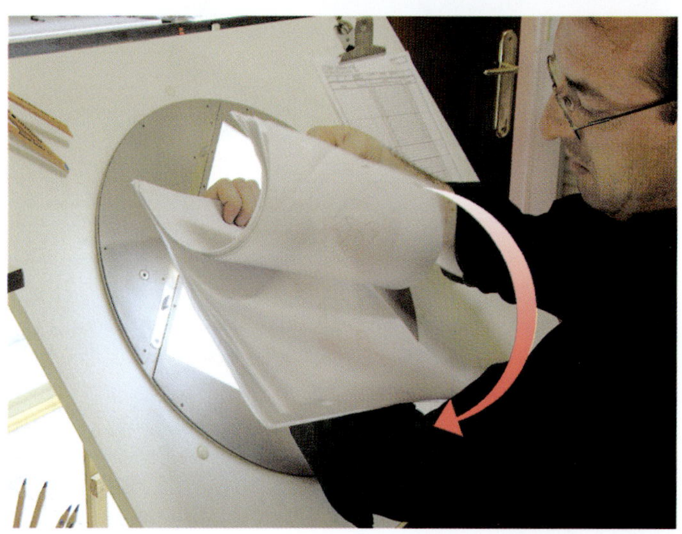

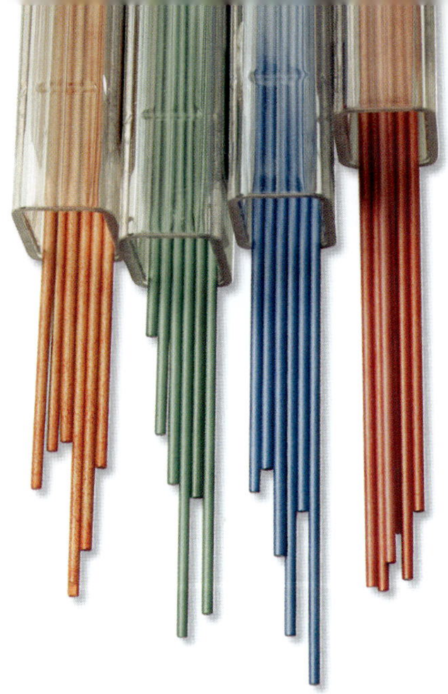

Wir wissen nun, wie ein Animator arbeitet, worin die ersten Arbeitsschritte beim Animieren bestehen und wie die Zeichnungen der Hauptphasen entstehen. Aber – was genau ist eine Hauptphase? Hauptphasen, auch Schlüsselbilder oder *Key-Frames* genannt, halten die wichtigsten Momente innerhalb eines Bewegungsablaufs fest. Um die Bewegung flüssig darzustellen, wird der zeitliche und räumliche Abstand zwischen diesen Hauptphasen mit den sogenannten Zwischenphasen, auch *In-Betweens*, gefüllt.
Eine Bewegung besteht also aus mehreren Hauptphasen, die der Animator alle vorhersehen muss: Der Beginn oder das Ende einer Bewegung, eine Veränderung der Richtung oder des Rhythmus, etc.

die Hauptphasen: das Wesentliche einer Bewegung

Für der Animation eines Pendels werden zwei Punkte festgelegt, die die Bewegung eingrenzen. Bei diesen Extrempositionen, in unserer Zeichnung die Phasen 1 und 5, endet die zyklische Bewegung und das Pendel beginnt in die Gegenrichtung zu schwingen.
Es handelt sich also um die Punkte, die uns die wichtigen Momente der Handlung zeigen.

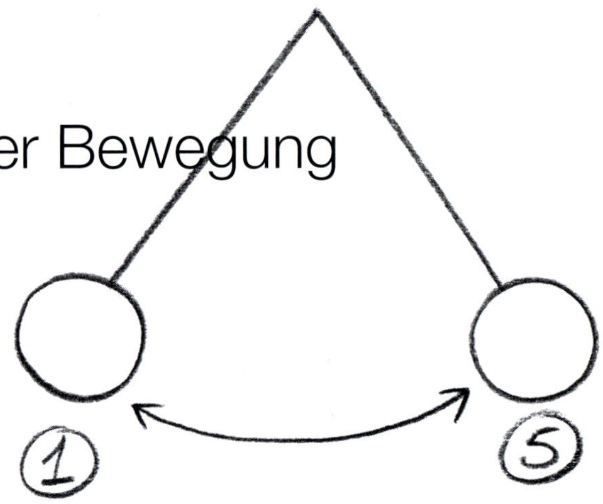

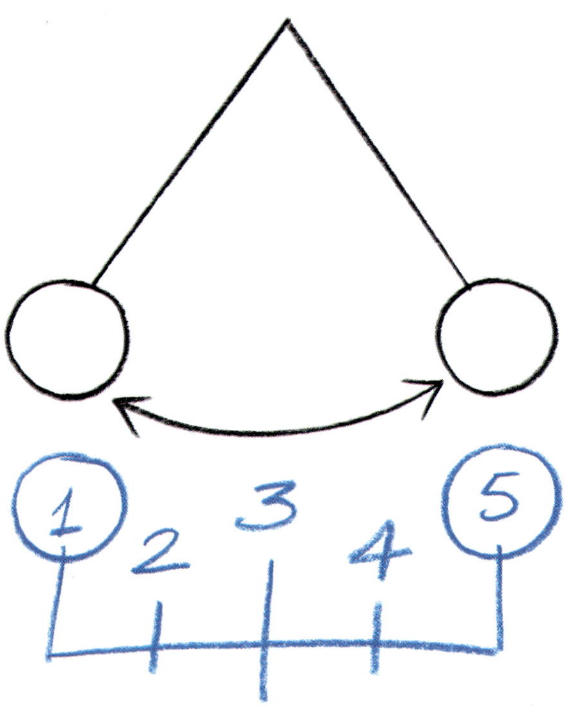

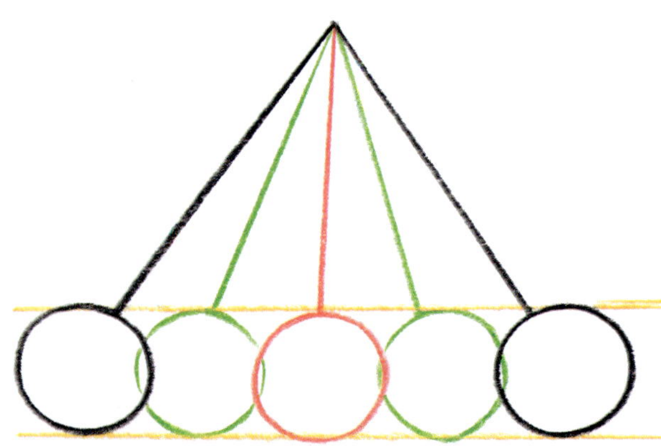

Zwischen den Extrempositionen muss der Animator eine gewisse Anzahl notwendiger Zeichnungen einplanen, damit der Bewegungsablauf flüssig wirkt. Stellen wir uns vor, dass insgesamt fünf Phasen ausreichen, um die Illusion zu erschaffen, dass das Pendel von seinem Ausgangspunkt zum gegenüberliegenden Endpunkt schwingt.

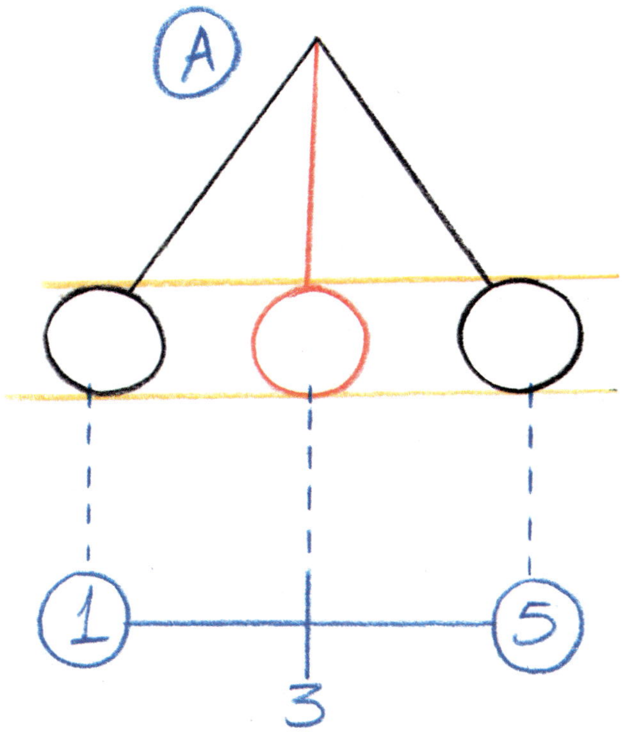

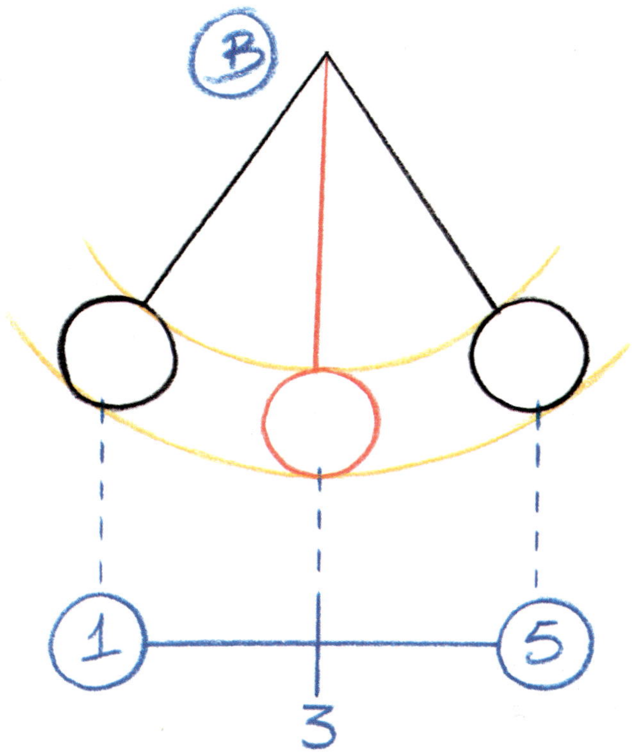

Wir studieren aufmerksam die Phase 3:
Im Beispiel „A" kann aufgrund der fehlerhaften Phase 3 der gewünschte Pendel-Effekt nicht dargestellt werden. Das Pendel wandert zwar von Punkt 1 über Punkt 3 nach Punkt 5, die Bewegung ist jedoch nicht korrekt.

Im Beispiel „B" wurde der nötige „Bewegungsbogen" bedacht und die Länge der Pendelaufhängung berücksichtigt. Dadurch wird der Rhythmus der Bewegung korrekt dargestellt. Die Phase 3 wird in der Animation Eckphase oder Breakdown *genannt, da sie die Veränderung im Bewegungsrhythmus festlegt.*

Da Phase 3 die Bewegung, den Rhythmus und den Takt der Animation bestimmt, ist die Schlußfolgerung für uns, dass die Phasen 1 und 5 (die Extrempositionen) zusammen mit der Phase 3 (Eckphase) die Hauptphasen dieser Animation sind. Der Animator plant mit Hilfe einer Timing-Chart *die Position der Phasen 2 und 4, die später von einem Mitarbeiter seines Teams erstellt und einfügt werden.*
Wir erinnern uns, dass nicht alle Zeichnungen der Aufnahme vom Animator selbst erstellt werden. Einen Teil davon fertigen seine Mitarbeiter an, der Assistent oder der Phasenzeichner.
Der Assistent ist verantwortlich für das Reinzeichnen der Skizzen. Er erstellt also die Zeichnungen, die für den Zuschauer später im Film zu sehen sind.
Der Phasenzeichner fertigt anhand der Hauptphasen des Animators alle dazwischen liegenden Phasen an. Diese Zwischenphasen gewährleisten erst den flüssigen Bewegungsablauf.

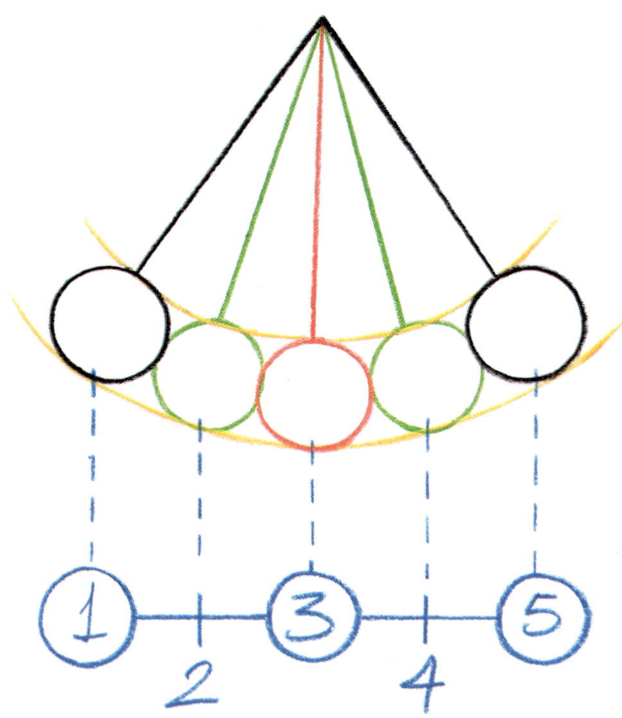

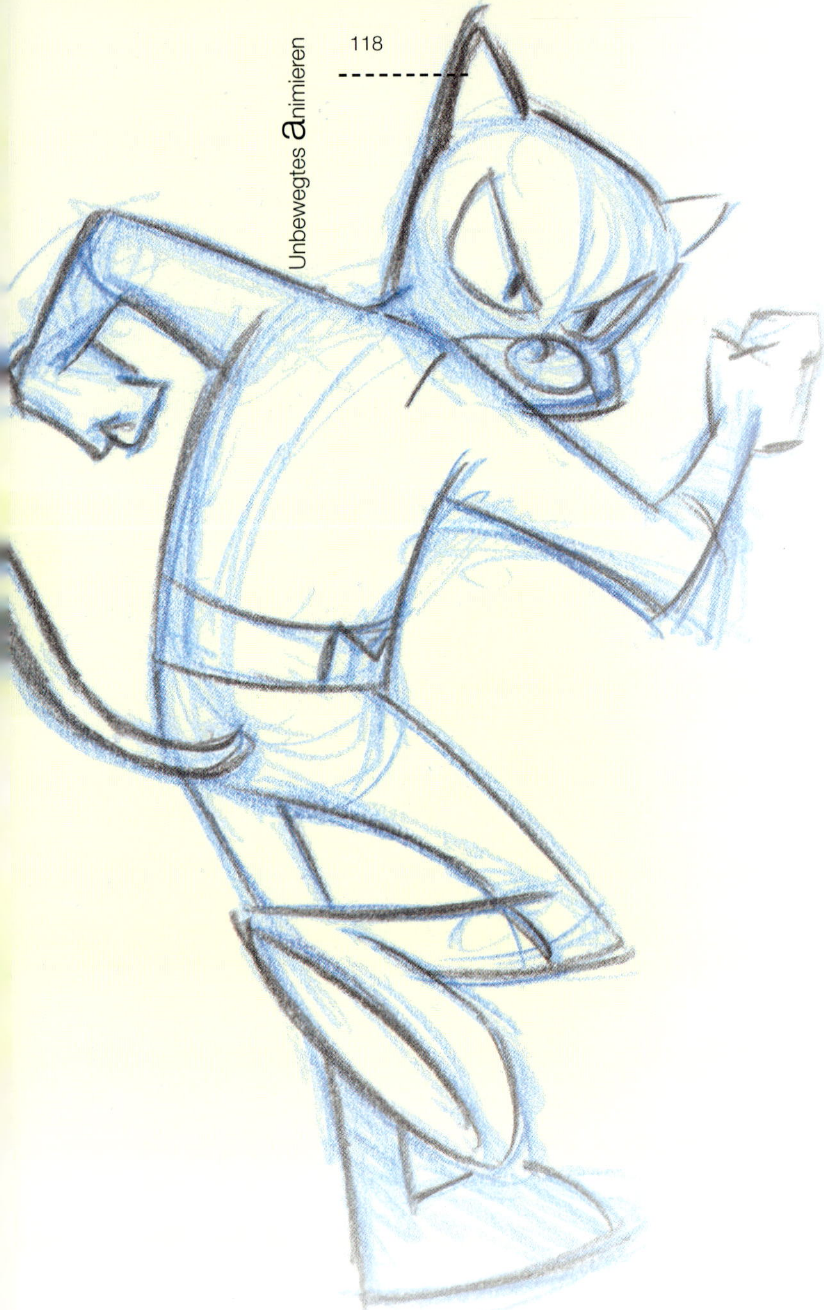

die Animations-methoden

es gibt drei verschiedene Methoden, um eine Animation anzufertigen. Je nach Art der Aktion, die wir gerade animieren wollen, wählen wir dann die am besten geeignete aus.

DIE *STRAIGHT-AHEAD*-METHODE

Mit dieser Methode, wird ein Bewegungsablauf von Anfang bis Ende der Aufnahme fortlaufend animiert, wobei die verschiedenen Posen der Reihe nach erstellt werden.
Da diese Methode keine vorherige Definition der Haupt- und später einzufügenden Zwischenphasen erfordert, bietet sich die *Straight-Ahead-Animation* besonders für Aktionen an, deren Rhythmus so komplex und verstrickt ist, dass die detaillierte Vorplanung enorm aufwändig wäre. Zudem wirkt die Animation meist viel natürlicher, frischer und spontaner, da sie eher auf Improvisation und der direkten Umsetzung der *Thumbnails* basiert.
Während wir die Rhythmus- und Aktionslinien zeichnen, um die Bewegungen unserer Figur zu stilisieren, entdecken wir nach und nach die vielfältigen Möglichkeiten jeder Pose – zweifellos eine unterhaltsame und sehr kreative Methode.
Ihr Nachteil ist, dass wir aufgrund der spärlichen Planung das Risiko eingehen, die Aktion nicht an passender Stelle oder im richtigen Moment zu beenden. Außerdem ist es sehr wahrscheinlich, dass unsere Figuren verschwommen wirken und Zusatzarbeiten anfallen, um ihre Größe und Struktur wieder herzustellen.

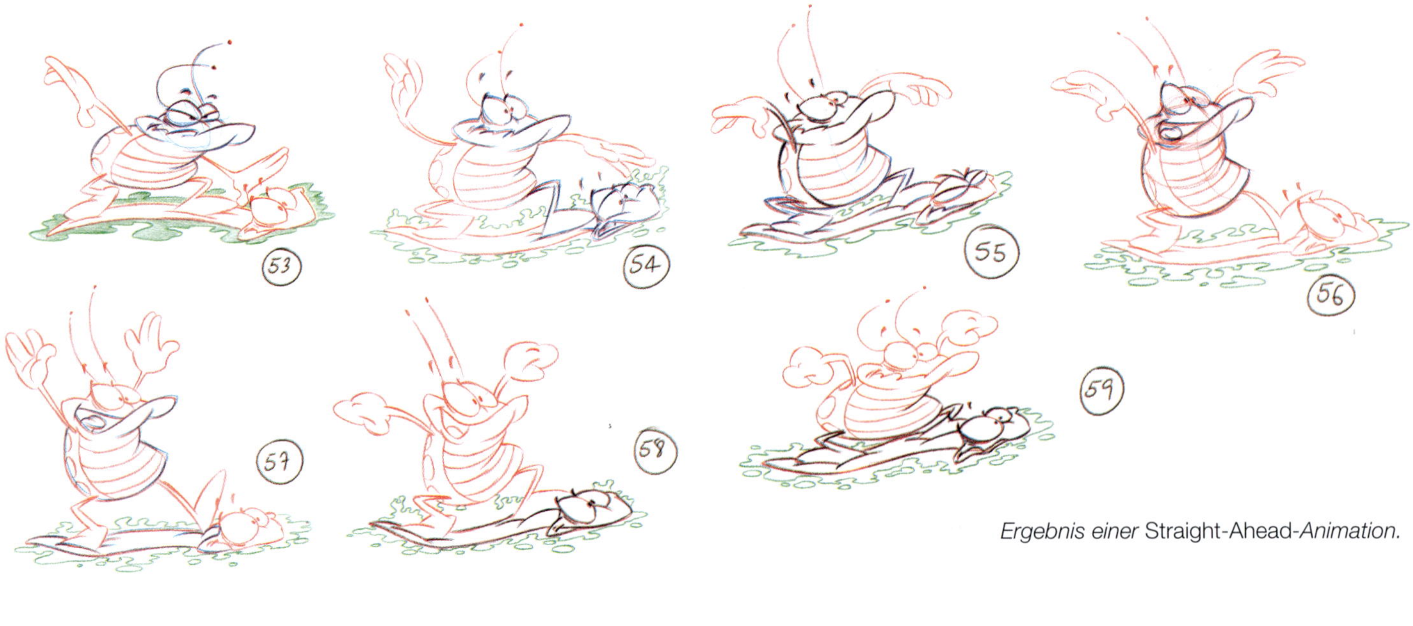

Ergebnis einer Straight-Ahead-*Animation.*

DIE *POSE-TO-POSE*-METHODE

Im Gegensatz zur vorigen Methode, ist bei der *Pose-To-Pose*-Methode eine genaue Vorplanung erforderlich, sodass wir die Aktion zunächst in Gedanken studieren, die *Thumbnails* erstellen und sie dann erst auf das Animationspapier übertragen, um die wichtigsten Posen der Aktion in der Aufnahme zu bearbeiten. Hierbei ist es wichtig, die Hauptphasen exakt zu definieren und alle Zeichnungen der Zwischenphasen im entsprechenden Rhythmus zu kalkulieren.

Wir nutzen die *Pose-To-Pose*-Methode, um größtmögliche Kontrolle über die Bewegungen der Figur, die Inszenierung, sowie die Dialoge zu erhalten. Dank dieser Vorplanung und genauer Berechnung der Aktionen, können wir die Animation zeitlich und räumlich optimal einpassen. Zudem lässt sich die Figur ästhetisch perfekt konstruieren, da wir jeder Pose große Aufmerksamkeit schenken. Der Nachteil ist, dass wir als Folge der ganzen Planung vielleicht etwas von der Frische und Natürlichkeit unserer Zeichnungen einbüßen.

Die *Pose-To-Pose*-Methode erfordert mehr Berechnung und Kontrolle als die *Straight-Ahead*-Animation. Daher muss man für jede Aktion abwägen, welche Animationsmethode sich besser eignet.

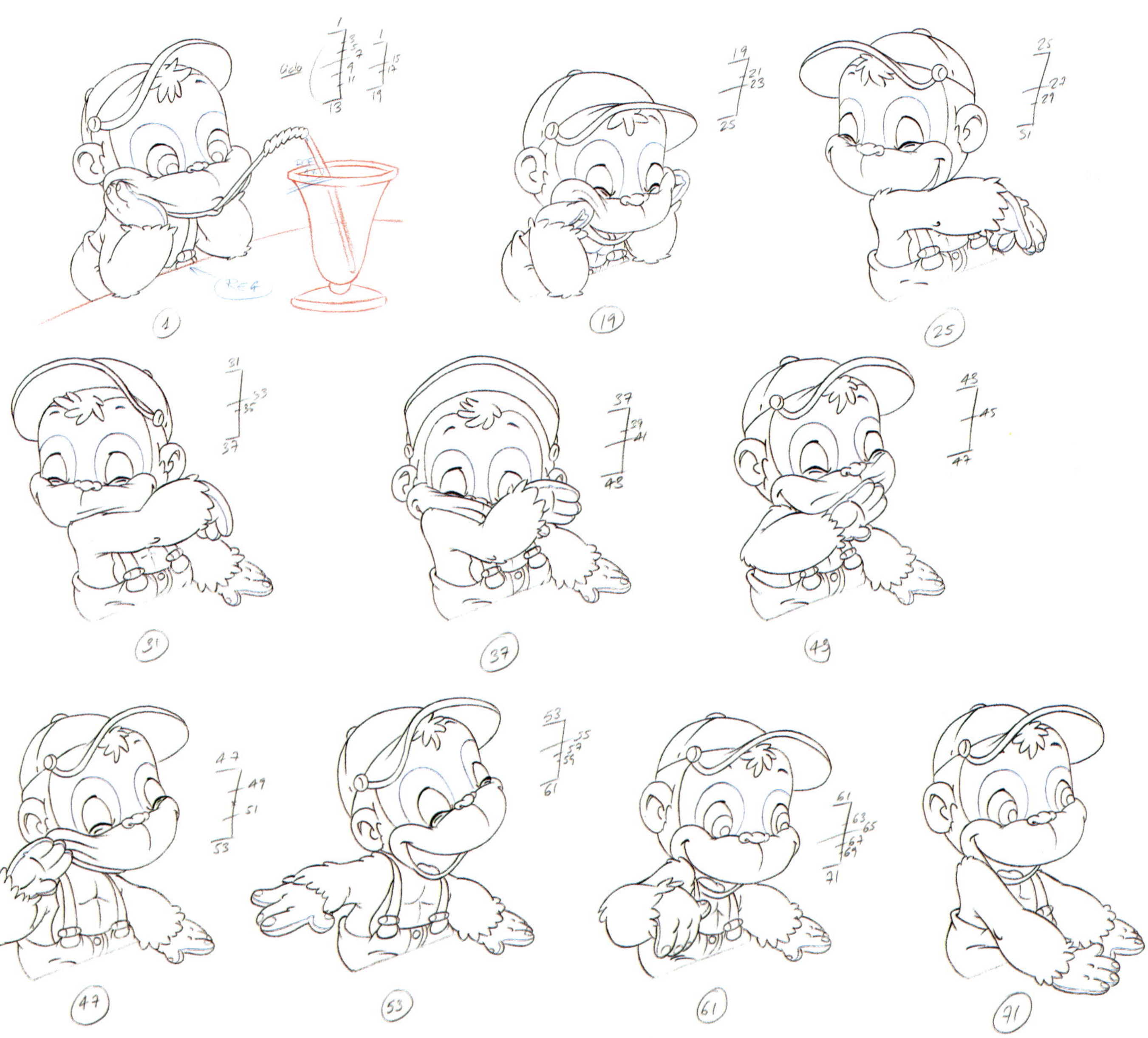

Ergebnis einer Pose-To-Pose-*Animation.*

DIE KOMBINIERTE ANIMATIONS-METHODE

Wie schon die Bezeichnung verrät, ist diese Methode eine Kombination, die uns die Vorteile der beiden bisher beschriebenen Animationsmethoden ausschöpfen lässt. Wir planen die Animation ausgehend von den *Thumbnails* und beginnen zunächst mit der *Pose-To-Pose*-Methode. Die Posen werden eine nach der anderen und in groben Umrissen erarbeitet, sodass sie zwar gut geplant, aber im Ergebnis noch sehr skizzenhaft sind. So erhalten wir den Überblick über den Aktionsverlauf sowie einige richtige Volumen und Proportionen der Figur. Im Folgenden animieren wir eine Pose nach der anderen mit der *Straight-Ahead*-Methode, um eine spontane und natürliche Aktion zu erhalten. Wenn die fertigen Posen die Aktion nicht gut definieren, zeichnen wir sie noch einmal, bis wir die gewünschte Wirkung mit ihnen erzielt haben.
Zur Fertigstellung überarbeiten wir sämtliche Posen, die zu Hauptphasen werden, passen sie in Volumen und Proportionen an und fügen die betreffenden Details hinzu.

Animation, die mit der kombinierten Methode erstellt wurde.

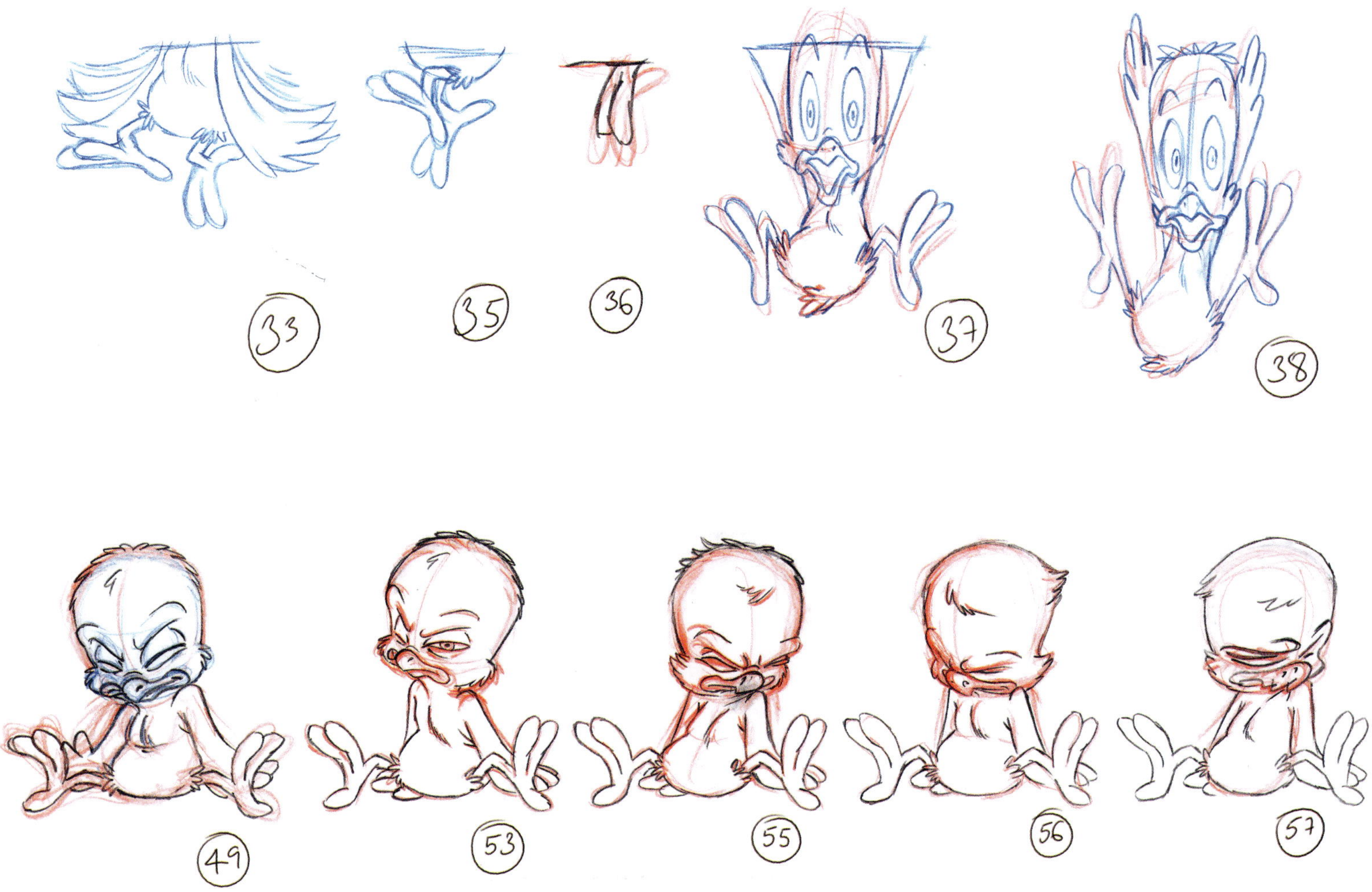

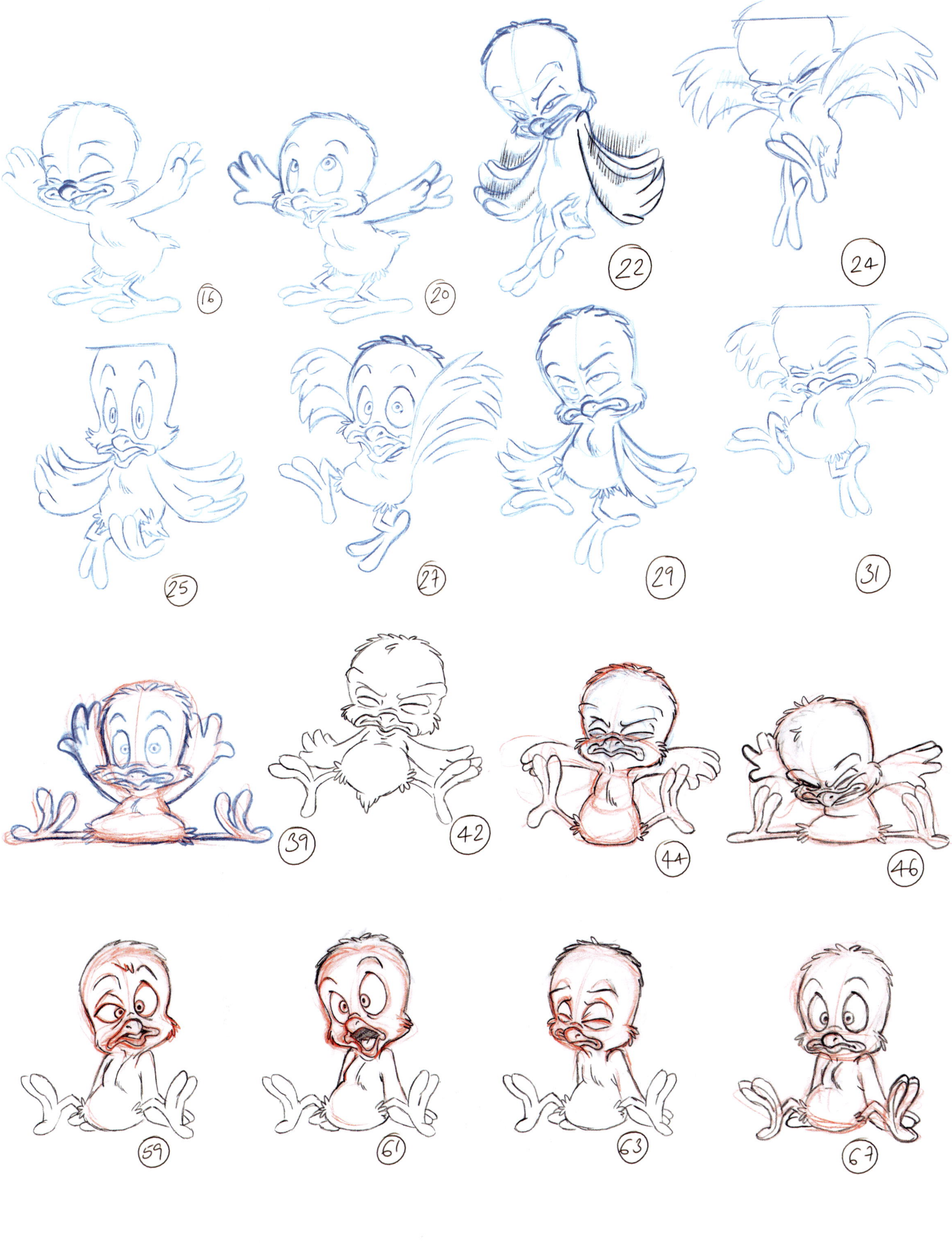
16
20
22
24
25
27
29
31
39
42
44
46
59
61
63
67

die Naturgesetze
und ihr Einfluss auf unsere Animation

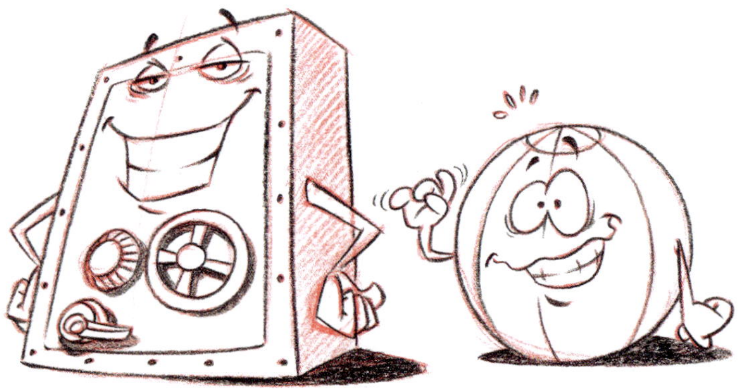

Die Beschaffenheit des Körpers, in erster Linie das Material, aus dem er besteht, beeinflusst direkt die Umsetzung unserer Animation.

bevor wir damit beginnen, unsere Figuren zu animieren, müssen wir uns vor Augen halten, dass alle Objekte ständig verschiedenen Gesetzmäßigkeiten unterworfen sind. Durch diese wird die Art und Weise, wie ein Objekt eine bestimmte Aktion ausführt, sehr stark beeinflusst.
Folglich muss der Animator diese Gesetze bei seiner Arbeit immer berücksichtigen:
a) Die Gesetze der Physik: Schwerkraft, Reibung, Trägheit, etc.
b) Die Naturgesetze des Körpers: Seine Beschaffenheit, äußere Einflüsse, die auf ihn wirken können, etc.
Um bei der Animation unserer Aufnahme richtig vorzugehen, ist es hilfreich, vorher eine kurze „wissenschaftliche Analyse" zu erstellen, die sich mit folgenden Fragen befasst:

1- Aus welchem Material besteht das Objekt, das wir animieren möchten, und wie reagiert es, wenn es sich auf eine bestimmte Art bewegt? Um eine Geschichte in der Welt der Animation zu erzählen ist es gang und gäbe, Objekte zu animieren, die nicht unbedingt menschlich sind. Diese werden auf unterschiedlichste Art und Weise von den Gesetzen der Physik beeinflusst.
2- Wie schwer ist das Subjekt und wie stark wird es von der Schwerkraft, der Trägheit, etc. beeinflusst?

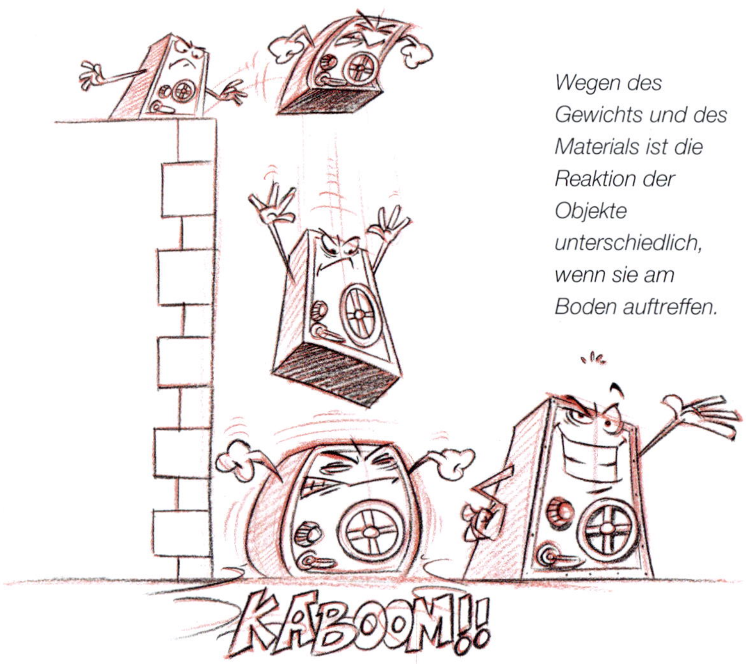

Wegen des Gewichts und des Materials ist die Reaktion der Objekte unterschiedlich, wenn sie am Boden auftreffen.

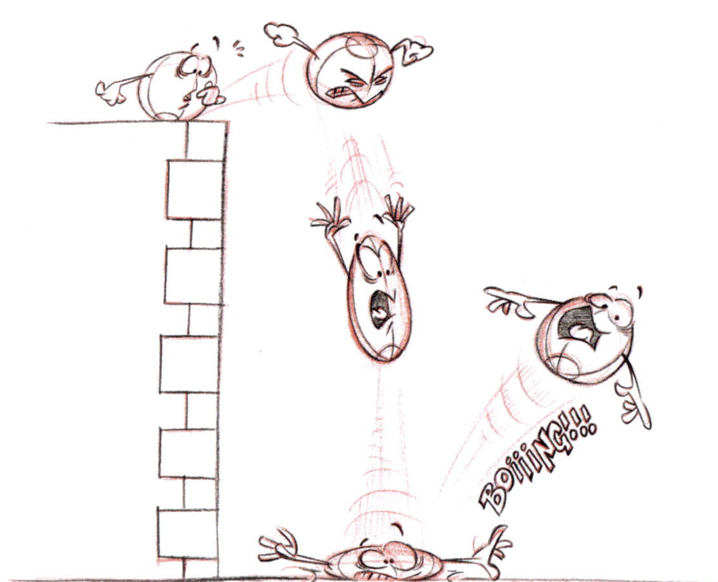

3 - Geschieht die ausgeführte Bewegung aus eigenem Antrieb oder ist sie die Folge eines Zwangs, bzw. eines äußeren Einflusses?

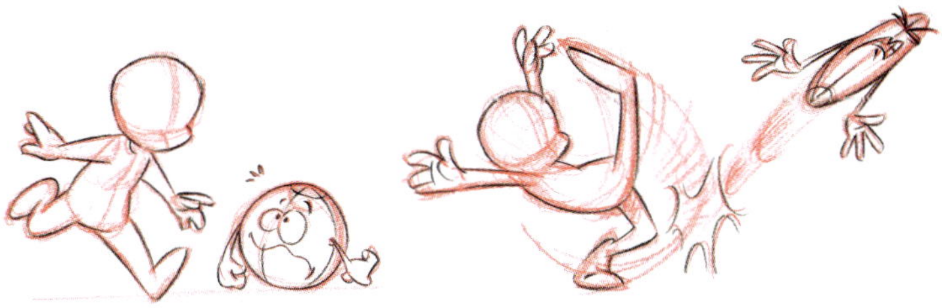

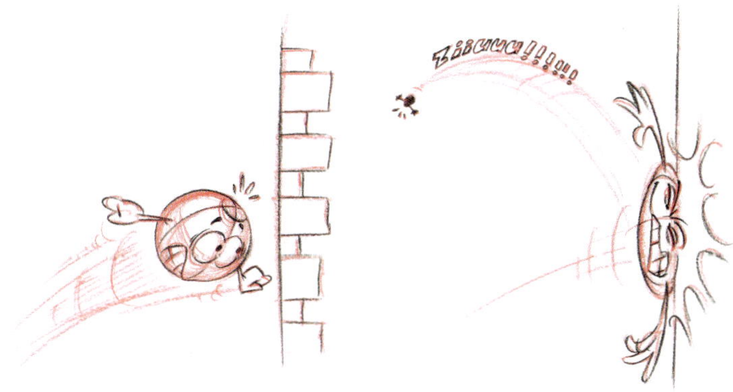

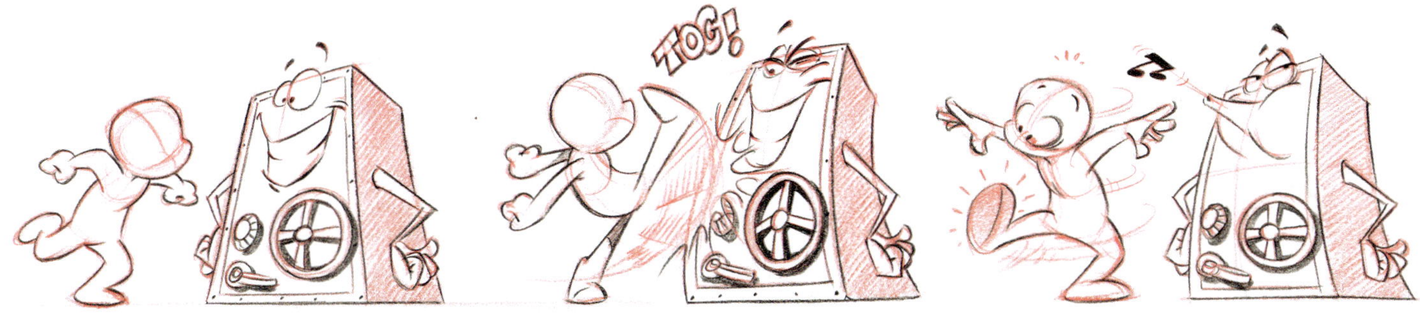

Durch äußere Krafteinwirkung werden die verschiedenen Objekte auf die unterschiedlichste Art und Weise beeinflusst.

DAS NEWTONSCHE GESETZ

Das zuvor Beschriebene bezieht sich auf die physikalischen Gesetze der Bewegung, die im Jahre 1687 von Isaac Newton aufgestellt wurden:

1 - Ein ruhender Körper behält den Ruhezustand bei, während ein bewegter Körper stets in Bewegung bleibt.
2 - Der Zustand von Ruhe oder Bewegung ändert sich nur durch die Einwirkung von äußeren Kräften, die in eine andere Richtung wirken.
3 - Jede Aktion bewirkt eine Reaktion, deren Kraft gleich und deren Kraftrichtung gegensätzlich ist.

Die Animation ist eine kreative Kunstform, die es erlaubt, diese Gesetze zu brechen und zu übertreten, um einen eigenen Stil zu entwickeln und die Geschichte mit vielen lustigen Effekten zu bereichern.

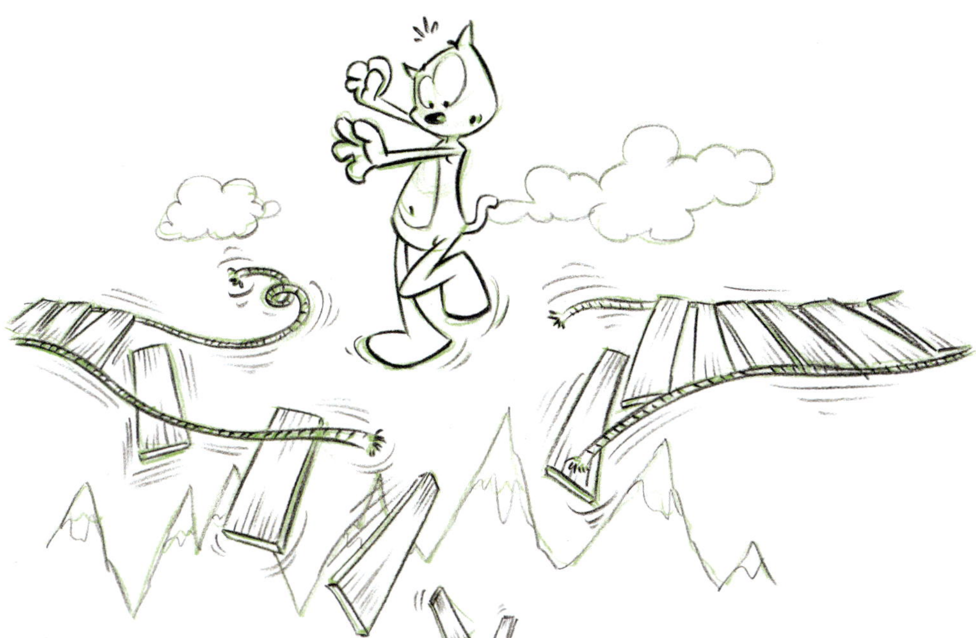

Dieses Bild einer Figur, die in der Luft schwebt, nachdem die Brücke zerstört wurde, zeigt uns, wie man das Brechen eines fundamentalen Gesetzes für einen Gag nutzen kann.

Effekte in der Animation

Um unsere Figuren zu animieren, benötigen wir eine Reihe von Mitteln, die für eine glatte und fließende visuelle Wirkung sorgen. Diese Effekte bewirken manchmal wichtige Verzerrungen in der Struktur unserer Figuren, obwohl sie in einer solchen Geschwindigkeit erzeugt werden, dass sie vom menschlichen Auge kaum zu erfassen sind.
Richtig eingesetzt, rufen diese Animationseffekte beim Zuschauer das Gefühl hervor, ein lebendiges Abbild zu beobachten.

DER GUMMI-EFFEKT
Dieser Effekt ist in fast allen Animationsfilmen zu finden. Unabhängig von der Aktion, die es zu animieren gilt, können wir mit Hilfe des Gummi-Effekts einen visuellen Fluss leichter erzielen und zudem eine dynamische und für den Zuschauer begreifbare Animation verwirklichen. Der Gummi-Effekt kommt sowohl bei kleinen, wie auch bei sehr aufwändigen Aktionen zum Einsatz. Um ihn geschickt einzuplanen, benötigen wir nicht mehr als unsere Vorstellungskraft und den gesunden Menschenverstand, dürfen aber nie die Masse der Figur, die wir animieren möchten, aus den Augen verlieren, da wir mit diesem Effekt zwar die Form der Objekte verändern, ihre Masse jedoch immer gleich bleibt.
Der Gummi-Effekt wird wie folgt unterschieden:
- *Squash* (Stauchen/ Zusammenziehen).
- *Stretch* (Dehnen/ Strecken)
Beide Anwendungen basieren direkt auf den Newtonschen Gesetzen.

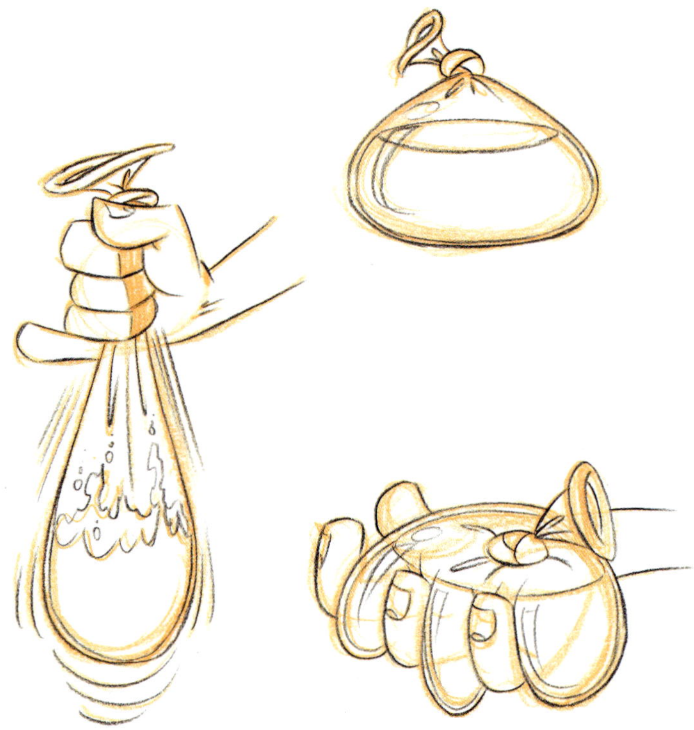

Ein Ballon voller Wasser, den wir in unseren Händen halten, dehnt sich, zieht sich zusammen, verändert die Form, aber seine Masse bleibt immer gleich.

Eine äußere Kraft, die auf den Körper wirkt, staucht ihn, verformt ihn also. Wenn er von dieser Kraft befreit wird, reagiert der Körper mit der selben Kraft, aber in die entgegengesetzte Richtung – er dehnt sich, bis er seine Ausgangsform wieder erlangt hat.

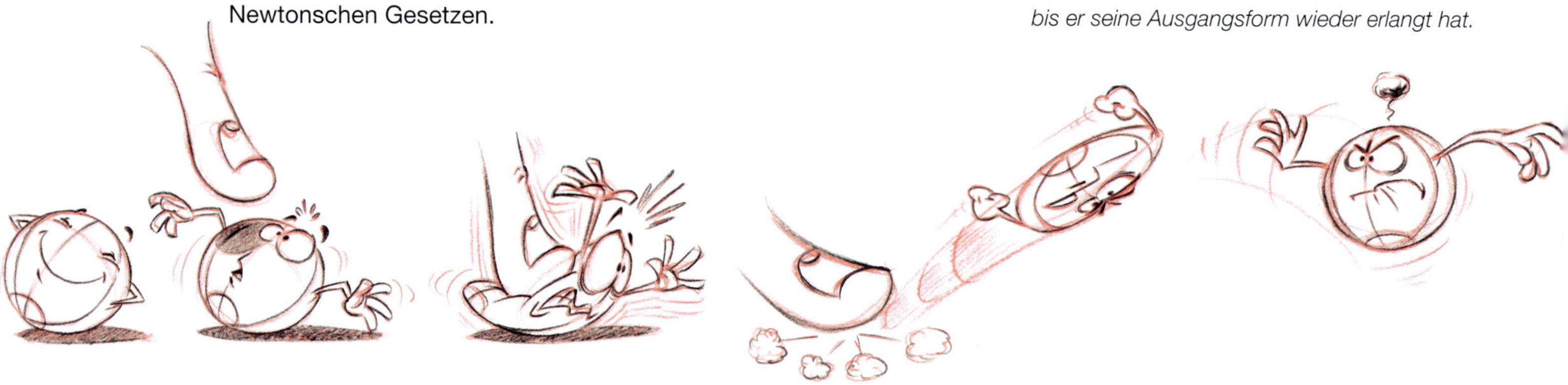

Das folgende Schema erklärt, unter welchen Voraussetzungen wir den Gummi-Effekt in der Animation anwenden:

GUMMI-EFFEKT

- *SQUASH*
- *STRETCH*

GESCHWINDIGKEIT. In dieser bewegt sich der Körper konstant, bis ihn ein Impuls trifft, dessen Kraft ihn mehr beschleunigt oder anhält.

MASSE. Ein schwerer Körper wird weniger verformt und ist langsamer als ein leichter. Dasselbe gilt auch umgekehrt.

MATERIAL. Ein Objekt verformt sich je nach Dichte und Elastizität seines Körpers.

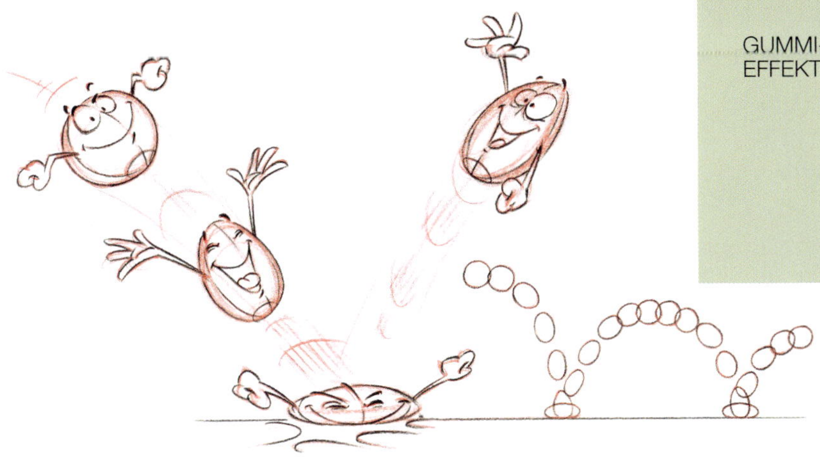

Bei der Animation eines Balls kann man den Gummi-Effekt unter Berücksichtigung der physikalischen Naturgesetze optimal anwenden. Am Beispiel einer Stahlkugel oder einer Seifenblase beobachten wir jedoch extreme Verhaltensweisen. Während die Eisenkugel sich weder durch eine äußere Kraft, noch durch ihre entgegengesetzte Reaktion verformt, verändert jede äußere Einwirkung – sei sie noch so gering – sofort die Form und die Flugbahn der Seifenblase.

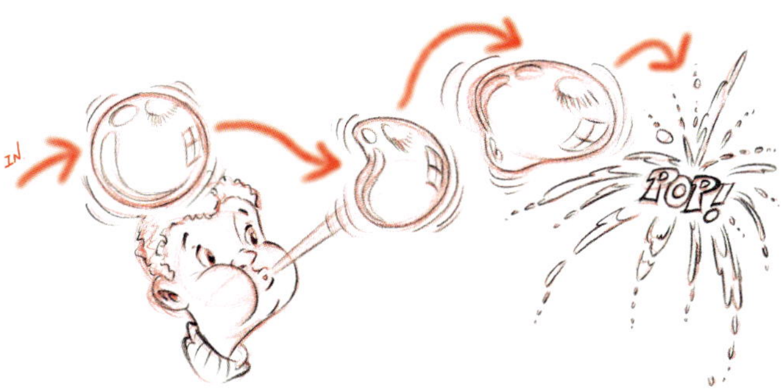

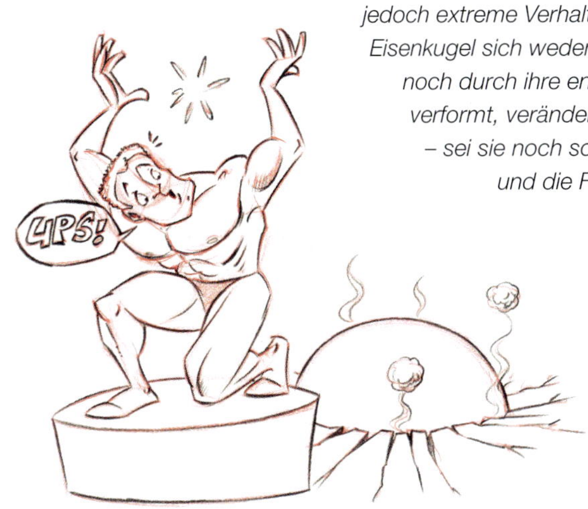

Je nach gewünschter Ausdruckskraft in der Aktion wenden wir den Gummi-Effekt mehr oder weniger stark an. Nicht zuletzt geben uns auch die Eigenschaften unserer Figuren an, wie intensiv wir ihn einbringen können. Für realistische Figuren genügt ein subtiler Gummi-Effekt, nur genug, um die Bewegung fließend wirken zu lassen. Bei Cartoons gibt es keine Einschränkungen. Wir können den Gummi-Effekt so übertrieben einsetzen, dass es für den Zuschauer lustig wirkt.

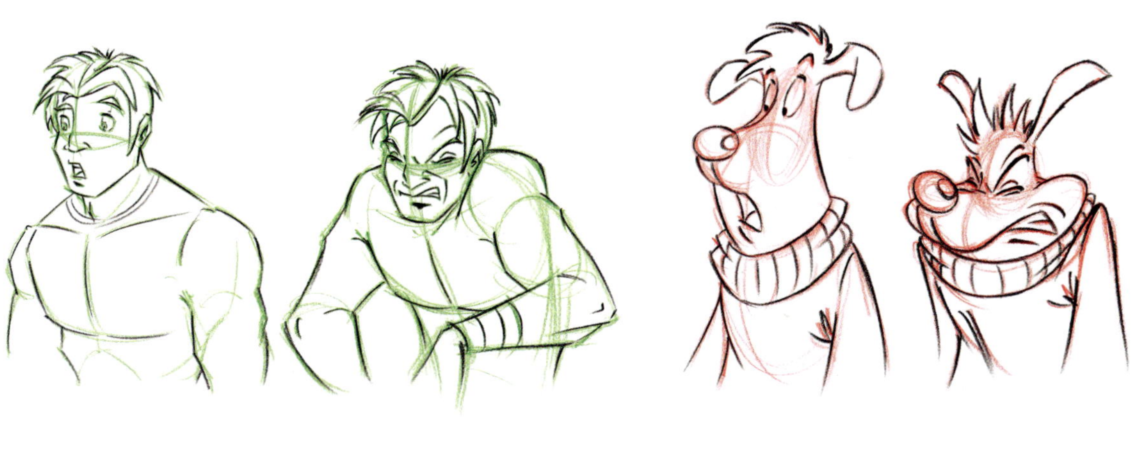

DIE SCHWUNGLINIEN *FILLAGES)*

Diese Bewegungslinien begleiten die Aktion wenn sie schnell und dynamisch ist. Ihre Anwendung steht jedem Animator frei, und der Zuschauer sollte sie nicht bewusst wahrnehmen, aber sie können eine Aktion bereichern und sie fließender wirken lassen.

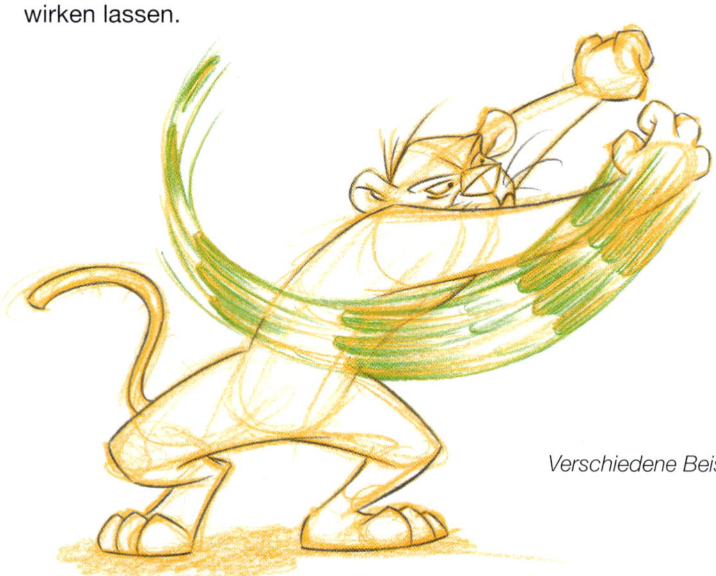

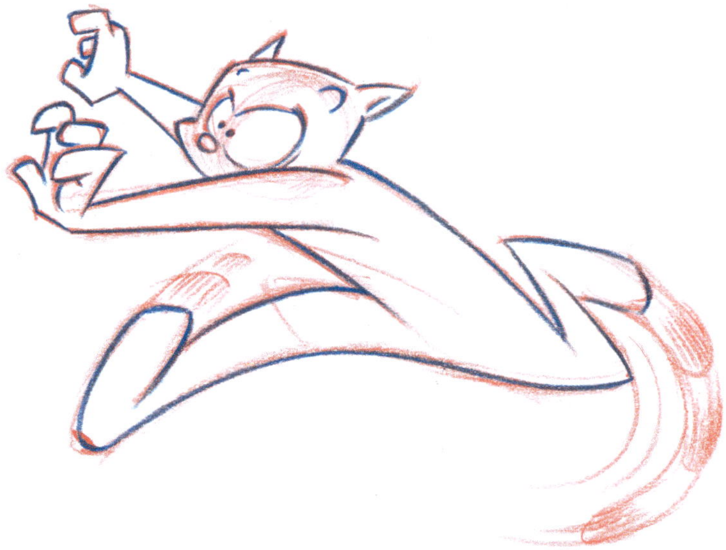

Verschiedene Beispiele zur Anwendung der Schwunglinien.

DER MEHRFACHEFFEKT ODER DAS MULTIPLE BILD

Zur Darstellung einer sehr schnellen Bewegung von irgendeinem Körperteil der Figur, ist dieser Effekt ideal. Passend eingesetzt, können wir mit ihm eine auffallende und wirkungsvolle Illusion erzeugen. Aufgrund der Geschwindigkeit einer Aktion, in der das multiple Bild angewendet wird, muss man besonders darauf achten, den Effekt so einzubringen, dass er für das menschliche Auge nicht allzu offensichtlich ist, da er andernfalls die Aktion eher stört, statt den visuellen Fluss der Animation zu unterstützen.

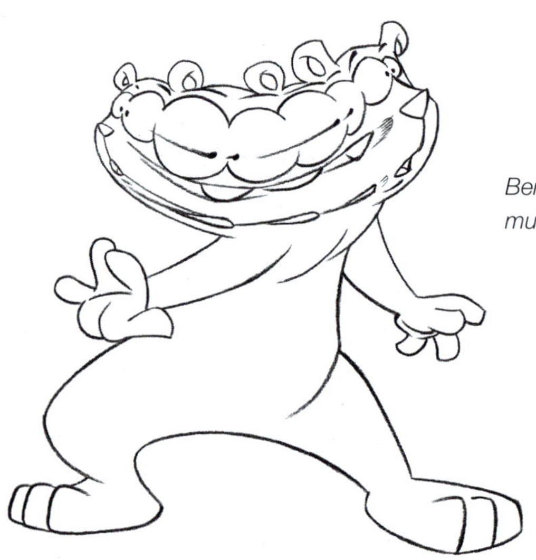

Beispiel für das multiple Bild.

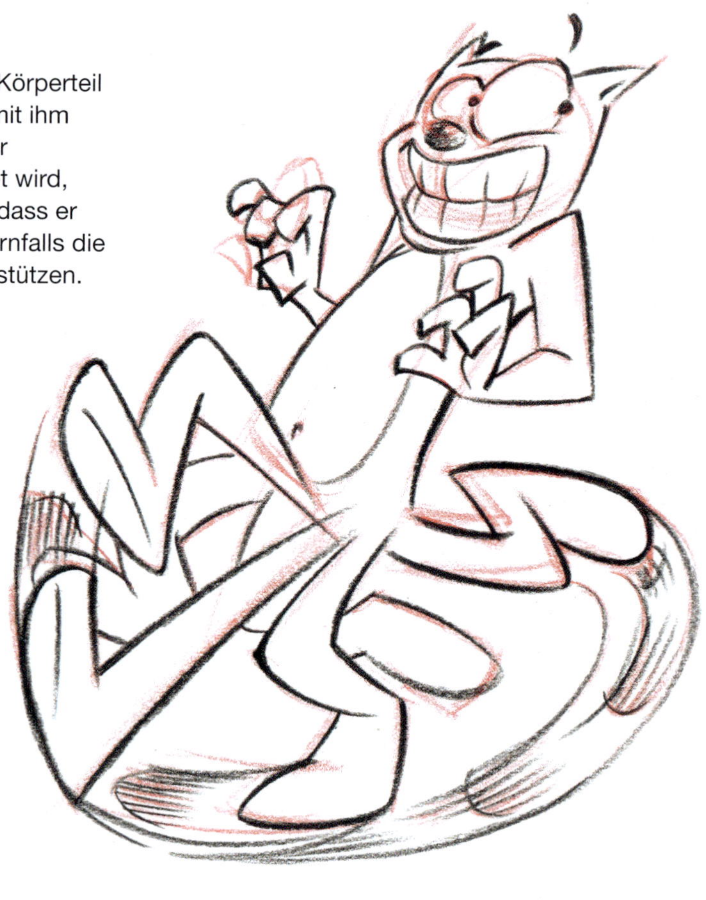

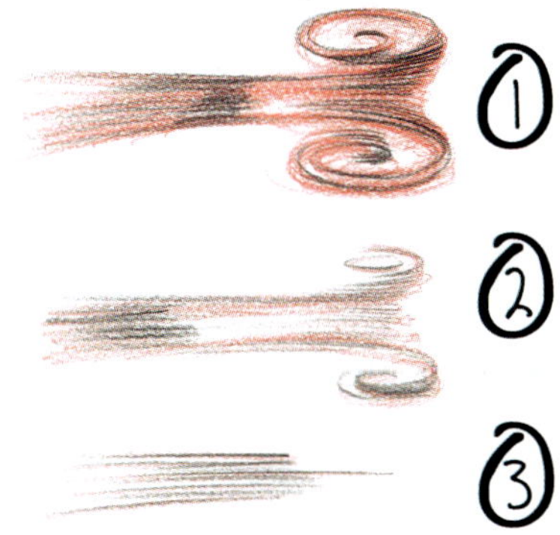

DER *BLUR*-EFFEKT

Durch diesen Effekt, mit dem wir extrem hohe Geschwindigkeiten besonders gut darstellen können, wird die animierte Figur ganz oder nur zum Teil verwischt und die Aktion erscheint als verschwommenes Gebilde. Man sollte den *Blur*-Effekt dabei auf jeden Fall mit den Farben der entsprechenden Figur anlegen, damit er optisch ansprechend wirkt.
Der *Blur*-Effekt bietet sich geradezu an, um eine Aktion, die sehr schnell wirken soll, lediglich anzudeuten. Wenn eine Figur beispielsweise mit voller Geschwindigkeit den Bildschirm verlässt, kann sie im Prinzip vollständig durch diesen Effekt ersetzt werden.

Durch das Experimentieren mit Animationseffekten wurden einige Entdeckungen gemacht, die in der klassischen Animation von großer Bedeutung sind. Einige von ihnen werden aufgrund ihrer eindrucksvollen Wirkung ständig verwendet.

Beispiel für die Anwendung des Blur-*Effekts.*

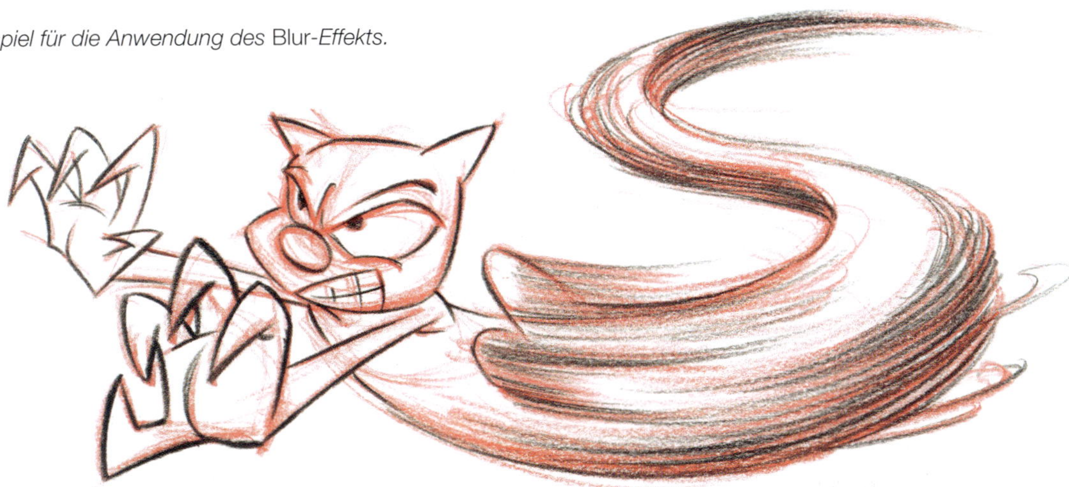

KINETISCHE SCHLÄGE UND STÖSSE

Effekte wie diese, die einer kleinen Explosion ähneln, kommen immer dann zum Einsatz, wenn beispielsweise eine Figur zu Boden stürzt, sie mit etwas kollidiert, wenn sie eine andere Figur beziehungsweise ein Objekt schlägt.
Um die bestimmte Wirkung einer Aktion zu verstärken und sie optimal hervor zu heben, ist der richtige Moment bei diesem Effekt sehr wichtig. Für ein gutes Ergebnis sind drei Zeichnungen absolut ausreichend.

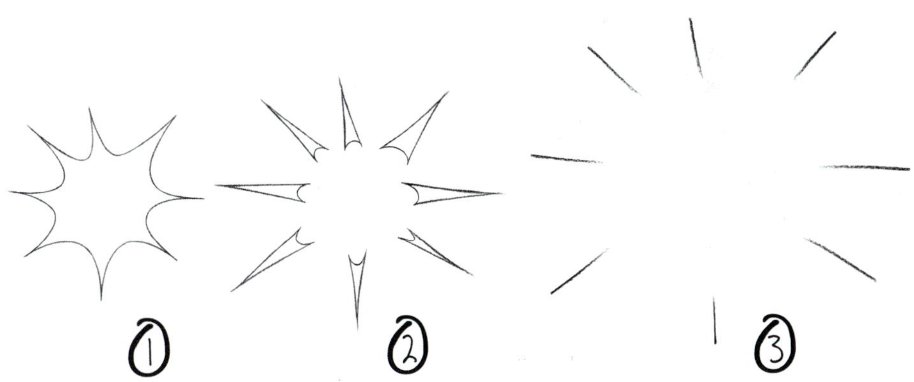

So präsentieren wir einen kinetischen Schlag.

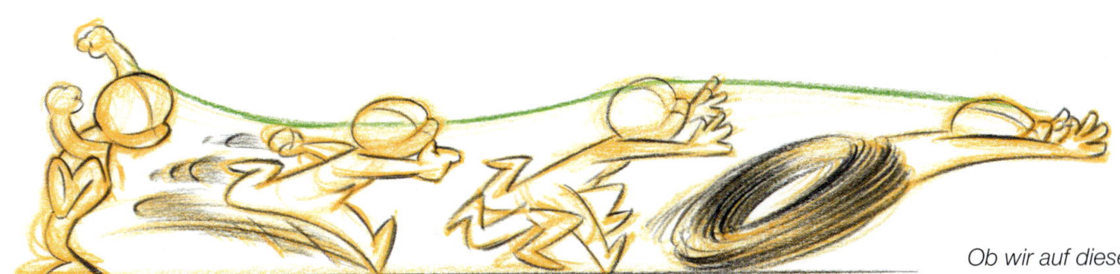

Schwunglinien | Multiples Bild | *Blur*-Effekt

Ob wir auf diese Effekte zurückgreifen, hängt vom Stil unserer Produktion ab. Letztendlich entscheidet das kreative Team.

die Aktion: Vorbereitungs-, Aktions-, Reaktions-, Endphase

Spricht man in der Trickzeichnung von Aktion, dann meint man damit alles, was in einer Aufnahme passiert. Genau wie in normalen Filmen, fängt die Kamera an zu laufen, sobald der Regisseur „Action“ ruft. Die Bilder einer Szene werden solange aufgenommen, bis die Kamera durch sein „Cut“ stoppt. Vorausgesetzt der Regisseur ist zufrieden, ist das Ergebnis eine fertige Aufnahme. Dasselbe geschieht beim Trickfilm. Unabhängig davon, wie lange eine Aufnahme dauert, gilt alles, was darin vorkommt als Aktion.
Dabei müssen wir bedenken, dass innerhalb einer Aufnahme verschiedene Bewegungen einer Figur ablaufen können, die wiederum alle aus eigenen Aktionsphasen bestehen. So kann sie beispielsweise aus ihrem Ruhezustand heraus einen Dialog beginnen, sich dann umdrehen, damit sie etwas, das hinter ihr geschieht, sehen kann, und während sie erkennt, um was es sich dabei handelt, schon das Bild verlassen.
Es ist also möglich, dass in einer normalen Aufnahme sogar drei verschiedene Aktionen stattfinden.
Um jede einzelne richtig zu planen, müssen wir folgende Grundbegriffe beachten:
- Vorbereitungsphase (Auftakt),
- Aktionsphase (Akzent),
- Reaktionsphase,
- Endphase (Abtakt).

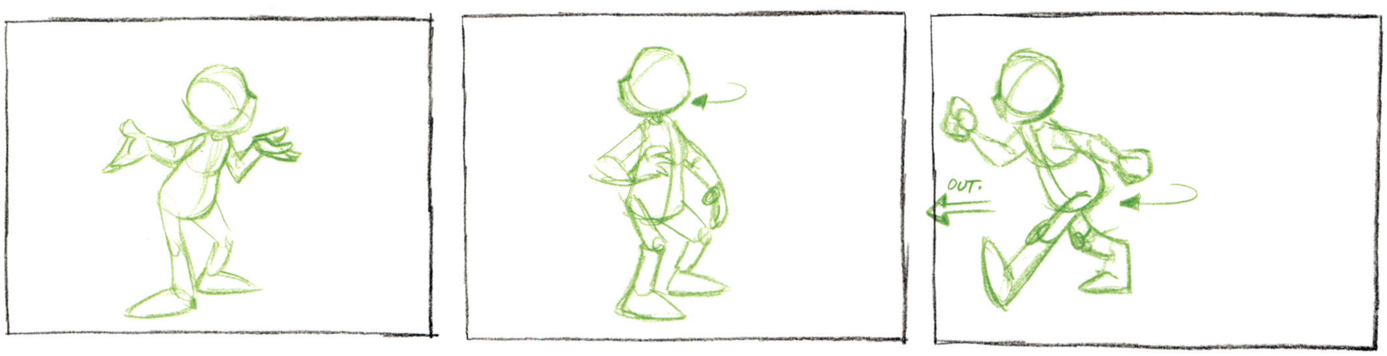

Drei verschiedene Aktionen in einer einzigen Aufnahme: Der Beginn eines Dialogs, die Drehung des Kopfes und der Abgang aus dem Bild.

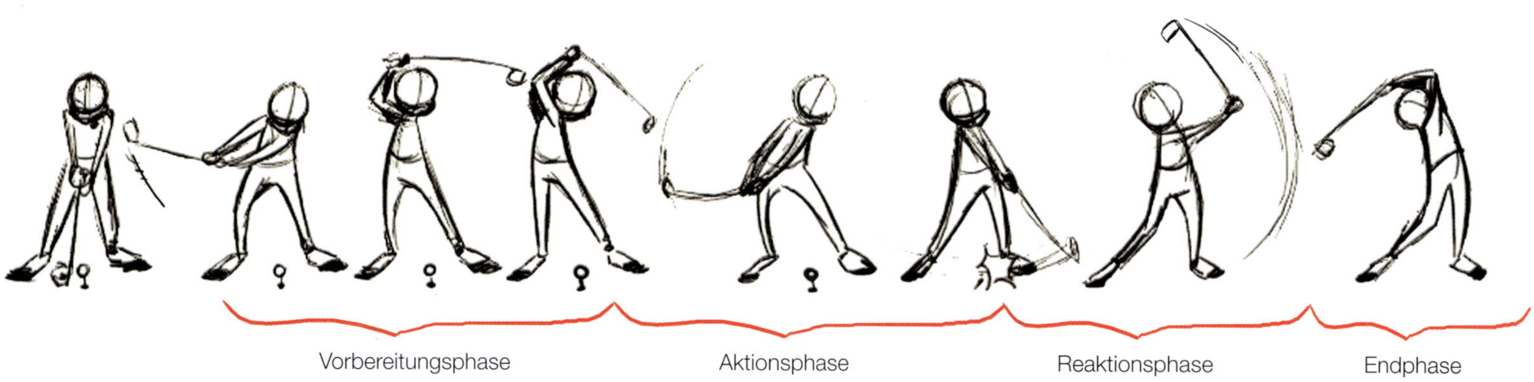

In dieser Sequenz erkennen wir klar den gesamten Prozess. Beim Schlagen eines Balles mit dem Golfschläger ist der Ball unser Ziel. Wir bereiten uns auf einen treffsicheren Schlag vor und kalkulieren den Schwung. Indem wir zuschlagen, setzen wir die Aktion um. Dabei beobachten wir, dass der Schläger nicht am Standort des Balles anhält, sondern dass er aufgrund der erreichten Trägheit durch den Impuls noch über sein Ziel hinaus schwingt, bis er die Kraft der Trägheit verliert. Ab hier tritt er in die Endphase.

DIE VORBEREITUNGSPHASE

Hierbei handelt es sich um den Auftakt, den wir durchführen, bevor wir eine Aktion umsetzen, wie etwa das Schwungholen vor einem Schlag. Üblicherweise verläuft diese vorbereitende Bewegung in die entgegengesetzte Richtung der eigentlichen Aktion. Der Auftakt ist nicht nur der technische Vorlauf einer Bewegung, sondern auch ein wichtiges Mittel, um den Zuschauer auf die kommende Handlung deutlich hinzuweisen.
Anticipation bezeichnet ein Stilmittel, das den Auftakt einer Bewegung so übertrieben darstellt, dass er lustig wirkt.

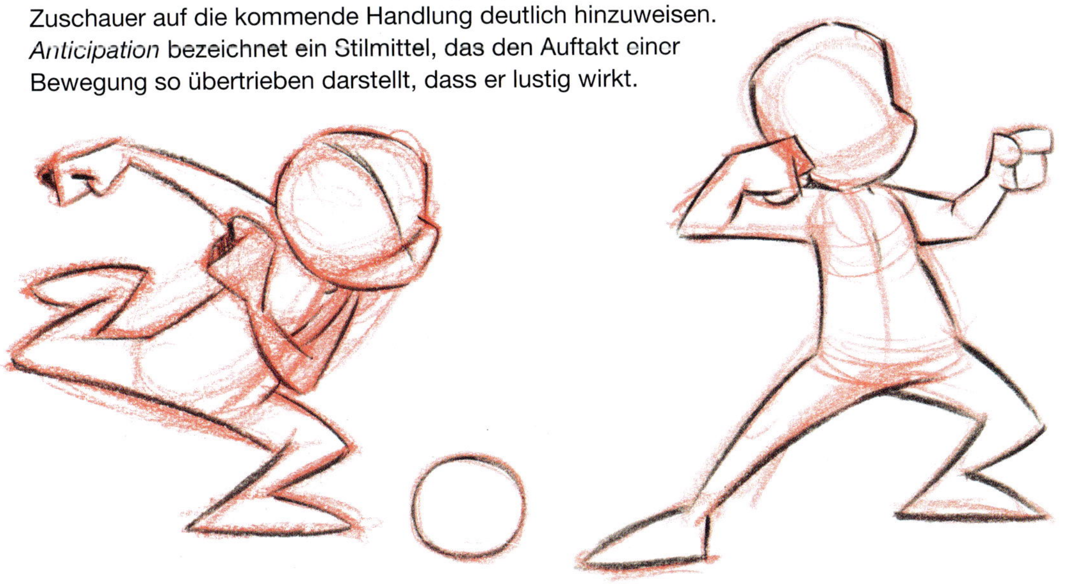

Am besten verdeutlichen wir uns den Vorgang der Aktion, indem wir uns vorstellen, wir würden einen Pfeil mit einem Bogen abschießen: Wir beginnen mit dem Spannen der Sehne, die dem Pfeil Antrieb gibt. Dann lassen wir die Sehne los, sodass der Pfeil zum Ziel hin schießt. Schließlich nimmt die Sehne wieder ihre Ausgangsstellung ein.

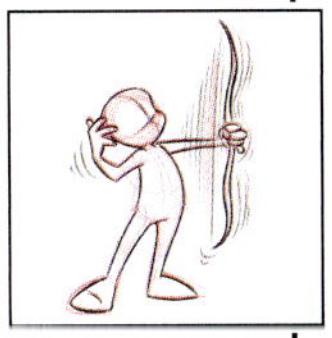

Um das maximale Kraftpotenzial zu erreichen, holt die Figur vor einem Schlag oder einem Tritt ausreichend Schwung. In der Vorbereitungsphase holt sie aus und schlägt in der Aktionsphase zu.

DIE AKTIONSPHASE

Als Aktionsphase bezeichnen wir eine bestimmte, von einer Figur ausgeführte, Handlung mit vorausgegangener Vorbereitungsphase und darauf folgender Reaktionsphase. Wir müssen alle unterschiedlichen Aktionen, die in einer Aufnahme stattfinden, miteinander verknüpfen und für jede einzelne die Vorbereitungsphase planen. Aktionen, für die unsere Figuren einen größeren Impuls oder Kraftaufwand benötigen, haben eine längere Vorbereitungsphase und sind somit für den Zuschauer deutlicher zu erkennen. Der Auftakt einer unscheinbaren Aktion kann so subtil sein, dass der Zuschauer ihn kaum wahrnimmt. Dasselbe gilt für die Reaktionsphasen, die auf alle Aktionsphasen folgen.

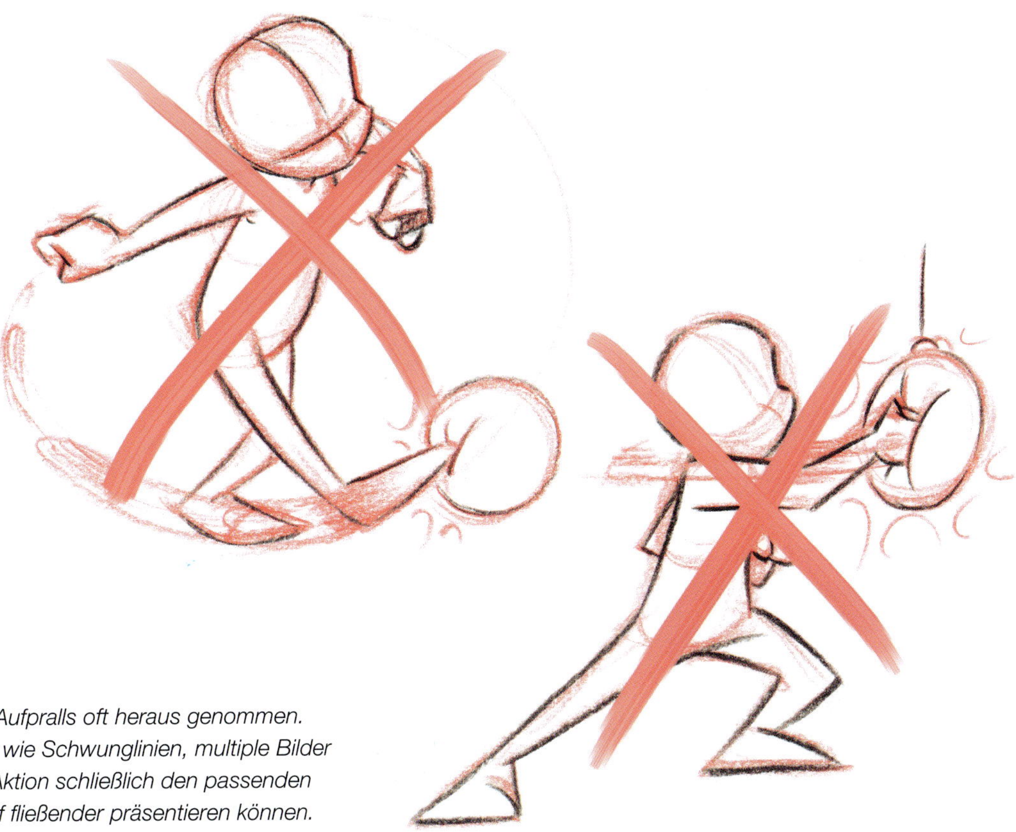

Bei schnellen Aktionen wird die Zeichnung des Aufpralls oft heraus genommen. Das fehlende Bild wird durch bestimmte Effekte wie Schwunglinien, multiple Bilder oder dem Blur-Effekt ersetzt, da diese unserer Aktion schließlich den passenden Rhythmus geben, und wir den Handlungsverlauf fließender präsentieren können.

DIE REAKTIONSPHASE

Als Folge der Trägheit setzt nach jeder Aktionsphase eine Reaktionsphase ein. Wir erinnern uns, dass nach dem dritten Gesetz von Newton jede Aktion eine Reaktion nach sich zieht, deren Kraft gleich und deren Richtung entgegengesetzt ist.

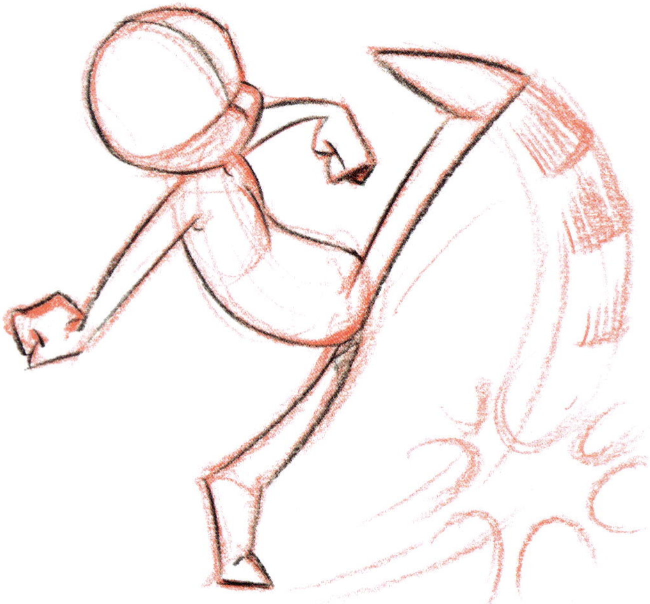

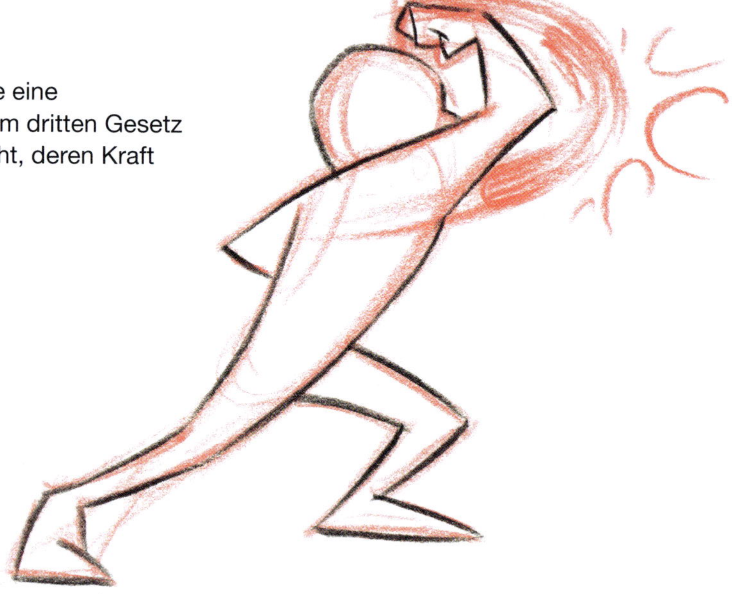

Die Reaktion geht immer aus der eigentlichen Aktion hervor. Nachdem die Aktionsphase abgeschlossen ist, schießt der Fuß oder die Faust aufgrund der Trägheit noch über das Ziel hinaus.

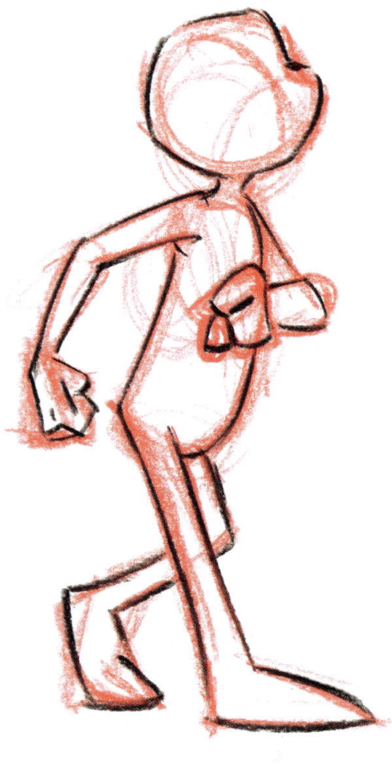

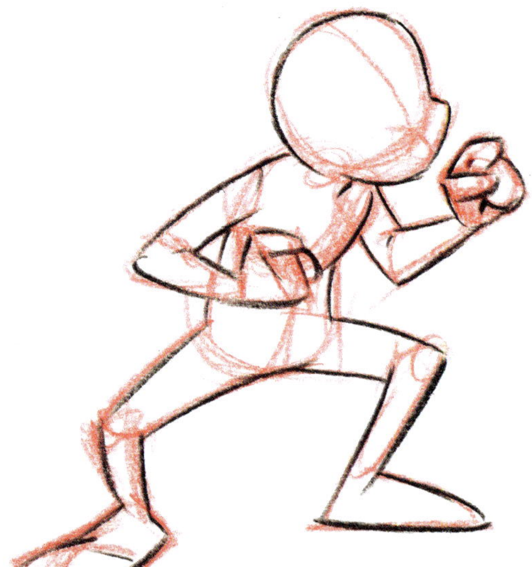

In der Endphase erhält der Körper seine ursprünglichen Proportionen wieder. Seine Statur kehrt schließlich wieder in die Form zurück, die dem Zuschauer vertraut ist.

DIE ENDPHASE

In der letzten Phase einer Aktion kehrt der Körper schließlich in seine Ausgangsstellung zurück. Aus dieser Position des Gleichgewichts und der Ruhe heraus kann entweder eine neue Aktion begonnen werden, oder der Körper entspannt sich weiterhin und bleibt in Ruhestellung. Während der Vorbereitungsphase und der Reaktionsphase verformen wir den Körper durch die Anwendung des Gummi-Effekts, der notwendig ist, um die Hauptphasen unserer Animation entsprechend darzustellen.
Der *Squash*- und der *Stretch*-Effekt verleihen der Aktion in jedem Moment die gewünschte visuelle Wirkung, die üblicherweise so subtil ist, dass sie dem Zuschauer kaum auffällt.

In der Endphase bringen wir alle Elemente, die die Figur in ihrer Handlung begleitet haben, in ihre Ausgangsposition zurück (den Umhang, die Haare, etc.). Alles muss im richtigen Tempo an seine ursprüngliche Stelle zurückgelangen.

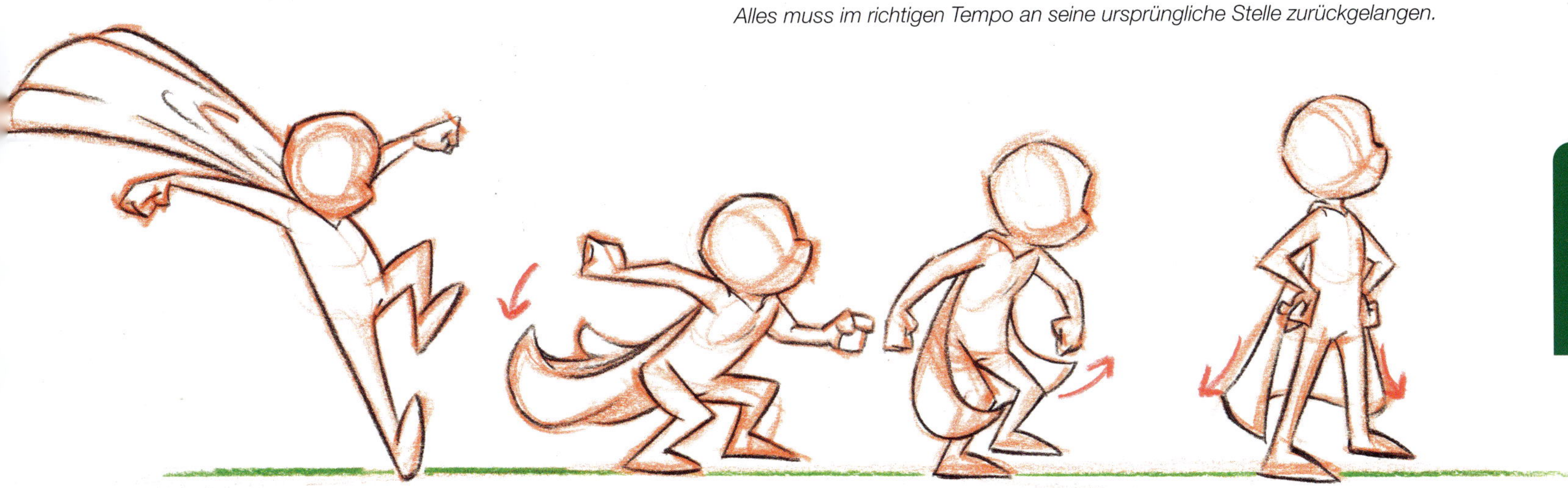

Wir beobachten, dass wir auch in der Realität zunächst Schwung holen, bevor wir irgendeine Aktion ausführen, und dass jede Aktion eine Reaktion nach sich zieht. Durch das übertriebene Darstellen dieses Vorgangs in der Animation, wirken unsere Zeichnungen zum einen sehr real und glaubhaft, und zum anderen, kann der Zuschauer den Inhalt einer Aktion schneller verstehen.
Eine gute Animation lebt von der Interaktion dieser Konzepte. Wir beenden eine Aktion nicht immer mit der Endphase, da sich die verschiedenen Aktionsphasen überschneiden können, vor allem wenn der Gesamtablauf relativ komplex ist. In diesem Fall experimentiert der Animator mit dem Ablauf der gewünschten Kombinationen solange, bis er mit dem Ergebnis zufrieden ist.

Eine Figur deutet auf etwas oder greift nach einem Objekt – auch unscheinbare Aktionen bestehen aus Vorbereitungsphase, Aktionsphase, Reaktionsphase und Endphase.

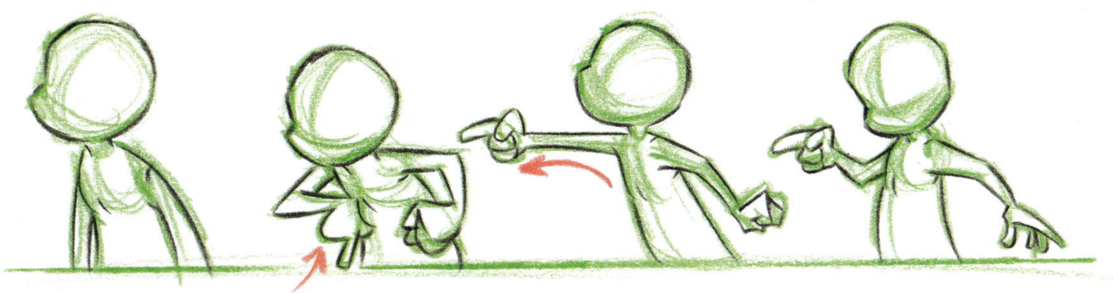

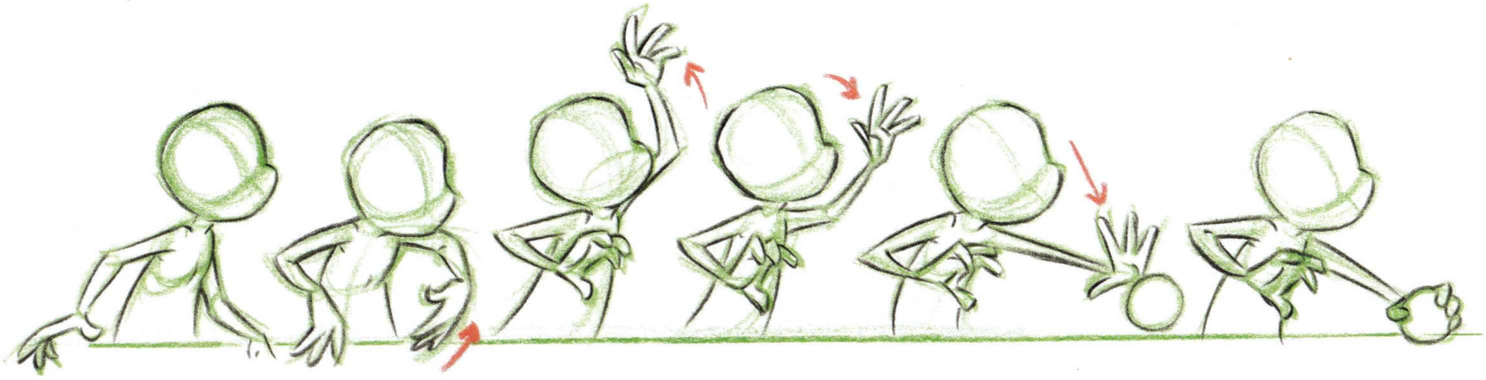

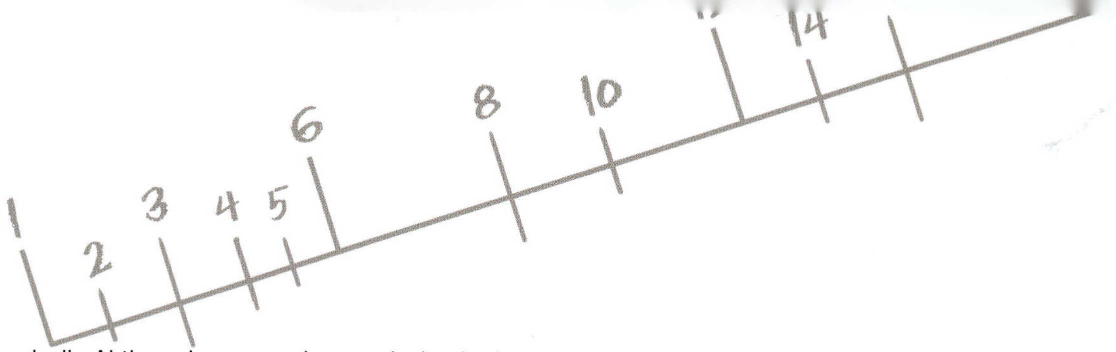

Wenn wir eine Figur nicht nur durch die Aktionsphase, sondern auch durch eine Vorbereitungs-, Reaktions- und Endphase interpretieren, sprechen wir dabei von einem *Take*. Genau genommen beschreiben wir weiterhin eine Aktion, aber ein *Take* zeigt uns darüber hinaus, wie die Figur reagiert und erklärt somit detailliert die Geschehnisse in der Szene.
In der Animation besitzt kaum etwas mehr Ausdruckskraft als ein *Take*.

der Take: Ausdruckskraft in der Aktion

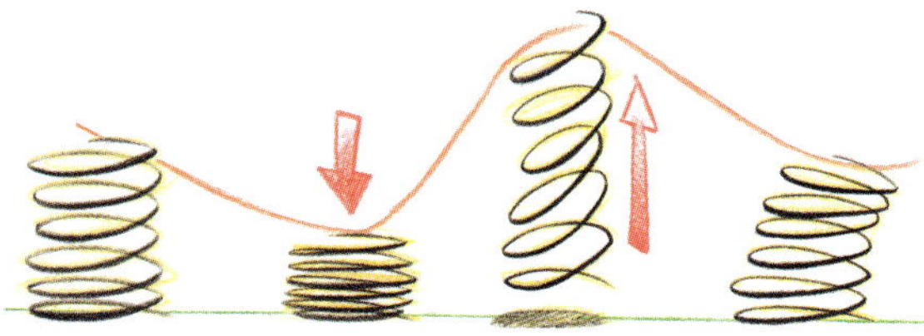

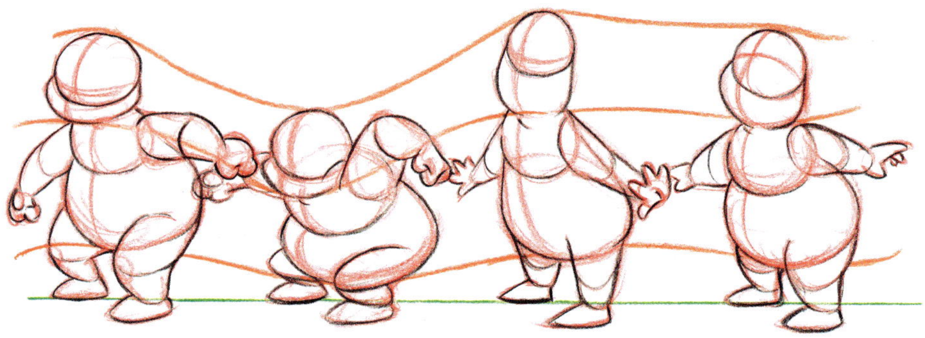

Der Take erzeugt einen Sprungfeder-Effekt, der die Figur in der Vorbereitungsphase zusammendrückt, und sie in der Reaktionsphase streckt. Das Ergebnis ist eine ausdrucksstarke Reaktion, vor dem eigentlichen Geschehen.

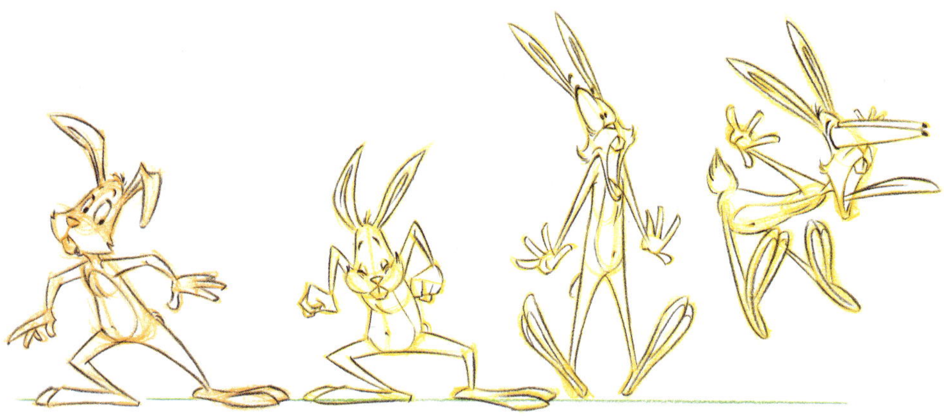

Ein Take kann sehr unscheinbar und kaum wahrnehmbar ausfallen, oder außerordentlich dynamisch. Entscheidend ist der Stil der Figuren, die wir animieren, sowie der Geschmack des kreativen Teams und die Art der Produktion, an der wir arbeiten.

Auf der folgenden Seite haben wir einige Beispiele sehr gängiger Takes, die für verschiedene Aktionen angewendet werden: Der Beginn eines Dialogs, eine Änderung n der Haltung oder im Ausdruck, eine Drehung des Kopfes, etc.

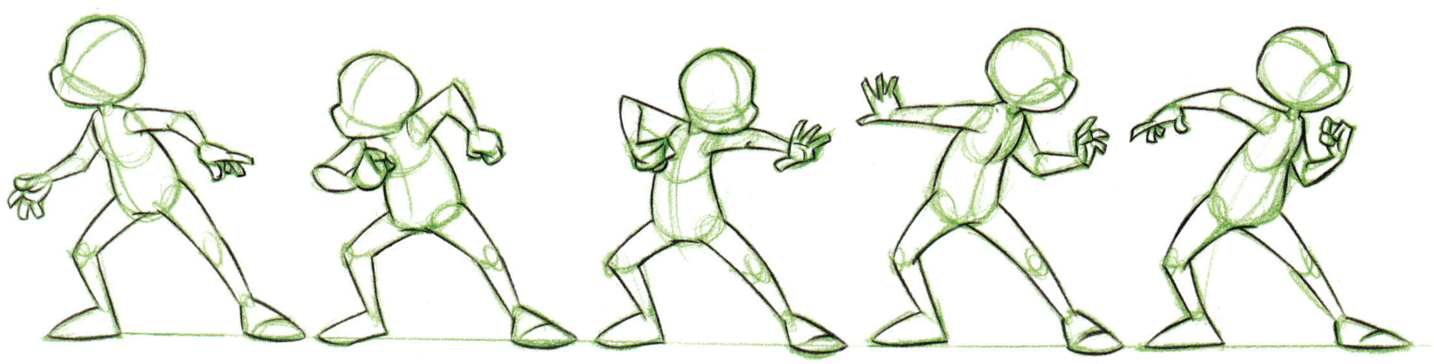

BEGINN EINES DIALOGS.

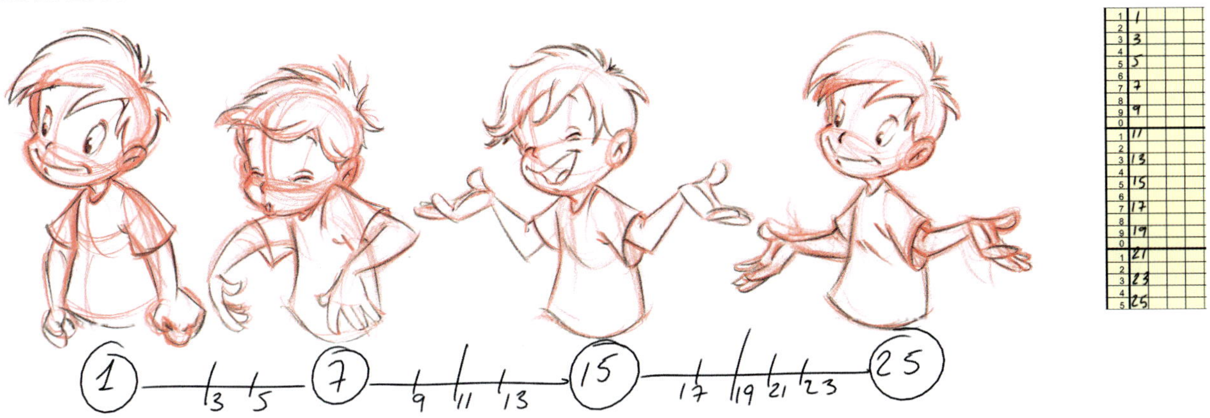

ÄNDERUNG IN DER HALTUNG ODER IM AUSDRUCK.

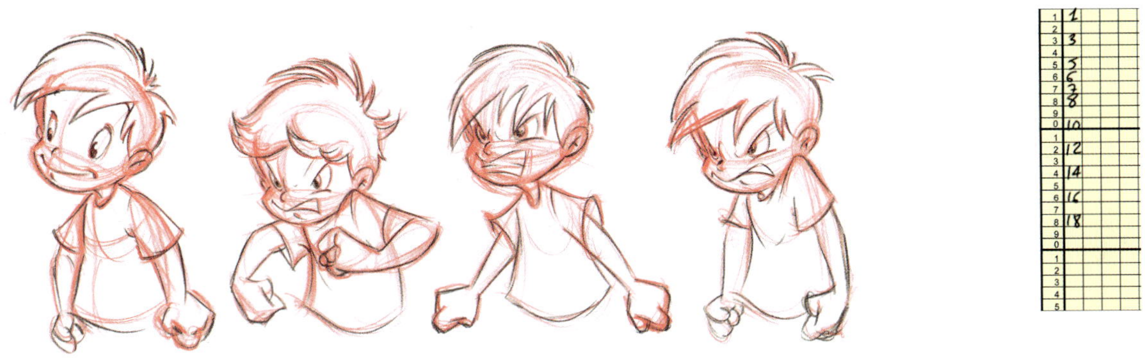

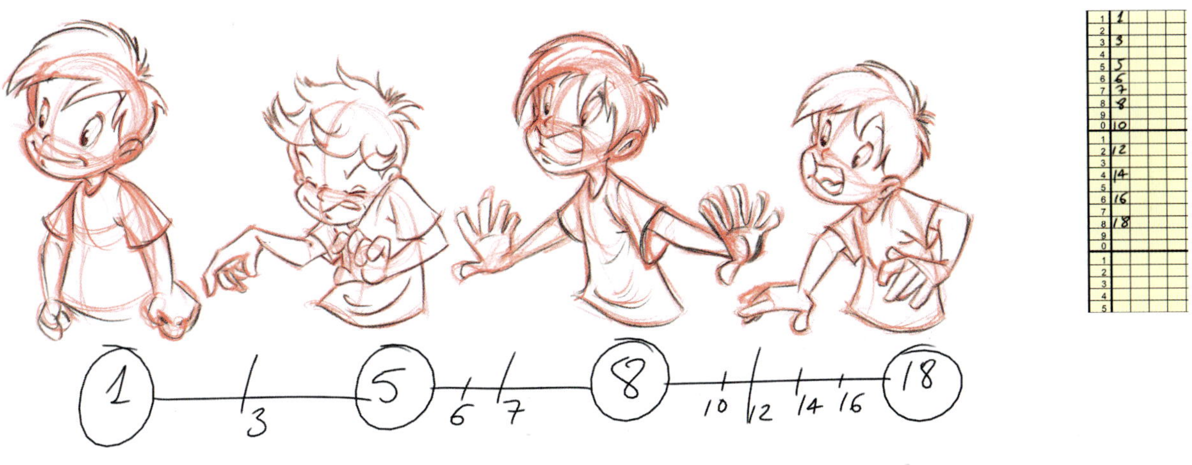

DREHUNG DES KOPFES.

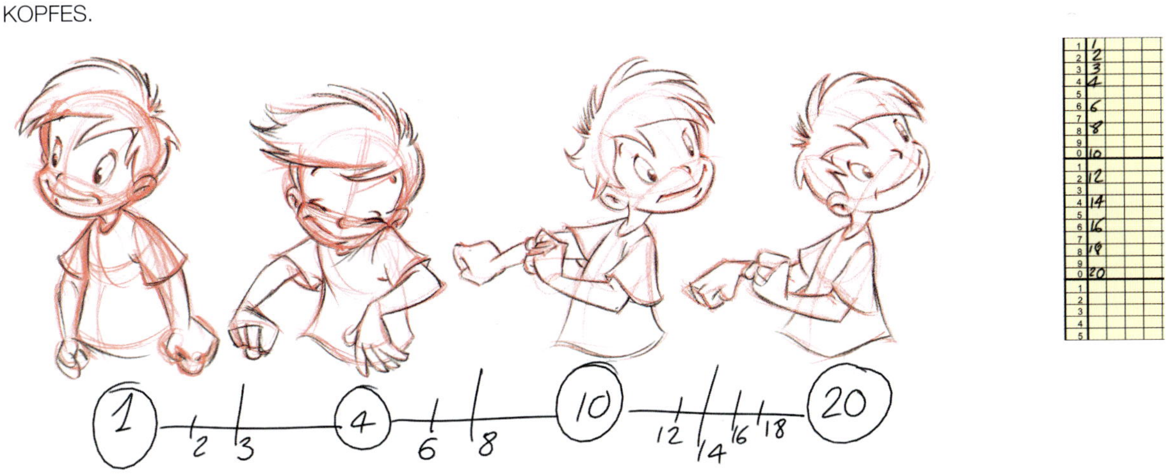

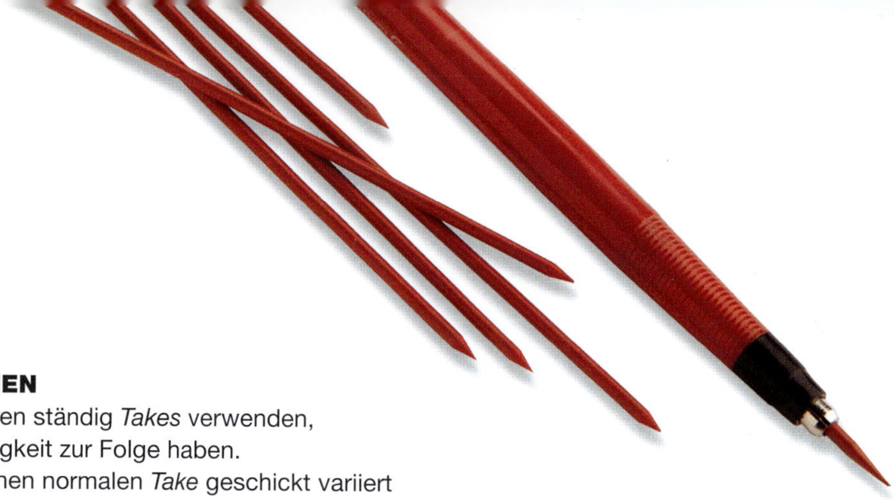

ABWECHSLUNG DURCH VARIATIONEN

Da wir bei der Präsentation unserer Figuren ständig *Takes* verwenden, kann dies Monotonie und visuelle Eintönigkeit zur Folge haben. Der erfahrene Animator weiß, wie man einen normalen *Take* geschickt variiert und bereichert, um den Figuren in der Darstellung noch mehr Ausdruckskraft zu verleihen.

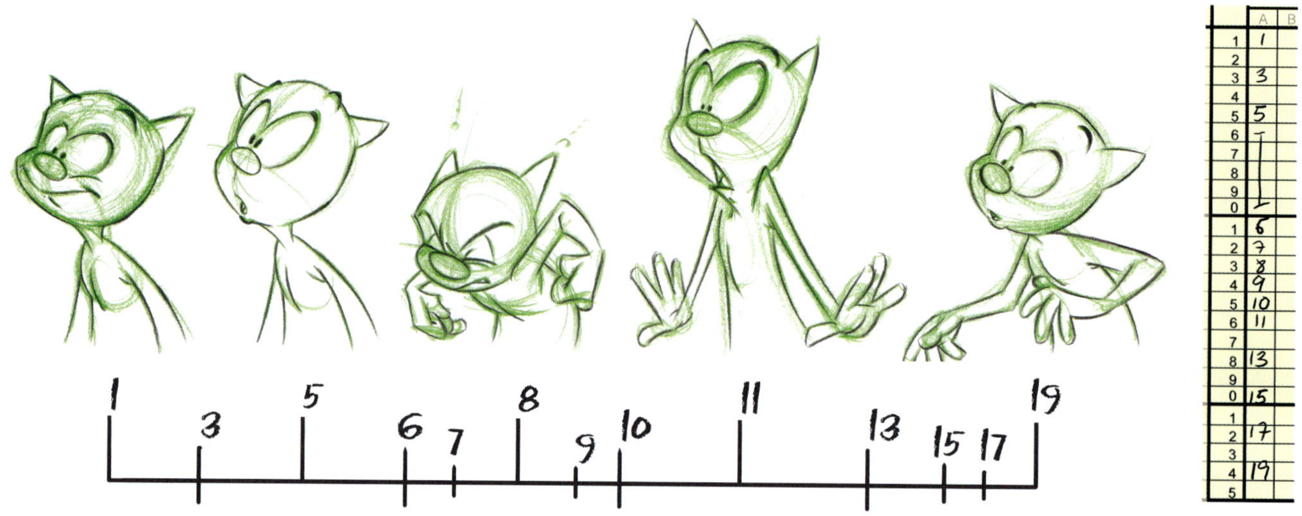

In diesem Take fügen wir eine zusätzliche Vorbereitungsphase hinzu, die vor der Verformung stattfindet. Wir weisen dadurch klar auf die folgende Aktion hin und steigern die Erwartung des Zuschauers.

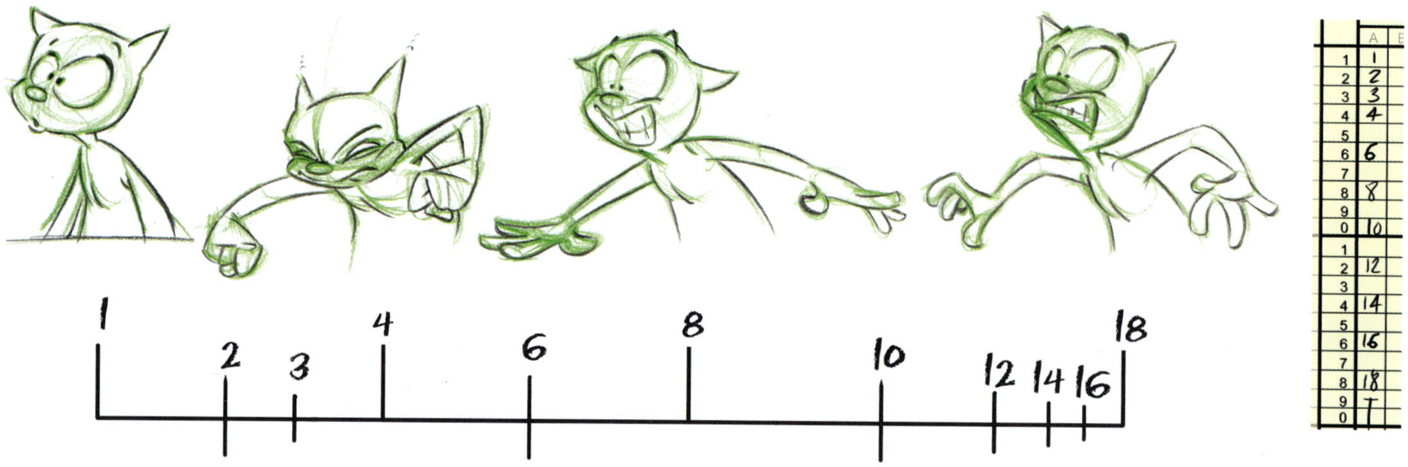

In diesem Beispiel variieren wir die Endphase der Figur. Anstatt den Sprungfeder-Effekt zu Ende zu führen, halten wir die gesamte Endphase im Höhepunkt der Reaktion an.

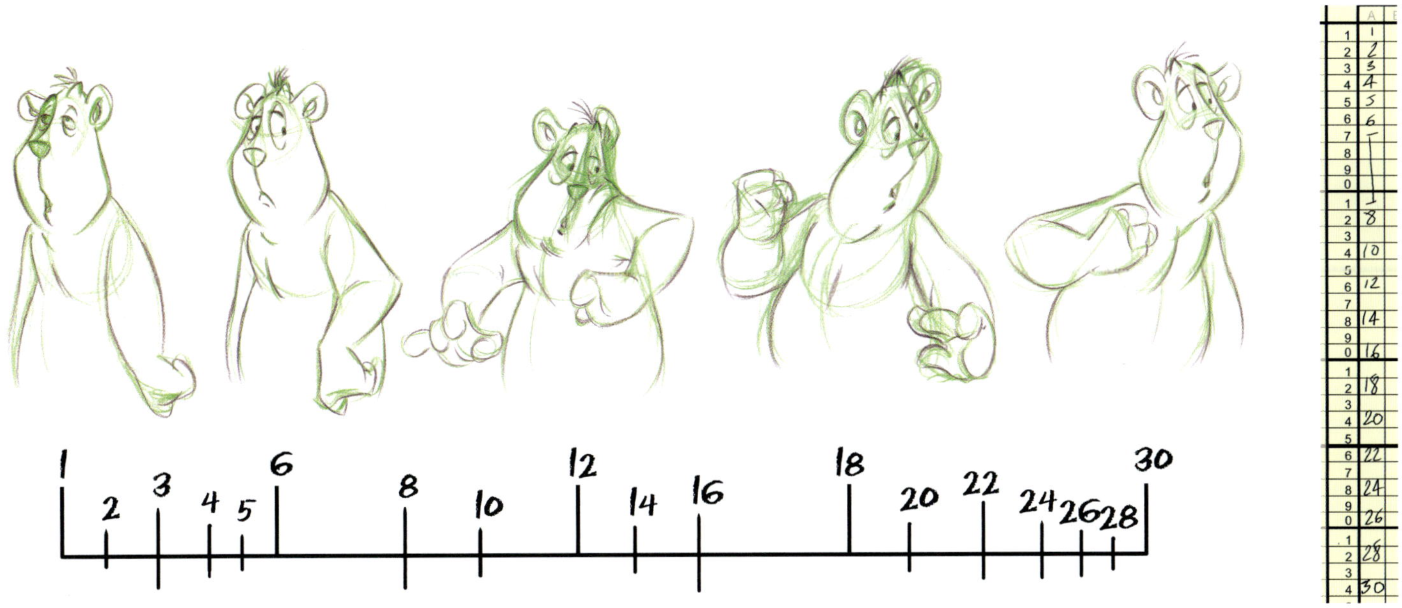

In diesem Take, *der eher unscheinbarer Natur ist, setzen wir die Drehung der Figur durch kleine stufenweise Verschiebungen um: Die Figur bereitet sich durch einen Blick auf die Aktion vor, sie beginnt den Kopf zu drehen, reagiert damit, den Körper zu drehen und erlangt schließlich die Endposition.*

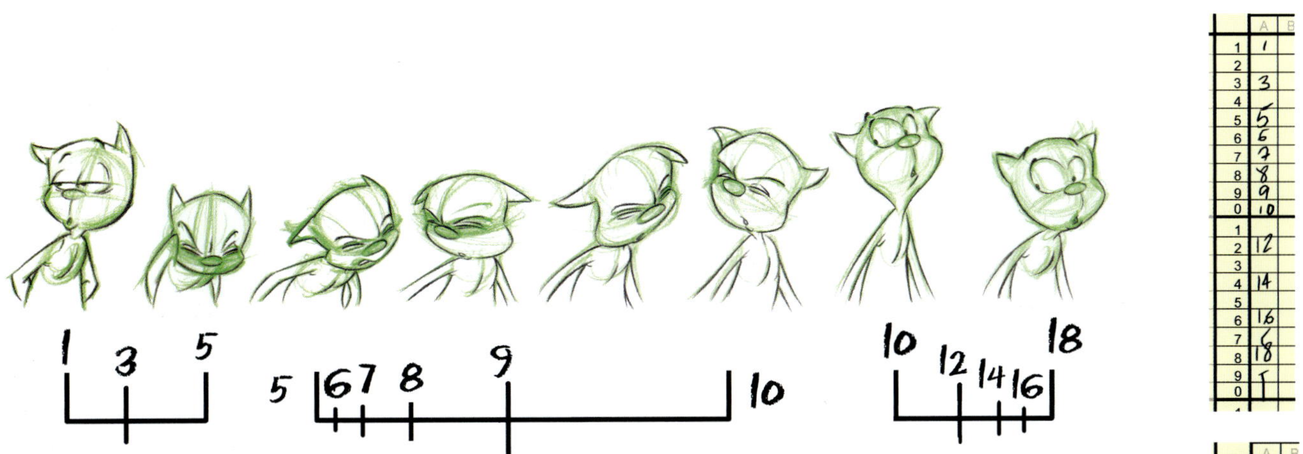

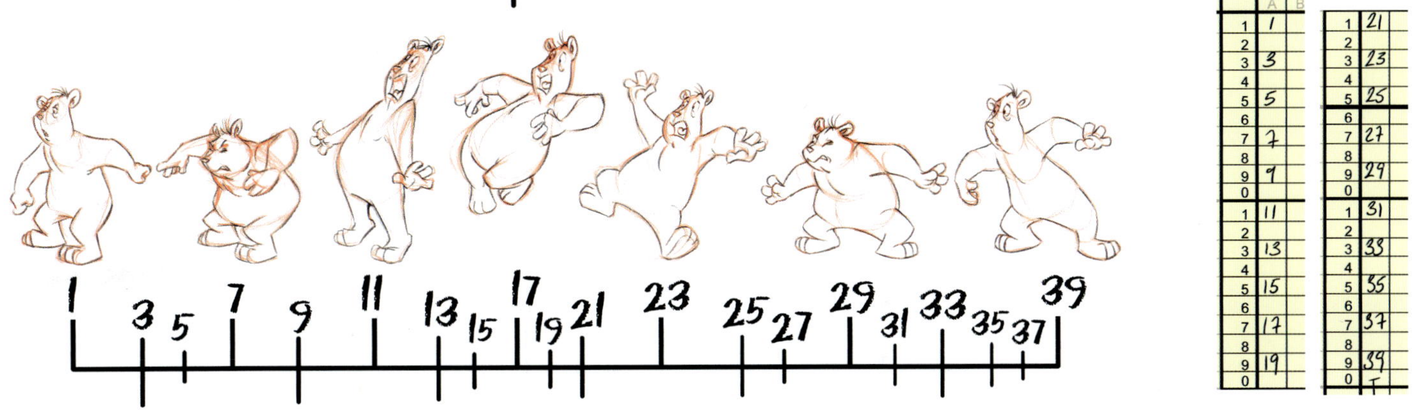

Ein deutliches Beispiel für eine Variation ist der Doppel-Take, *welcher noch mehr Abwechslung bewirkt. Der Auftakt wird ausdrucksstärker, wodurch die dramatische Wirkung noch gesteigert wird.*

die Hauptbewegung: der Antrieb der Bewegung

Um den Sinn einer Handlung effektiv ausdrücken zu können, müssen wir in der Animation zunächst das Wesentliche vom Nebensächlichen trennen.
Die Hauptbewegung zeigt uns, was in der Szene geschieht. Sie ist der wichtigste Antrieb, der die Bewegung erzeugt und die Aktion erst mit der Handlung verbindet.
Etwas Vergleichbares findet sich im Kapitel über die Hauptphasen, das die Extrempositionen der Animation behandelt. Wir gehen nun auf ähnliche Weise vor und skizzieren die Aktion der Szene, die die eigentliche Bewegung der gesamten Aufnahme beschreibt, mit Hilfe der Extrempositionen. Für diese Aufgabe gehen wir von einfachen Skizzen aus. Diese müssen uns gute Posen liefern, die eine klare Aktionslinie, eine gut erkennbare Silhouette und den passenden Rhythmus zwischen den Posen definieren, damit wir sie später als Hauptphasen nutzen können. Um sicherzustellen, dass jede Aktion in der passenden Geschwindigkeit abläuft, müssen wir den allgemeinen Rhythmus einschätzen.
Am besten greifen wir auf die *Pose-To-Pose-Animation* zurück, denn jeder bestimmte Akzent unserer Aktion soll sich in der Bewegung widerspiegeln. Die daraus resultierenden Zeichnungen dokumentieren wir im Fahrplan. Anschließend erstellen wir die *Timing-Chart*, aus der die Anzahl der Phasen, die zwischen den Hauptphasen liegen, hervorgeht und damit auch der Rhythmus und das endgültige *Timing* unserer Animation.

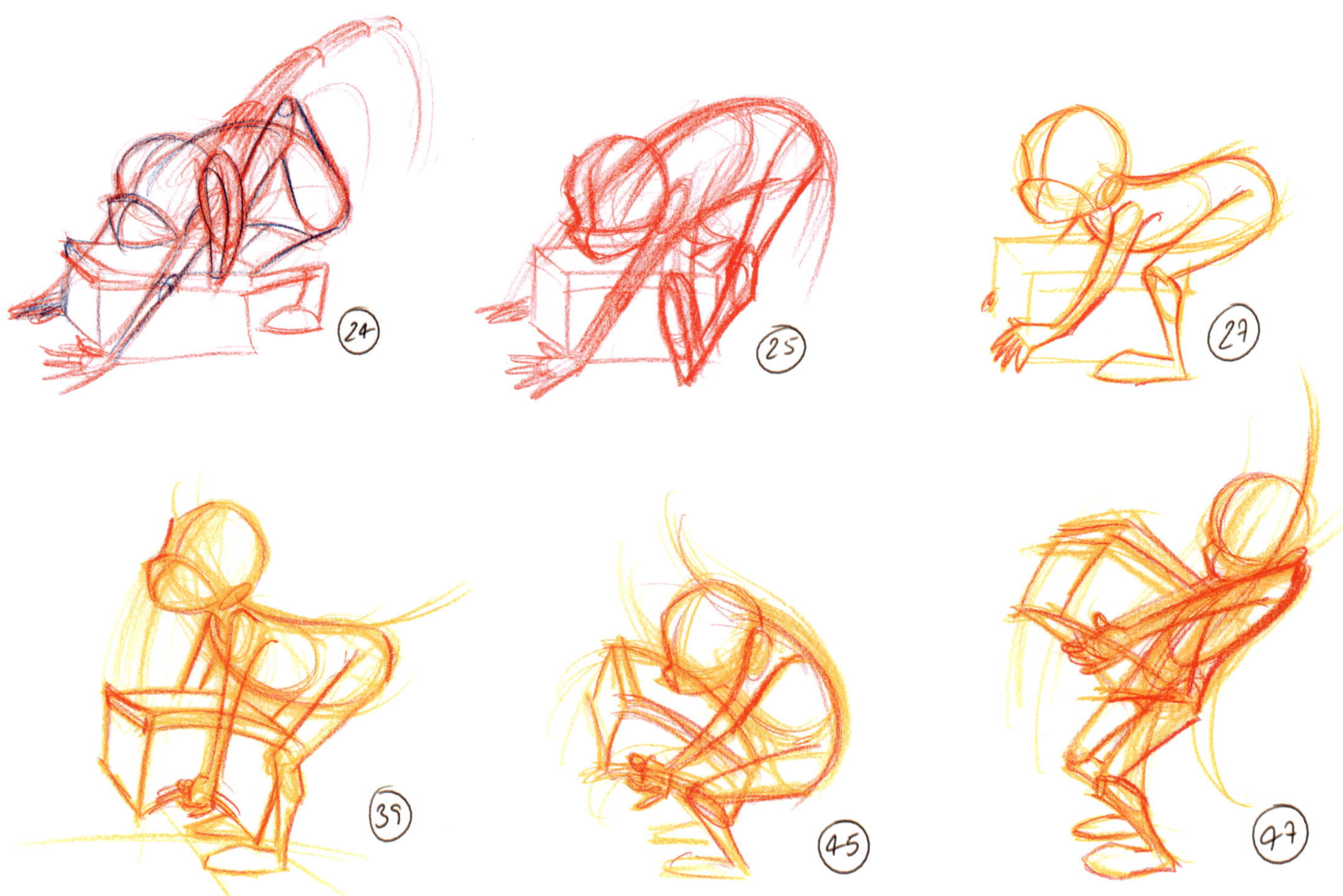

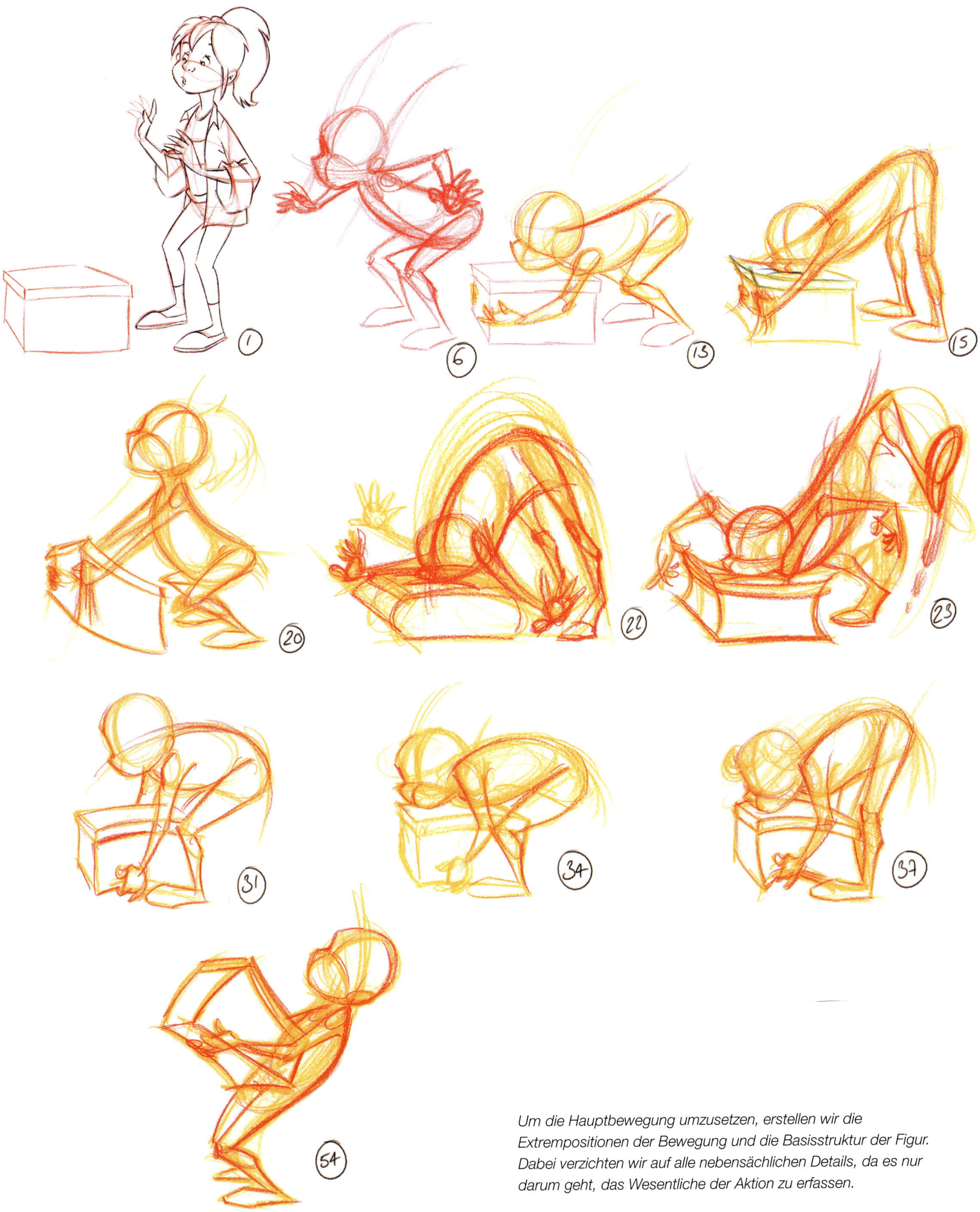

Um die Hauptbewegung umzusetzen, erstellen wir die Extrempositionen der Bewegung und die Basisstruktur der Figur. Dabei verzichten wir auf alle nebensächlichen Details, da es nur darum geht, das Wesentliche der Aktion zu erfassen.

die Nebenbewegungen: eine Folge der Hauptbewegung

Nebenbewegungen sind mit der Hauptbewegung, der sie folgen und die sie vervollständigen, eng verknüpft, dennoch sind sie ihr stets untergeordnet.
Erst wenn die Hauptbewegung animiert ist, beginnen wir mit den Nebenbewegungen. Wir arbeiten stets zwischen zwei Extrempositionen der Hauptanimation und nutzen die *Straight-Ahead*-Methode. In diesem Vorgang werden wir die Eckphasen erstellen, die zusammen mit den Extrempositionen und weiteren Schlüsselbildern, die die Aktion bereichern und nuancieren, zu neuen Hauptphasen werden. Nebenbewegungen werden immer von der Hauptbewegung ausgelöst. Sie sind also eine Reaktion auf eine bewegende Kraft und werden vom Animator nicht geplant, sondern entstehen völlig selbstständig aus der Hauptbewegung.

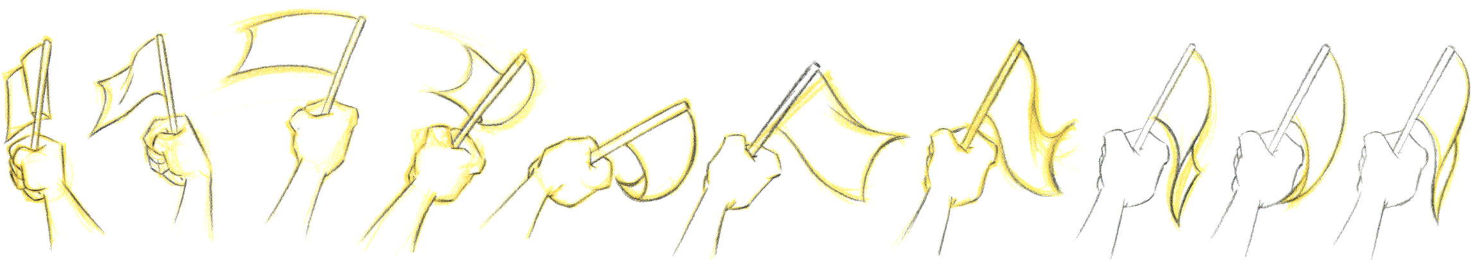

Ein deutliches Beispiel für Haupt- und Nebenbewegung: Die Hand führt eine Bewegung aus, und erst als deren Folge bewegt sich die Fahne.

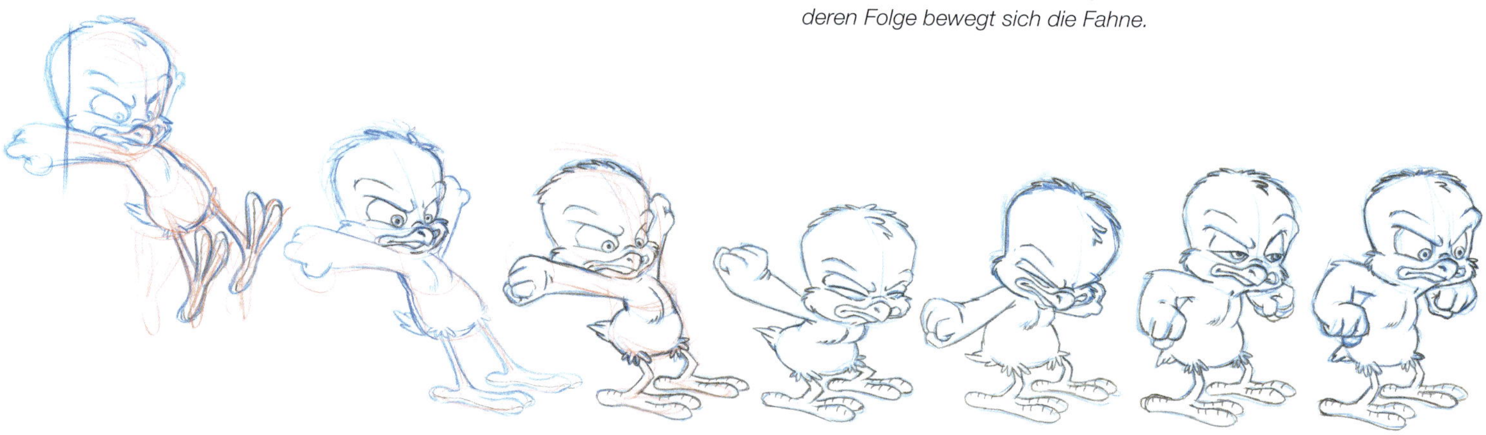

In der Animation einer Figur bewegen sich niemals alle ihre Körperteile auf einmal, genausowenig halten sie gleichzeitig inne. In diesem Beispiel sehen wir, dass zuerst die Füße aufkommen, während der gesamte restliche Körper weiter fällt. Als nächstes geht die Kraft auf die Beine über, dann erst auf den Rumpf und zuletzt bewegt sich der Kopf. Gleich darauf landen die Arme, und der Kopf wirkt als Gegengewicht, damit die Haltung der Figur wiedergewonnen wird.

Alle Elemente, die unsere Figur in Bewegung versetzt, und die der Hauptbewegung „hinterherhinken", werden als Nebenbewegung animiert: Schwanz, Ohren, Haare, Umhang, Kleidung, etc. Ihre Bewegung beginnt erst als Folge der Hauptbewegung unserer Figur und endet unterschiedlich schnell und zeitversetzt im eigenen Timing, nachdem die Hauptbewegung schon abgeschlossen ist.

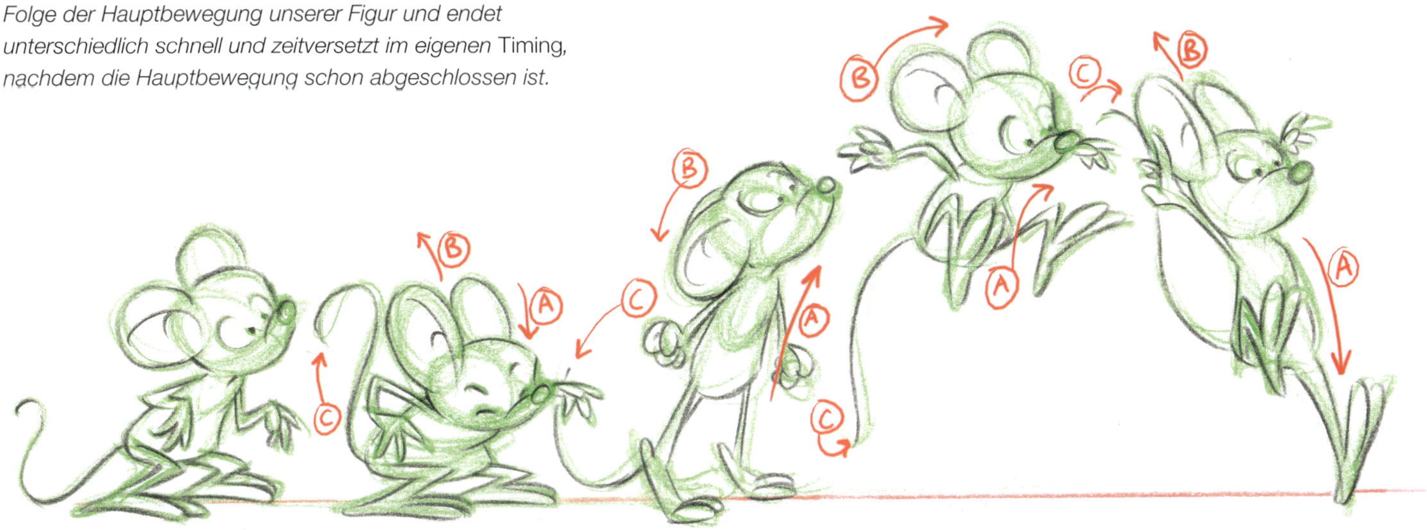

In einem vorherigen Stadium haben wir die Hauptanimation erstellt, wobei wir uns auf das Wesentliche in der Bewegung konzentriert haben. Jetzt nehmen wir die Animation wieder auf, um alle Nebenbewegungen hinzuzufügen.

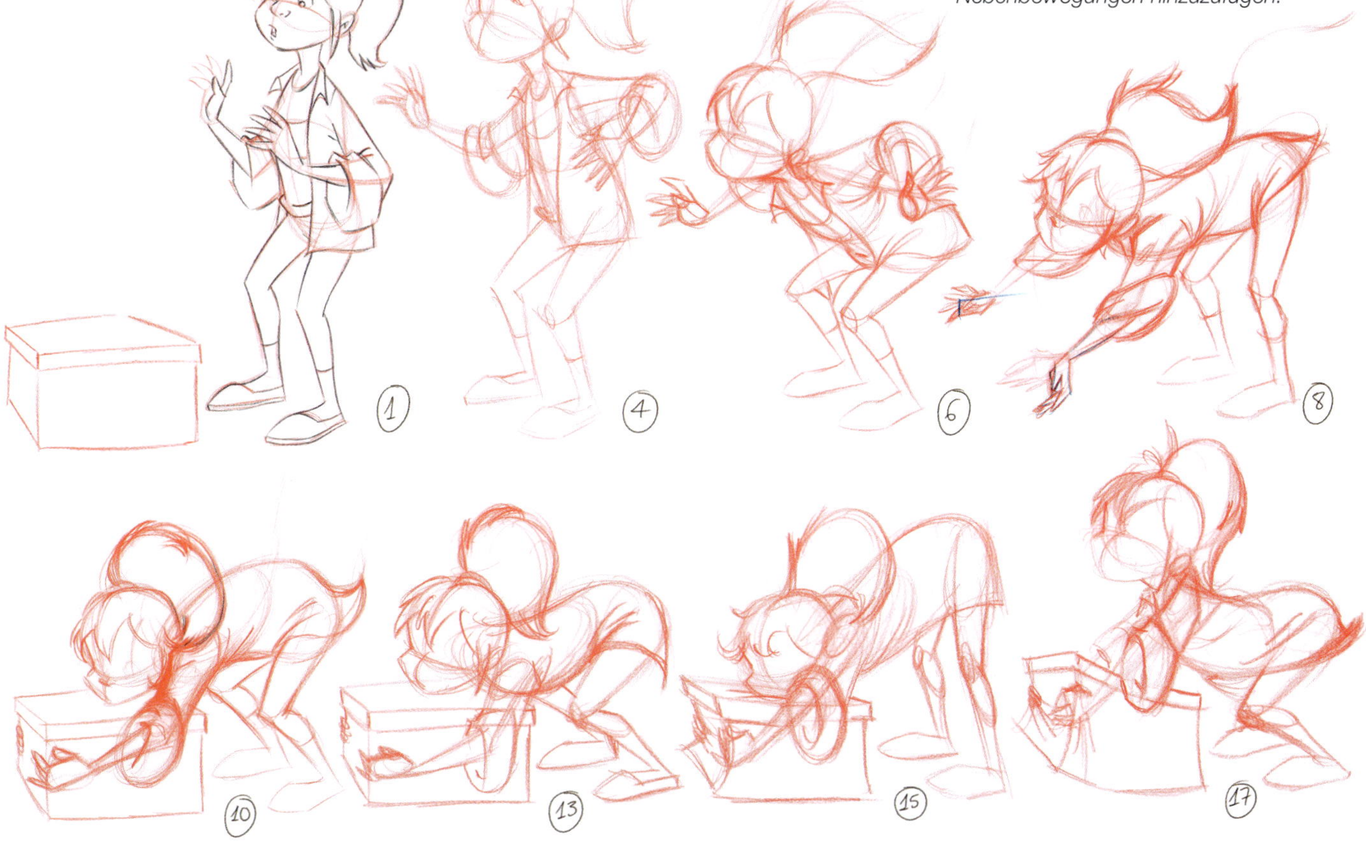

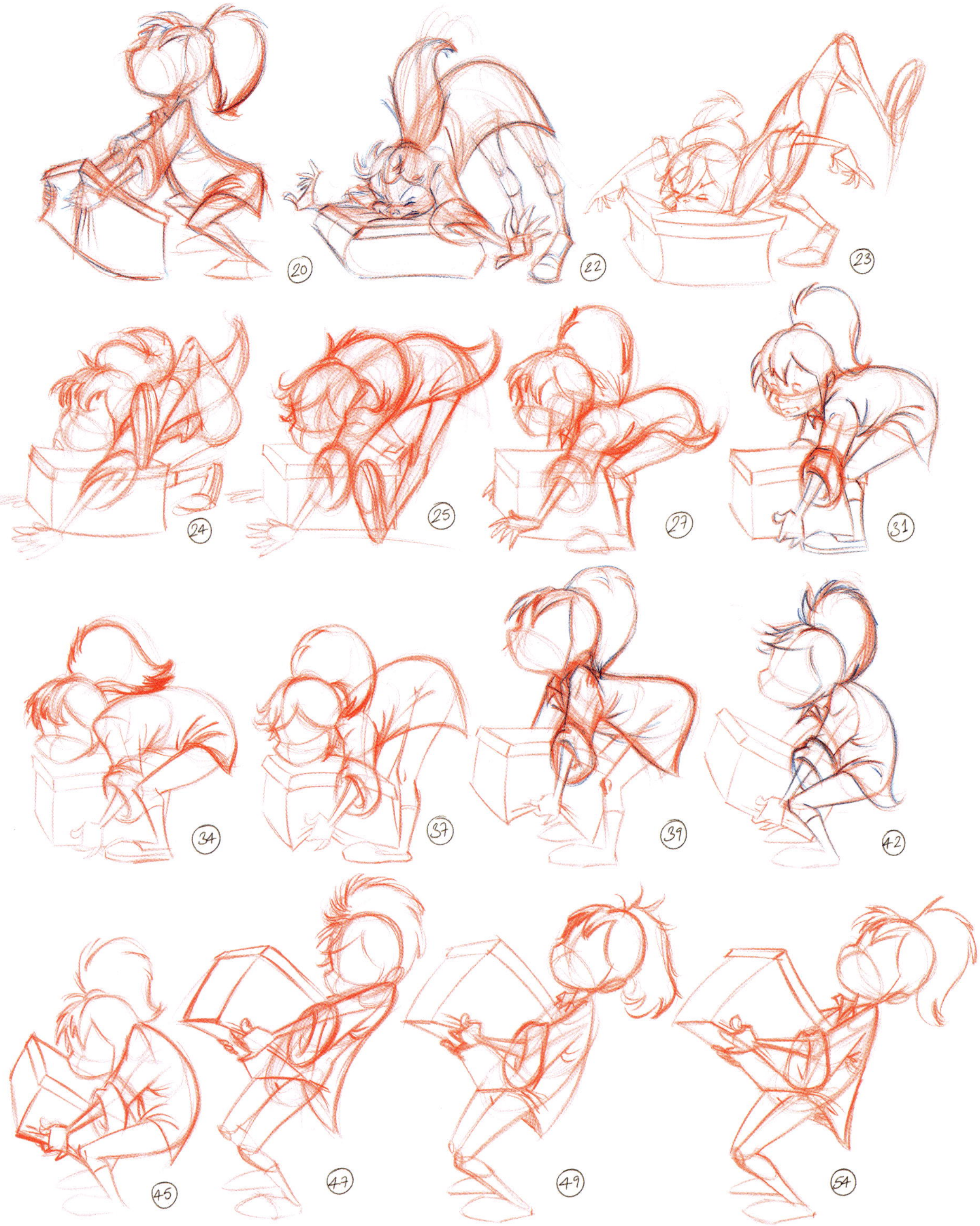

Oft werden Nebenbewegungen zu einer Hauptbewegung, die wiederum neue Nebenbewegungen hervorruft. Zum Beispiel: Eine Figur geht spazieren, gleichzeitig spricht sie und gestikuliert mit den Armen. Das Laufen als Hauptbewegung wird von diversen Nebenbewegungen begleitet, wie etwa die der Arme und des Kopfes. Die Arme bewegen sich zeitgleich und bewirken wiederum Nebenbewegungen, zum Beispiel an den Ärmeln der Jacke. Auch die eigenständige Bewegung des Kopfes während des Dialogs zählt als Hauptbewegung, die ebenfalls Nebenbewegungen zur Folge hat, wie etwa die der Haare. Der Animator muss den Ablauf aller Bewegungen organisieren, damit das Ergebnis für den Zuschauer nachvollziehbar ist. Nebenbewegungen haben eigene Gesetze, die der Animator kennen und korrekt anwenden muss. Nebenbewegungen, deren Rhythmus nicht stimmt, oder die ein Eigenleben haben, können eine Aufnahme ruinieren. Wir müssen bedenken, dass eine Figur kein starres Objekt ist, wie etwa eine Statue, und dass bestimmte Teile erst durch die Hauptbewegung angetrieben werden und sich deshalb zeitlich versetzt bewegen. Damit wir den Zusammenhang der Nebenbewegungen besser verstehen, sehen wir uns die nachfolgenden Prinzipien näher an:

FOLGEBEWEGUNG (*FOLLOW THRU*)
Eine Figur beginnt eine plötzliche Bewegung niemals zeitgleich mit all ihren Bestandteilen oder Elementen. Bestimmte Teile der Figur „hinken" der Hauptbewegung immer hinterher. Die Bewegung eines solchen Elements als Folge der Hauptbewegung bezeichnet man als Follow Thru.

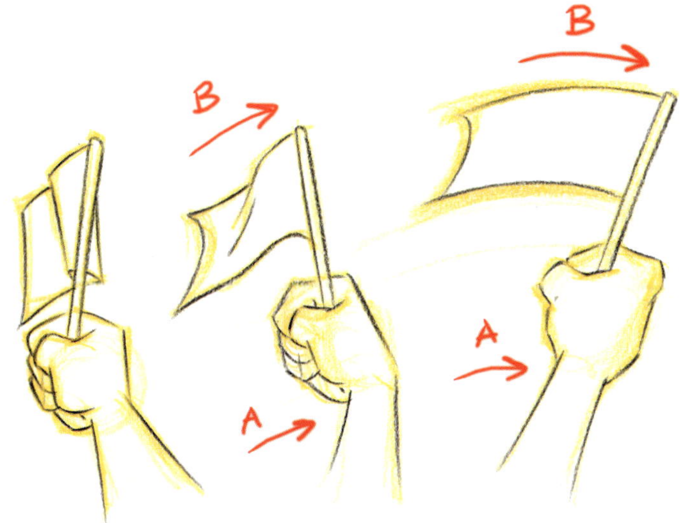

Die Fahne folgt der ursprünglichen Bewegungsrichtung der Hand, die sie hält.

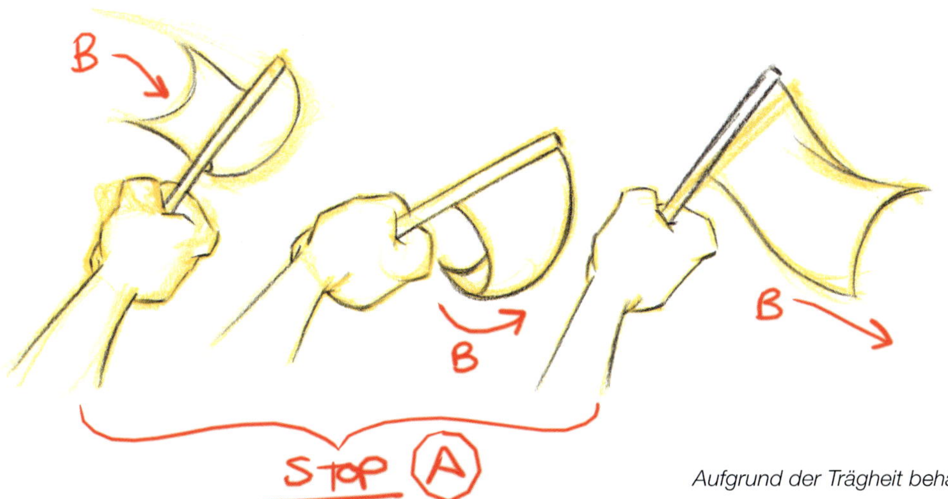

ÜBERLAPPUNG (*OVERLAPPING ACTION*)
Die Bestandteile oder Elemente, die zu einer Nebenbewegung gehören, bleiben aufgrund der Trägheit immer auf ihrer „Bahn". Sie überlappen die Hauptbewegung oder legen sich ganz darüber, wenn diese die Richtung ändert oder plötzlich innehält.

Aufgrund der Trägheit behält die Fahne ihre Bahn bei, auch nachdem die Bewegung der Hand, also die Aktion, stoppt.

INNEHALTEN (*MOVING HOLD*)
Nicht alle Teile oder Elemente einer Figur beenden eine Bewegung im selben Moment. Nachdem die Hauptbewegung der Figur bereits beendet ist, bewegt sich jedes einzelne Element in seiner eigenen Geschwindigkeit und im eigenen Rhythmus weiter. Wenn es seinen Schwung verloren hat, erreicht es schließlich seine endgültige Position, und die gesamte Aktion ist beendet.

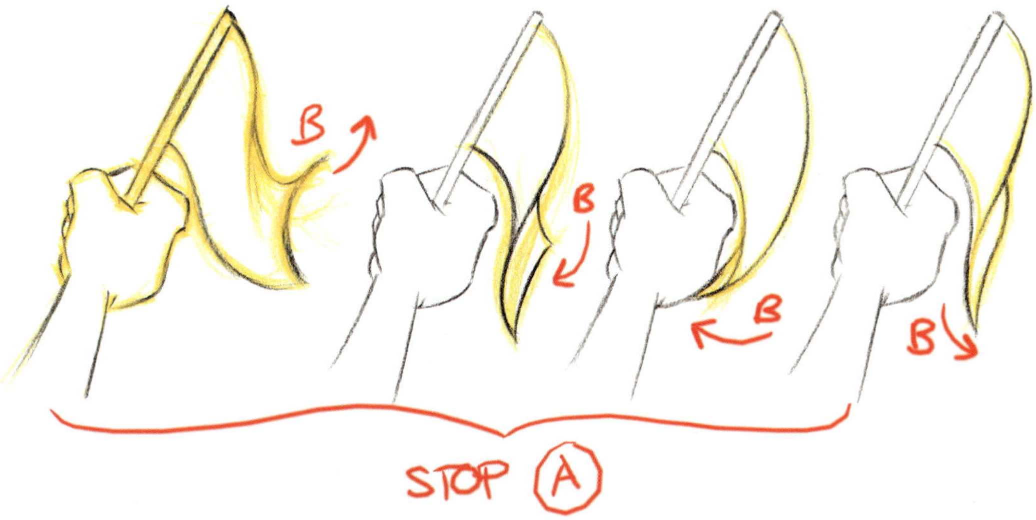

Zum Schluss behält die Fahne ihre Bewegung bei, bis sie den Schwung verliert und schließlich wieder in die Ruhestellung zurückkehrt.

die Bögen (Arcs): flüssiger Bewegungsablauf

Wenn wir unsere Figuren animieren, müssen wir immer sicherstellen, dass die Bewegungen fließend und ihr Ablauf dabei stimmig ist, damit sie für den Zuschauer auch überzeugend wirken. Die Animation der Aktion, die wir darstellen wollen, darf niemals durch eine störende Bewegung unterbrochen werden und sie muss immer deutlich zu erkennen sein.
Um dies zu erreichen, hilft es uns sehr, bei der Darstellungsplanung unserer Bewegungen von Bögen auszugehen, welche die verschiedenen Bahnen der Aktionen festlegen.

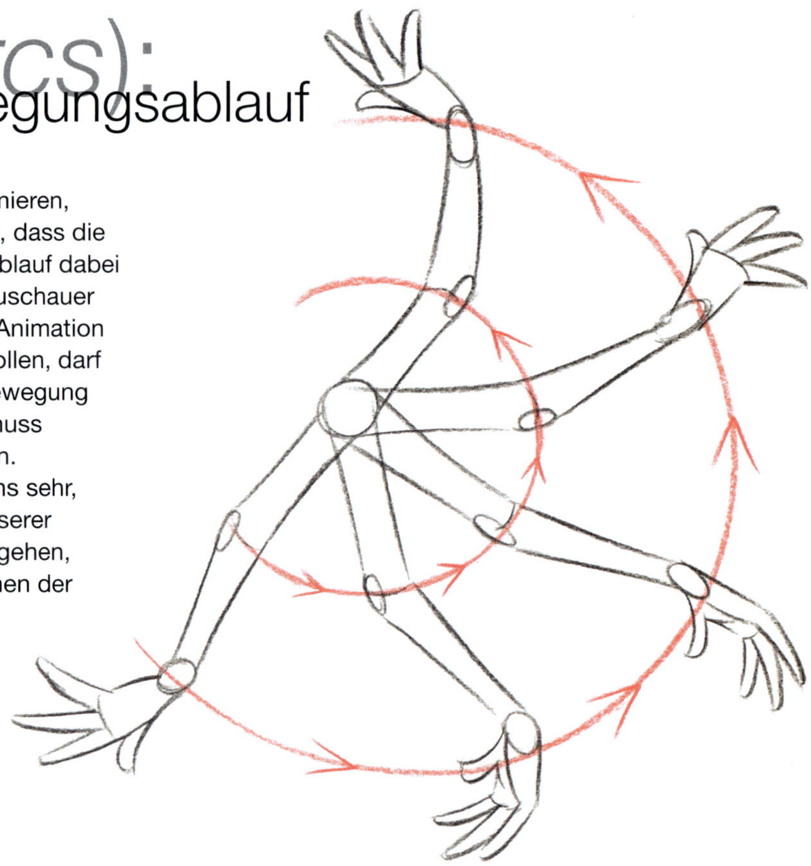

Das klassische Beispiel eines Armes in seiner aufsteigenden Bahn zeigt uns, wie sich alle Teile gleichmäßig auf einer kreisrunden Linie verschieben. Dies betrifft sowohl den Teil des Arms, der die Bewegung steuert, wie auch die Hand, die mit der übrigen Struktur mitgerissen, also von ihr angetrieben wird.

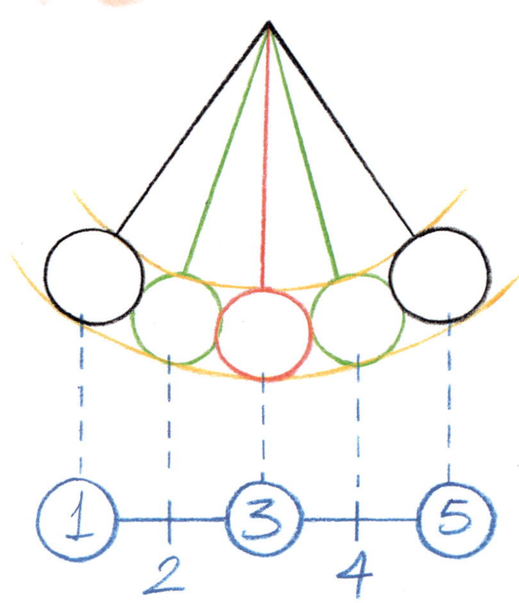

Wir erinnern uns an das Pendel aus dem Kapitel über die Hauptphasen. Die bogenförmige Bahn, die es beschreibt, hebt die Bedeutung der Eckphase Nummer 3 hervor und zeigt, dass diese die Änderung im Rhythmus unserer Aktion bestimmt. Weil sie derart wichtig ist, verwenden wir sie auch als eine der Hauptphasen unserer Animation.

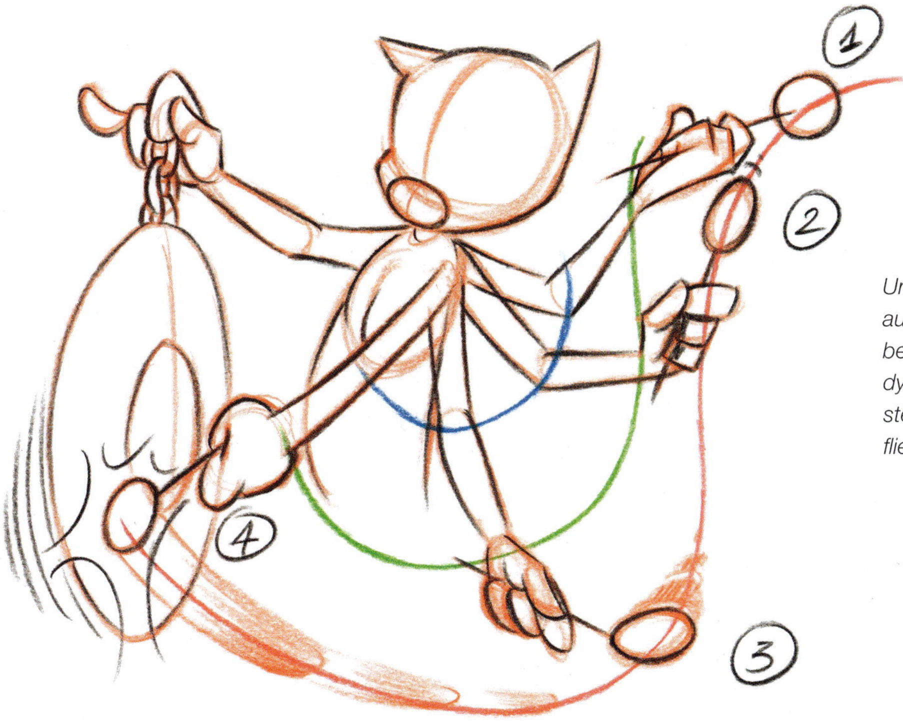

Um eine bestimmte Aktion, die eine Figur ausführt, zu animieren, arbeiten wir am besten mit geschwungenen Bögen oder dynamischen Linien. So können wir sicherstellen, dass die Bewegung zu jeder Zeit fließend wirkt.

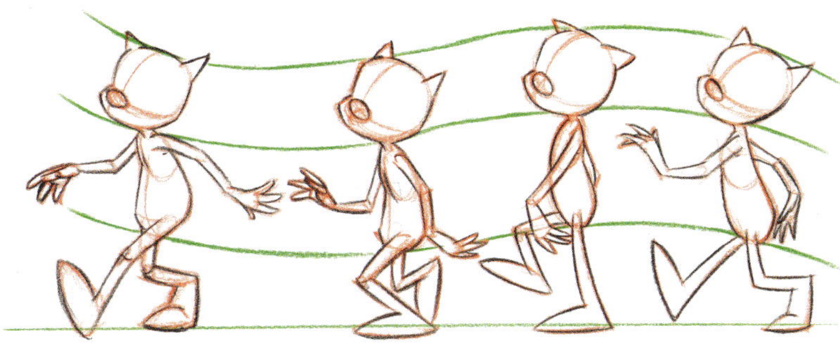

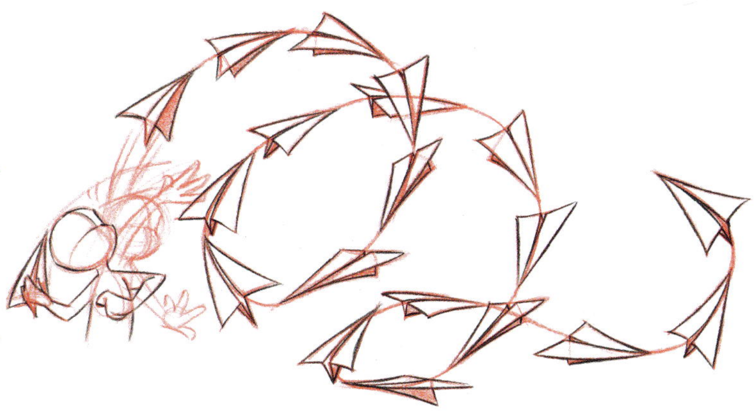

Wenn sich Figuren oder Objekte fortbewegen, legen wir wichtige Bezugspunkte entlang einer dynamischen Linie fest, deren Bahn uns als Grundlage dient, um die Hauptphasen anzulegen.

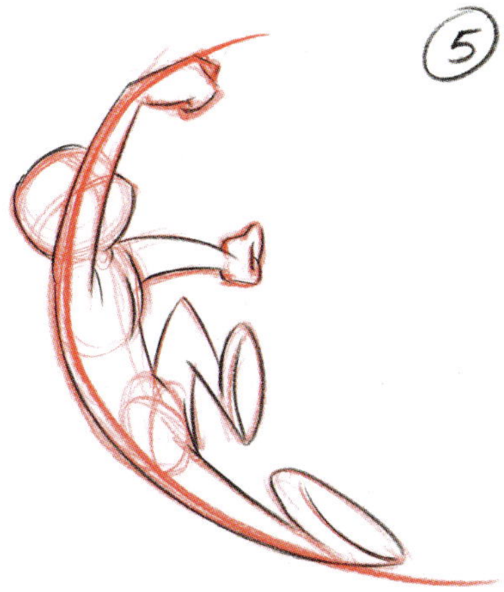

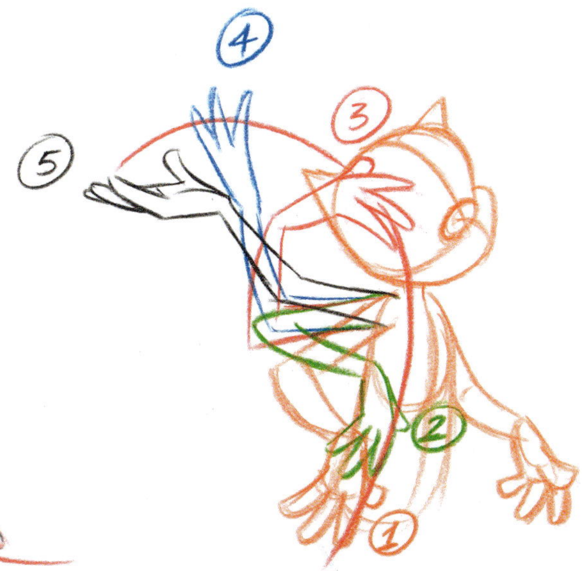

Genauso wie wir eine Aktionslinie über die Figur zeichnen, um eine dynamische Pose sicherzustellen, ziehen wir eine bogenförmige Linie, um die Bewegung oder den Lauf der Aktion in der Aufnahme festzulegen.

Der Begriff *Timing* bezieht sich in der Animationssprache auf die Zeiteinteilung zwischen den Hauptphasen, die wir für unsere Animation festgelegt haben, auf Veränderungen im Rhythmus, Pausen, sowie auf die Geschwindigkeit innerhalb der Animation.
Das *Timing* gibt uns an, wie die Bewegung aufgebaut ist und wie sich die Zeit zwischen den animierten Posen einteilt. Das richtige Timing ist absolut grundlegend, um die Figur lebendig und glaubhaft darzustellen.

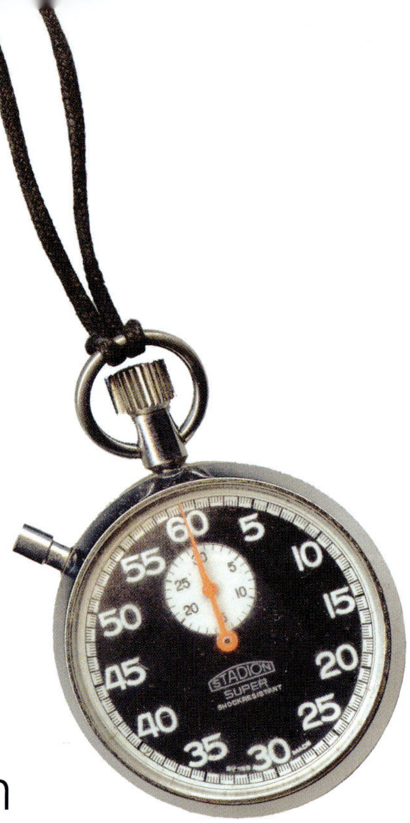

das *Timing*: Rhythmus in der Animation

Bei der Planung des *Timing* für eine Animation muss man viele Faktoren berücksichtigen. Das Gewicht der Figuren spielt eine große Rolle, da sich schwerere Figuren langsamer fortbewegen als grazile. Noch wichtiger allerdings ist die Stimmung der Figur, die das erste Kriterium nicht selten zweitrangig macht.
Eine schwere Figur, die lebhaft ist, bewegt sich meist schwungvoller, als eine grazile Figur, die bekümmert ist. Nicht zuletzt richtet sich das *Timing* auch nach dem Charakter einer Figur. Je nachdem ob diese eher extrovertiert, schüchtern, schlau, dumm, aufgeweckt, etc. ist, beziehen wir in die Planung des richtigen *Timings* jeder Figur immer ihr Temperament mit ein.

Eine Stoppuhr zeigt uns, wie lange bestimmte Aktionen dauern, die unsere Figuren im Film ausführen. Sie hilft uns, die benötigte Zeit für jede einzelne Aktion exakt festzulegen und einzuplanen.

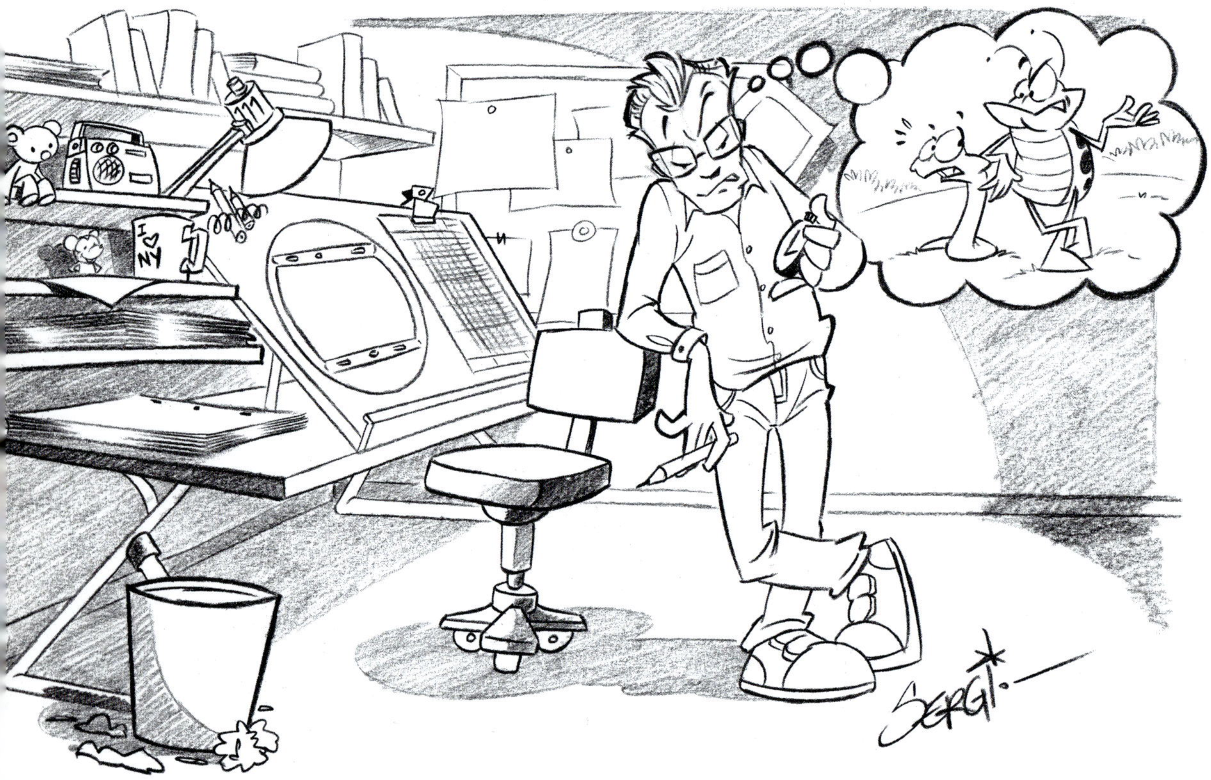

Bevor der Animator die Aktion einer Figur auf das Papier bringt, stellt er diese erst einmal mit der Stoppuhr in der Hand nach. Aus diesem Grund sagt man auch, dass der eigentliche Schauspieler eines Trickfilms, der Animator selbst ist. Durch diesen Test erhalten wir als Ergebnis einen bestimmten Zeitwert, auf dessen Grundlage wir das Timing planen. Am besten ist es, dieselbe Aktion drei oder vier Mal zu stoppen, und aus den verschiedenen Ergebnissen, die gemessen wurden, einen Mittelwert in Sekunden zu errechnen. Wir erinnern uns, dass 24 Fotogramme eine Sekunde im Film ausmachen. Deshalb multiplizieren wir das endgültige Ergebnis in Sekunden mit 24, um die Anzahl der benötigten Fotogramme für diese Aktion abschätzen zu können.

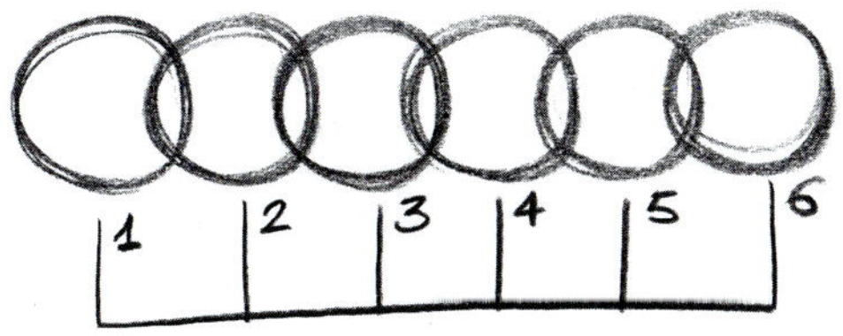

Der Rhythmus unserer Animation wird durch die relative Distanz zwischen den einzelnen Phasen deutlich. Je enger diese zusammenbleiben, desto langsamer ist die Aktion, unabhängig davon, ob sie ein- oder zweibildweise aufgenommen wird. Sollen unsere Aktionen schneller werden, müssen wir die Abstände also, je nach gewünschtem Ergebnis vergrößern. Jede Aktion verlangt einen entsprechenden Arbeitsaufwand, einen Probelauf und eine Kontrolle im Linetest. *Es gibt nur ein Erfolgsrezept, um das korrekte* Timing *für die Aktion festlegen zu können: Jede Aktion immer wieder berechnen und möglichst viel Erfahrung sammeln.*

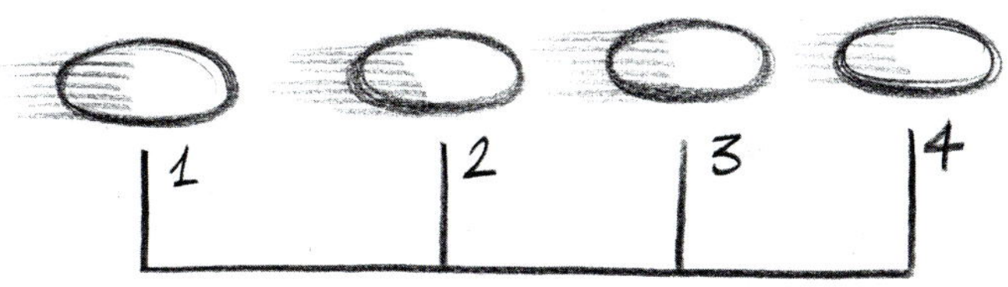

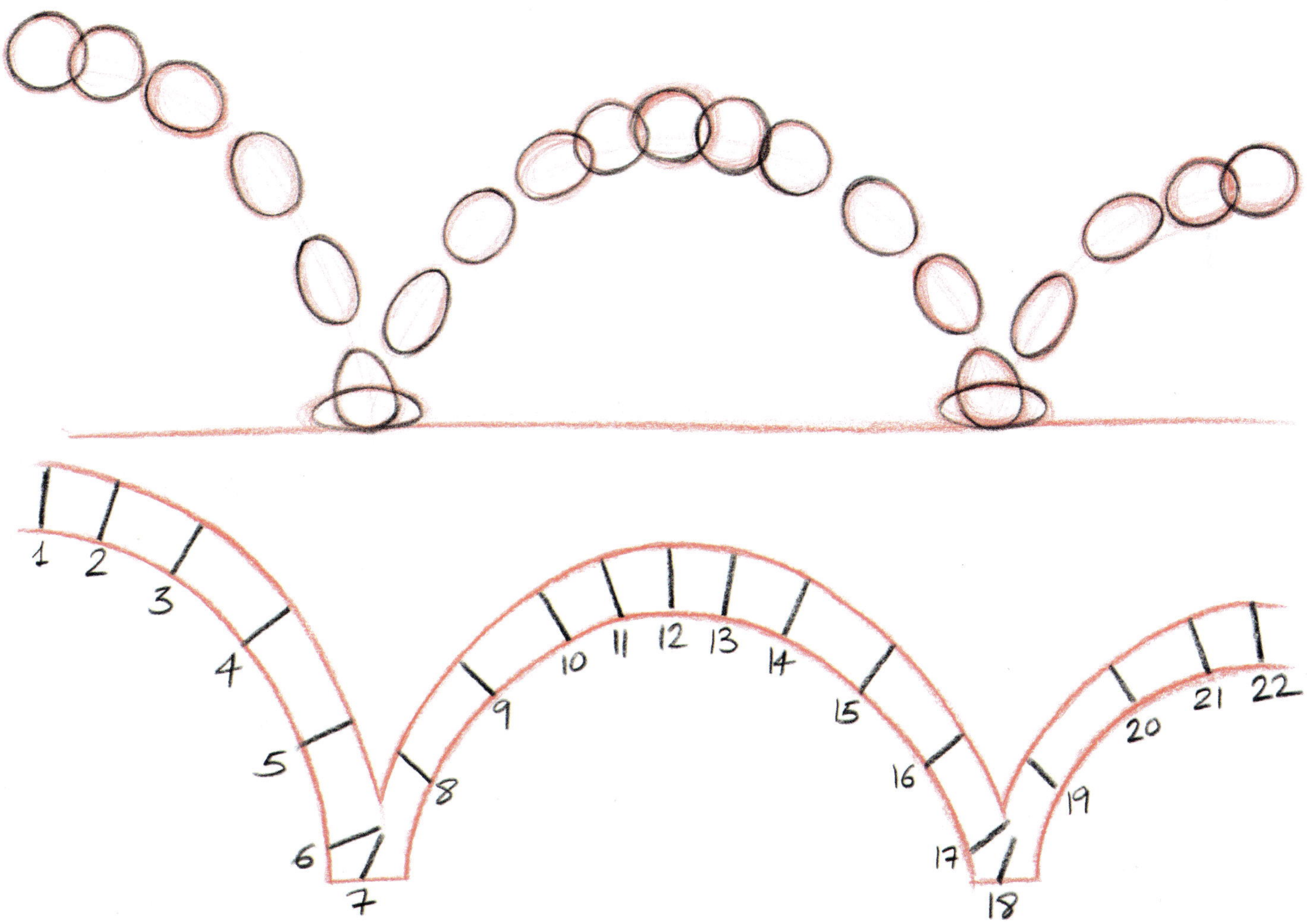

WIEVIELE FOTOGRAMME PRO ZEICHNUNGEN?

Wie schon zuvor beschrieben, hängt die Entscheidung, ob wir ein- oder zweibildweise aufnehmen davon ab, wie glatt unsere Animation laufen soll. So wird entweder jede Zeichnung zu einem Fotogramm abfotografiert, oder eine Zeichnung erscheint auf zwei Fotogrammen. Meist arbeitet man zweibildweise, da das Ergebnis völlig ausreicht, obwohl sich der Arbeitsaufwand halbiert. Einbildweise gehen wir dagegen vor, wenn eine Animation besonders schnell oder die Bewegungen extrem glatt ausfallen sollen, manchmal auch aufgrund besonderer Kamerabewegungen. Unabhängig davon, trägt die jeweilige Anwendung auch zum Rhythmus unserer Animation bei.

Gelegentliche kleine Unterbrechungen oder Pausen machen unsere Animation spannend und eignen sich zudem bestens, um eine neue Aktion einzuleiten, oder um dem Zuschauer eine Atempause zu gewähren, durch die er die Aktion besser verstehen kann. Dafür wird eine einzige Zeichnung auf sechs Fotogramme aufgenommen, was das Minimum ist, damit das menschliche Auge die Pause überhaupt registrieren kann.

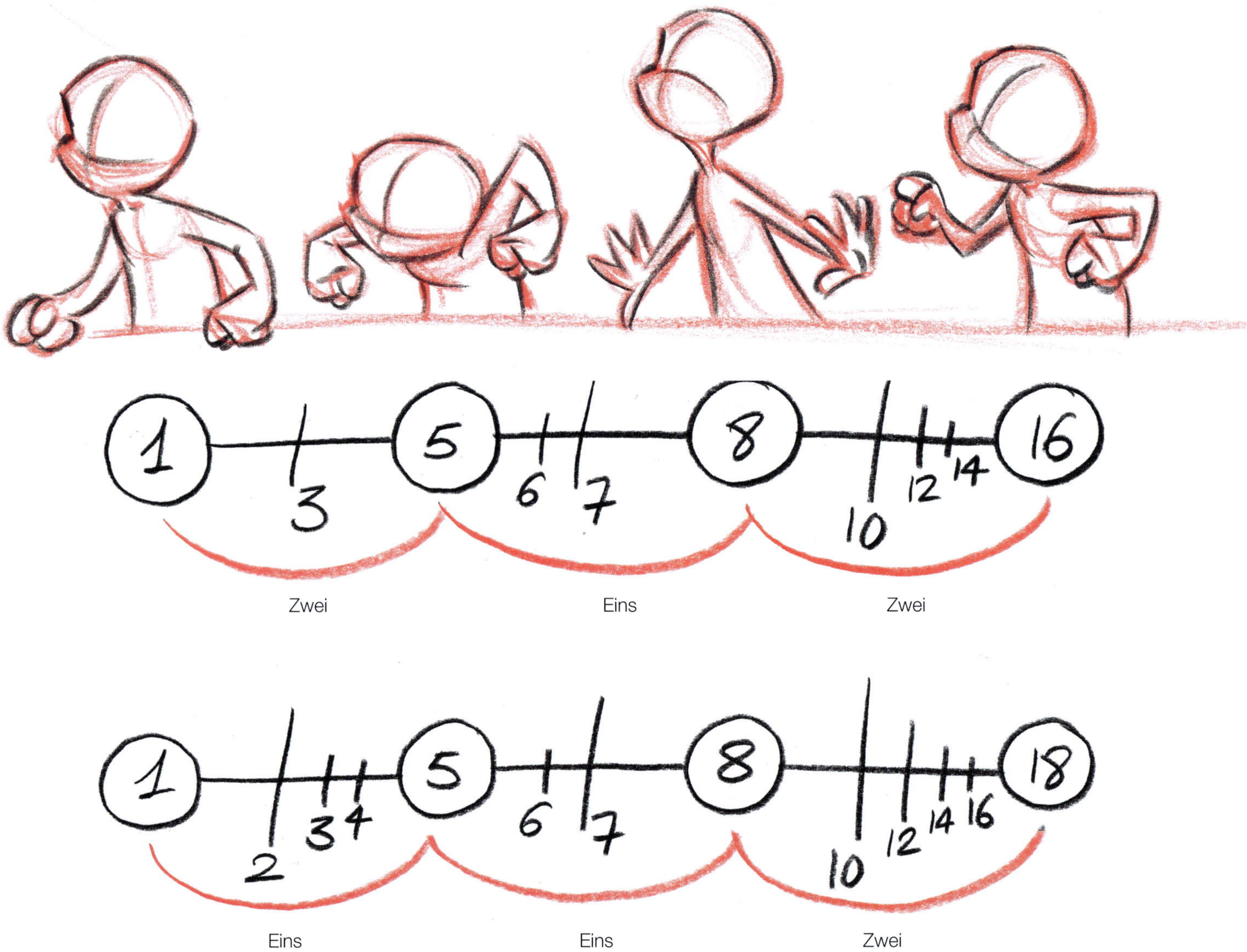

Wir sehen, dass eine einzige Aktion im Timing *völlig unterschiedlich sein kann. Der Animator hat sich entschieden, bei einigen Zeichnungen die Verweildauer auf der Leinwand zu variieren, ebenso wie die Anzahl der Einschiebungen zwischen den Hauptphasen und den Abstand zwischen ihnen.*

DIE BESCHLEUNIGUNG UND DIE VERLANGSAMUNG (*SLOW-IN & SLOW-OUT*)

Kein Körper beginnt seine Bewegung mit Höchstgeschwindigkeit. Um immer mehr zu beschleunigen, benötigt er eine gewisse Zeit, die von seinem Gewicht abhängt und von der Kraft, die auf ihn einwirkt. Hält er plötzlich inne, kommen nicht alle Körperteile auf einmal zum Stillstand, sondern erreichen erst durch eine allmähliche Verlangsamung wieder den Ruhezustand.
Das Zusammenspiel von Beschleunigung und Verlang samung bestimmt bei jeder Bewegung die Art und die Natürlichkeit.

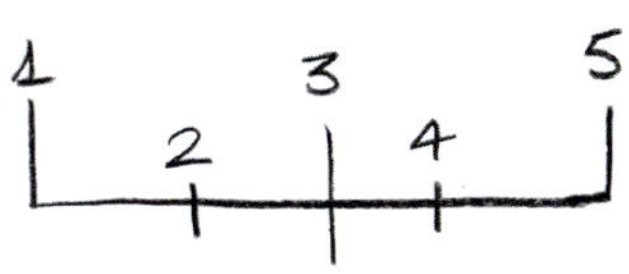

Gleichmäßig

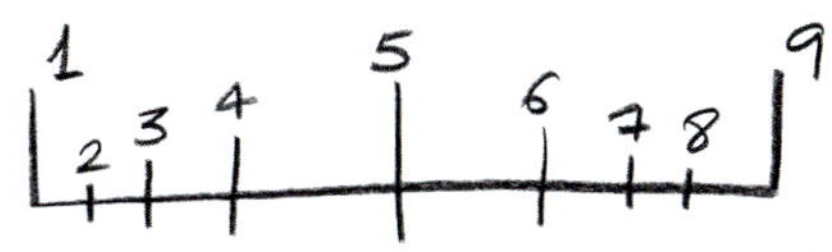

Beschleunigung / Verlangsamung

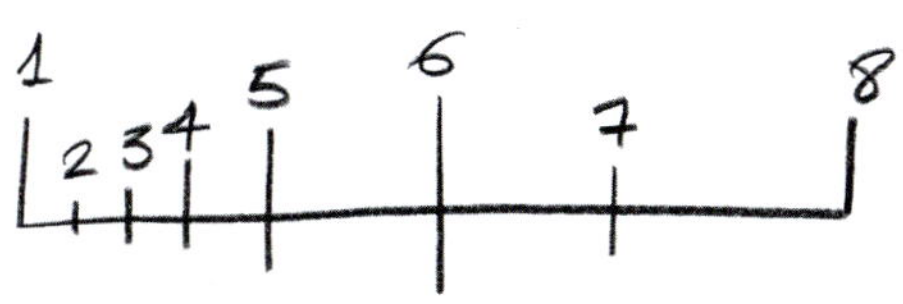

Beschleunigung (Slow-Out)

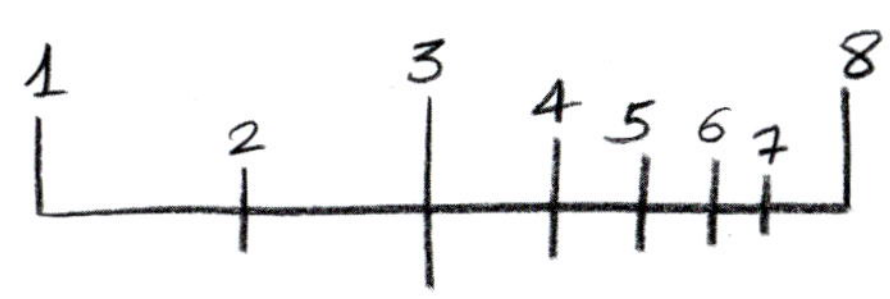

Verlangsamung (Slow-In)

Diese Beispiele von Beschleunigung und Verlangsamung werden am häufigsten verwendet. Der Animator zeigt den Phasenzeichnern mit Hilfe der Timing-Charts *den relativen zeitlichen Abstand zwischen den Phasen jeder Aktion. Sind die Hauptphasen Extrempositionen, werden sie durch längere Striche gekennzeichnet; die übrigen Schlüsselbilder werden durch eingekreiste Zahlen markiert. Die dazwischen liegenden kürzeren Striche entsprechen den Zwischenphasen, die der Phasenzeichner erstellt. Je mehr Striche zwischen zwei Phasen liegen, desto langsamer erscheint später die Aktion.*

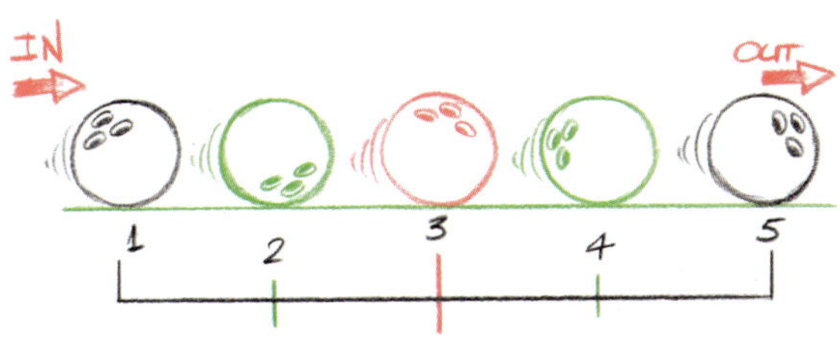

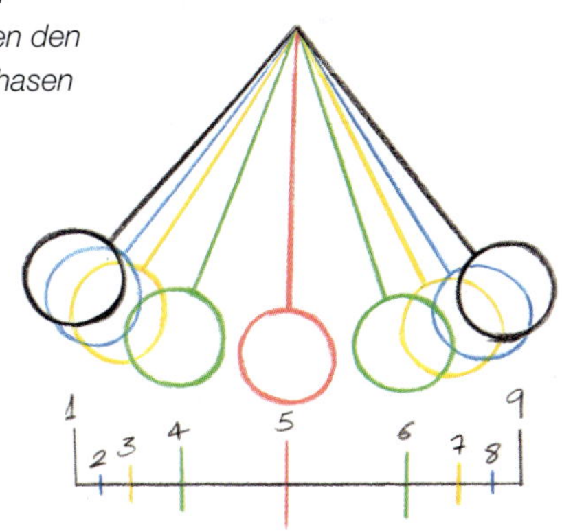

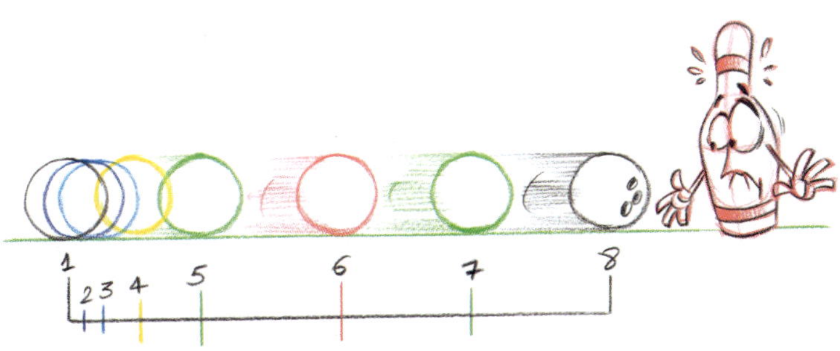

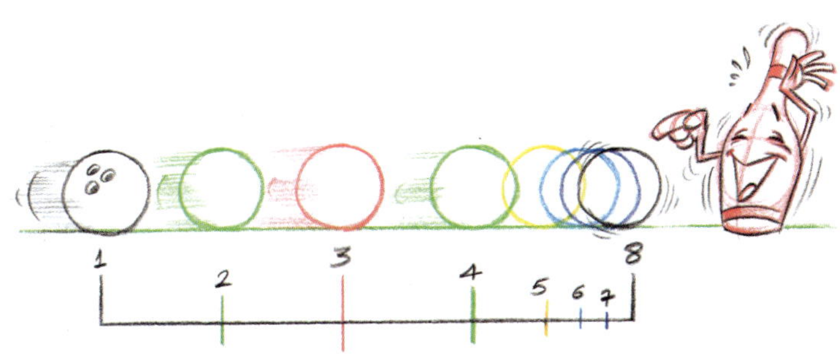

Diese Schemata zeigen, in welchem Maß die Timing-Charts *die Aktion auf der Leinwand beeinflussen. Durch sie definieren wir die gewünschte Beschleunigung oder eine Verlangsamung.*

Das *Timing* einer Aktion unterteilt sich im Wesentlichen in die drei folgenden Begriffe, die alle miteinander verknüpft sind:

- Geschwindigkeit: wir setzen eine Projektionsgeschwindigkeit von 24 Fotogrammen pro Sekunde voraus, sowie die Tatsache, dass jedes Fotogramm für dieselbe Dauer auf der Leinwand zu sehen ist.
- Zeit: sie ist abhängig von der Anzahl der Fotogramme, die wir für die Umsetzung einer bestimmten Aktion benötigen.
- Rhythmus: wird durch Beschleunigung – Verlangsamung bestimmt, oder vom relativen zeitlichen Abstand zwischen den Zeichnungen und der Anzahl an Fotogrammen, die für die Darstellung einer Aktion zwischen diesen festgelegten Phasen eingeschoben wird.

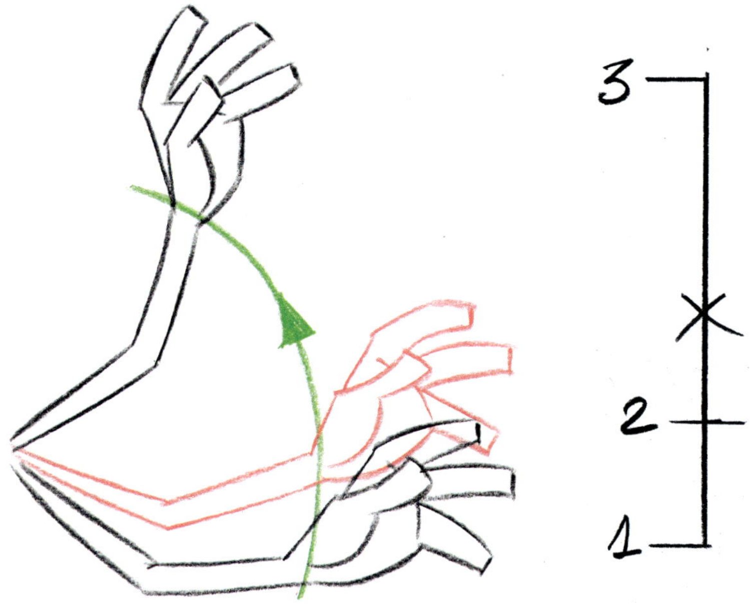

Die Distanz zwischen den Zeichnungen für eine Bewegung wird in Dritteln beschrieben. Entscheidend dafür ist, wie der Animator den Rhythmus und die Geschwindigkeit seiner Animation plant.

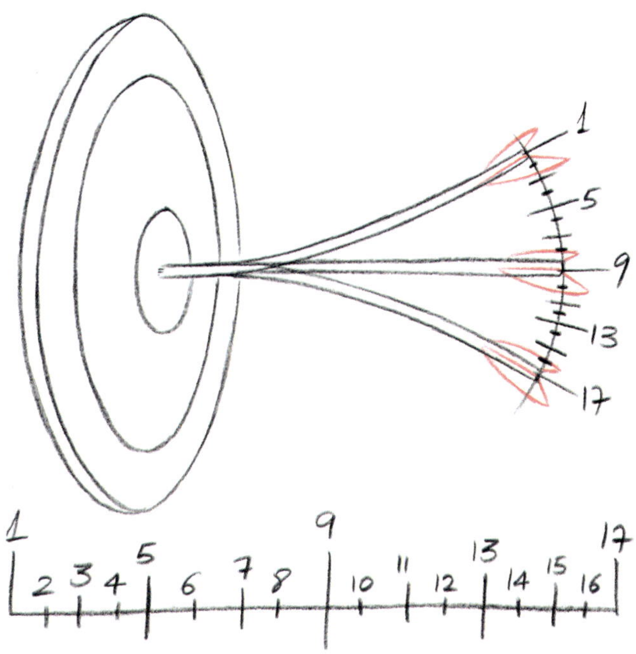

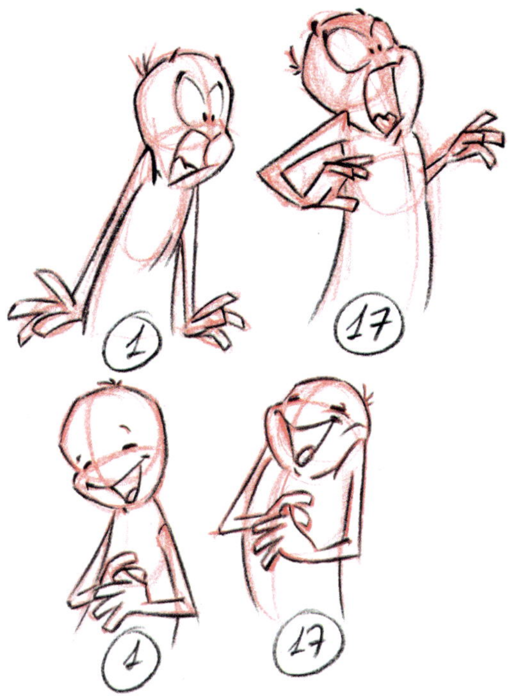

	A	B
1	1	
2	17	
3	2	
4	16	
5	3	
6	15	
7	4	
8	14	
9	5	
0	13	
1	6	
2	12	
3	7	
4	11	
5	8	
6	10	
7	9	

DIE VIBRATIONEN (*STAGGERS*)

Die *Timing-Charts* und der relative Abstand zwischen den Zeichnungen können auch verwendet werden, um Bewegungseffekte zu erzeugen, wie das Vibrieren einer Figur oder eines Objekts.

Durch eine geschickte Kombination der Zeichnungen im Fahrplan lassen sich Aktionen erzeugen, die ein gutes Ergebnis auf der Leinwand abgeben.

Ein Pfeil, der sich in eine Zielscheibe bohrt, ein Weinen, ein Lachen, ein lauter Schrei, eine Situation, in der man sich anstrengt, etc. sind Beispiele für Animationen, deren Ablauf wir durch eine entsprechende Kombination der Zeichnungen im Fahrplan lösen können.

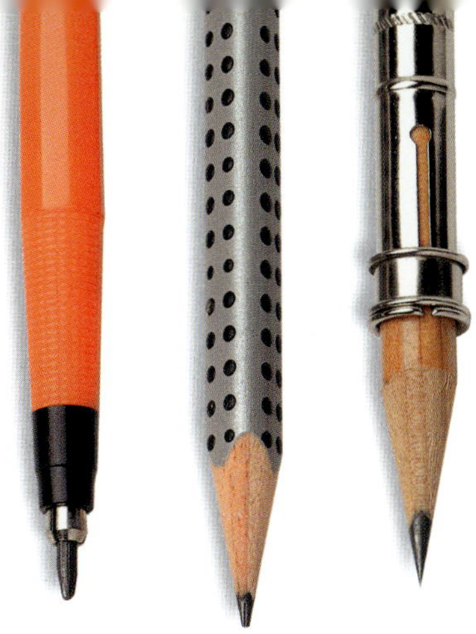

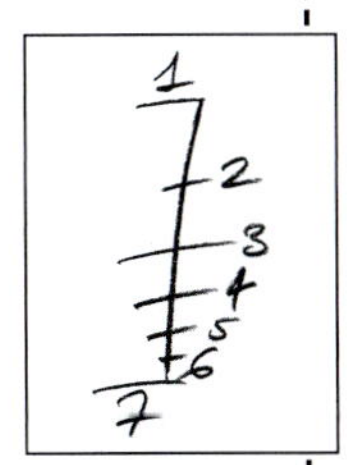

Die *Timing-Charts* müssen so deutlich sein, dass sie niemals zu Verwirrung führen können. Die falsche Interpretation einer dieser *Charts* kann den reibungslosen Ablauf einer Aktion zerstören.

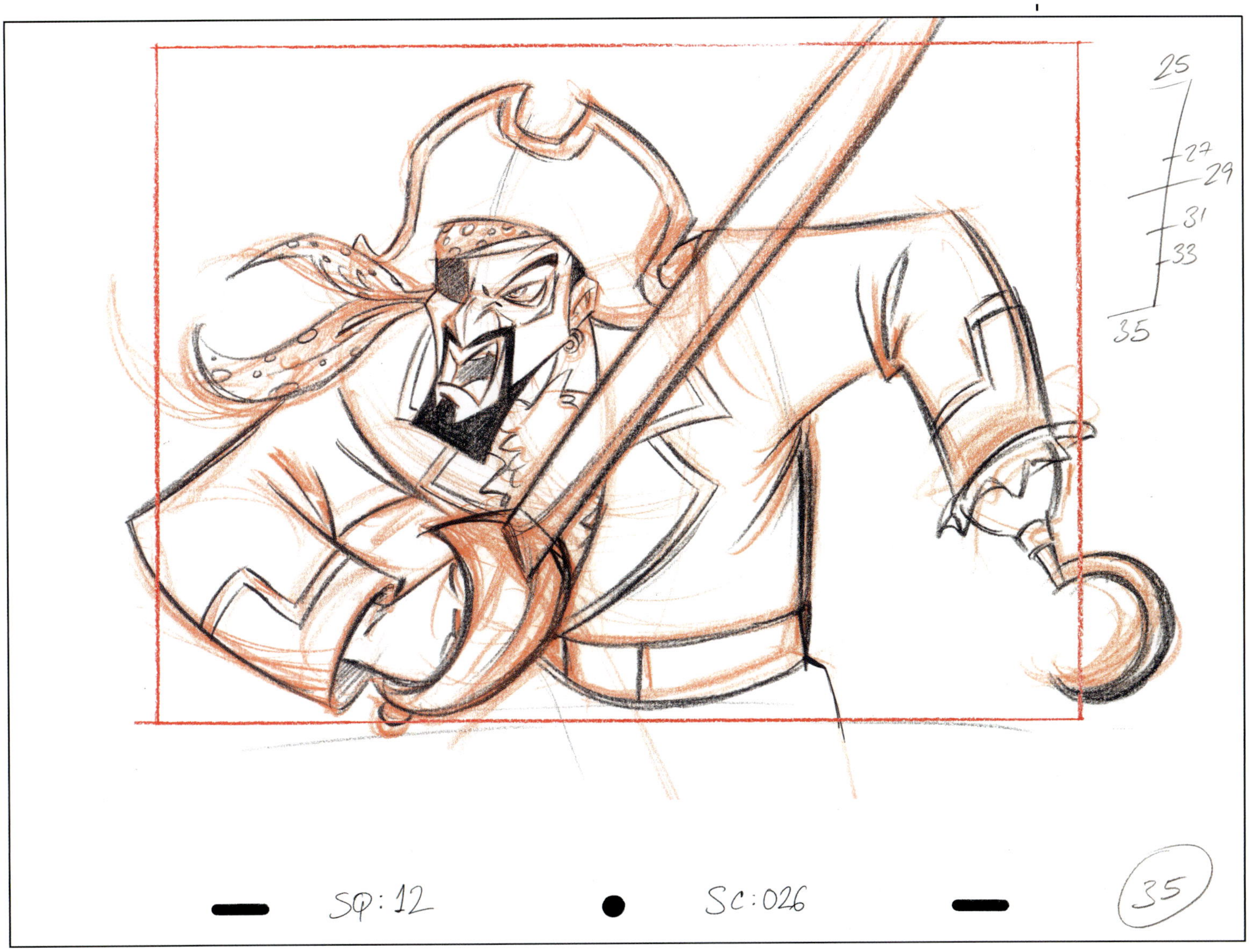

Der Animator notiert die Timing-Chart *am Seitenrand seines Schlüsselbildes, sodass sie für die Mitglieder seines Teams leicht zu erkennen ist. Dabei muss er darauf achten, dass sie nicht in das Bild, das die Aktion der Figur zeigt, hineinragt. In der rechten unteren Ecke steht für gewöhnlich die Nummer der Zeichnung.*

WEITERE FAKTOREN

Es gibt eine ganze Reihe zusätzlicher Faktoren, die man beim Planen des korrekten *Timings* für eine Aktion berücksichtigen muss. Sie beeinflussen die Aktion in anderer Form, da sich manche der Faktoren nicht auf die direkte Bewegung der Figur beziehen, sondern auf äußere Umstände, die der Animator bedenken muss.

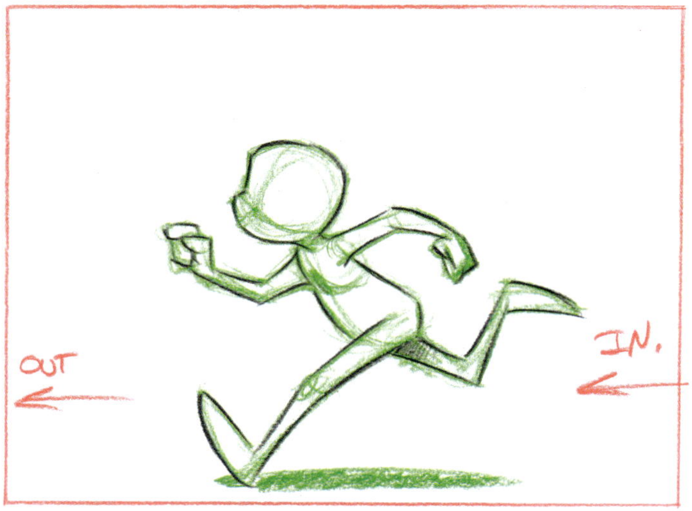

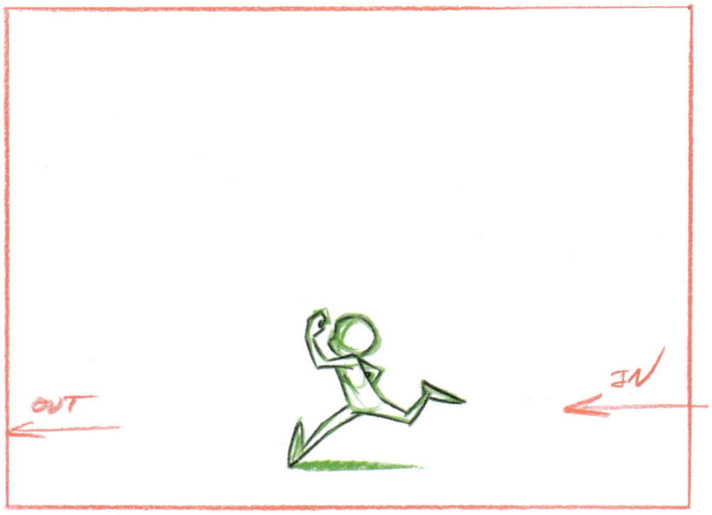

Die Relation zwischen der Größe der Figur und dem Bildausschnitt

Die Zeiteinteilung der Szene ist abhängig vom Größenverhältnis zwischen der Figur und dem Bildausschnitt, in dem sich die Aktion abspielt. Die Bewegung gibt uns die verschiedenen Zeiträume an, je nachdem, ob sie sich in einem großen Raum mit einer kleinen Figur, oder in einem kleinen Raum mit einer großen Figur abspielt. Dies ist vor allem dann wichtig, wenn sich die Figur in einem bestimmten Moment durch die Szene bewegt.

Wir müssen nicht nur die Bewegung unserer Figur berücksichtigen, sondern auch die Umgebung, in der die Handlung abläuft, denn bestimmte Hintergrundelemente können die Geschehnisse der Szene beeinflussen.

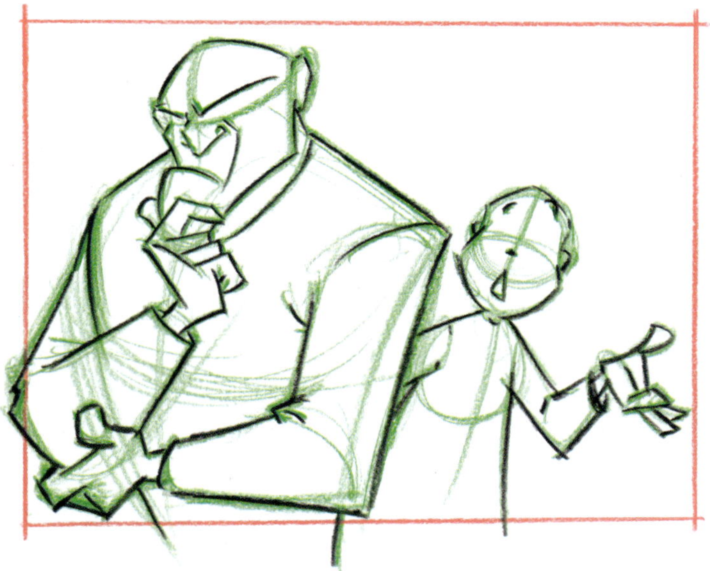

Abwechselnde Bewegungen

In einer Szene können zwei oder auch mehrere Figuren aufeinander treffen, die sich beispielsweise unterhalten oder gemeinsam irgendeine Aktion ausführen.

Für den Zuschauer muss die Aktion jeder einzelnen Figur klar zu erkennen sein. Folglich müssen wir versuchen, die Bewegung immer abwechselnd ablaufen zu lassen, da die gesamte Handlung der Szene nur so nachvollziehbar bleibt. Das bedeutet für uns, dass wir das Timing für jede Figur, die in der Aufnahme vorkommt, separat planen müssen.

Wenn wir die Leinwand mit Animationen überladen, besteht die Gefahr, dass sich die Aktionen der einzelnen Figuren nicht ausreichend unterscheiden lassen. Am besten ist es, jeder Figur ihren eigenen Moment in der Szene zu geben.

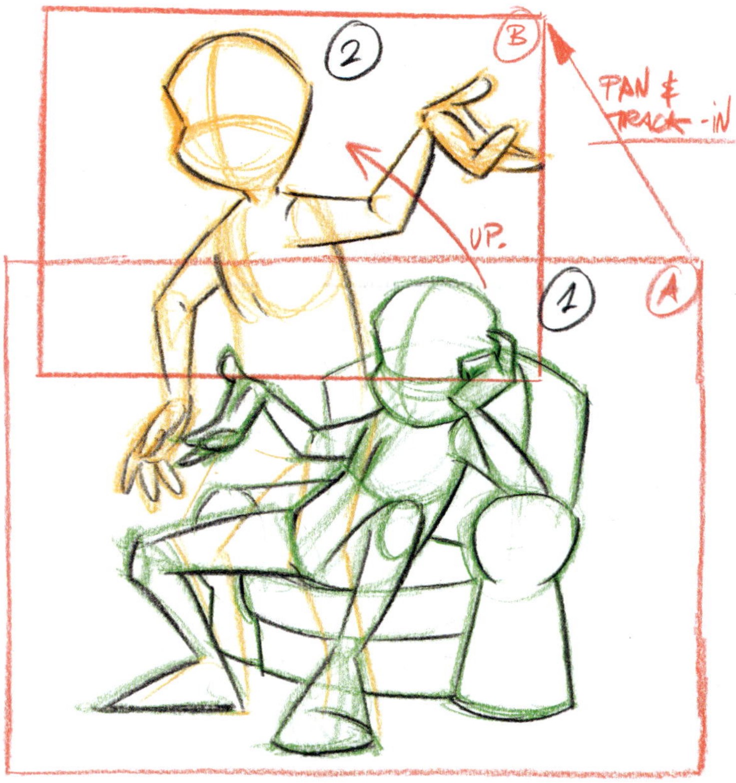

Die Kameraführung
Normalerweise sind Anfang, Ende und Dauer der verschiedenen Kamerabewegungen im Fahrplan angegeben. Auf dieser Grundlage müssen wir das Timing der Aktionen auf jede Veränderungen der Kameraposition abstimmen. Außerdem müssen wir darauf achten, ob sich die Größe des Bildfelds verändert und ob es Objekte oder Figuren gibt, die im Moment der Kamerabewegung in der Szene zusammenspielen.

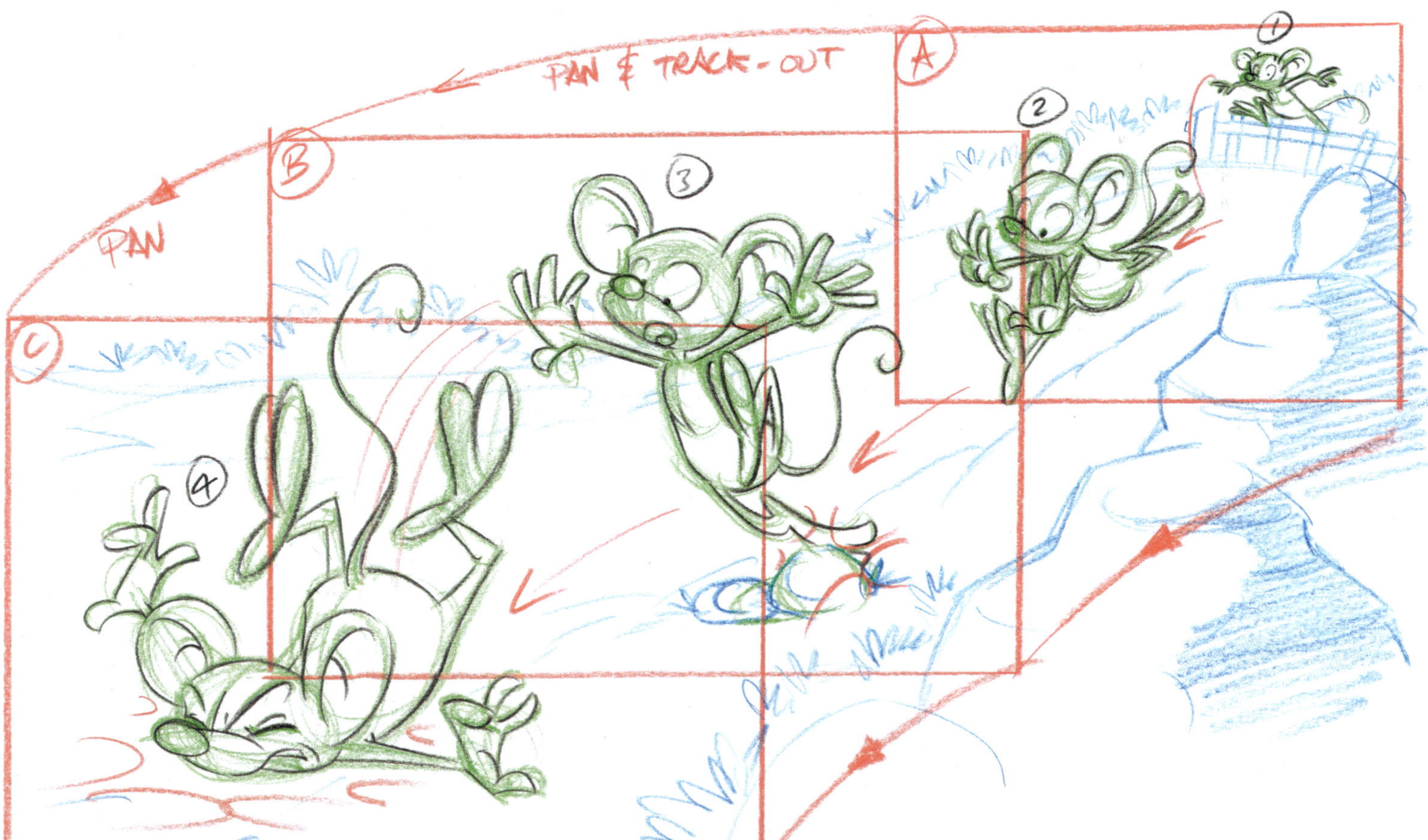

der Dialog in der Animation

Zu den breit gefächerten Aufgaben innerhalb der Animation gehört es auch, jeder Figur, die wir zuvor gezeichnet haben, eine Stimme zu geben. Üblicherweise setzen Schauspieler die wörtliche Rede um, und ein Tontechniker überträgt den Text in den Fahrplan. Dafür verwendet er ein Soundtrack-Lesegerät, das es ihm ermöglicht, jeden Satz Silbe für Silbe zu „lesen", und die Anzahl der benötigten Fotogramme zu erfahren.
Auf diese Weise erhält der Animator im Fahrplan alle nötigen Informationen, die Dauer des gesamten Dialoges, sowie die jeder einzelnen Silbe in Fotogrammen. Um seine Szene richtig zu animieren, bezieht er in seine Planung noch weitere Grundelemente mit ein, wie etwa die *Story* und das *Layout*, aus denen er ersieht, wie sich die Aktion abspielt und in welchem Zusammenhang der Dialog entsteht. Indem er sich die Stimmen der Schauspieler, anhört, kann er den Tonfall, die Lautstärke und Gemütszustand einschätzen.
Erst die genaue Analyse des vollständigen Materials bringt den Animator seinem Ziel näher, sodass seine Figuren den gesamten dramatischen Inhalt des Textes überzeugend darstellen können.

In dieser Illustration sehen wir die wichtigsten Formen, die ein Mund beim Sprechen der verschiedenen Buchstaben annimmt. Es handelt sich hierbei lediglich um eine mögliche stilistische Vorlage, an die sich alle Mitarbeiter einer bestimmten Produktion orientieren können. Natürlich muss der Animator in jeder Dialog-szene die bestmögliche Interpretation seiner Figur umsetzen.

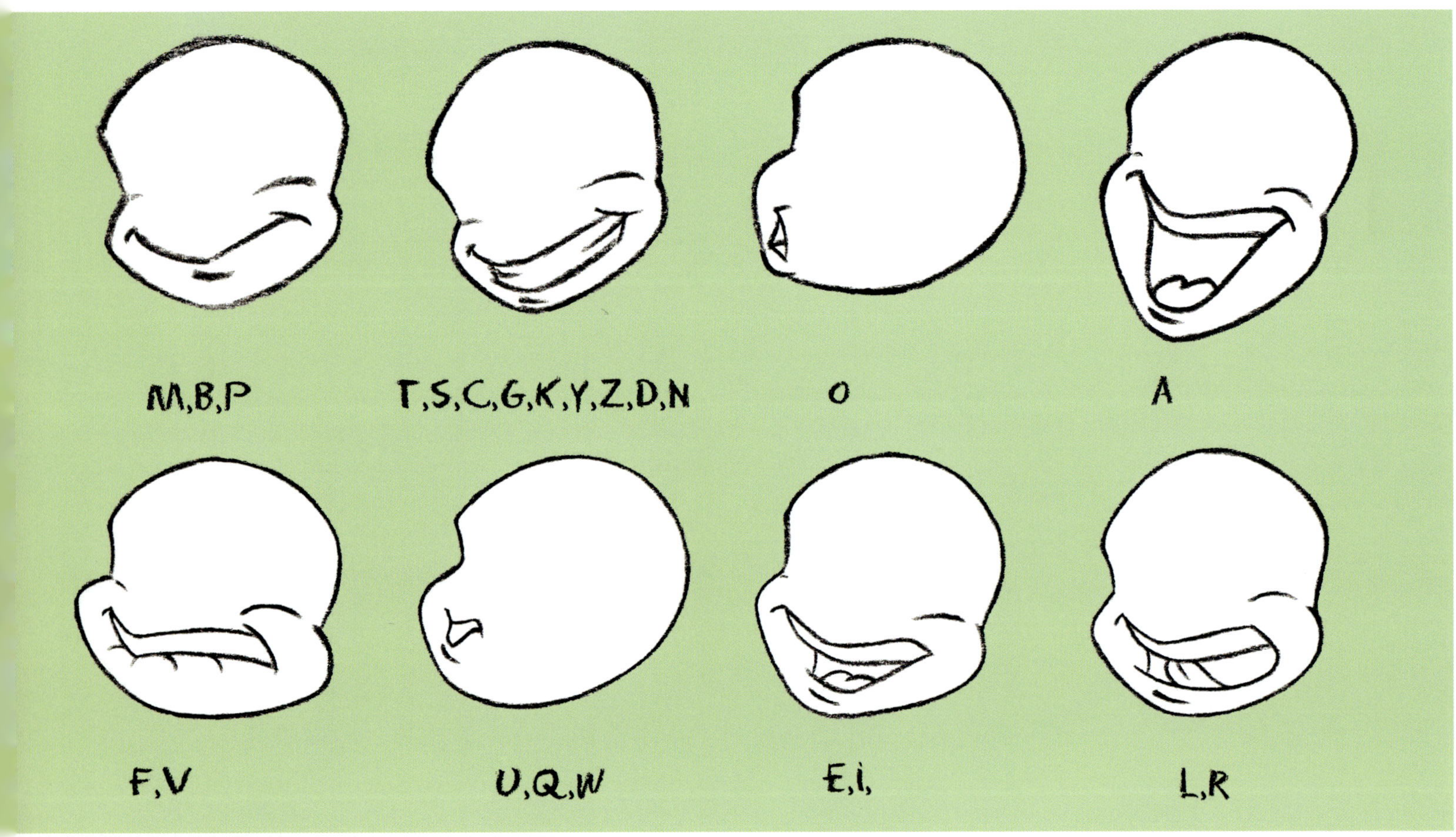

Die Vorlage in der letzten Abbildung zeigt uns lediglich Vorschläge. Zweifellos kann ein Animator seine Figuren besser umsetzen, wenn er jede einzelne Mundform nach seinen speziellen Anforderungen ausarbeitet. Nehmen wir zum Beispiel die Buchstaben „M, B und P“ und beobachten wir, wie sich unser Mund beim Sprechen ganz typisch nach den jeweiligen phonetischen Besonderheiten formt.

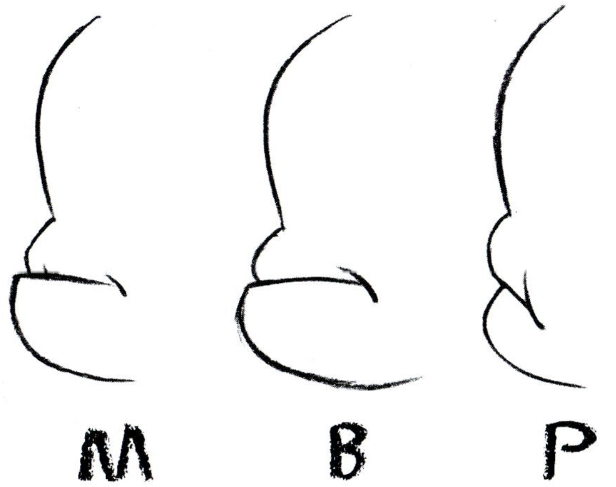

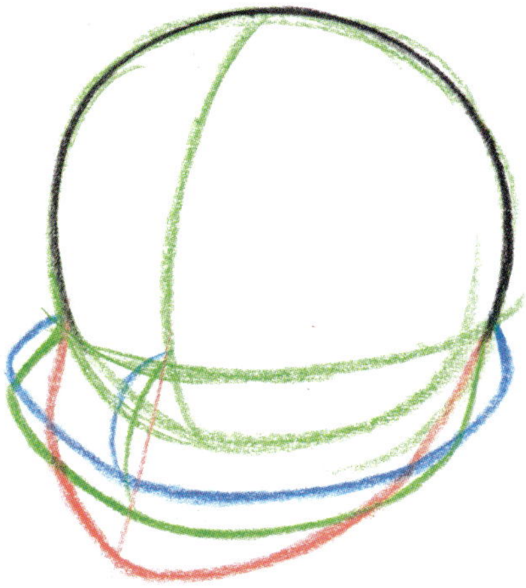

Eine wichtige Rolle in den Dialogszenen spielt der Gummi-Effekt. Der unbewegliche Teil des Schädels bleibt praktisch unverändert, während wir im Bereich des Kiefers Stauchungen und Dehnungen anwenden können, um die Ausdruckskraft der Figur zu betonen.

Wenn wir den Mund mit dem Rest des Gesichts und den Elementen, die der Figur Ausdruck verleihen, in Einklang bringen, wie etwa den Augen, Augenbrauen und Wangen, bereichert dies den Dialog mehr, als die eigentliche Synchronisation der Lippen.

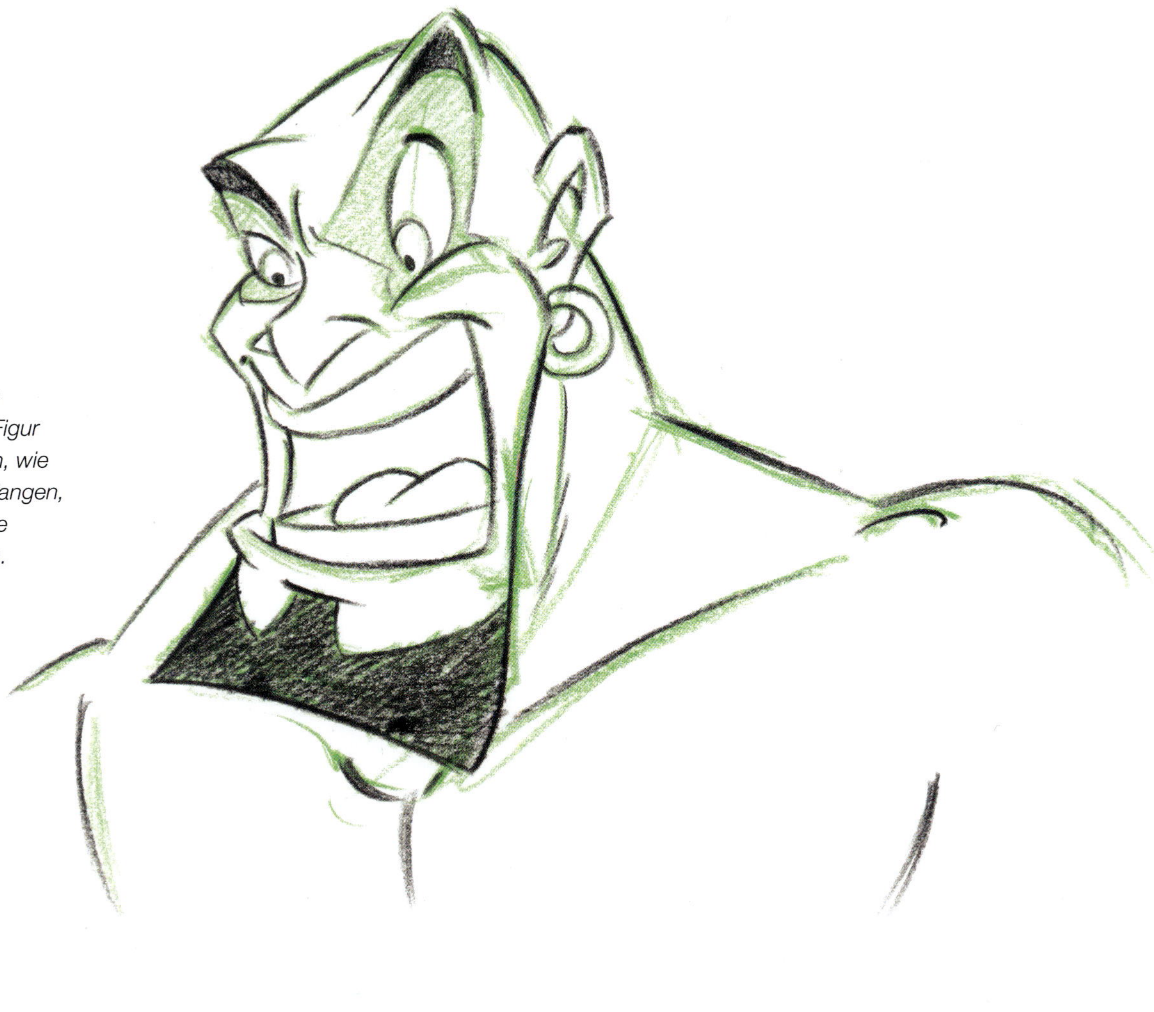

Alles, was bisher beschrieben wurde, ist für die Animation absolut grundlegend, damit wir dem Zuschauer die Empfindungen, Gefühle, Vitalität und Ausdruckskraft unserer Figuren vermitteln können. Unsere Schauspieler sollen uns eine Geschichte erzählen, und deshalb müssen wir ihnen alle darstellerischen Mittel zur Verfügung stellen. Nur so können sie dem Zuschauer die Handlung mit ihrem gesamten dramatischen Inhalt nahe bringen.

Ein Dialog muss immer vom passenden Ausdruck und den geeigneten Posen begleitet, und vom Zusammenspiel aller übrigen Körperteile, die in einem Dialog wichtig sind, unterstützt werden. Denn nicht zuletzt tragen die Arme, Hände und Schultern dazu bei, den Ausdruck einer Figur noch zusätzlich zu verstärken.

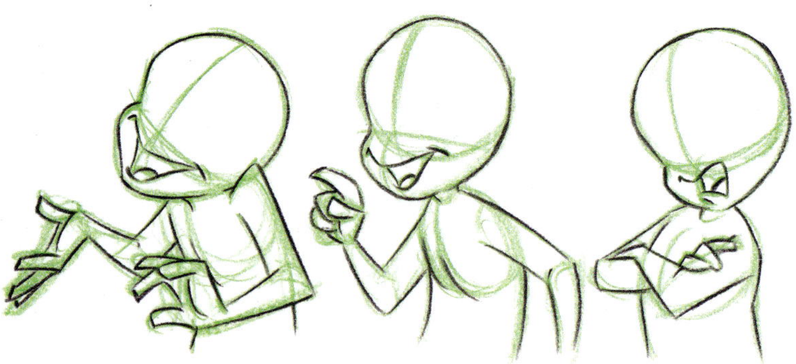

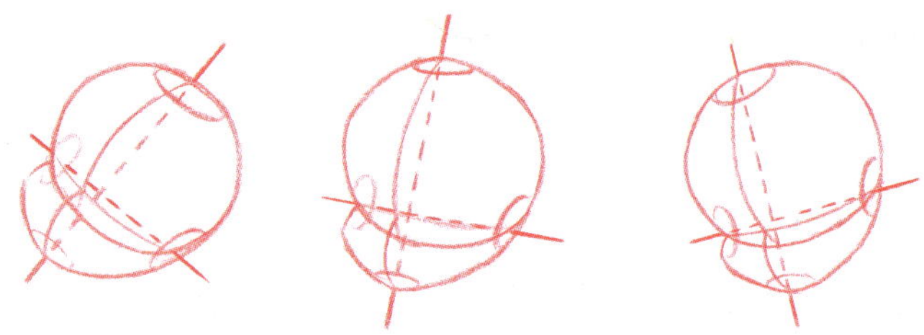

Dreidimensionalität und Volumen, die wir beispielsweise auch durch die passende Neigung des Kopfes erzielen können, lassen jeden Ausdruck natürlich und überzeugend wirken.

In den beiden unteren Beispielen spricht die Figur zwar dieselben Worte, der emotionale Ausdruck ist jedoch völlig unterschiedlich. Im ersten Fall schimpft die Figur heftig mit ihrem Gegenüber, während sie im zweiten eine freundliche Frage stellt. Wir sehen also, dass Körpersprache, Gestik, Haltung und Mimik der Figur bereits ausreichend sind, um den Unterschied zwischen den beiden Dialogausschnitten klar zu erkennen, selbst dann, wenn wir wie in diesem Fall die Tonlage nicht hören können.

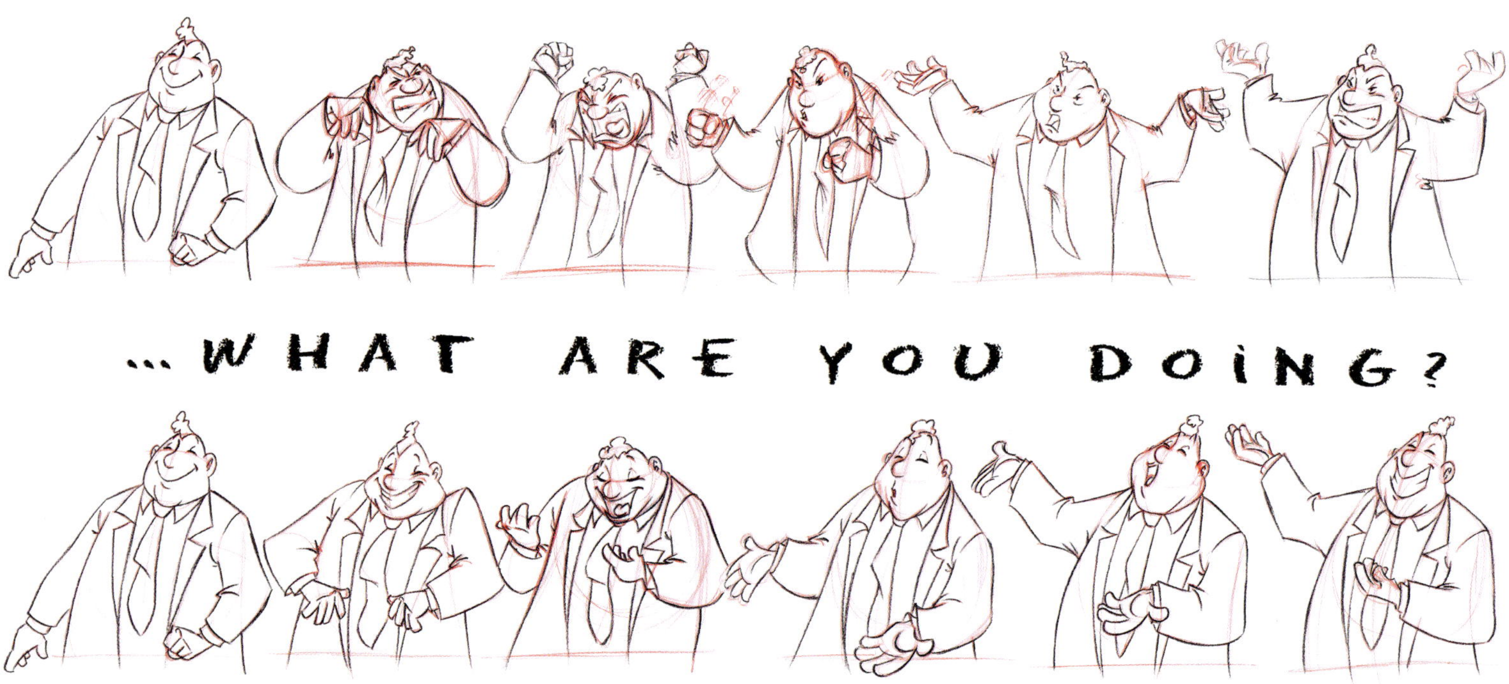

DER DIALOG IN DER
LIMITED-ANIMATION

Um Produktionskosten zu sparen, wird vor allem bei Fernsehserien für die Dialogaufnahmen oft ein sehr vereinfachtes System eingesetzt. Im Allgemeinen arbeitet man dabei mit nur sechs Grundstellungen des Mundes, die je nach Dialog der Figuren kombiniert werden. Drei der sechs Stellungen sind Hauptphasen, und die anderen drei werden von den Phasenzeichnern erstellt.

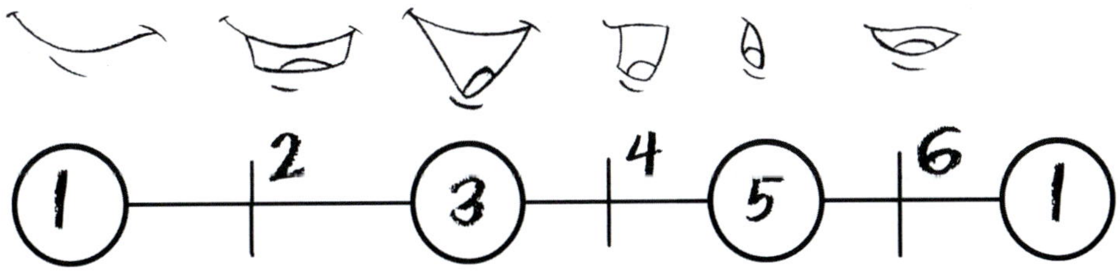

Die sechs Grundstellungen des Mundes.

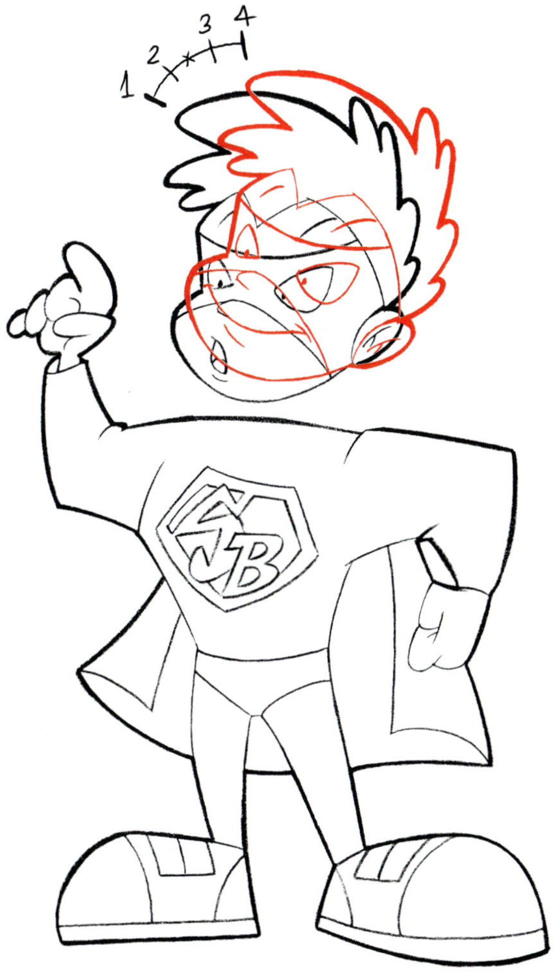

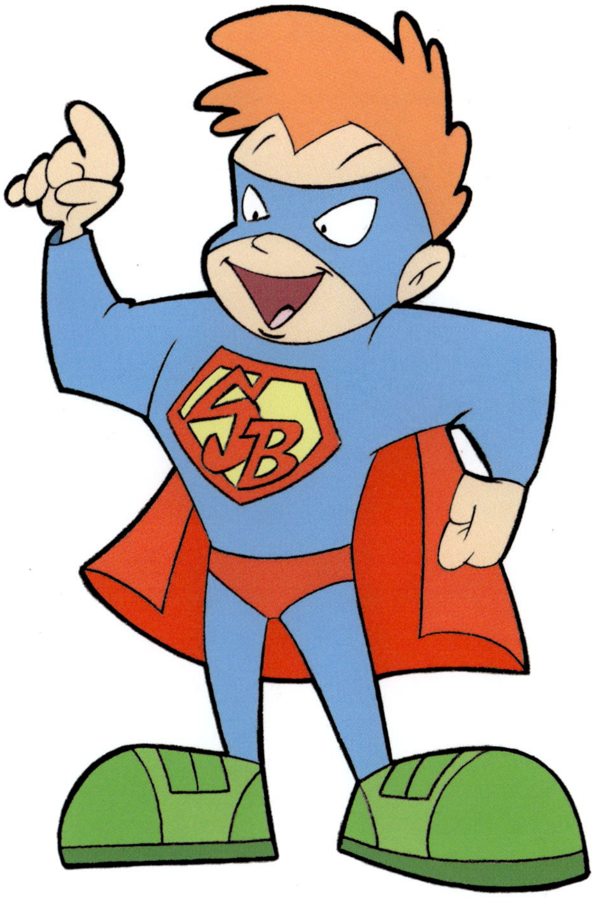

Wenn wir Gesicht und Körper separat auf unterschiedlichen Animationsebenen bearbeiten, müssen wir nicht immer wieder die gesamte Figur neu zeichnen. Wir trennen den Mund vom Gesicht und richten auch für ihn eine eigene Ebene ein.
Obwohl die Arbeit bei der Limited-Animation *im Allgemeinen sehr technisch ist, müssen wir auch hier besonders auf die Posen achten, um gute Resultate zu erzielen, und mit dem Fahrplan arbeiten, um die verschiedenen Animationsebenen perfekt aufeinander abzustimmen.*

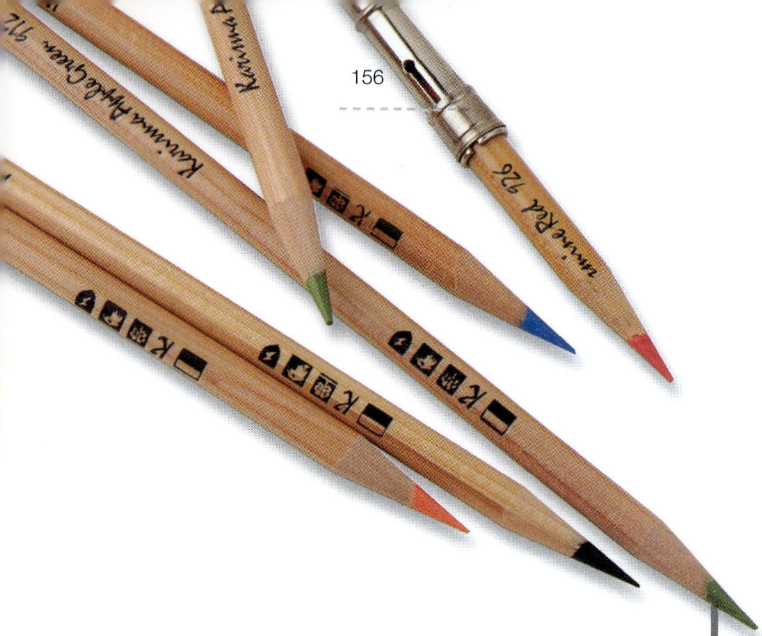

die Helfer des

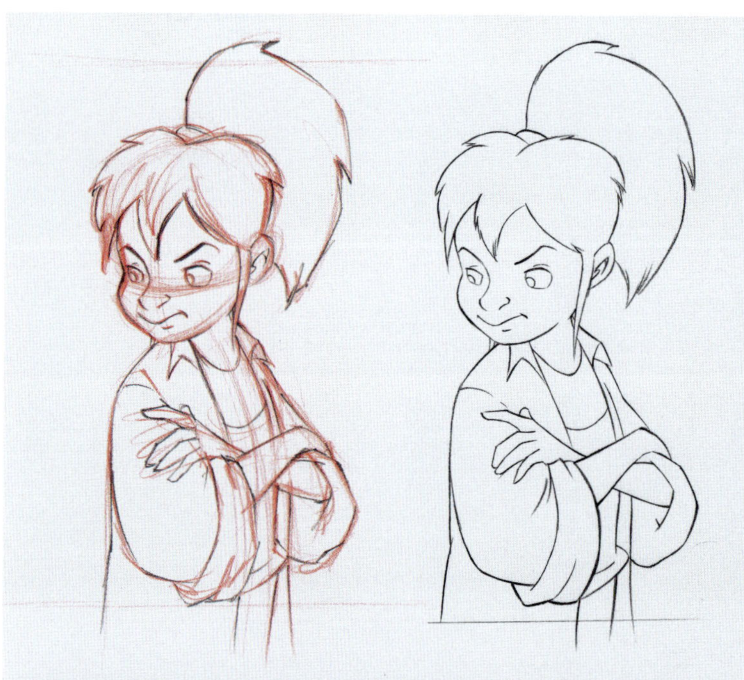

SERGI CÀMARA.
ANIMATIONSENTWURF MIT ENTSPRECHENDER REINZEICHNUNG.

Animators.

Der Animator verleiht den Aufnahmen des Films

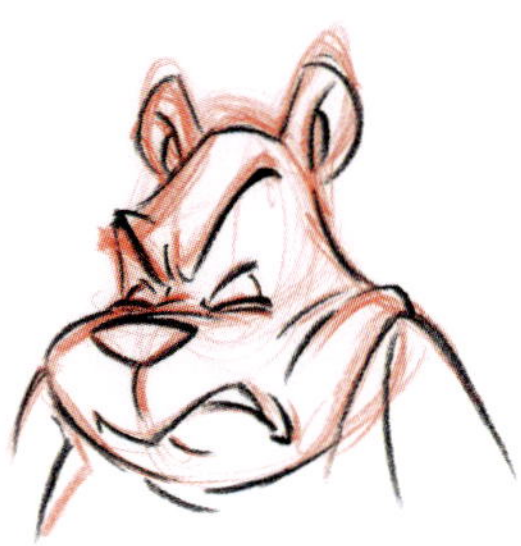

nach und nach Leben, während der Assistent und die Phasenzeichner diese überarbeiten, sie anpassen, ihnen den letzten Schliff geben und alle Phasen ergänzen, damit die Bewegungen fließender und realistischer wirken.
Kurz, sie bilden eine Gruppe von Künstlern, die sich vor der aufmerksamen Begutachtung durch den Animator mit großer Sorgfalt um jede Aufnahme kümmern, damit das Ergebnis auf der Leinwand für die optimale Entwicklung der Handlung das bestmögliche ist.

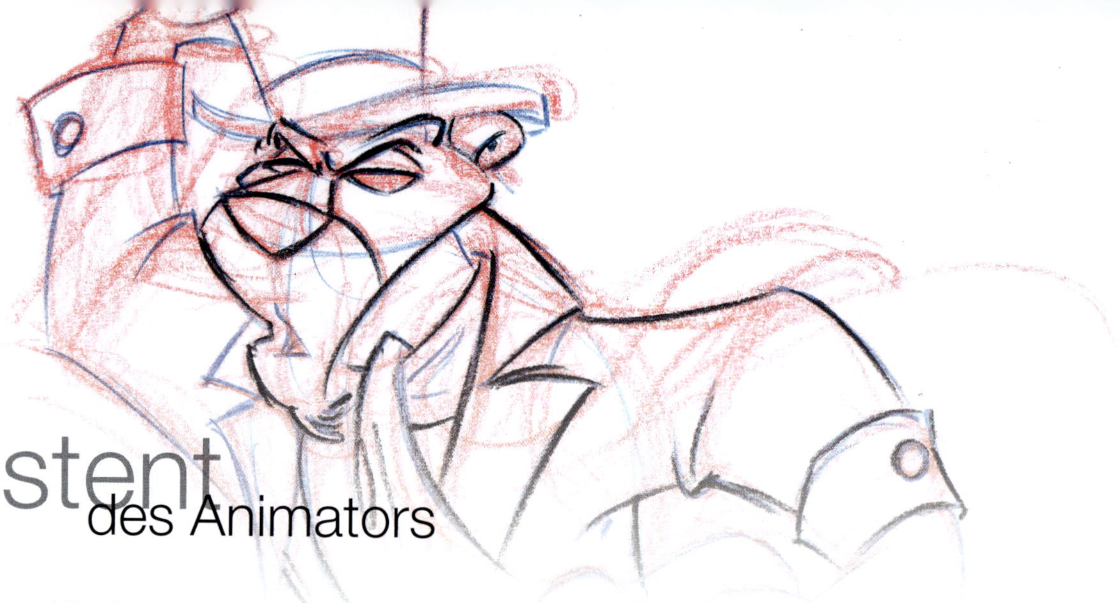

der Assistent des Animators

die Aufgabe dieses Künstlers besteht vor allem darin, die Vorlagen des Animators ins Reine zu zeichnen. Dies beinhaltet nicht nur, dem vom Animator gewünschten Ausdruck größte Aufmerksamkeit zu schenken, der Assistent muss darüber hinaus auch den Rhythmus der Aktionen aufrecht erhalten, und alle Details, die zu dem animierten Objekt gehören, richtig platzieren. Denn nicht selten wird im Laufe des Animierens einer Aufnahme irgendein Detail der Figur, zum Beispiel Knöpfe, Taschen, Haare, etc. vom Animator vergessen. Auf Grundlage der *Model-Sheets*, die vor ihm liegen, muss der Assistent die Figuren in- und auswendig kennen, und er muss eine genaue Untersuchung der Struktur mit all ihren Ergänzungen vornehmen.
Die Ansprüche an die künstlerische Arbeit des Assistenten sind sehr hoch. Wir erinnern uns, dass der Animator mit der *Pose-To-Pose*-Methode arbeitet, um einen ersten Ansatz der Aktion herzustellen, und dass er danach seine Zeichnungen wieder aufnimmt, um in der *Straight-Ahead-Animation* voranzukommen und Eckphasen und Nebenbewegungen hinzuzufügen. Es kann passieren, dass in diesem zweiten Schritt irgendeine der Hauptphasen ihre Struktur verliert oder verschwommen erscheint; in diesen Fällen muss der Assistent die Figur neu erstellen und dafür sorgen, dass sie ihre Proportionen und Volumen wieder erhält. Da die Vorstellungen des Animators absolut verbindlich umgesetzt werden sollen, muss der Assistent eine absichtlich erzeugte Deformation von einer, die durch eine schlecht ausgeführte oder unstrukturierte Zeichnung hervorgerufen wurde, unterscheiden können.

Da der Animator in seinen Skizzen vor allem die Bewegung und den Rhythmus der Phasen untereinander darstellen will, um so die Figur lebendig erscheinen zu lassen, verzichtet er oftmals darauf, alle Details zu zeichnen. Diese werden nun vom Assistenten ergänzt. Gleichzeitig passt er die Zeichnungen des Animators an und rundet sie ab, zeichnet sie ins Reine und entfernt alle Konstruktionslinien, damit die Figur perfekt herauskommt.

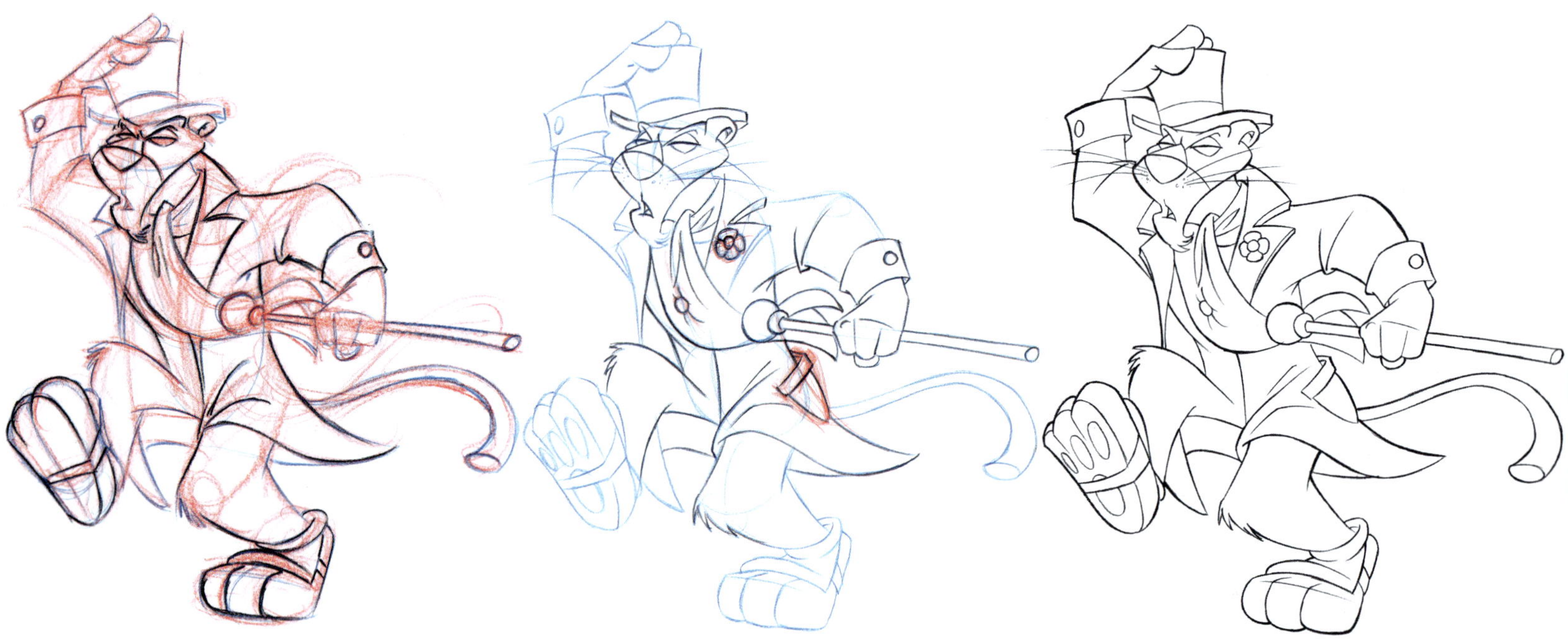

Bei jeder größeren Produktion arbeitet eine gewisse Anzahl von Assistenten mit, denen der *Art-Director* sehr konkrete Richtlinien bezüglich des Stils geben muss. Wir erinnern uns, dass die Zeichnungen der Assistenten im Anschluss koloriert, verfilmt und schließlich direkt auf die Leinwand übertragen werden. Deshalb ist es wichtig, dass die Zeichnungen aller Assistenten im Erscheinungsbild exakt übereinstimmen. Es gibt unterschiedliche Stile bei der Linienführung, deren Gebrauch vom jeweiligen Produktionstyp abhängt (Spielfilm, Fernsehserie, Werbung, etc.).

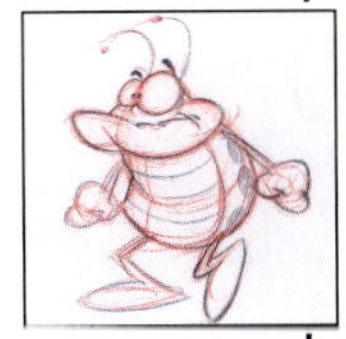

Der Assistent überarbeitet die Zeichnungen des Animators: Er überprüft die Proportionen, ergänzt eventuell vergessene Details und befreit die Zeichnungen von den Konstruktionslinien.

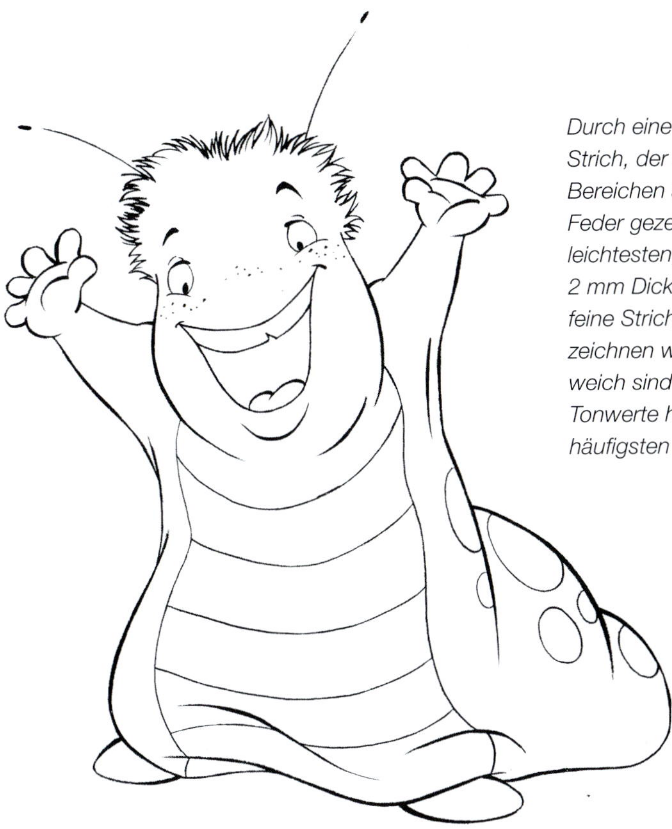

Durch eine abgestufte Linienführung erhält man einen Strich, der stellenweise sehr dick ist, in anderen Bereichen aber auch so filigran, als wäre er mit einer Feder gezeichnet. Wir erreichen diesen Effekt am leichtesten, wenn wir mit einer schrägkantigen Mine von 2 mm Dicke arbeiten und die Mine für sehr grobe oder feine Striche entsprechend wechseln. Normalerweise zeichnen wir die Striche mit 2B Bleistiften, weil diese weich sind und es ermöglichen, dass wir dem Strich Tonwerte hinzufügen. Linien wie diese werden am häufigsten für die Arbeit an Spielfilmen eingesetzt.

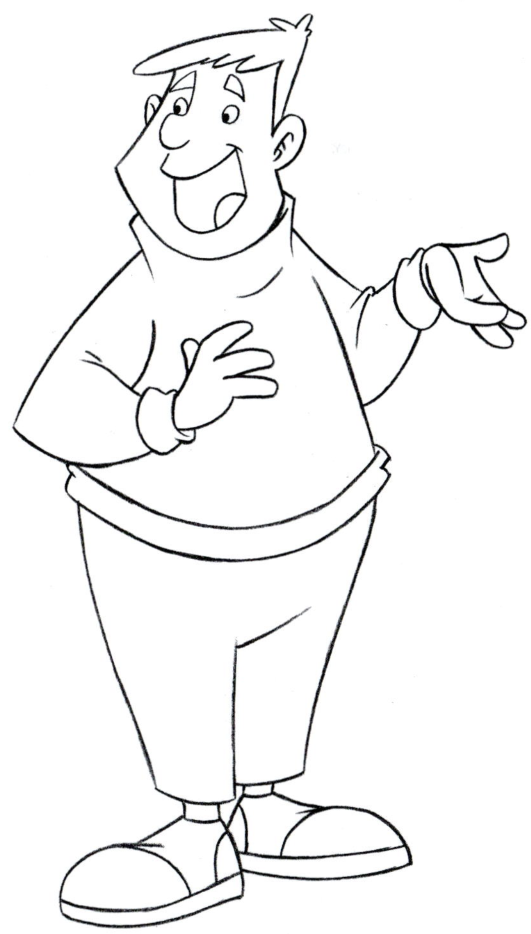

Eine gleichmäßige Linie ist die gebräuchlichste bei Produktionen von Fernsehserien. Sie zeichnet sich durch einen ununterbrochen Strich aus, den man am besten mit Stiften der Gradation F erreicht. Da diese Linie so einfach ist, kann der Strich von allen Assistenten, die an der Produktion mitwirken, leicht reproduziert werden.

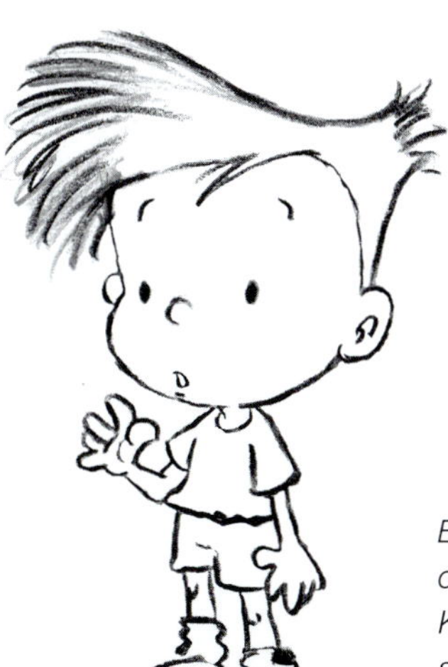

Eine verwackelte Linie folgt einem eher persönlichen Zeichenstil, der oft für Werbezwecke oder Kurzfilme eingesetzt wird. Sie lässt sich mit verschiedenen Materialien, wie dicken Bleistiften, Pinseln, etc. leicht umsetzen.

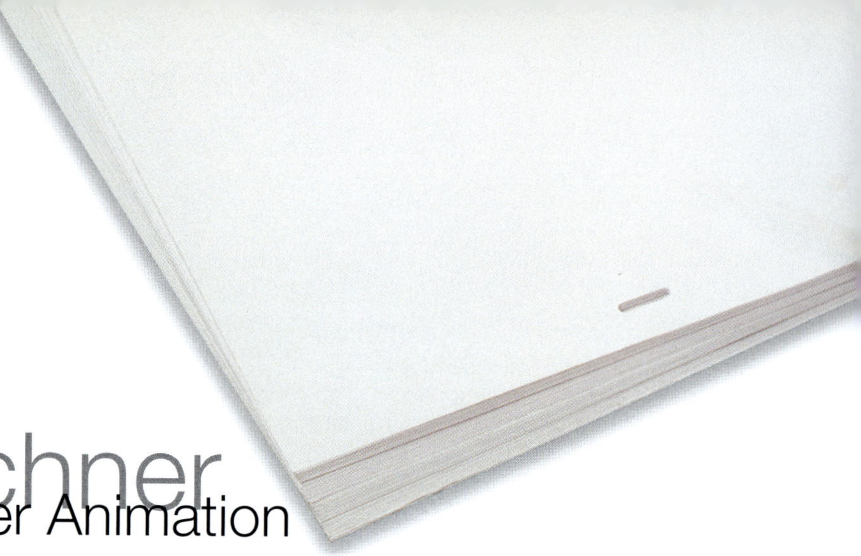

der Phasenzeichner oder *In-Betweener* der Animation

Dieser Künstler erstellt die Zeichnungen zwischen den Hauptphasen, mit dem Ziel, die Bewegung, die der Animator in seinen Zeichnungen angedeutet hat, zu vervollständigen und abzurunden.
Bevor der Phasenzeichner beginnen kann, markiert der Animator alle benötigten Zeichnungen in der *Timing-Chart*, aus der etwa die verschiedenen Beschleunigungs- und Verlangsamungsvorgänge der Aktionen hervorgehen.
Nun könnte man die Zwischenphase für eine „Füllzeichnung" halten, die die Bewegung lediglich vervollständigt, und für deren Umsetzung keine besondere Spezialisierung notwendig ist, aber sie ist sicher mehr als das. Der erfahrene Phasenzeichner ist mit seiner Arbeit in hohem Maße verbunden; zwar folgt er den Anweisungen des Animators, bringt aber in jede einzelne seiner Zeichnungen eine „persönliche Note" mit, damit die Aktion der Szene für den Zuschauer wirklich interessant wird.
Es gibt viele Probleme, die ein professioneller Zeichner berücksichtigen muss. Das wichtigste Ziel dabei ist, dass eine Aufnahme mit guten Zwischenphasen dem Zuschauer das vom Animator angestrebte Gefühl vermittelt. Im Gegensatz dazu kann eine Aufnahme mit schlechten Zwischenphasen eine Aktion unverständlich machen.

DIE ENTSTEHUNG EINER ZWISCHENPHASE

Der Phasenzeichner bringt zwei der Hauptphasen übereinander an der *Pegbar* seiner Unterlichtscheibe an, und erstellt auf einem neuen Papier seine Zwischenphase. So erhält er einen perfekten Bezug zu den beiden Hauptphasen und deren Abfolge.
Nur unter der Voraussetzung, dass der Phasenzeichner seine Zeichnung perfekt konstruiert, bleibt das Volumen und die Struktur der ursprüngliche Zeichnung des Animators erhalten. Da dieser Künstler seine Zwischenphasen unter Beachtung der Stilvorgaben des *Art-Directors* selbst ins Reine zeichnet, muss er zudem auf eine korrekte Linienführung achten. Die konkrete Reihenfolge, in der die benötigten Zwischenphasen für jede Aktion erstellt werden, markiert der Animator zuvor in der *Timing-Chart*. Um die Hauptphasen darin speziell zu markieren, werden sie entweder durch eingekreiste Zahlen gekennzeichnet, oder sie liegen in der *Timing-Chart* gegenüber den Zwischenphasen.
Wie wir im Folgenden sehen werden, markieren in der *Timing-Chart* unterschiedlich lange Striche die normalen Zwischenphasen, und solche, bei denen der Phasenzeichner besonders auf die Intention der Bewegung achten muss. Weiterhin gibt es eine Reihe von Zeichnungen, die mit wesentlich kürzeren Linien gekennzeichnet werden.
Diese liegen zwischen der zentralen Zwischenphase und einer der zwei Hauptphasen und sind entweder Zeitlupen, „Unterstützungen" (von einer der beiden Hauptphasen) oder „abgebremste Zwischenphasen", da sie die Aktion zu einer der Hauptphasen hin verlangsamen. Der Phasenzeichner realisiert die Zeitlupen, indem er die Reihenfolge einhält, die sich aus der individuellen Strichlänge ergibt. Auf diese Weise erreicht er die für jede Aktion notwendige Glätte und Harmonie im Ablauf.

Auf der linken Seite sehen wir die Reihenfolge, in der der Phasenzeichner die vom Animator angegebenen Zeichnungen zum Bearbeiten anordnet. Das rechte Bild zeigt, in welcher Reihenfolge die Zeichnungen dann „aufgefächert" und provisorisch überprüft werden.

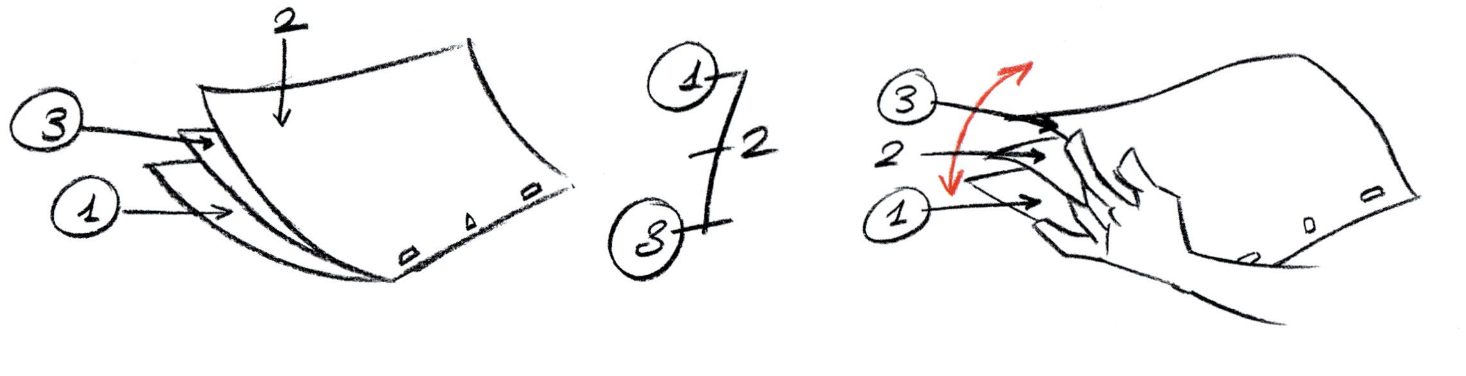

Das Beispiel „A“ zeigt eine konventionelle *Timing-Chart*, genauso wie sie am Blattrand einer Hauptphase erscheint, damit der Phasenzeichner sieht, welche Zeichnungen er erstellen soll.
Das Beispiel „B“ zeigt die Reihenfolge der Bearbeitung dieser Zwischenphasen.
Der Phasenzeichner beginnt mit Nummer 3 (in rot angegeben als Nummer 1). Diese erstellt er, indem er als Bezug die Hauptphasen 1 und 7 nimmt. Die nächste Zeichnung ist die 2, wobei die Hauptphase Nummer 1 und die selbsterstellte Zwischenphase Nummer 3 als Bezug verwendet werden, und so weiter.
Das Beispiel „C“ ist eine Zwischenphasengrafik, die der Animator auf der Basis einer Drittelung geplant hat, um der Aktion mehr Dynamik zu verleihen. Die Vorgehensweise ändert sich nicht. Um die vorgegebene Drittelung mit mehr Sicherheit zu bearbeiten, kann der Phasenzeichner eine spezielle Zwischenphase erstellen, die nur als Bezug dient, jedoch kein Bestandteil der eigentlichen Zwischenphasenarbeit ist.

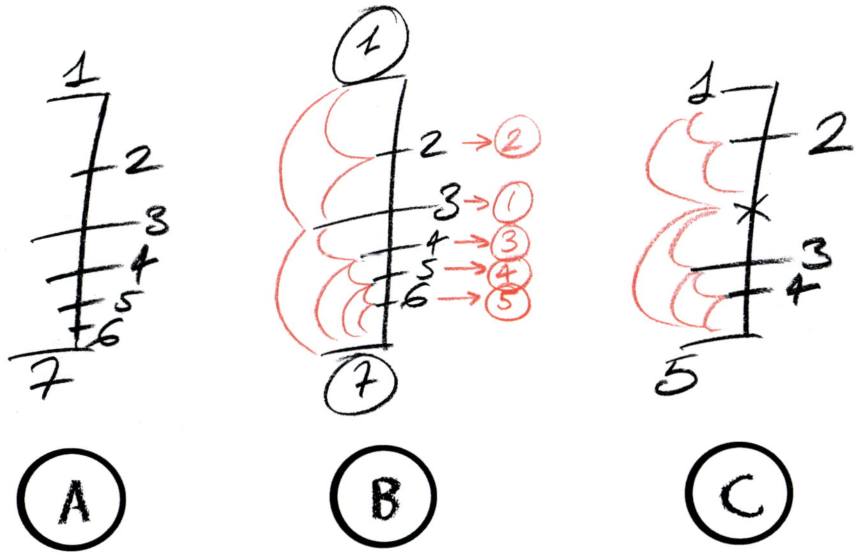

Konventionelle Timing-Chart *(A), Reihenfolge der Zwischenphasen (B), Grafik der Zwischenphasen, basierend auf Drittelung (C).*

In diesem Schema sehen wir die Reihenfolge, in der die Zwischenphasen erstellt werden, und den Effekt, der in jeder Zeichnung erzeugt wird.

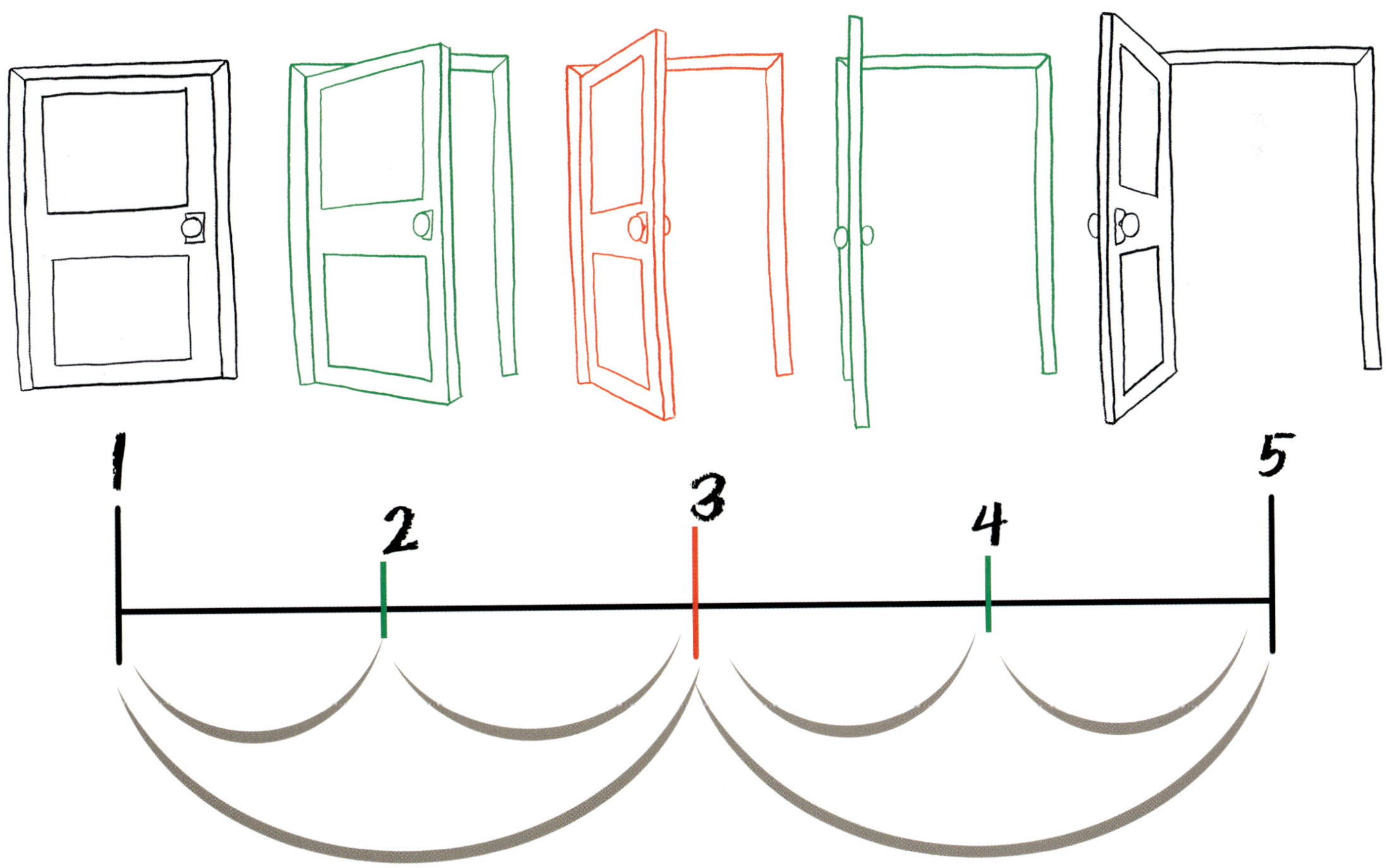

ZWISCHENPHASEN VON WELLENBEWEGUNGEN

Wir erinnern uns, dass der Animator die Planung der Bewegungen immer auf imaginäre Linien, wie Bögen und Vektoren stützt, und damit das Ziel verfolgt, einen harmonischen Ablauf der Aktion zu kreieren. Es liegt nahe, dass die Zeichnungen, die diese Bewegung vervollständigen werden, denselben Bahnen folgen, und deshalb muss auch der Phasenzeichner mit imaginären Linien arbeiten.

Eine Zwischenphase stützt sich auf unsere Beobachtung der Wirklichkeit. Im rechten Beispiel sehen wir die Schritte von 1 bis 5 mittels drei Zwischenphasen dargestellt, die der Animator in der Timing-Chart festgelegt hat. Um glatte und harmonische Ergebnisse zu erzielen, hilft es uns, Wellenbewegungen und den Verlauf der Bahnen genau zu studieren. Eine „mechanische" Zwischenphase führt oft zu Unterbrechungen in der Aktion oder zu einem störenden stroboskopischen Effekt.

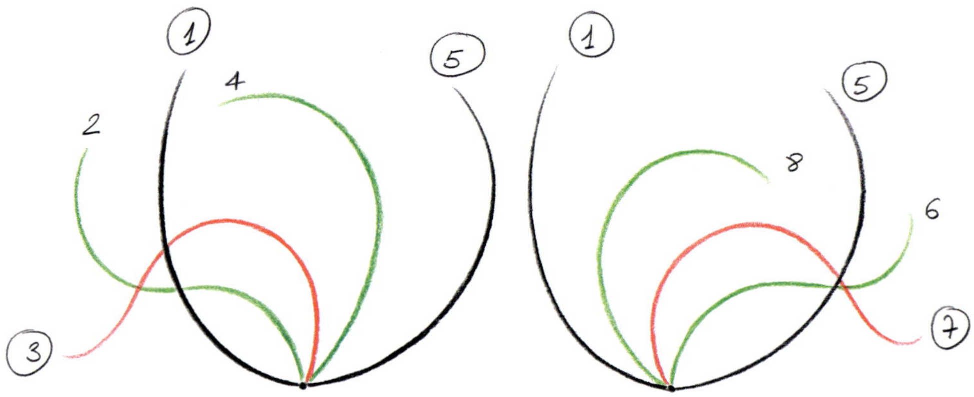

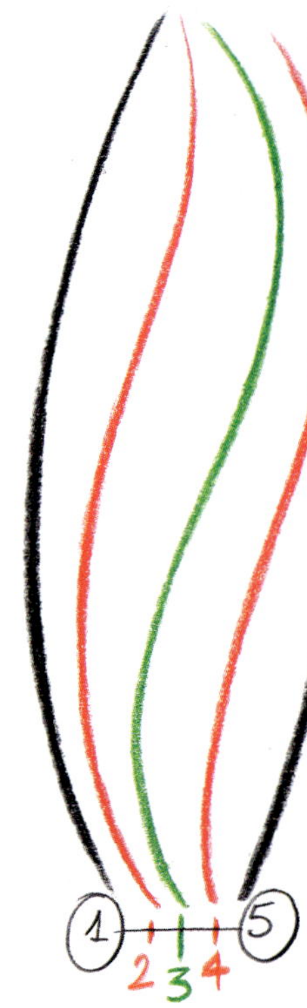

Die Zwischenphase muss sich nicht darauf beschränken, die „Mitte" zwischen den Hauptphasen des Animators zu sein. In den folgenden Grafiken sehen wir, wie die Zwischenphase entsprechend dem Ablauf der Aktion, die passende bogenförmige Bahn zwischen den Hauptphasen 1, 3 und 5 beschreibt.

Der Phasenzeichner versucht genauso wie der Animator, nicht alle Elemente gleichzeitig zu bewegen. Hier geht die Bewegung des Arms nach oben oder unten vom Unterarm aus, der die Aktion steuert und die Hand in seiner Bahn mitreißt.

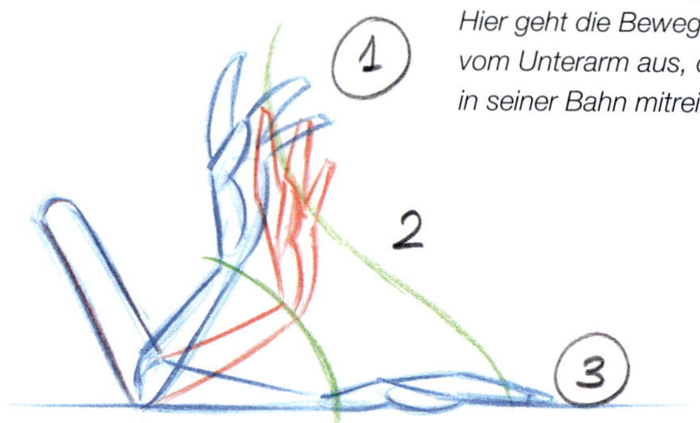

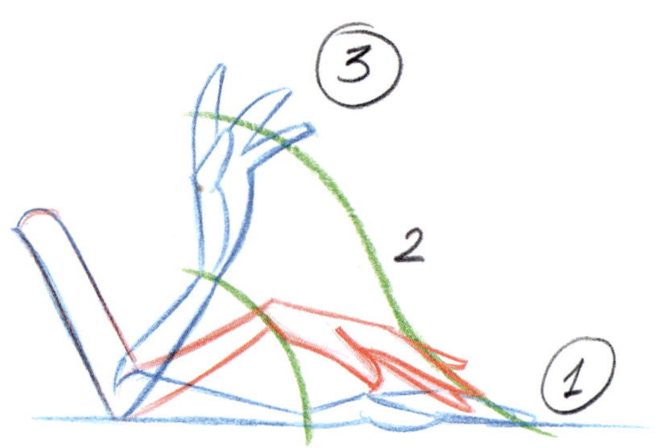

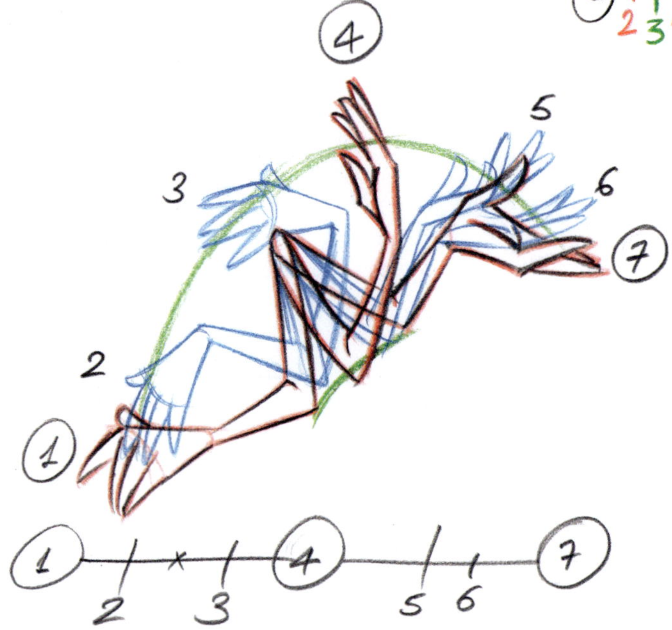

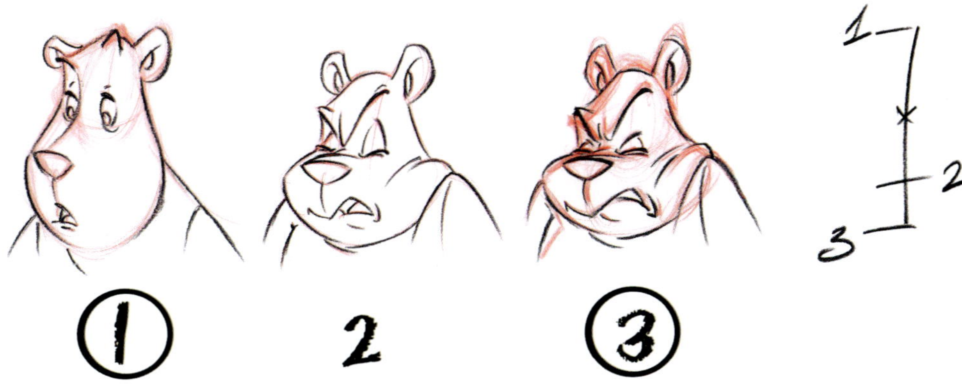

DIE ZWISCHENPHASEN DES GUMMI-EFFEKTS

Der Animator verwendet den Gummi-Effekt, um bestimmte Momente seiner Animation zu verstärken. Will der Phasenzeichner in seinen Zeichnungen die angestrebte Intention überzeugend ausdrücken, muss er diesen Effekt in- und auswendig beherrschen. Es ist sehr wichtig, dass der Gummi-Effekt die Vorstellungen des Animators widerspiegelt, denn eine inkorrekte Interpretation durch den Phasenzeichner kann das geplante *Timing* der Szene völlig verfälschen. Der Gummi-Effekt, den man beispielsweise beim *Take* einer Figur – unter Beachtung ihrer Struktur und Masse – während eines Aufpralls einsetzt, wirkt sich ganz anders aus, als der Effekt bei irgendeinem anderen Subjekt oder Objekt.

Beim Auftakt und in der Reaktionsphase einer Figur wird der Gummi-Effekt behutsam in die Zeichnungen eingefügt. Ein Ball dagegen verformt sich sobald er mit dem Boden in Berührung kommt. Im Beispiel „A“ wurde der Gummi-Effekt in der Zwischenphase schlecht umgesetzt: Der Ball verformt sich bereits ohne jeglichen Bodenkontakt. Im Beispiel „B“ behält die Zwischenphase des Balles ihre Struktur bei und erst in der Hauptphase erscheint der Gummi-Effekt tatsächlich. Falsch dargestellte Stufen des Gummi-Effekts in den Zwischenphasen stören die Aktion enorm.

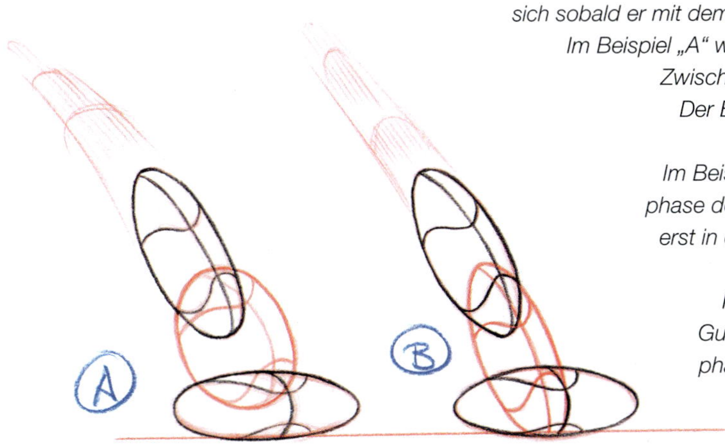

DIE LIDSCHLÄGE

Animierte Figuren blinzeln genauso wie ein Schauspieler oder eine ganz normale Person. Ein Lidschlag erfolgt sehr schnell, und wahrscheinlich benötigt man kaum mehr als eine Zwischenphase in der sich das Lid schließt und eine in der es sich öffnet, um diese Bewegung betont sichtbar zu machen. In beiden Fällen muss der Phasenzeichner berücksichtigen, dass sich die Pupille und das Augenlid gleichzeitig verändern, denn nur so kann er vermeiden, dass das Auge weiß bleibt.

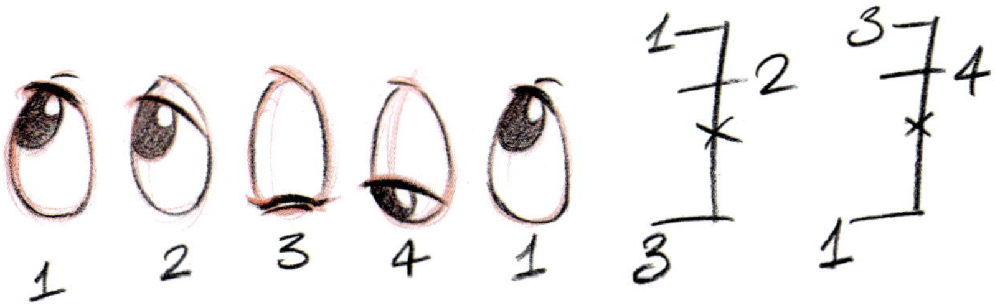

Ein normaler Lidschlag wird meist mit einer Drittelung für das Niederschlagen und einer für den Aufschlag umgesetzt. So erreicht man, dass er natürlich wirkt.

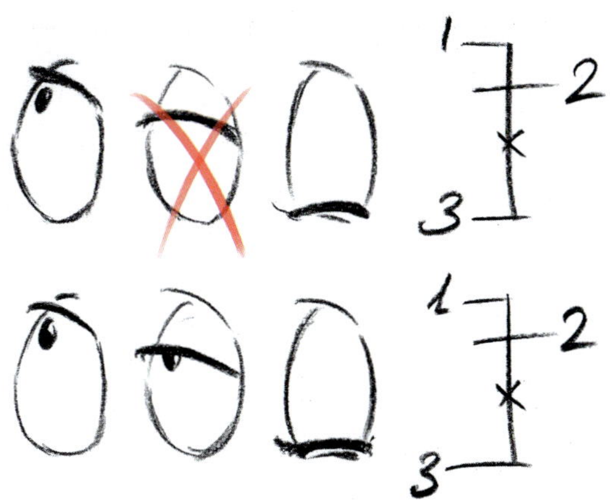

Um zu vermeiden, dass das Auge völlig weiß erscheint, sollte man in einer Zwischenphase niemals nur das Lid einer Figur bewegen. Der Phasenzeichner muss gut darauf achten, dass das Augenlid beim Auf- und Niederschlagen immer von der Pupille begleitet wird.

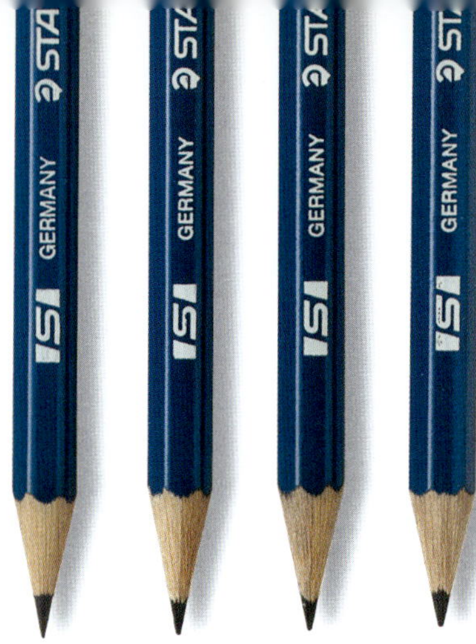

der Gang: Fortbewegung

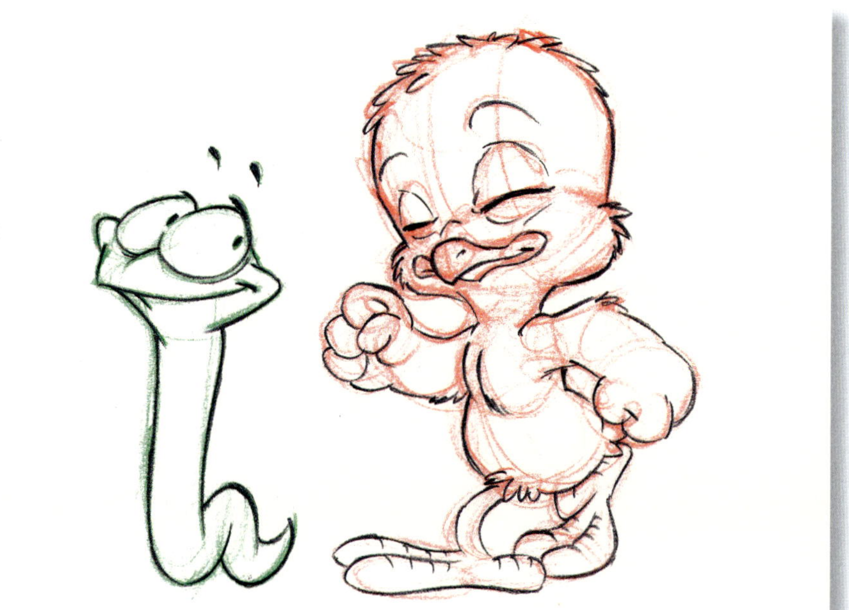

SERGI CÁMARA.
ANIMATIONSSKIZZE AUS DER FERNSEHSERIE *„SLURPS“*, 1997.

als Merkmal.

Der Gang unterscheidet sich nicht nur bei allen Figuren

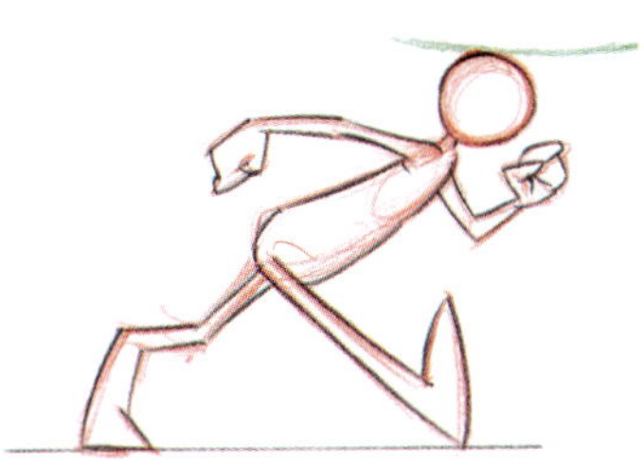

untereinander; auch jede einzelne Figur ändert ihre Art zu Gehen je nach Situation, die sich im Laufe der Geschichte ergibt, und Auslöser dafür ist, dass eine Figur ihre Haltung oder ihren Gemütszustand verändert, dass sie ermüdet, oder aber dass sie vor Lebensfreude sprüht.

Das Gehen einer Figur dient nicht nur zur Fortbewegung von einer Seite der Leinwand zur anderen, sondern verrät auch wichtige Merkmale ihrer Persönlichkeit, ihres Wesens, ihrer Absicht und außerdem ihres Körperbaus und ihrer Bedeutung.

Ein gut studierter und passender Gang für jede Figur ist zweifellos ein weiterer Faktor, der dazu beiträgt, dies alles dem Zuschauer zu vermitteln.

Merkmale des Ganges

die individuelle Art zu laufen wird bei jeder Figur nicht nur durch ihren Charakter, ihr Gewicht und ihre Größe beeinflusst, sondern auch durch andere physische und psychische Faktoren. So spielen etwa ihr Gemütszustand, ein Vorhaben oder ihre Eile eine wichtige Rolle.
Zusätzlich zu den typischen Merkmalen müssen wir bei der Planung viele weitere Punkte berücksichtigen, die auf alle Figuren zutreffen.
Der Gang ist eine zyklische Bewegung, die man am besten animiert, indem man Zeichnungen für eine „Endlosschleife" erstellt, welche einmal entworfen und dann immer wieder verwendet werden. Bevor wir uns endgültig für eine Bilderfolge entscheiden, sollten wir ihre Wirkung eingehend überprüfen und eventuell einen Linetest vornehmen.

EIN SCHRITT

Im Folgenden werden wir den Schritt als kleinste Einheit des Gehens analysieren, um zu klären, was im Einzelnen geschieht, wenn die Figur einen Fuß vor den anderen setzt. Denn diese einfache und mechanische Aktion beinhaltet sämtliche Grundprinzipien der Animation, die wir bisher kennengelernt haben.
Das folgende Schema zeigt einen vollständigen Schritt in fünf Zeichnungen, aus denen wir die wichtigsten Punkte der Fortbewegung erschließen können.

In der Zeichnung Nummer 1 sehen wir die Figur im Gleichgewicht mit beiden Füßen in Bodenkontakt.
Wir erkennen nicht nur die Schrittweite, sondern auch, wie sehr die Arme ausholen, um der Bewegung der Beine entgegen zu wirken.
In der zweiten Zeichnung befindet sich der Kopf der Figur am tiefsten Punkt des Zyklus, da der Körper extrem nach vorne geneigt ist. Das ganze Gewicht verlagert sich auf ein Bein, damit das andere entlastet ist und der Fuß nach vorne verschoben werden kann.
In der Zeichnung 3 trägt das auf dem Boden stehende Bein den gesamten Körper, der gerade beginnt, sich aufzurichten, und somit kurz vor dem höchsten Punkt des Zyklus steht.
In dieser Pose steckt das Potenzial, den Gang jeder Figur zu individualisieren, wenn wir sie künstlich verändern.
In der vierten Zeichnung ist der Körper vollständig gestreckt und der Kopf hat den höchsten Punkt des Zyklus erreicht.
Der Schritt wird nun mit der anderen Körperhälfte fortgesetzt.
Die Haltung in der fünften Zeichnung ist exakt gegenläufig zur Zeichnung 1. Die Schrittweite und die Armbewegung sind identisch, jedoch spiegelverkehrt.

Die Art wie eine Figur geht ist ebenso wichtig wie ihre Haltung, Struktur, Typik und Ausdruckskraft.

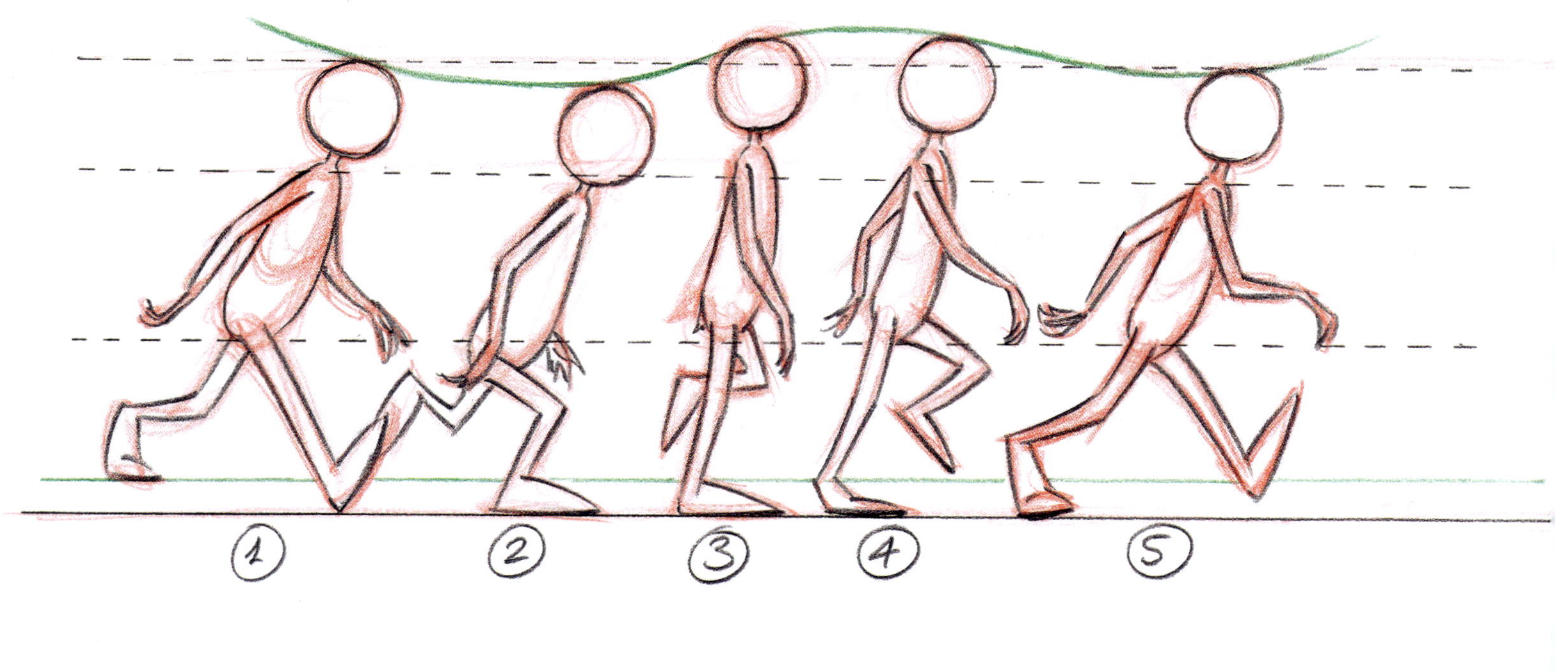

DER RHYTHMUS

Ein normal schneller Gang entspricht einer halben Sekunde pro Schritt, zwei Schritten pro Sekunde. Wichtig ist, dass wir 12 Zeichnungen einbildweise aufnehmen, um das Gefühl zu vermitteln, dass der Schritt in dieser Geschwindigkeit abläuft, aber der Rhythmus des Schrittes variiert, je nachdem wie eilig es die Figur hat. Die folgende Aufzählung gibt uns ziemlich genaue Anhaltspunkte.

- 6 Fotogramme: sehr schneller Gang; bzw. rennend.
- 8 Fotogramme: schneller, energischer Gang.
- 12 Fotogramme: normaler Gang.
- 16 Fotogramme: schlendernder Gang, wie etwa beim Spazieren gehen.
- 20 Fotogramme: müder Gang, wie etwa bei Erschöpfung.
- 24 Fotogramme: sehr langsamer Gang.

Hier sehen wir die Animation eines Schrittes in normaler Geschwindigkeit, in der die zuvor festgelegten Hauptphasen mit einer Drittelung für die Anlage der Zwischenphasen kombiniert wurden, um den gewünschten Rhythmus zu erzielen.

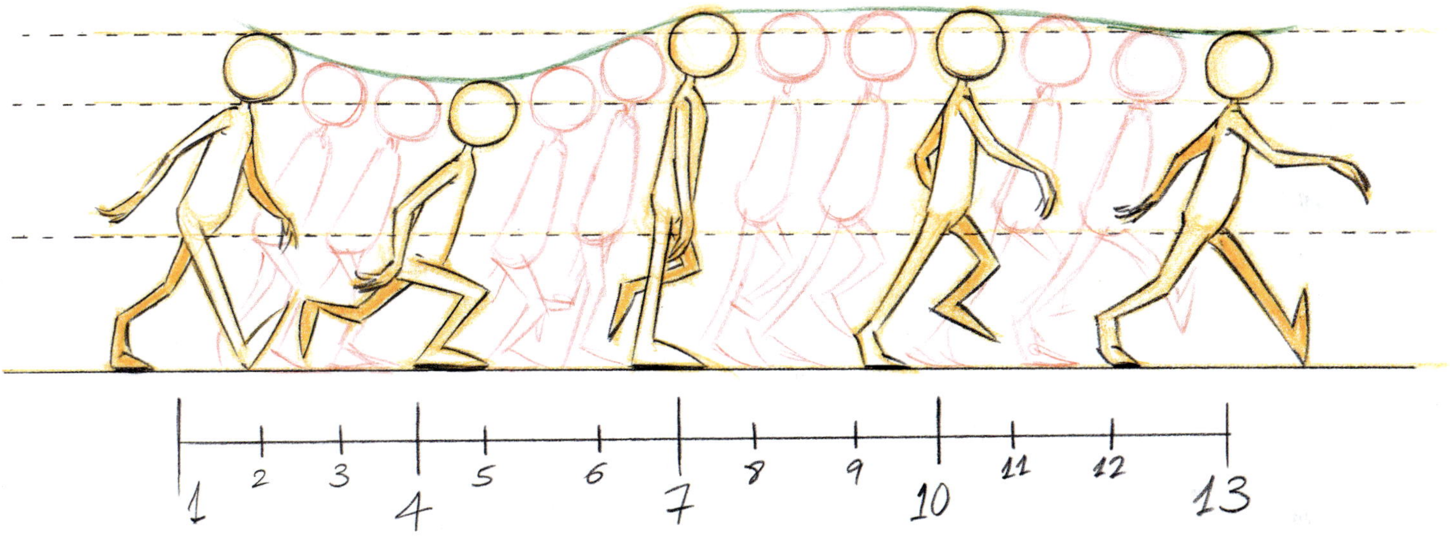

BÖGEN, ACHSEN UND PERSPEKTIVE

Wir müssen noch weitere allgemeine Merkmale berücksichtigen, wenn wir den Gang animieren. Deshalb werden wir im Folgenden mehr auf die strukturellen Aspekte der Schritte eingehen. Die Bewegungen der Arme und Beine, sowie die Streckung und Neigung des Körpers beschreiben bogenförmige Bahnen. Die Bahnen der Mittelachse zeigen die Auf-und-ab-Bewegungen der Schultern, Hüften, die ausgleichende Neigung des Kopfes zum Rest des Körpers, etc. Die Perspektive bringt die Natürlichkeit unserer Figuren zum Ausdruck, indem sie die Zweidimensionalität durch günstige Posen bricht.

Die uns bekannten Grundprinzipien bezüglich der Abfolge und der Bögen sind auch auf den Gang anwendbar. Dazu stellen wir uns vor, die Figur wäre aus mechanischen Gliedern, die in ihrer Bewegung Bögen beschreiben, durch die wir die Illusion einer fließenden Bewegung wahrnehmen.

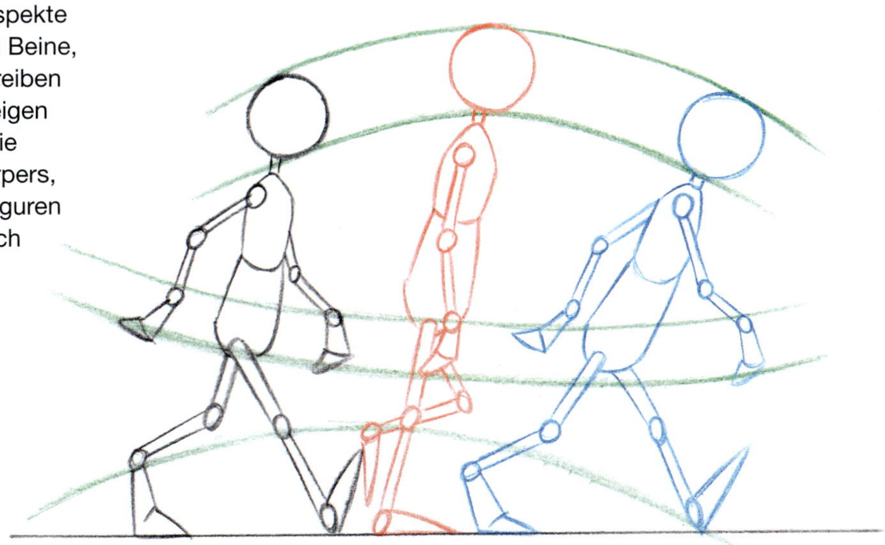

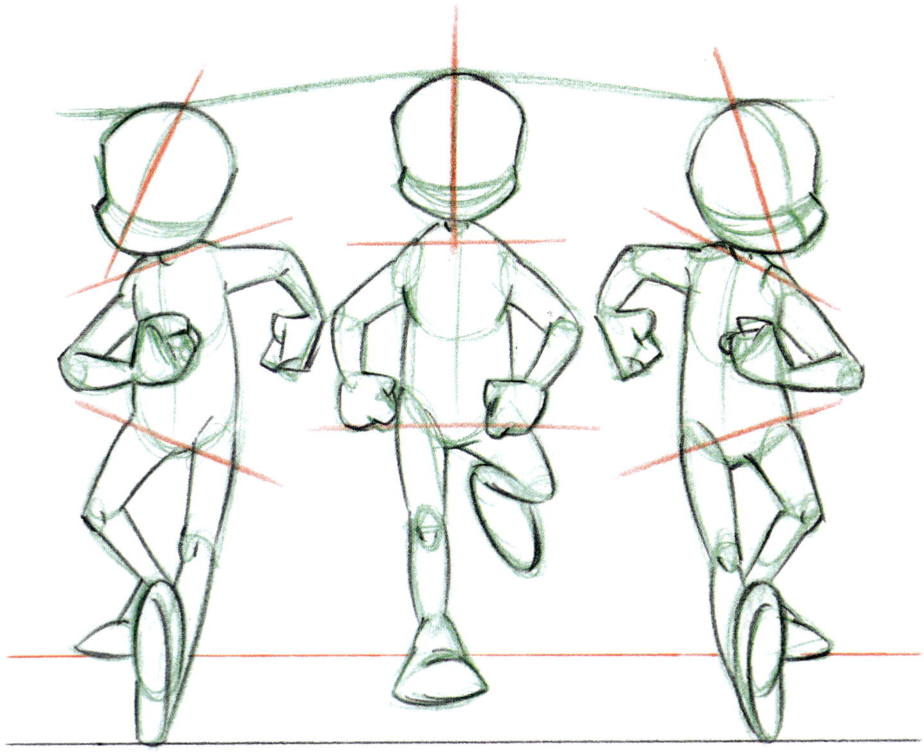

Die Achsen der Schultern und der Hüften sind entgegengesetzt, um die Balance zu halten. Ebenso begleitet die Achse des Kopfes die Bewegung des restlichen Körpers.

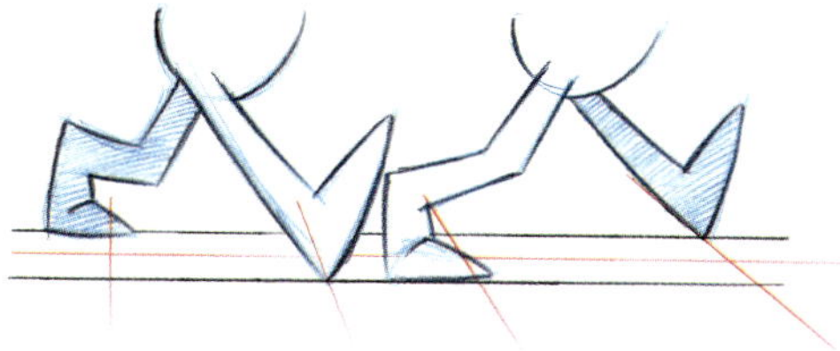

Um mehr Tiefe und Dreidimensionalität in der Bewegung zu erhalten, müssen wir die Perspektive der Figur zum Boden berücksichtigen.

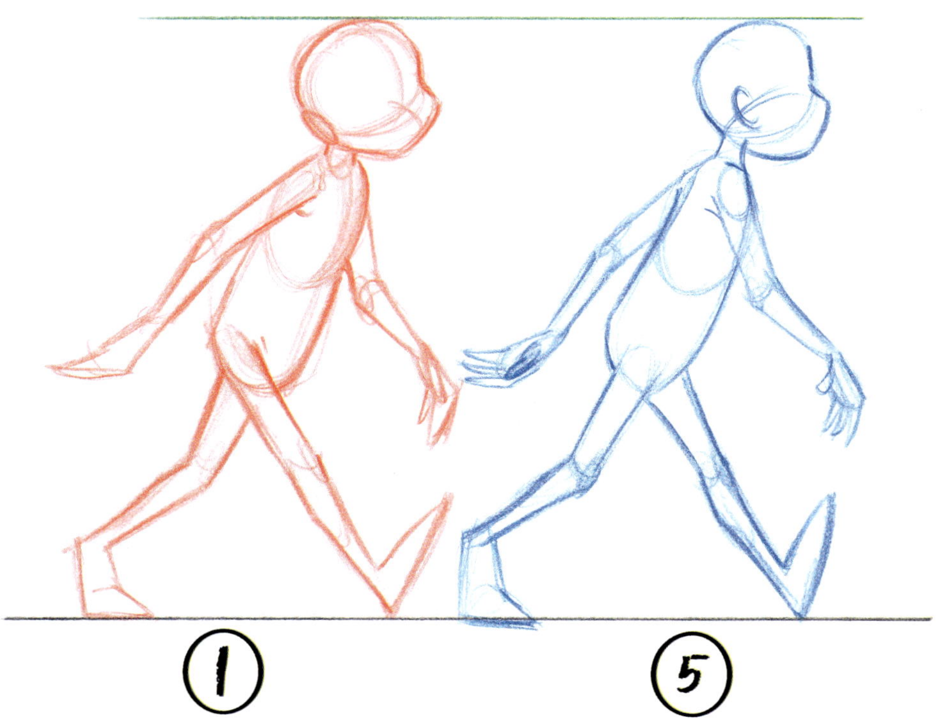

DIE HAUPTPHASEN DES GANGES

Um den Zyklus eines Schrittes zu animieren, nehmen wir zunächst ein Teilstück aus der vorigen Analyse des Ganges, erstellen daraus die Hauptphasen und legen die Reihenfolge fest. So stellen wir sicher, dass die Figur in jedem Moment der Animation überzeugend wirkt und der Zyklus gut strukturiert wird.
Es ist am einfachsten, wenn man mit den zwei entgegengesetzten Posen beginnt, bei denen beide Füße in Bodenkontakt sind. Der Vorteil dabei ist, dass wir die Figur im Gleichgewicht haben, und außerdem sind Schrittlänge und die Position der Arme festgelegt.

Wir wählen als Extrempositionen die Zeichnungen 1 und 5, da sie uns nicht nur die maximale Schrittweite und Armbewegung zeigen, sondern auch die größtmögliche Drehung des Oberkörpers und die damit verbundene Neigung des Kopfes.

Die folgende Hauptphase ist die 3, da sich dort die Arme direkt am Körper befinden, um nun die Richtung ihrer Bewegung zu verändern, die der Bewegungsrichtung der Beine immer entgegengesetzt ist. Ein Fuß ist vollständig in Bodenkontakt während sich der andere in einer zentralen Position befindet, bereit den folgenden Schritt auszuführen. Ebenso befinden sich der Oberkörper und der Kopf in gestreckter und zentrierter Haltung. Diese dritte Hauptphase des Schrittes bildet die Eckphase, in der wir dem Schritt einen persönlichen Ausdruck verleihen können.

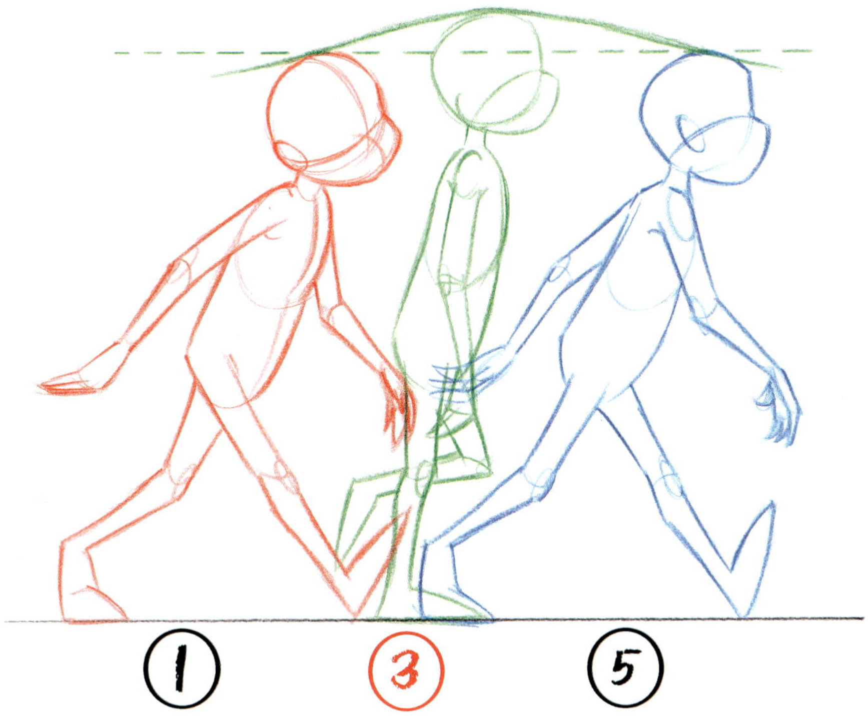

DIE ZEICHNUNGEN 2 UND 4 – HAUPT- ODER ZWISCHENPHASEN?

Wenn wir alles bisher gesehene beachten, wäre es logisch zu denken, dass die Zeichnungen 2 und 4 die folgenden Hauptphasen sind, die schließlich den Zyklus des Schrittes vervollständigen. Dazu gibt es jedoch eine Alternative, die darin besteht, die Zeichnungen 2 und 4 als Zwischenphasen zu verwenden. Auf diese Weise wird nicht nur die Funktion des Schrittes perfektioniert, sondern auch die Arbeit des Animators vereinfacht.

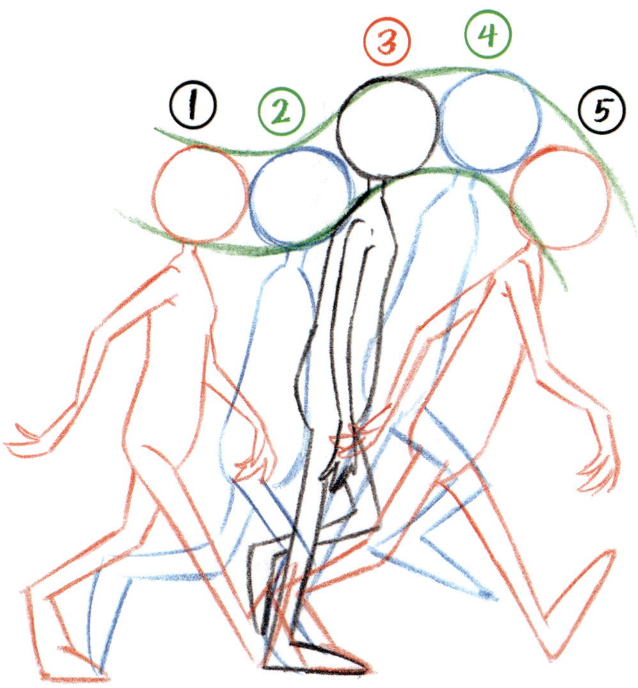

Die akademische Methode, bei der wir die Zeichnungen 2 und 4 als neue Hauptphasen verwenden, eröffnet uns viel mehr Möglichkeiten, auf der Suche nach verschiedenen Ergebnissen zu experimentieren.

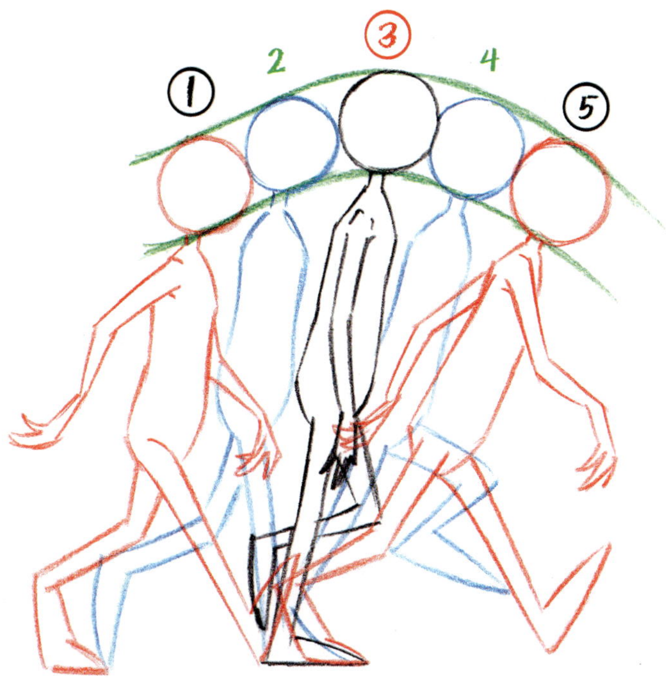

Bei der anderen Vorgehensweise verwenden wir die Zeichnungen 2 und 4 als Zwischenphasen. Man sollte beide Methoden versuchen, die Unterschiede beobachten und diejenige anwenden, die sich im Einzelfall am besten eignet.

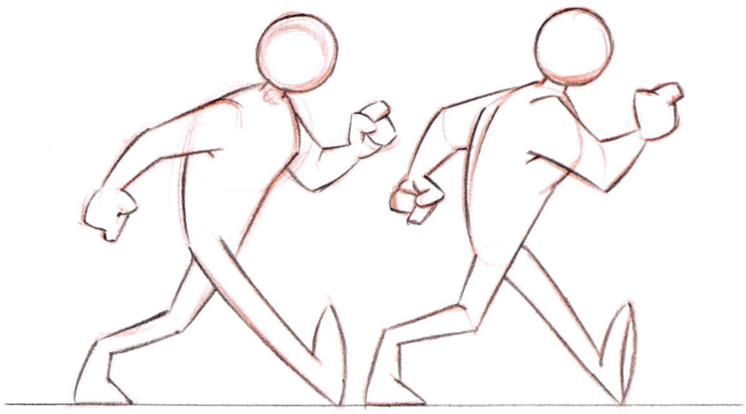

Um das Wesen jeder Figur herauszustellen und ihr Persönlichkeit zu geben, müssen wir sie genau untersuchen und eine Gangart finden, die zu ihr passt.

die Art zu Gehen als Ausdruck der Persönlichkeit

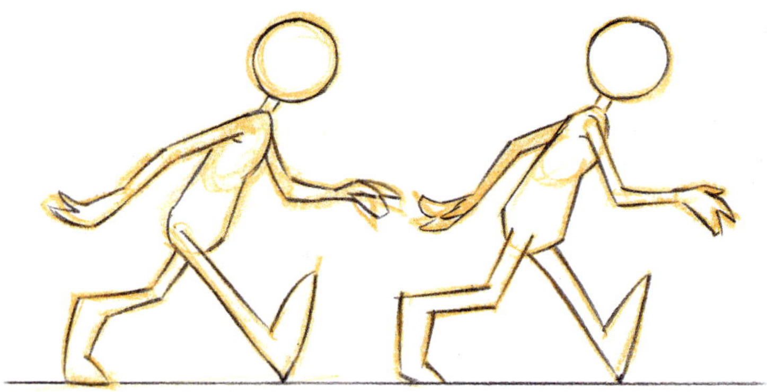

Die Gangart einer Figur ist Teil ihrer Haltung und ihrer physischen und psychischen Eigenschaften. Folglich bewegen sich Kinder anders als Erwachsene, und Helden anders als Cartoons. Ihr Gang verrät uns genauso viel über sie wie ihre Ausdruckskraft, ihre Typik, sowie ihre Art sich zu bewegen oder zu sprechen.
Möchten wir unseren Figuren durch die Gangart Persönlichkeit und Charakter verleihen, müssen wir die folgenden wichtigen Faktoren unbedingt berücksichtigen.

DIE HAUPTPHASEN

In den Hauptphasen 1 und 5 hat die Figur mit beiden Füßen Bodenkontakt. Mit diesen beiden Phasen legen wir die maximale Schrittweite jeder Figur fest, sowie den Abstand ihrer Armbewegungen und indem wir das Verhalten ihrer Hände variieren, können wir ihr ein besonderes Merkmal verleihen, das ihre Persönlichkeit herausstellt.

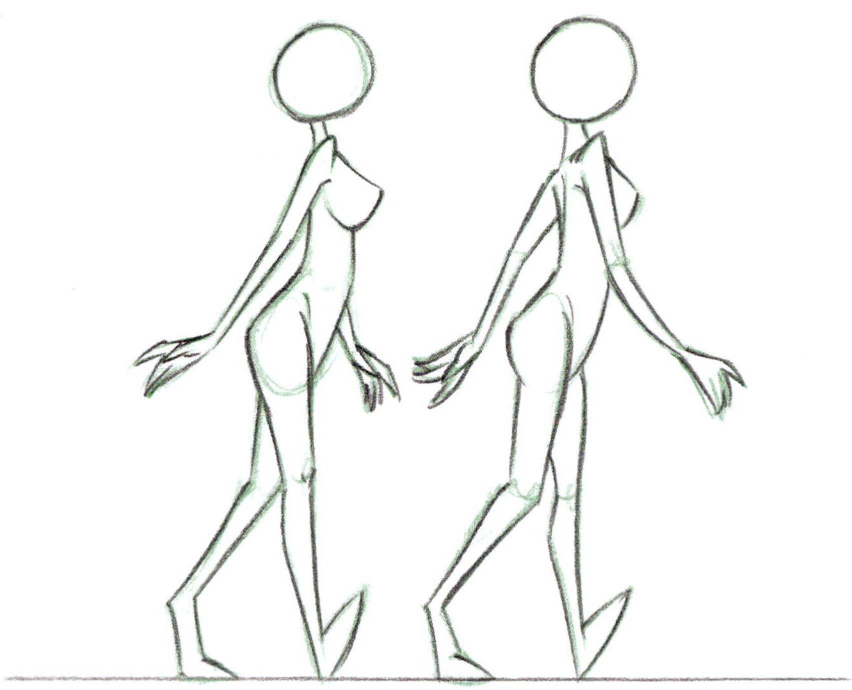

Ausdruck der Persönlichkeit im Gang mittels der Hauptphasen.

DIE ECKPHASEN

Mit der Phase 3 können wir verschiedene Variationen im Gemütszustand und im Rhythmus der Schritte einer Figur darstellen.
Haben wir erst einmal den Gang einer Figur durch die zwei Posen der Hauptphasen geplant, sind die Entscheidungen, die wir bezüglich dieser neuen Hauptphase treffen, sehr wichtig, und werden die Gangart der Figur gravierend beeinflussen. Indem wir die Arme und Beine mehr öffnen oder schließen, sie während des Schrittes nach oben oder unten schwingen lassen, oder die Neigung des Körpers verändern, können wir eine Figur dynamisch, ungeschickt, entschlossen, müde, hinterhältig, etc. erscheinen lassen. Wenn wir all das mit der Anzahl der benötigten Zeichnungen und dem gewünschten Rhythmus für jede Handlung kombinieren, werden uns sehr spannende Ergebnisse gelingen.

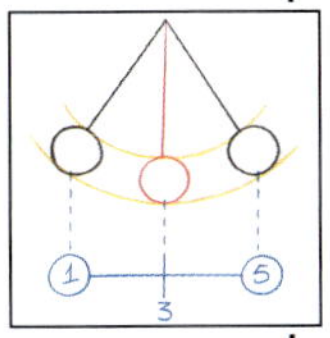

Die Eckphase in einem Animationszyklus erfüllt die gleiche Funktion wie im Beispiel mit dem Pendel. Ihre Aufgabe ist es, den Rhythmus zu verändern und dem Gang ein besonderes Merkmal zu verleihen.

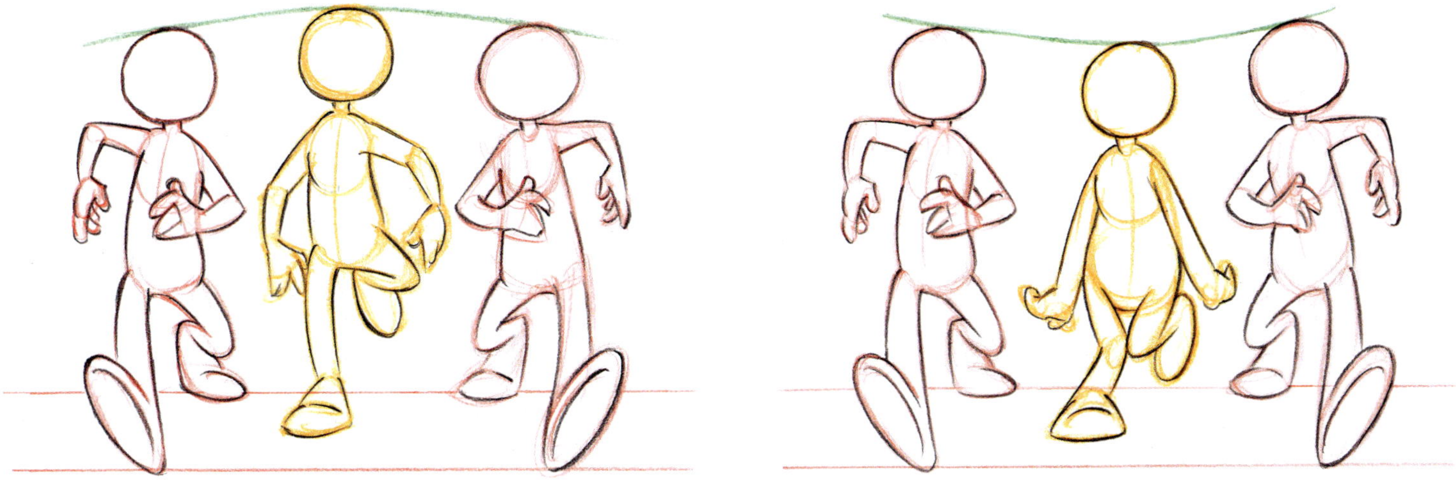

Die zentrale Zeichnung ist die Nummer 3 unserer vorigen Hauptphasen. Sie stellt die Grundunterschiede zwischen den Gangarten heraus.

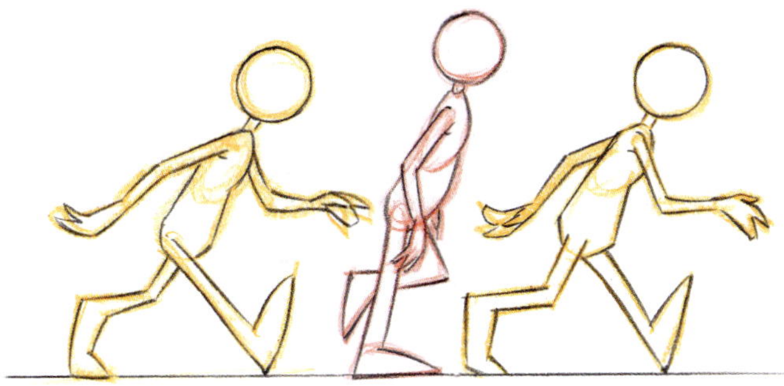

Ausdruck der Persönlichkeit im Gang mittels der Eckphasen.

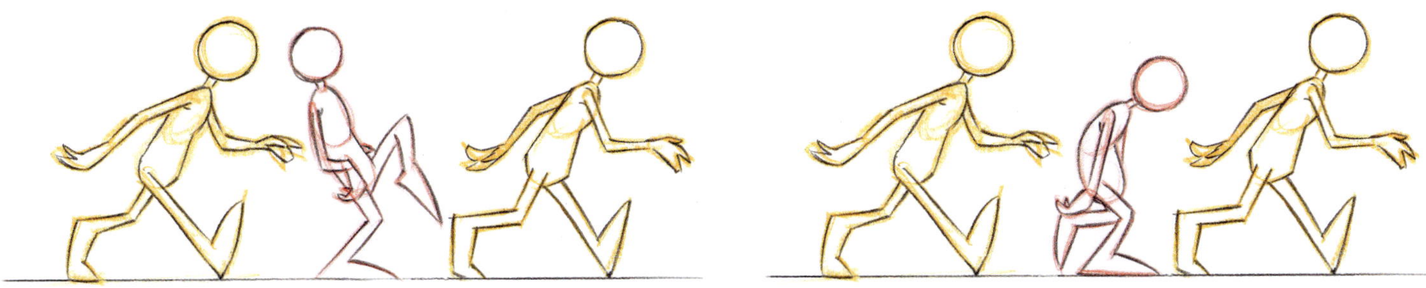

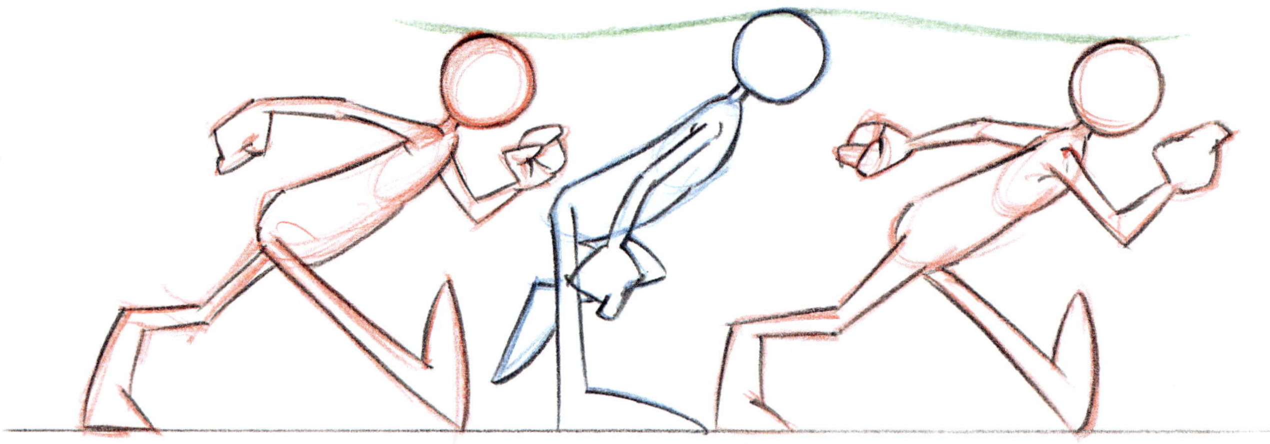

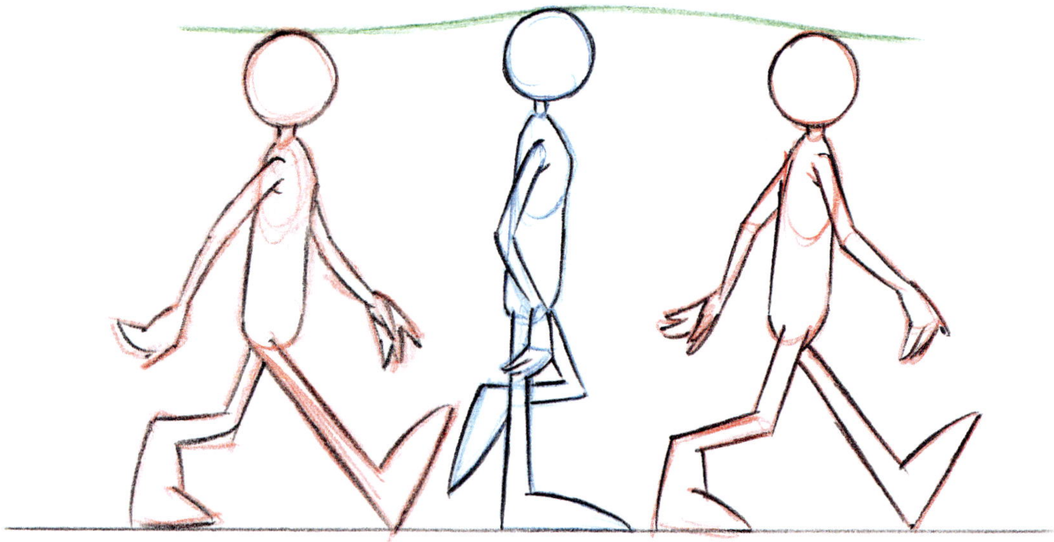

DIE NEIGUNG
Den Neigungsgrad des Schrittes kontrollieren wir durch die Gravitationsachse der Figur. Jede Veränderung weist auf klare Differenzen im Verhalten der Figur hin, wie etwa auf Eile oder einen besonderen Gemütszustand. Wir müssen diese Neigung unbedingt auf die drei Grundhaltungen übertragen (1, 3 und 5), damit der Schritt zu jedem Zeitpunkt zusammenhängend wirkt.

Ausdruck der Persönlichkeit im Gang mittels der Neigung.

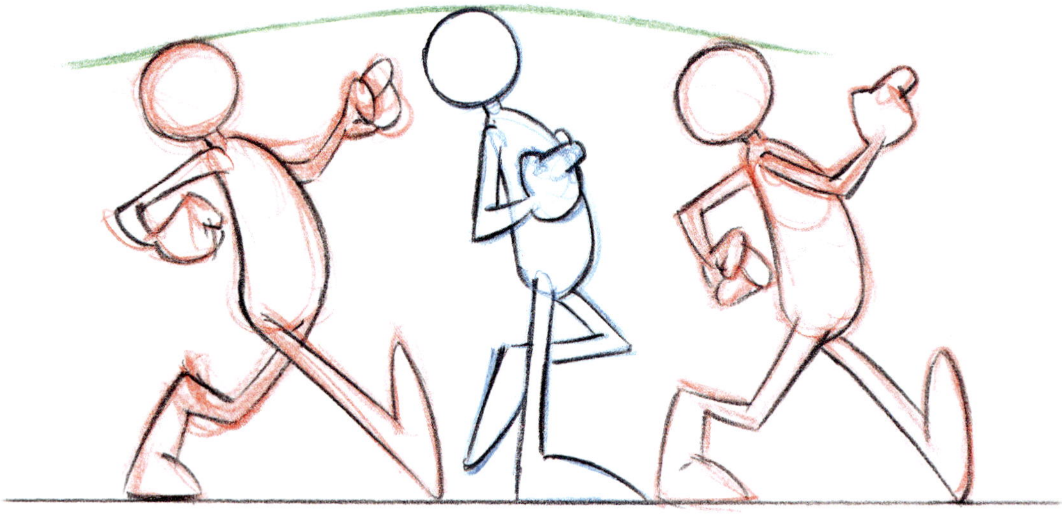

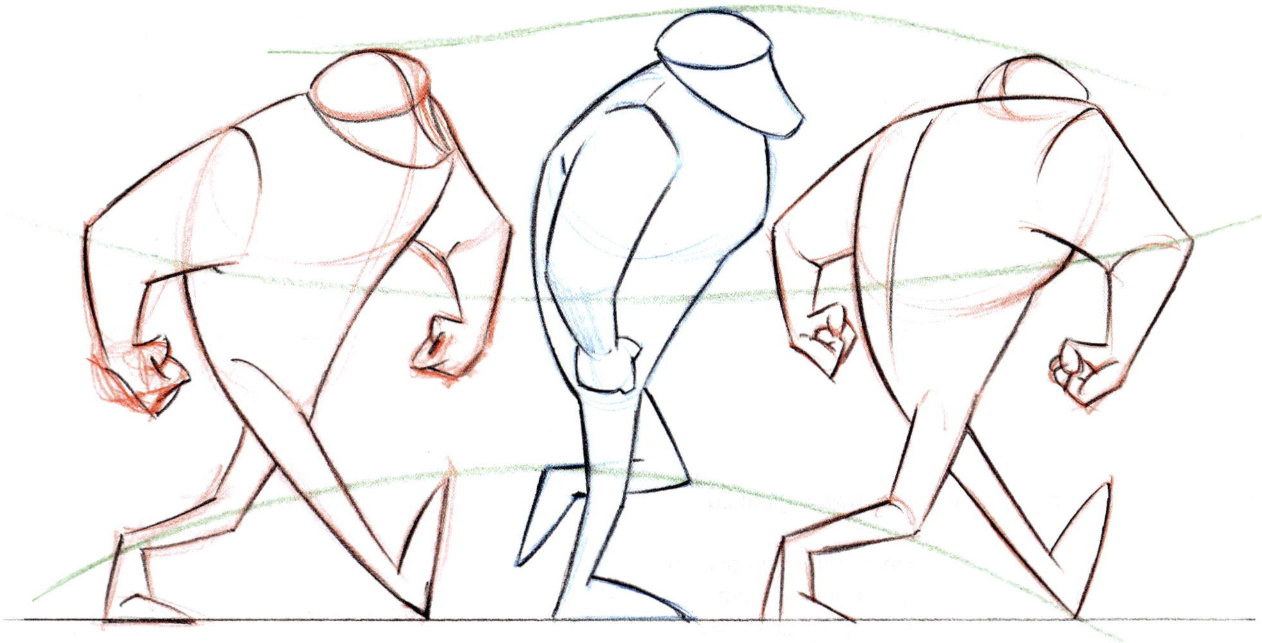

HARMONIE IM ABLAUF DURCH BÖGEN

Zu den entscheidensten Merkmalen, die uns bei einer laufenden Figur ins Auge springen, gehören auch die Art wie sie ihre Arme bewegt, der Verlauf des Bogens, der die Verschiebung ihrer Füße festlegt und das allgemeine Auf und Ab ihres Körpers beim Gehen. Um den Ablauf des Ganges nach unseren Vorstellungen harmonisch umzusetzen, ist es wichtig, alle Bewegungen der verschiedenen Körperteile in Bogenform darzustellen.

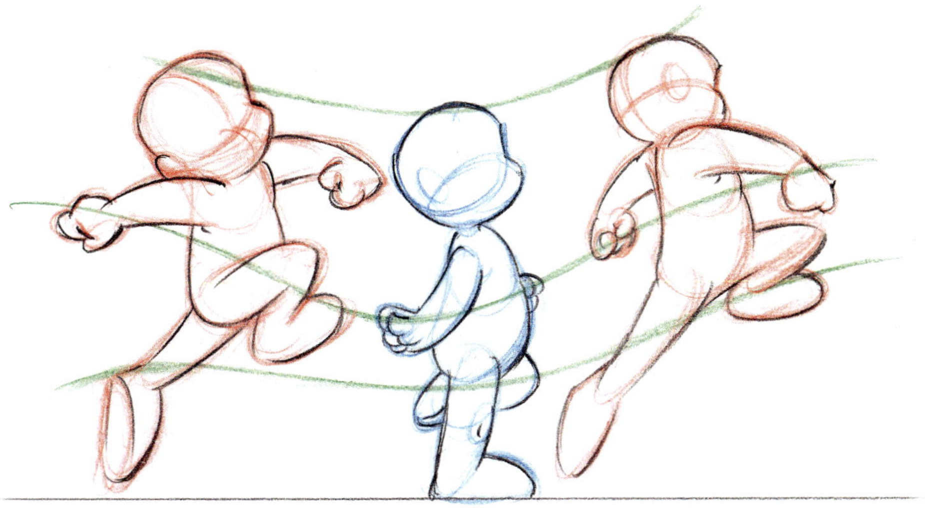

Ausdruck der Persönlichkeit im Gang mit Hilfe der Bögen.

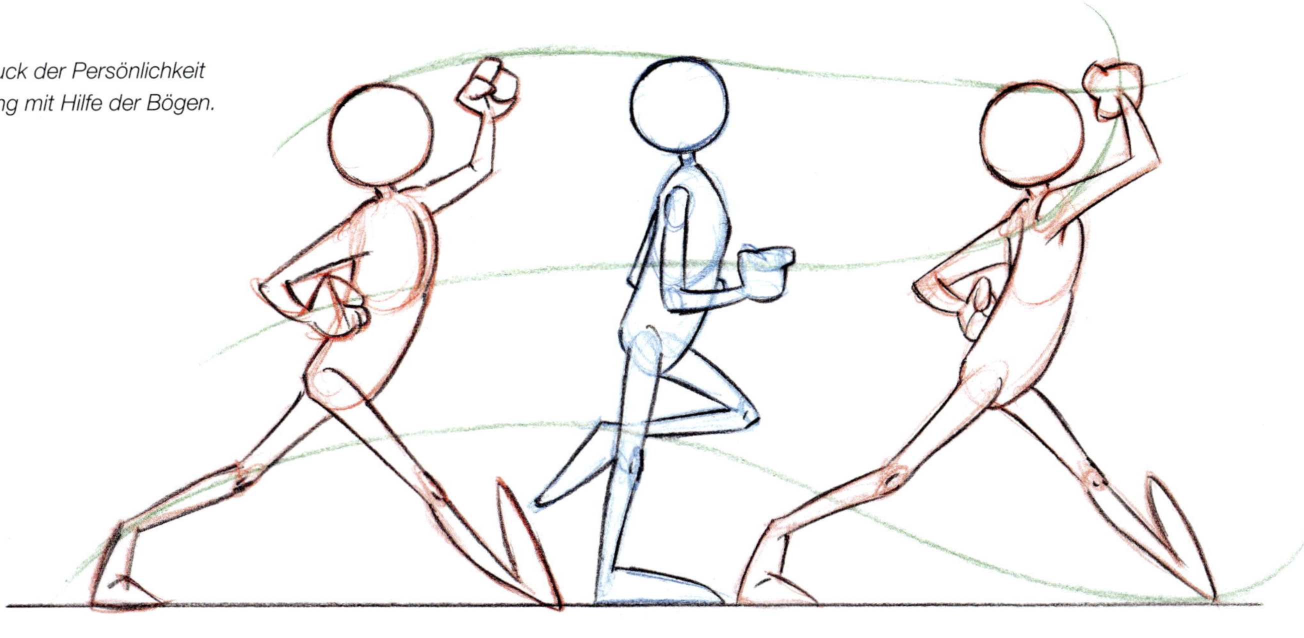

SCHNELLES LAUFEN, RENNEN

Um Laufzyklen für eine Figur zu erstellen, wenden wir die selben Prinzipien an, wie beim Gehen. Unterschiede gibt es nur in der Neigung und bei den Posen mit Bodenkontakt. Der Rhythmus des Laufens legt die Geschwindigkeit fest und damit auch die Anzahl der Zwischenphasen. Wir erinnern uns, dass wir zwischen vier und acht Zeichnungen einbildweise aufnehmen, um das Gefühl von realer Geschwindigkeit zu suggerieren.
In der Zeichnung „A" sehen wir eine Pose der Hauptphase, in der beide Füße Bodenkontakt haben. Es handelt sich um eine Zeichnung für ein Gehen. Die Zeichnung „B" zeigt die Figur mehr nach vorne geneigt. Während der Fuß mit Bodenkontakt mehr nach hinten verschoben wirkt, wird der andere Fuß angehoben. Die Höhe des Fußes im Verhältnis zum Boden deutet die Laufgeschwindigkeit und damit die Abfolge des Zyklus an. Die Zeichnung „C" zeigt die Figur im schnellen Lauf mit einer größeren Körperneigung und einem noch höher gehobenen Fuß.

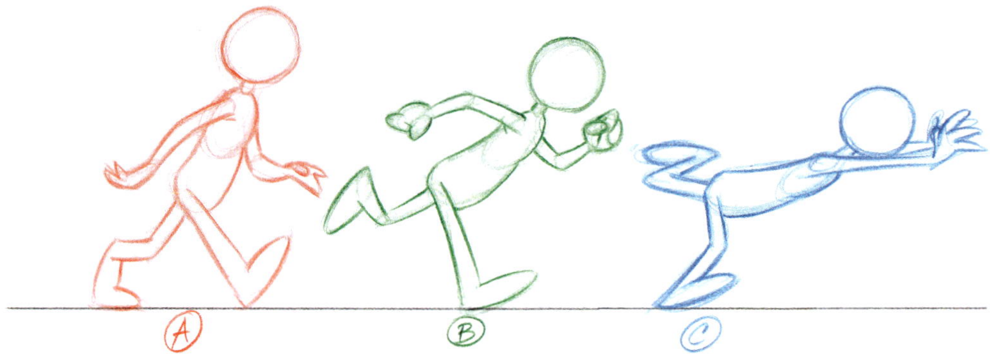

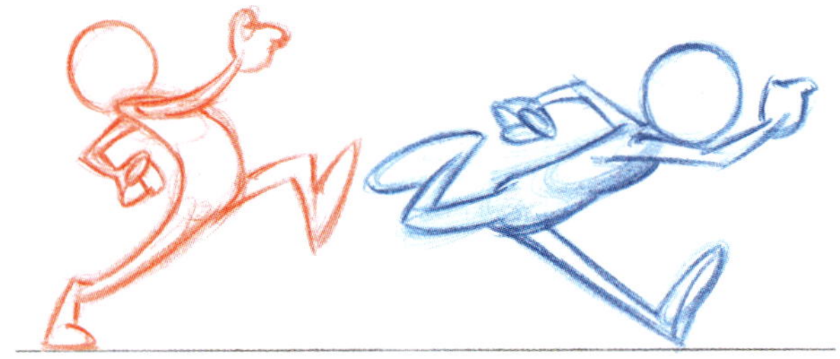

Die Armbewegung, die Körperneigung und die Art des Schrittes legen den Laufstil unserer Figuren fest.

DIE VIERBEINER

Um die Fortbewegung von Vierbeinern zu animieren, verwenden wir die selben Prinzipien wie bei den Zweibeinern. Als Grundlage stellen wir uns vor, dass ein Vierbeiner sich so fortbewegt, wie zwei Menschen, dicht hintereinander, mit leicht versetzen Laufzyklen.

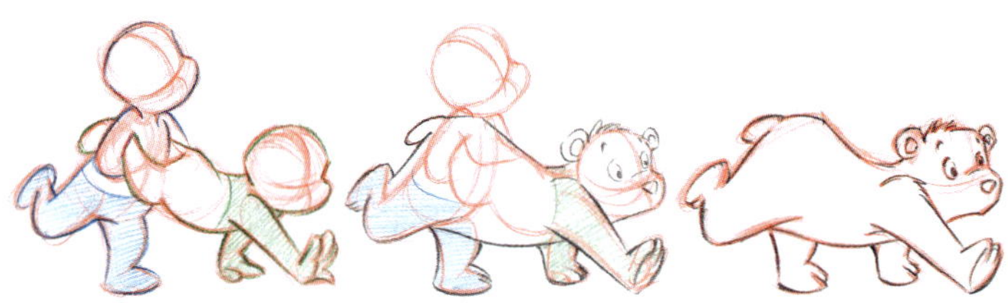

Bei den Zeichnungen 1 und 2 entspricht die Stellung der Hinterbeine der menschlichen Beinstellung in unseren zuvor behandelten Hauptphasen 1 und 5. Dasselbe gilt für die Vorderbeine, die mit Hauptphase 3 (Eckphase) der Animation von Zweibeinern übereinstimmen. Möchten wir einen solchen Zyklus effektiv animieren, müssen wir uns diese Versetzung der Hinter- und Vorderbeine im Fortbewegungsablauf vor Augen halten.

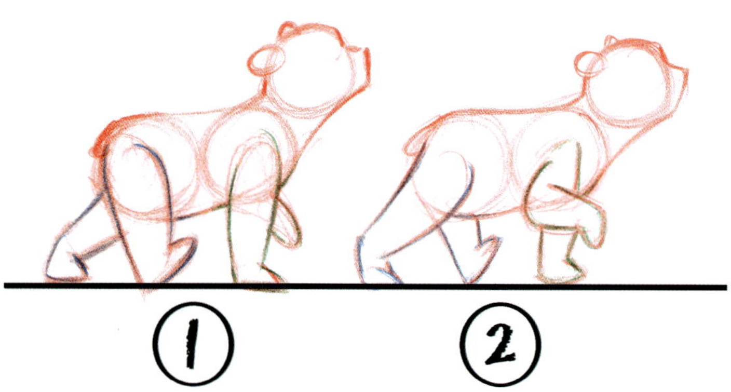

Wir sollten uns gut in der Anatomie der Tiere auskennen, da die Beine nicht bei allen Tieren gleich sind. Die Struktur jedes einzelnen bestimmt die wichtigsten Unterschiede, die man beim Erstellen der verschiedenen Zyklen berücksichtigen muss.

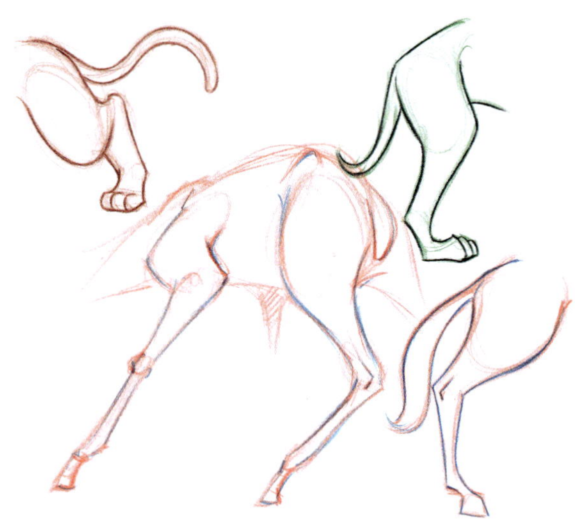

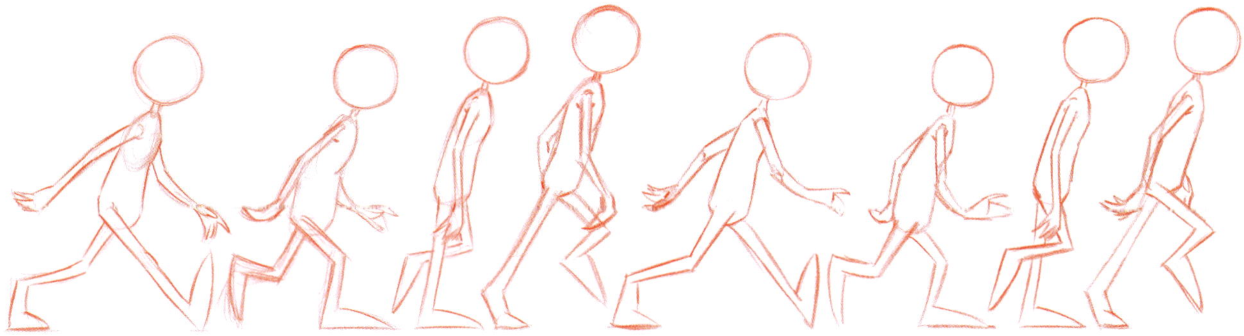

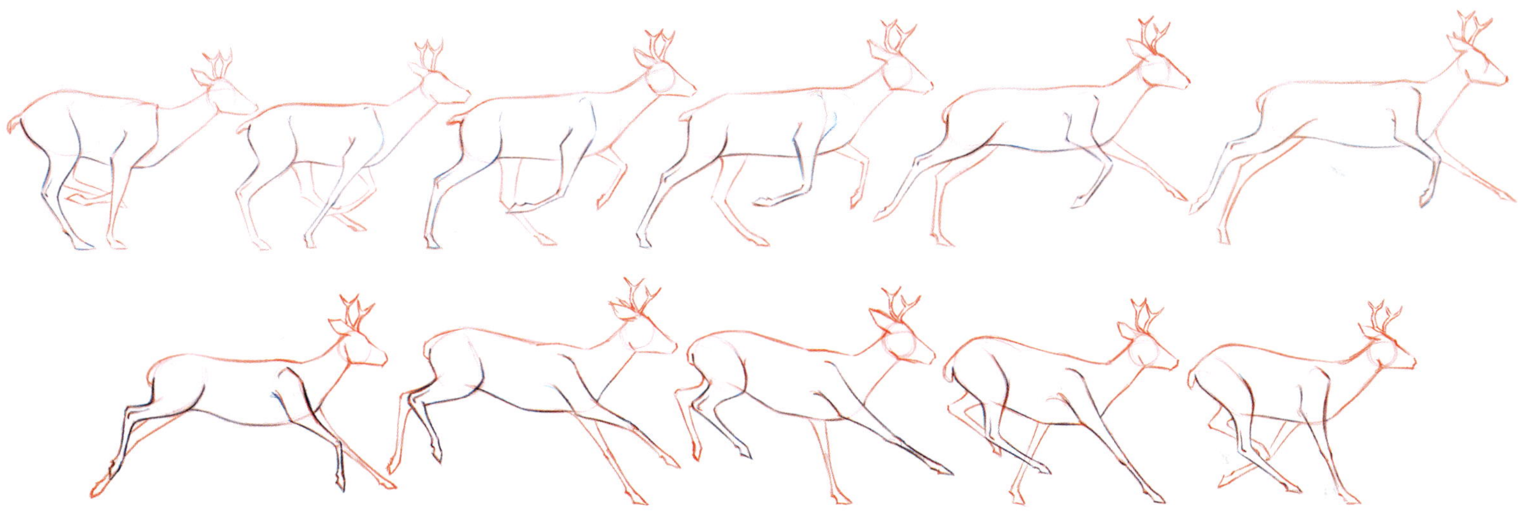

Hier sehen wir einige Beispiele für Zyklen des Gehens und des Laufens bei Zwei- und Vierbeinern. Das Experimentieren mit den zuvor beschriebenen Prinzipien hilft uns dabei, den Charakter unserer Figuren festzulegen.

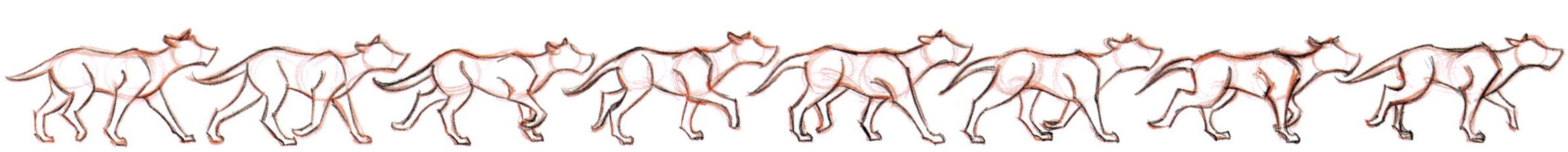

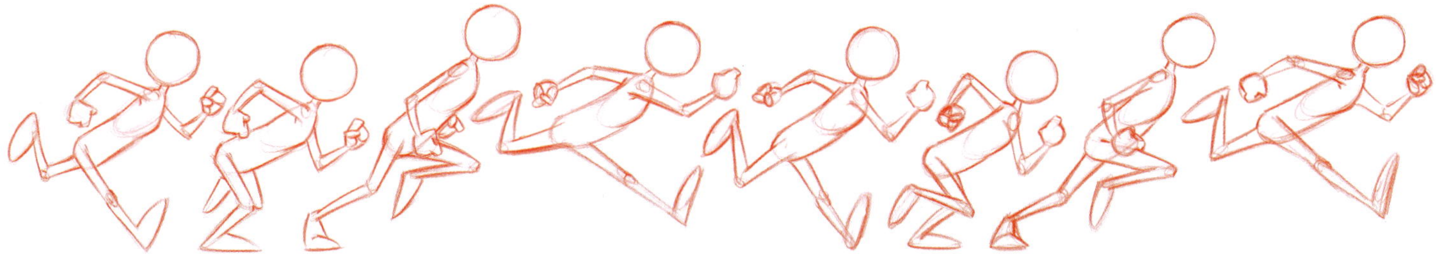

der Ab-schluss

„DIE PRODUZENTEN, AUSGENOMMEN DIE GANZ GROSSEN, WISSEN NICHT WIE MAN SCHREIBT, WIE MAN REGIE FÜHRT, WIE MAN SCHAUSPIELERT, WIE MAN ETWAS ZUSAMMENSTELLT . . . SCHLIESSLICH STEHEN SIE AN DER SPITZE VON ALLEM.“

Billy Wilder.

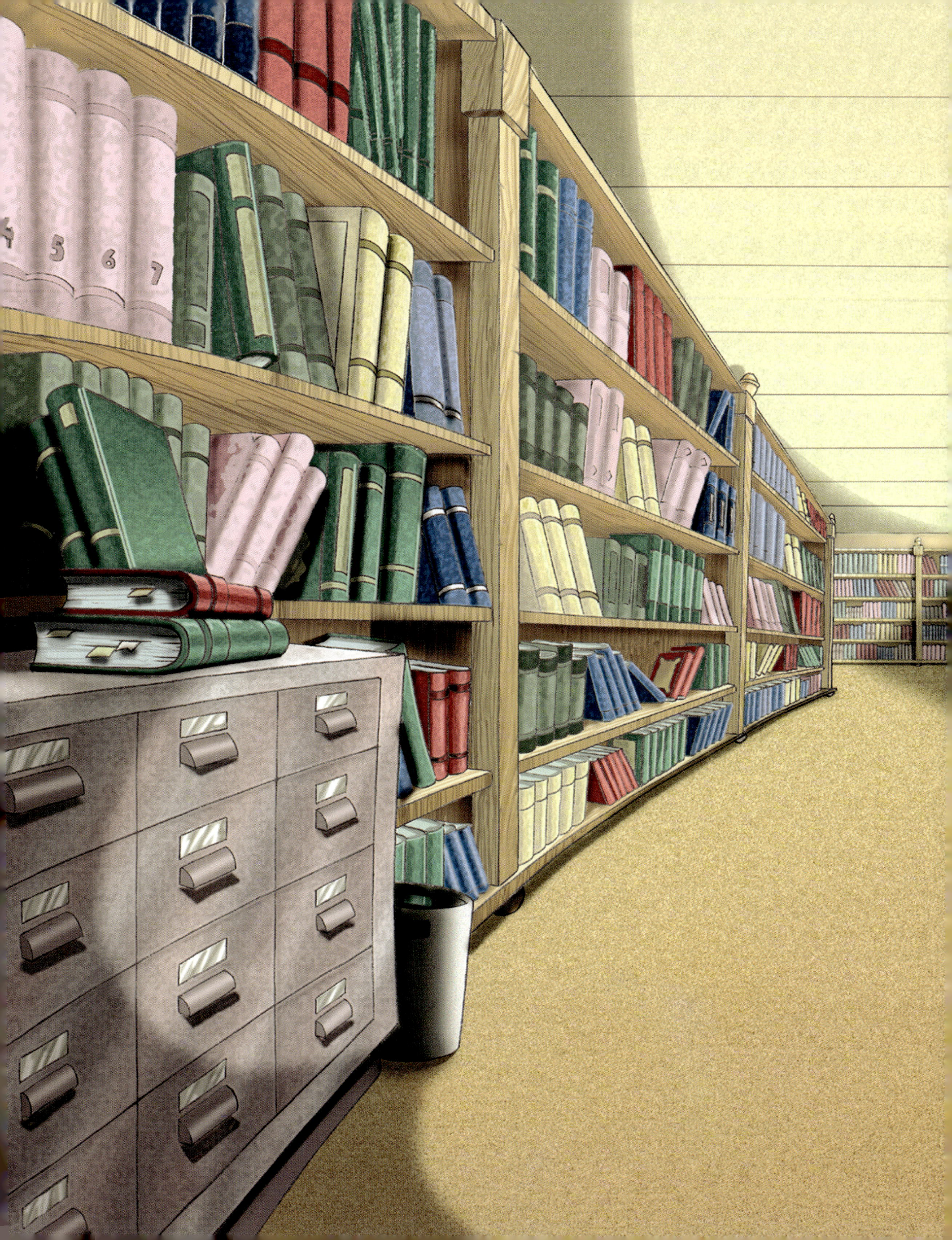
4 5 6 7

die Hintergründe: Schauplätze der Handlung

In der traditionellen Animation sind die Hintergründe meist flach, und die Wirkung in der Tiefe wird mit Ebenen und multiplanen Effekten erreicht. Natürlich spielt sich dieser Prozess in einem Computer ab, zumeist jedoch mit der Absicht, einen klassischen Stil beizubehalten.
Von der schlichten traditionellen Animation, bis hin zur dreidimensionalen Animation (3-D), die vollständig am Computer entsteht, gibt es verschiedene Kombinationen, zum Beispiel die zweidimensionale Animation von Figuren, die in einen dreidimensionalen Hintergrund integriert wird. Dies führt oft zu aufregenden Ergebnissen.
Zwar könnten wir die Möglichkeit nutzen und beide Techniken kombinieren, werden uns aber auf das traditionelle System mit flachen Hintergründen konzentrieren, da es die Grundlage für die klassische Ausbildung zum professionellen Animator bildet. Parallel dazu kann man mit 3-D-Anwendungen experimentieren und versuchen, aus den Ergebnissen den größten Nutzen zu ziehen.

Wir können jede denkbare Technik anwenden, um einen Hintergrund zu erstellen, bei einer größeren Produktion brauchen wir jedoch die Zustimmung der kreativen Abteilung, die schließlich für die Ästhetik des Films verantwortlich ist.
Der Hintergrund ist ein lebendiges Element, da er uns einen Großteil der Geschichte durch sich selbst erzählt. Er stellt die Umgebung der Figur dar, den Ort also, an dem sich die Handlung abspielt. Je nach Szene kann er den Zuschauer in bestimmte Stimmungen versetzen, vorausgesetzt, wir haben die Farbskalen, die sehr wichtig sind, um die Handlung zu untermalen, umfassend geplant.
Die Vorarbeit für den endgültigen Hintergrund haben wir bereits im Kapitel über das *Layout* kennengelernt. Gemäß den Anweisungen des Regisseurs haben die *Layouter* einen einfarbigen Hintergrund mit allen benötigten Darstellungen der Licht- und Schattenverhältnisse erstellt, damit die Hintergrundmaler, die für die Farbgebung zuständig sind, alle Hintergründe einer kompletten Sequenz ausgestalten können.

*Hier sehen wir ein Hintergrund-*Layout *und den entsprechenden fertigen Hintergrund.*
Die Kolorierer erstellen die Hintergründe unter Einbeziehung der im Layout *angegebenen Lichtverhältnisse, damit die Hintergründe einer Sequenz eine visuelle Kontinuität bewahren und den Vorstellungen des Regisseurs entsprechen.*

Es gibt *Software* zur Umsetzung einer Animation im rein traditionellen Stil. Solche Programme beschleunigen den Prozess der Farbgebung, die Dreharbeiten, die Montagen und die Nachbearbeitung, bewahren aber den Stil der 2D-Animation, was natürlich die Hintergründe einschließt, die mit der klassischen Methode erstellt wurden.

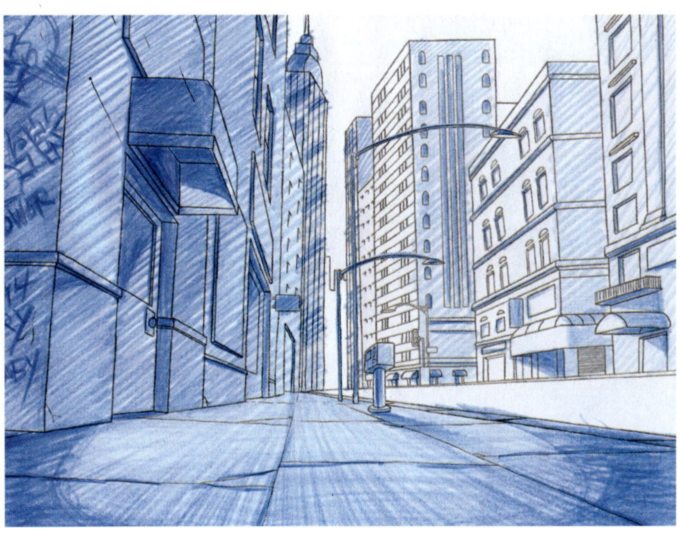

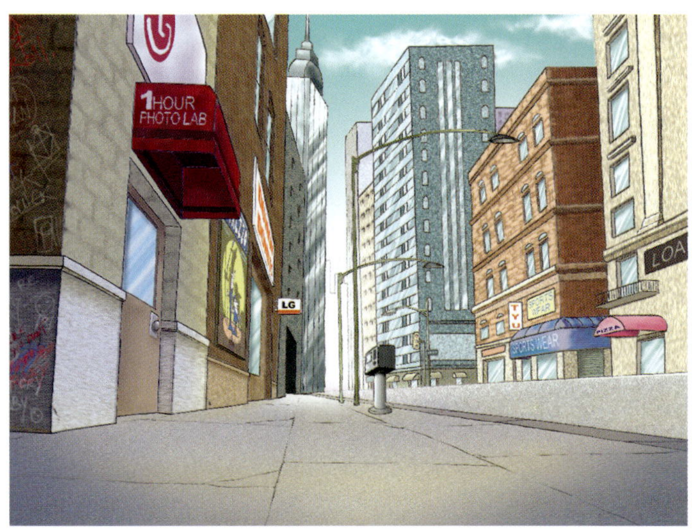

MULTIPLANE HINTERGRÜNDE

Erstellen wir unsere Hintergründe mit dieser weit verbreiteten Methode, können wir ihnen mehr Tiefe verleihen. Ein solcher Hintergrund besteht aus mehreren Ebenen, die sich alle einzeln verschieben lassen. Wir können die animierte Figur mitten hinein platzieren, und sie mit den Elementen des Hintergrunds zusammen spielen lassen.
Unabhängig davon, ob die multiplanen Hintergründe Panoramaformat haben oder nicht, es sind immer *Overlays* und *Underlays* erforderlich.

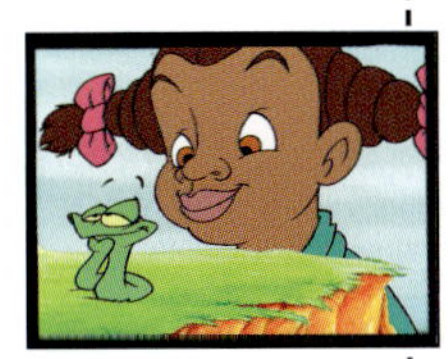

Für eine naturgetreue Wirkung ist es zwingend notwendig, die Figuren mit den Hintergründen, Effekten, etc. richtig zu kombinieren. Dabei ist es hilfreich, den Abschluss jeder Szene vorzuplanen, bevor wir mit den Detailarbeiten beginnen.

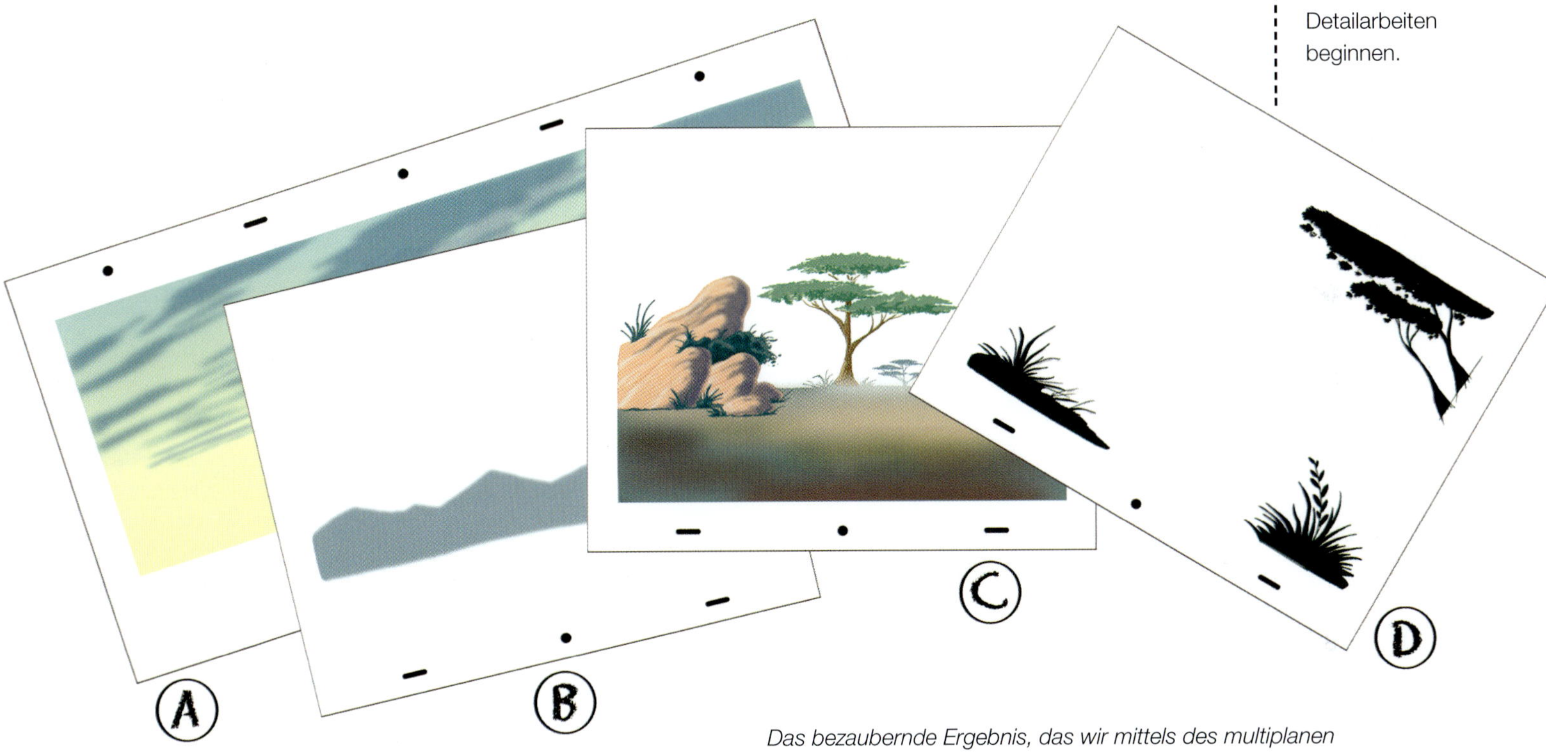

Das bezaubernde Ergebnis, das wir mittels des multiplanen Hintergrunds erzielt haben, entschädigt für die vielen technischen Schwierigkeiten und die anspruchsvolle Planung.

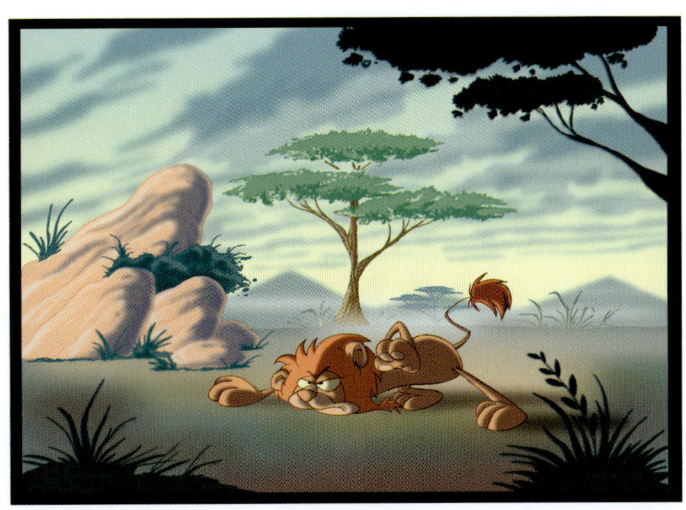

Im oberen Bild sehen wir die in vier Ebenen aufgeteilte Zusammenstellung einer multiplanen Szene. Das Element „A“ ist der Panoramahintergrund eines bewölkten Himmels, das wir mit sehr langsamer Geschwindigkeit horizontal verschieben werden. Das Element „B“ ist ein *Underlay* mit entfernten Bergen, die wir bewusst vom Hintergrund getrennt haben, um dazwischen einen Nebeleffekt einzusetzen, der ebenso wie die Wolken am Himmel vorbeizieht, nur etwas schneller. Das Element „C“ ist ein weiteres *Underlay*, auf dem sich die Handlung der animierten Aufnahme abspielt. Das Element „D“ schließlich ist ein *Overlay* mit Vegetation, das der Komposition Tiefe verleiht. Wählen wir die Einstellung etwas unscharf, können wir die Wirkung der Tiefe noch betonen.
Im rechten Bild sehen wir die zusammengesetzte Szene mit der dazu gehörigen Animation.

PANORAMAHINTERGRÜNDE

Jeder Hintergrund enthält zwei oder mehr Bildausschnitte, die in der Größe ihres Bildfeldes unterschiedlich sein können. In ihnen finden Kamerabewegungen statt, wie beispielsweise Panoramaaufnahmen, *Trackings*, Drehungen oder *Zooms*. Abhängig von der Handlung, die sich in den verschiedenen Bildausschnitten abspielt, können diese Hintergründe sehr groß sein.

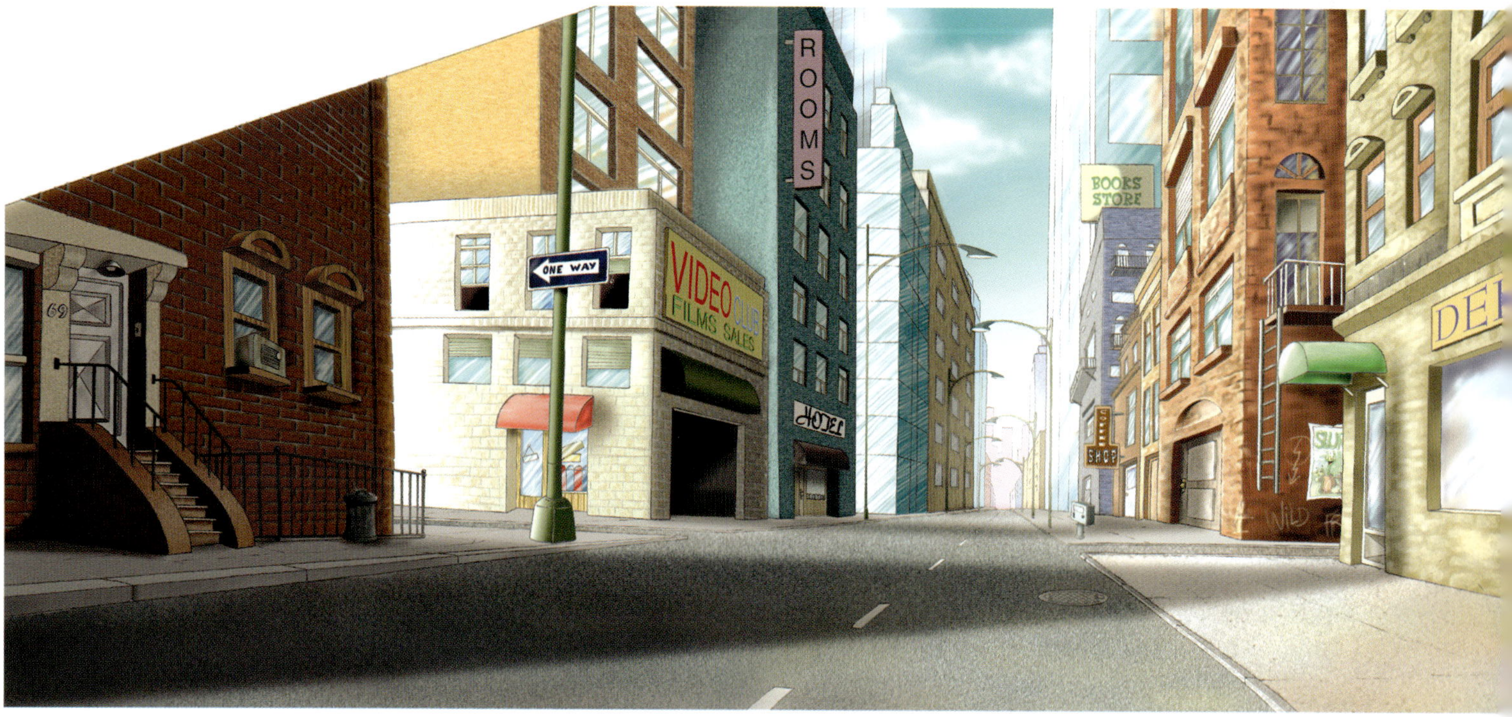

Hier sehen wir ein Beispiel für einen Panoramahintergrund, der sich für bestimmte Kamerabewegungen anbietet. Die Form dieses Hintergrundbildes lässt erahnen, dass es sich in zwei Bildausschnitte, einen mittelgroßen links und einen größeren rechts, aufteilt. Um vom linken Bildausschnitt zum rechten zu wechseln, setzen wir ein Tracking-Out *und eine Panoramaaufnahme ein.*

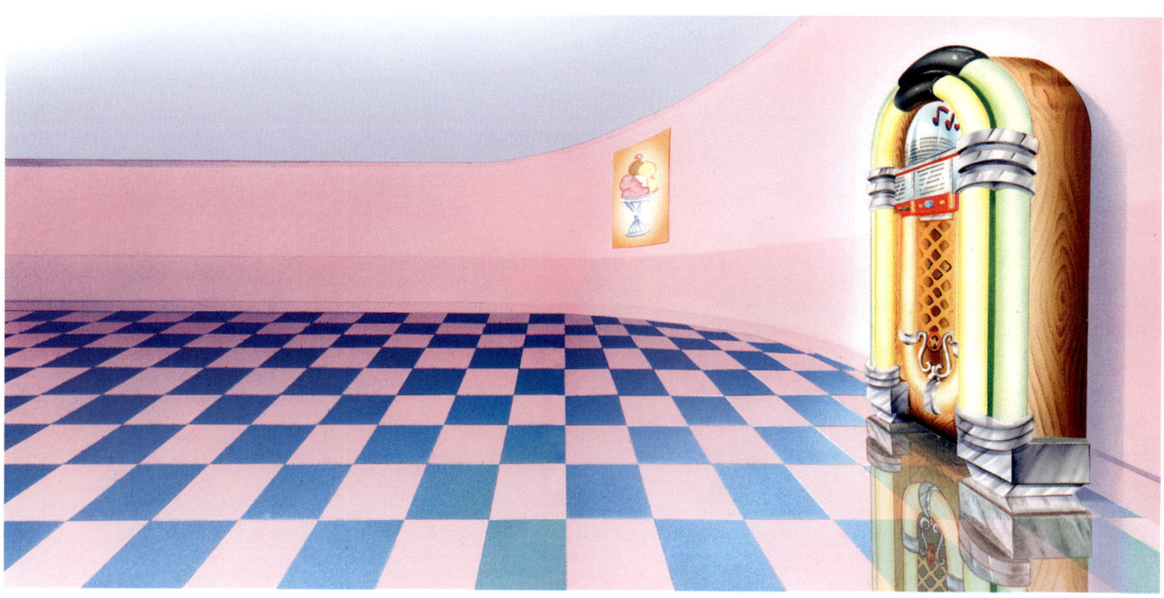

Dieser Panoramahintergrund besteht aus zwei gleich großen Bildausschnitten, die durch eine horizontale Panoramaaufnahme verbunden werden.

VERZERRTE HINTERGRÜNDE

Die verzerrten Hintergründe eignen sich besonders für die Umsetzung eines Reißschwenks (*Zip-Pan*). Es handelt sich hierbei um Panoramahintergründe, die jedoch so angelegt wurden, dass sie die Verschiebungs- und Drehbewegungen, die von einer fixen Kameraposition aus aufgenommen werden, optisch unterstützen. Diese Hintergründe verstärken die Wirkung der Bildtiefe, da es wegen der Verzerrung der Zeichnung in Kombination mit der Kamerabewegung so scheint, als ob wir in die Szene eintauchen oder uns von ihr von ihr entfernen.

Der rechte Hintergrund zeigt eine vertikale Panoramaaufnahme, aber mit veränderter Kameraposition. Wir beginnen die Aufnahme im unteren Bildausschnitt und aus der Vogelperspektive; weiter geht es mit einem vertikalen Schwenk bis zum oberen Bildausschnitt, den wir dann in der Froschperspektive sehen. Der Zuschauer erlebt nicht nur den Schwenk, sondern auch den Effekt, dass die Kamera ihren Winkel entlang der Strecke verändert.

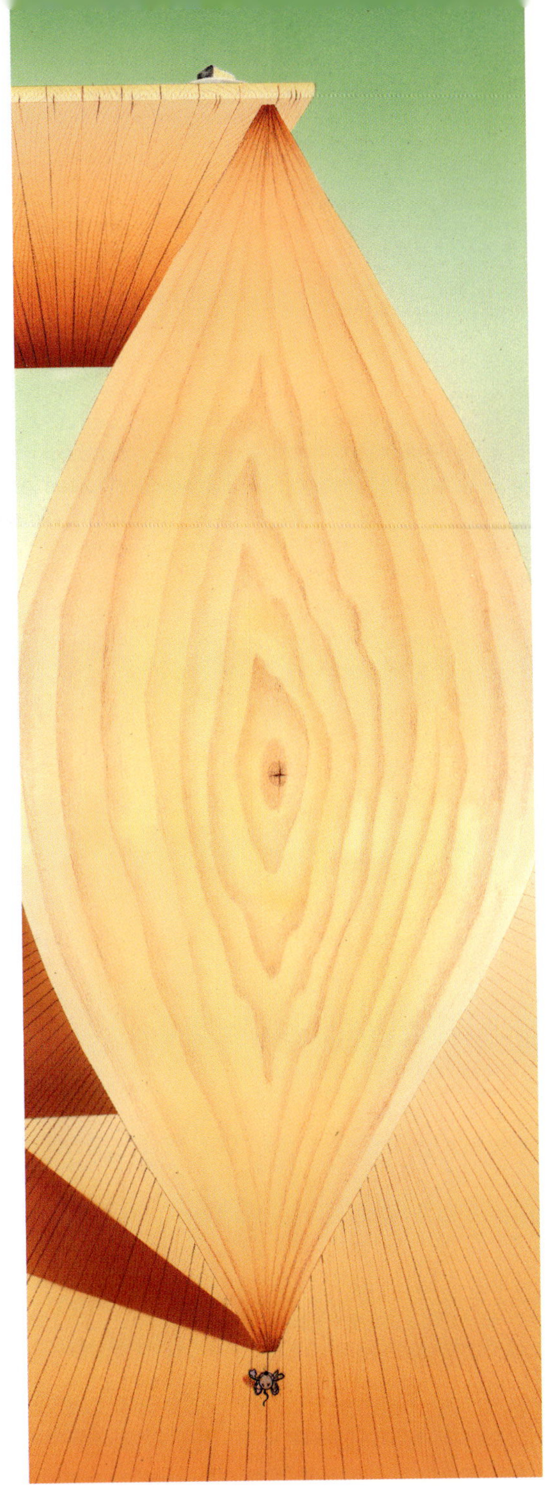

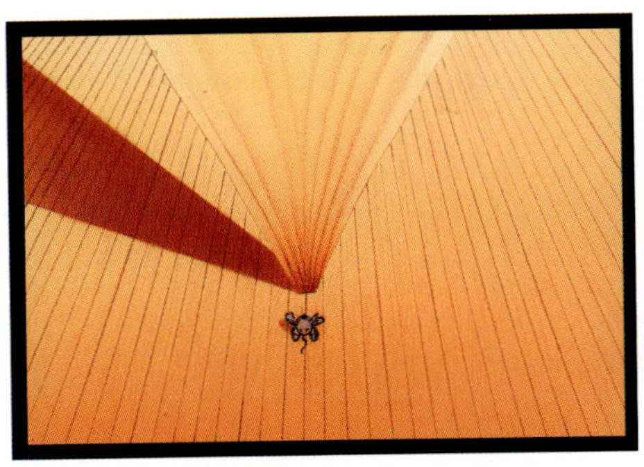

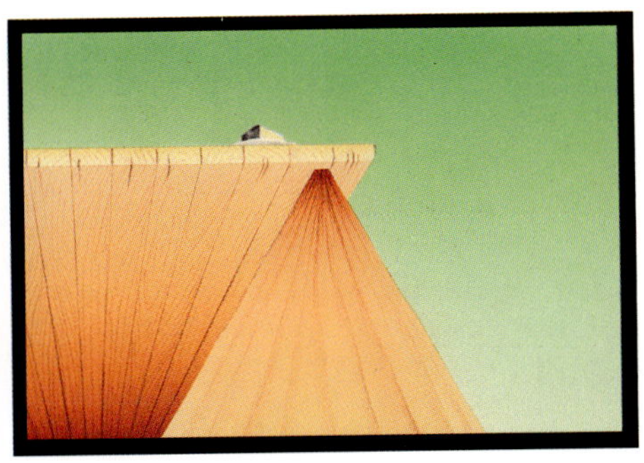

In diesen zwei Bildausschnitten sehen wir deutlich den Effekt von Vogel- und Froschperspektive, der mit Hilfe eines verzerrten Hintergrundes in einer einzigen Aufnahme erreicht wurde.

Wenn wir mit einem horizontalen Schwenk und abwechselndem Tracking-In *zum Zentrum des Hintergrunds und* Tracking-Out *nach außen hin optisch durch diesen Hintergrund „fliegen", erhalten wir das Gefühl einer mitreißenden Halbkreisbewegung, bei der die Kamera in das Hintergrundbild eindringt und sich wieder von ihm entfernt.*

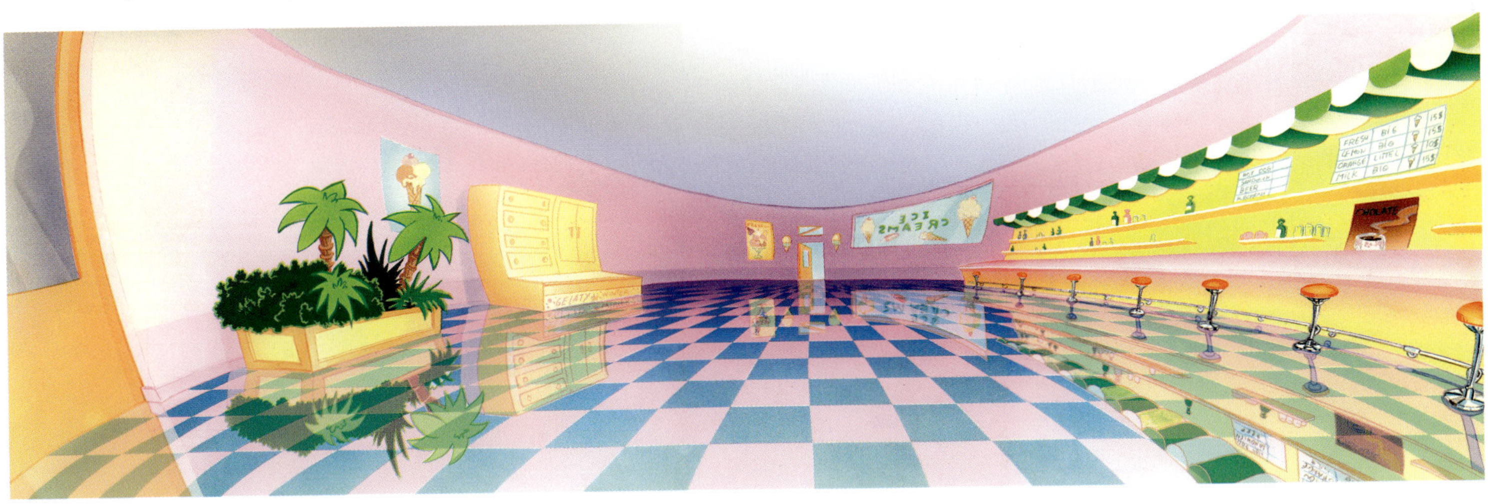

HAUPT- UND FOLGEHINTERGRÜNDE (*RACCORDS*)

Ein Hintergrund ist niemals ein Einzelwerk, selbst wenn er während einer Aufnahme isoliert erscheint. Im Allgemeinen ist er Teil einer Sequenz, die aus mehreren Hintergründen besteht, welche wiederum verschiedene Blickpunkte und Bildausschnitte desselben Ortes zeigen.
Beim Beschreiben einer Handlung, die sich durch den gesamten Film zieht, ist es wichtig, dass sich der Betrachter leicht in die Umgebung einfindet, in der sich die Aktionen abspielen. Um dies zu erreichen, ist eine gute Planung der einzelnen Szenen erforderlich. Hierzu gehören auch die Bearbeitung der Hintergründe und die Aufnahme mit verschiedenen Kameraeinstellungen, damit wir dem Zuschauer auf diese Weise visuelle Kontinuität vermitteln.

Haupthintergrund für eine Sequenz im Inneren einer Bibliothek. Es handelt sich um eine Halbtotale, die uns das Ambiente der Szene, ihre Atmosphäre, die Details und charakteristischen Elemente, ihre Farbe, Beleuchtung und andere Dinge deutlich zeigt.

Unterteilen wir unseren Film in räumlich-zeitliche Bruchstücke, sehen wir, dass jede Sequenz an einem anderen Ort stattfindet, und alle aufeinander folgenden Aufnahmen enthält, die notwendig sind, um uns die Geschichte zu erzählen.
Unabhängig davon, ob sich die Schauplätze innerhalb eines Gebäudes oder außerhalb befinden, beobachten wir, dass es Aufnahmen gibt, die die Umgebung viel besser beschreiben als andere. Meist sind dies Halbtotale oder Totale, die normalerweise für Hintergründe verwendet werden, die viele Informationen, aber keine lebendigen Objekte enthalten, die in einer Nahaufnahme gezeigt werden.
Bei großen Produktionen werden die Hintergrundbilder jeder Sequenz auf mehrere Koloristen aufgeteilt. Es kann jedoch auch der Fall sein, dass ein Teil dieses Teams die Vorlagen der Haupthintergründe erstellt, während der andere Teil an der visuellen Kontinuität der übrigen Hintergründen arbeitet, die notwendig sind, um die Sequenz zu vervollständigen (Folgehintergründe).

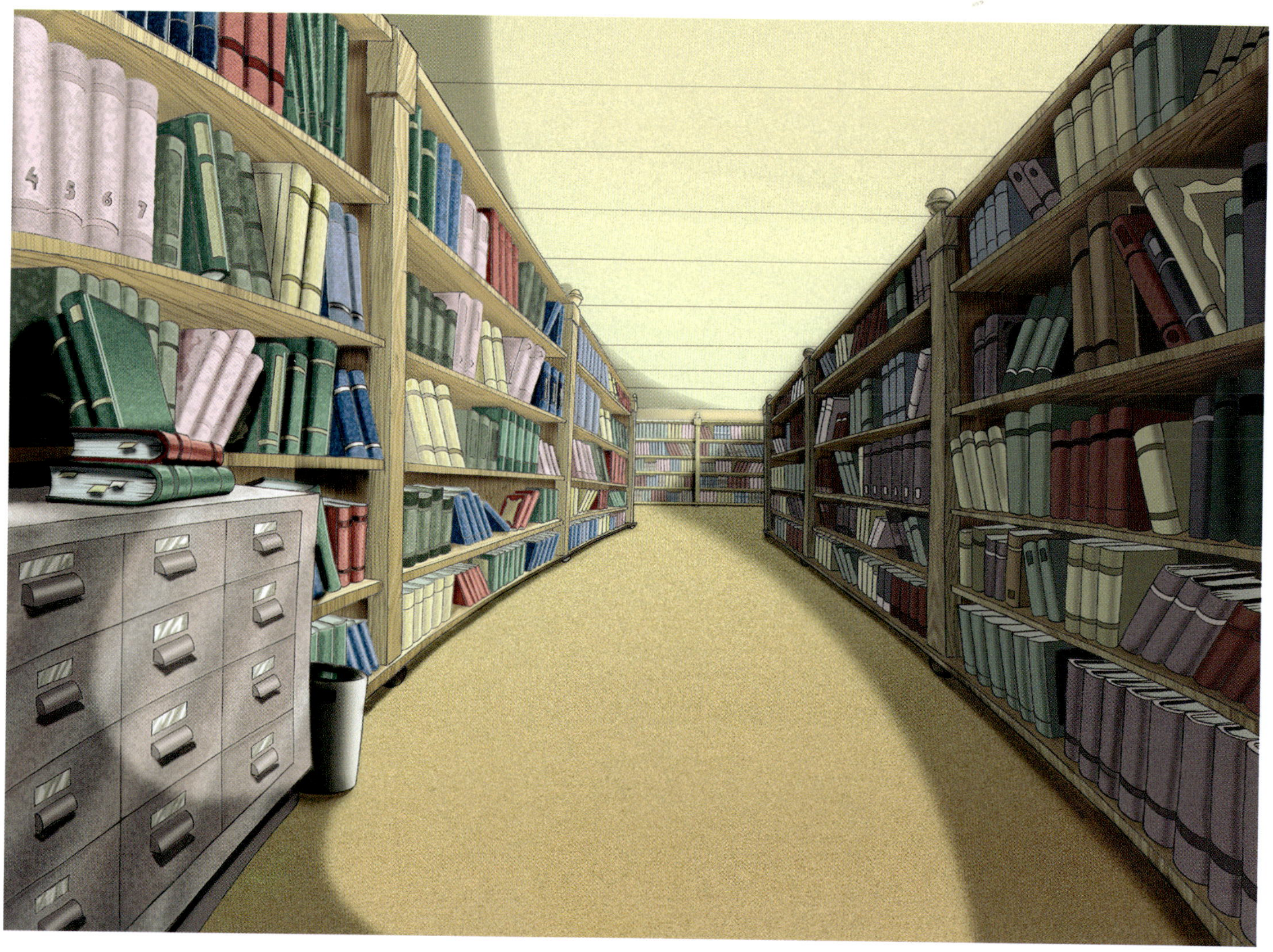

Gegenschuss vom vorigen Haupthintergrund und damit Folgehintergrund derselben Sequenz. Hier sehen wir einen Blickpunkt, der der vorigen Aufnahme gegenüberliegt, aber dieselben chromatischen Qualitäten und identische Licht- und Schattenverhältnisse aufweist.

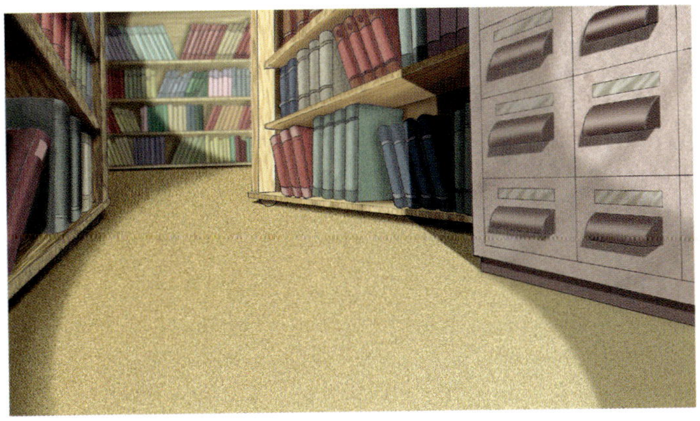

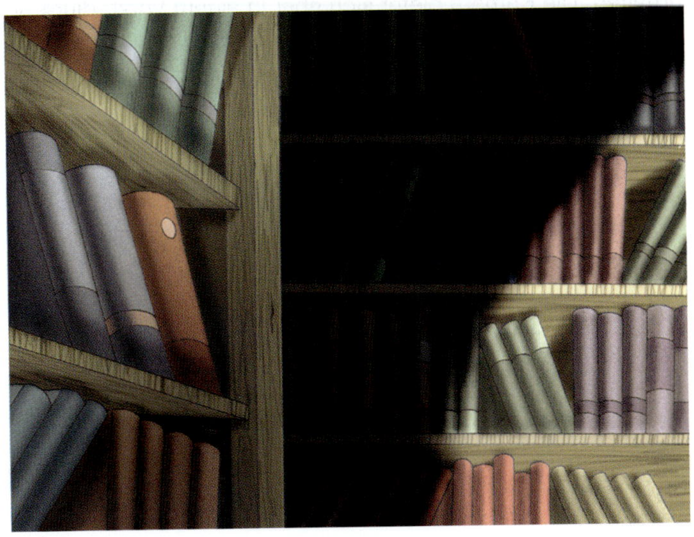

Dieser neue und sehr nahe Blickpunkt zeigt einen wenig beleuchteten Bereich des Schauplatzes und wirkt daher sehr düster und finster. Dennoch diente auch hier der Haupthintergrund als Bezug für die Erstellung.

DER GRAFISCHE STIL

Um die Geschichte zu erzählen, ist es unabdingbar, dass der *Art-Director* und das kreative Team einen einheitlichen ästhetischen Stil entwerfen. Die kreative Kapazität ist endlos, aber für einen Film vereinbaren wir, dass all seine Elemente (Figuren, Requisiten, Hintergründe, etc.) denselben grafischen Stil aufweisen, damit der Erzählfluss konstant bleibt und wir den Zuschauer in eine Phantasiewelt entführen können.
Der festgelegte grafische Stil ist sogar den Animationstechniken und auch der Erzählweise übergeordnet, dem beide stellenweise angepasst werden müssen. Dies ist zwar mit viel Arbeit verbunden, aber zweifellos der beste Weg, um ein überzeugendes Ergebnis zu erschaffen.

Die Hintergründe müssen, genauso wie alle restlichen Elemente oder Figuren, die in der Szene vorkommen, denselben grafischen Stil aufweisen.

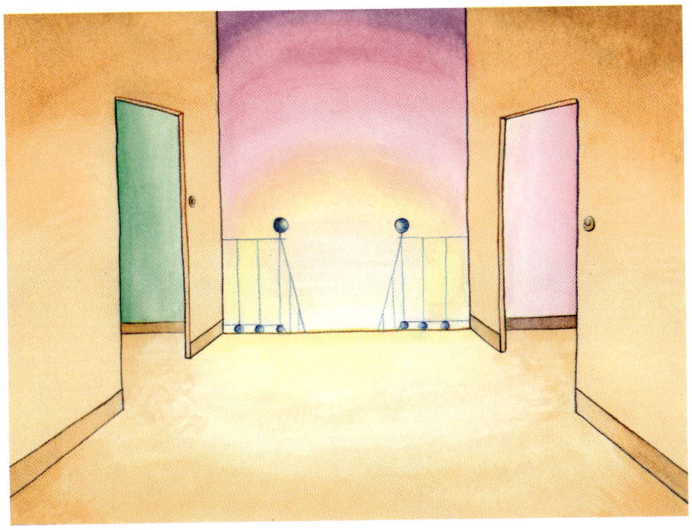

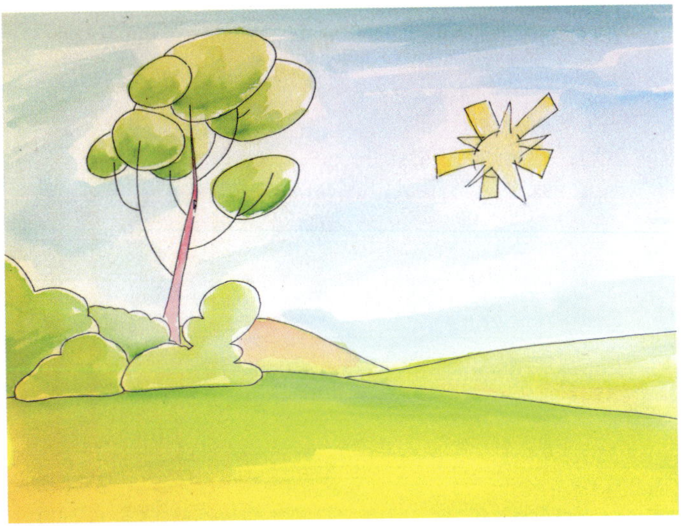

die Arbeit am Computer

Bei der Produktion einer 2-D-Animation kann der Computer zwar sehr facettenreich und auf unterschiedliche Art und Weise eingesetzt werden, jedoch ist die Art der Animation weit entfernt von einem 3-D-Film, der allein durch die Unterstützung der Informatik erstellt wird. Obwohl die klassischen Animationsformeln für beide Medien gültig sind, sprechen wir dabei weder von denselben Programmen, noch von denselben Techniken.

Bei Aufgaben in der 2-D-Animation, die vorher in reiner Handarbeit erstellt wurden, übernimmt der Computer eine ergänzende Rolle und aufgrund stetig weiter entwickelter Software eröffnet er darüber hinaus auch talentierten Amateuren, die sich ein wenig in der Informatik auskennen, die Möglichkeit, die Kunst der Animationszeichnung leicht und direkt umzusetzen. Zudem können wir unser audiovisuelles Werk noch völlig anders präsentieren und auf den Markt bringen, indem wir unseren Film mit Hilfe von Komprimierungsprogrammen auf eine Web-Seite stellen, sodass er weltweit von Benutzern gesehen oder heruntergeladen werden kann. Der Computer hat der Welt der Trickzeichnung unzählige Vorteile verschafft; darunter die Mechanisierung der handwerklichen Arbeit, die es ermöglicht, dieselbe Qualität in weniger Zeit und kostengünstiger zu erreichen.

So wurde die 3-D-Animation zu einem neuen Universum der Darstellung, das perfekt neben der klassischen 2-D-Animation, der Knet-Animation, der Animation mit *Cut-Outs*, etc. existieren kann.

Im Folgenden werden wir uns mit dem Einsatz des Computers bei einem traditionellen Animationsfilm beschäftigen.

DAS ERFASSEN DES BILDES

Wir füttern unseren Computer mit dem Material, das wir für den Film hergestellt haben, also hauptsächlich Animationen und Hintergründe. In der Tat handelt es sich um eine große Anzahl von Zeichnungen, die, sobald sie einen Großteil der Festplatte belegen, für spätere Änderungen genau geordnet sein müssen.

Grundsätzlich gibt es zwei Möglichkeiten, das grafische Material auf die Festplatte zu bringen: Wir können die Bilder direkt einscannen oder mit einer Digitalkamera aufnehmen. Der *Scanner* hat heute einen gewissen Standard erreicht, der es erlaubt, alle Animationszeichnungen einer Aufnahme mittels automatischer Zufuhr einzulesen und dabei die passgenaue Markierung der Pegs auf den Zeichnungen zu erhalten. Die Kamera bietet sich eher in einem Vorstadium an, um Entwürfe zu erfassen, die mit einem *Linetest* überprüft werden sollen. Für die Reinzeichnungen der Bilder und die Zwischenphasen benutzen wir zur Übertragung meist den *Scanner*. Bei den Hintergründen hängt alles von der verwendeten künstlerischen Technik ab. Haben wir sie mit Acrylfarben, Gouachefarben, Tusche, oder ähnlichem erstellt, bearbeiten wir sie nach dem Einscannen lediglich digital nach, anstatt jeden Hintergrund vollständig am Computer zu kreieren.

DER *LINETEST*

Bei einigen der gängigen Animationsprogrammen arbeitet man in voneinander unabhängige Funktionsebenen, das heißt, dass jeder Teil der Produktion in einem gesonderten Programmabschnitt mit eigener Oberfläche und speziellen Werkzeugen bearbeitet wird. Andere hingegen, deren Bedienführung vielleicht intuitiver ist, zeigen auf dem Bildschirm alle für sämtliche Vorgänge benötigten Werkzeuge und man muss nur das gewünschte auswählen, um jede Aufgabe bewältigen zu können. Unabhängig vom Aufbau gibt es praktisch in jedem Programm eine Option für den *Linetest*, mit dem wir das Funktionieren unserer Animation in ihren verschiedenen Stadien bis zum abschließenden Test überprüfen können. Im Anschluß daran widmen wir uns dann der Farbe und den Effekten.

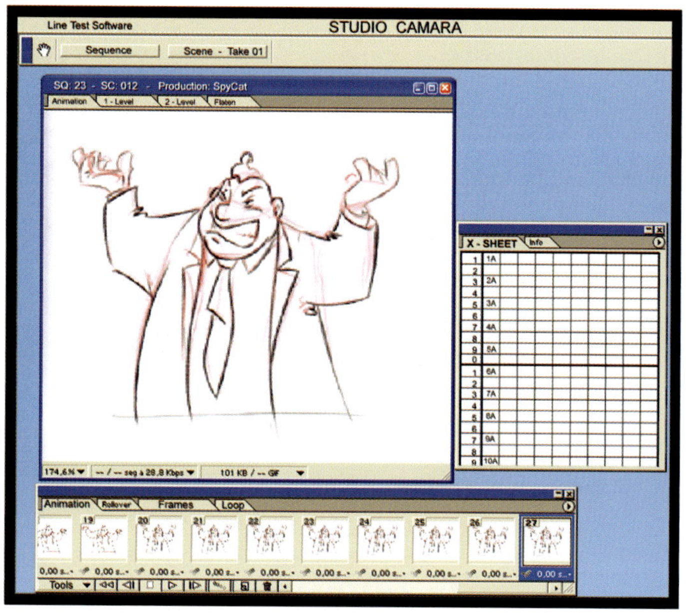

Am Computer können wir den Fahrplan ändern, indem wir etwa Zeichnungen austauschen, Wiederholungen erzeugen oder Pausen verlängern bzw. verkürzen, solange bis wir die gewünschte Wirkung in unserer Animation erreicht haben.

DIE FARBGEBUNG (*INK AND PAINT*)

Dieser Arbeitsschritt besteht darin, die Zeichnungen als Bestandteil unserer Animationen zu kolorieren.
Im Allgemeinen müssen wir sie einzeln bemalen, und jeden Bereich mit einer flachen Farbe füllen. Bearbeiten wir ein aufwändigeres Projekt, das vielleicht sogar einen speziellen Farbstil erhalten soll, bieten zwar unsere üblichen Programme auch dafür meist alle notwendigen Werkzeuge, dennoch kann der Fall eintreffen, dass wir mit anderen Programmen arbeiten und dafür sämtliche Dateien einzeln exportieren müssen.
Neben dem Kolorieren von Animationen können wir zudem die Farbe der Umrisse vollständig oder teilweise verändern und sobald wir sie animiert haben, auch die Farben ihrer Schatten bearbeiten.

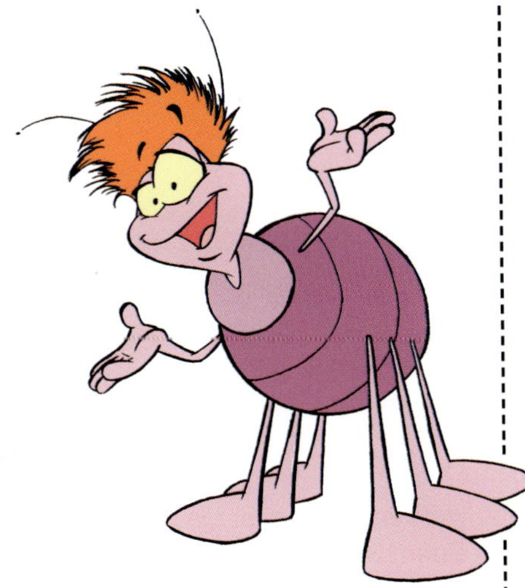

Im Allgemeinen arbeitet man in der Animation mit flachen Farben, die man später mit Effekten bereichern kann. Ein festgelegtes Farbmodell dient allen Kolorierern als Vorlage für die Farbgebung der Figuren.

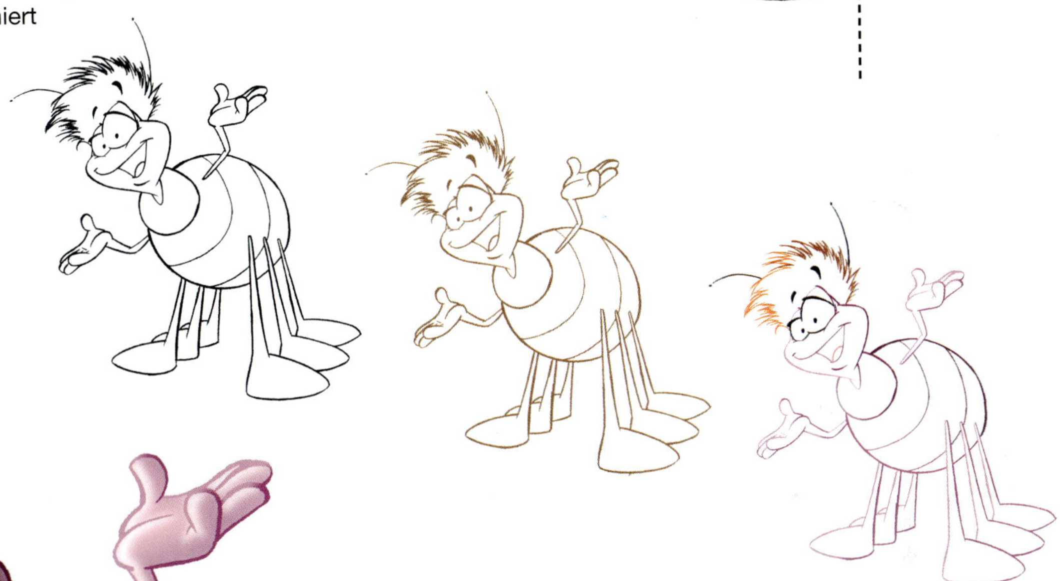

Um eine bessere Integration in die Hintergründe zu gewährleisten, können wir die Umrisse unserer Figuren farbig gestalten. Dieser Umriss war ursprünglich schwarz, dunkelgrau oder braun, aber mit ein wenig Geduld gelang es uns, ein viel besseres Ergebnis zu erzielen, da wir den einzelnen Bereichen verschiedene Farben zugeordnet haben.

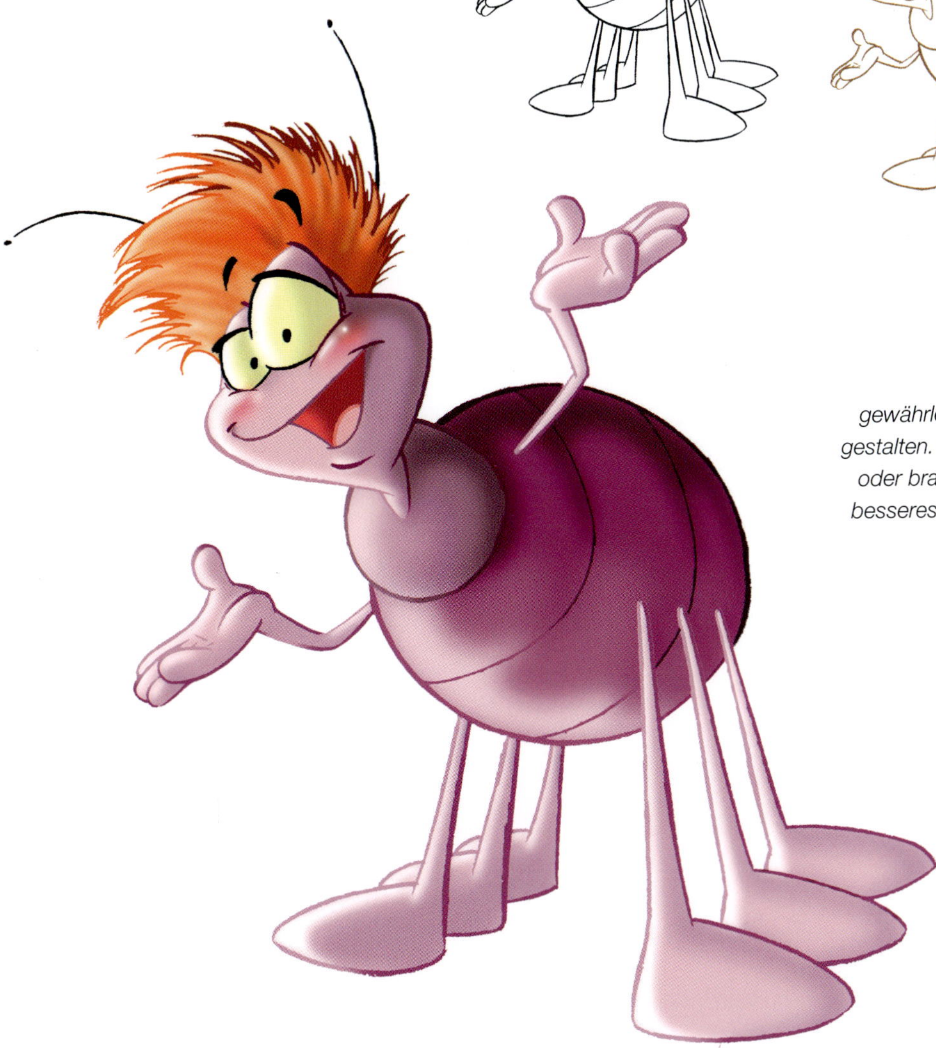

Um den animierten Figuren Volumen zu geben, sind die Schatten ein weiteres nützliches Element. Diese kreieren wir, indem wir auf den seitlichen Bereich einer Figur eine flache Farbe legen, der wir dann die gewünschte Transparenz verleihen. Zudem können wir eine Farbschicht des Schattens leicht verschwimmen lassen, und so einen Effekt erzielen, der einhüllender ist und sich besser in die Umgebung der Szene einpasst.

Die Farbmodelle enthalten alle Vorlagen zum Kolorieren der Figuren. In diesem Farbmodell müssen sämtliche Teile der Figur aufgeführt sein, auch das Innere des Mundes, die Fußsohlen, etc.

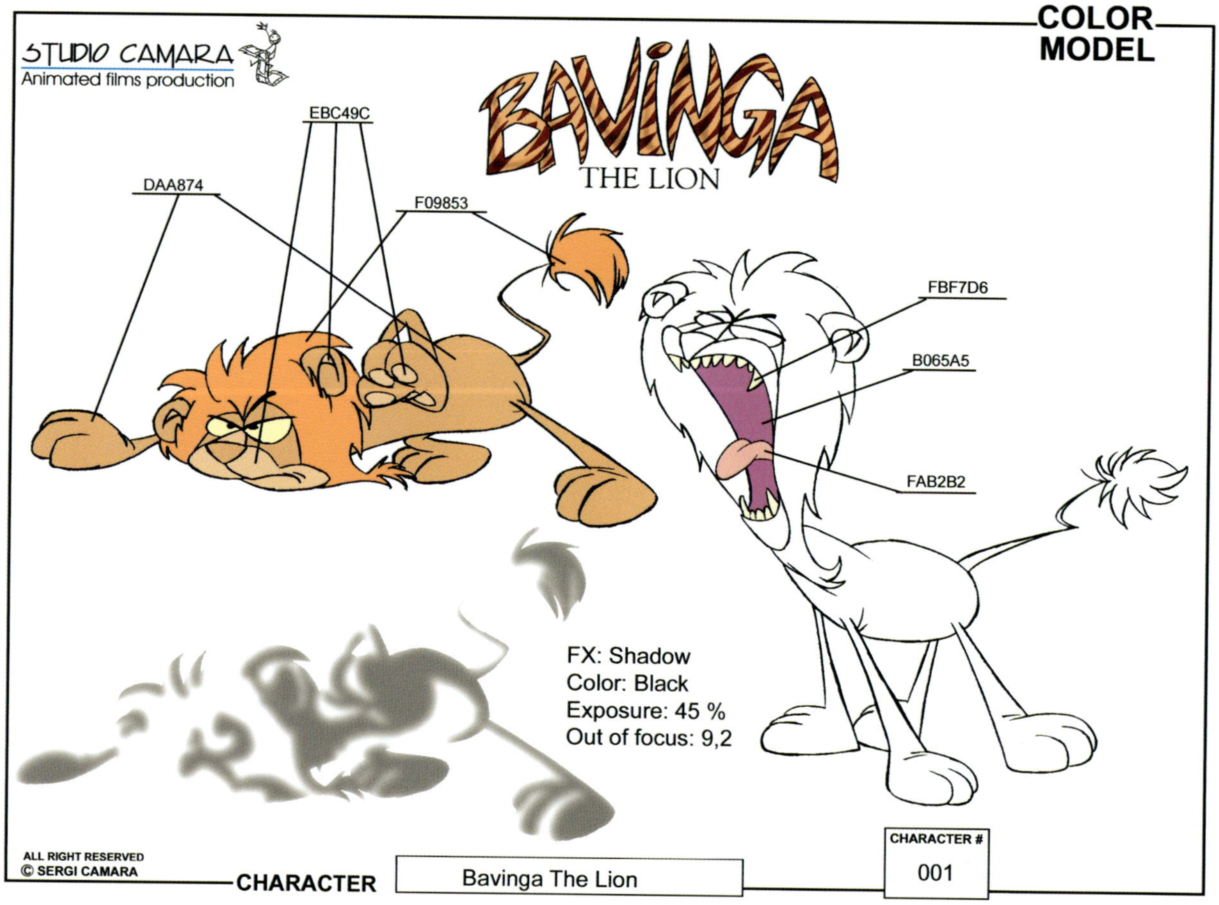

Das Modell muss alle möglichen chromatischen Veränderungen beinhalten, je nachdem, ob sich die Figur drinnen oder draußen befindet bzw. im Tageslicht oder im Dunkeln. Ebenso ist es vorteilhaft, ein allgemeines Modell zu erstellen, das die Figur genau so zeigt, wie sie auf der Leinwand mit ihren Schatten und ihrem Farbumriss erscheinen soll.

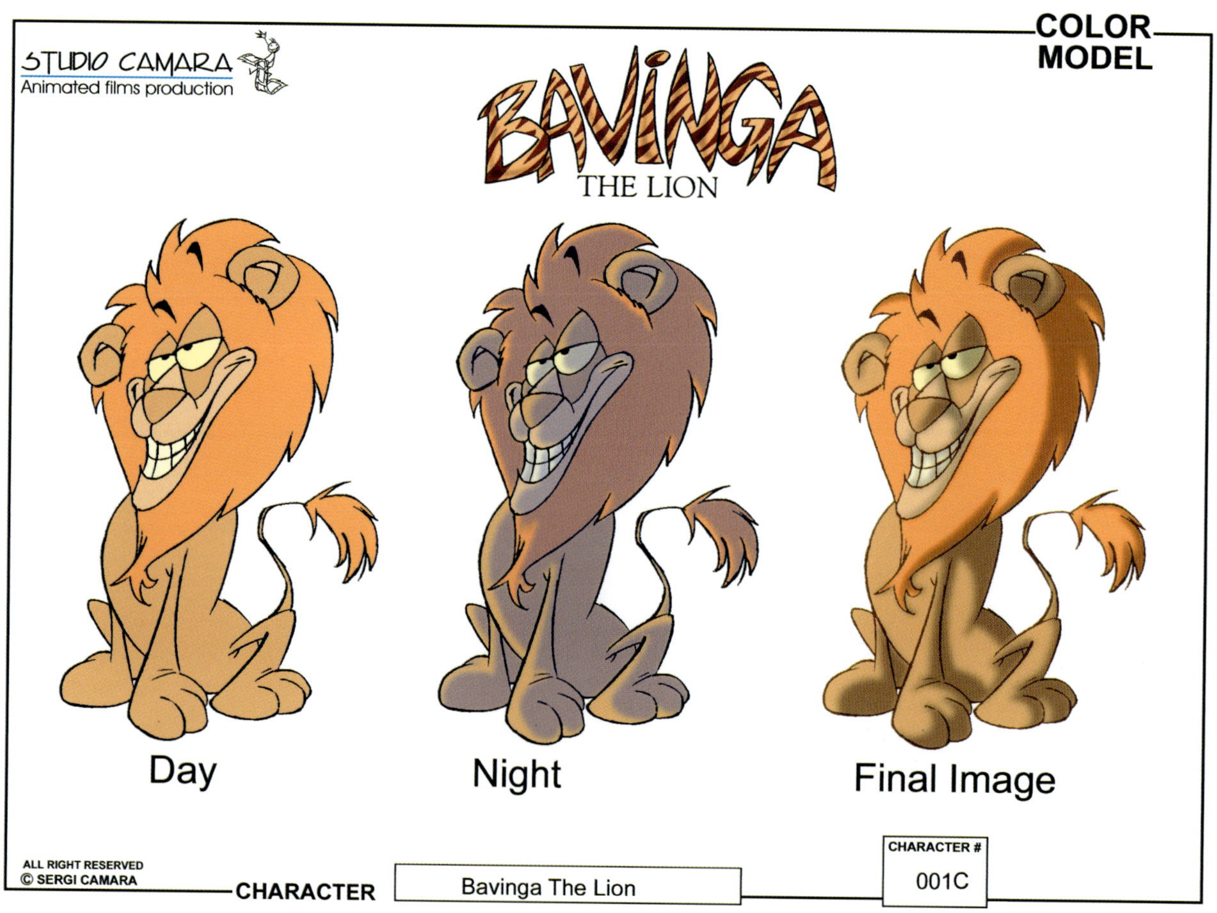

DAS ZUSAMMENFÜGEN DER SZENE
Das gesamte Material, das zu einer Aufnahme gehört, muss gewissenhaft ausgewählt werden: Wir fügen Animation, Hintergrund, Schatten, *Overlays*, *Underlays*, etc., zusammen und vereinen sie in einer einzigen Datei. Auch die gewünschte Kamerabewegung, falls vorhanden, wird mit einbezogen.
Entsprechend unserer Planung der Szene, enthält die fertige Aufnahme alle notwendigen Komponenten. Zum Schluss versehen wir diese Datei nur noch mit der laufenden Nummer von Sequenz und Aufnahme und archivieren sie, um sie später gemeinsam mit den anderen in der richtigen Reihenfolge zusammenzufügen.

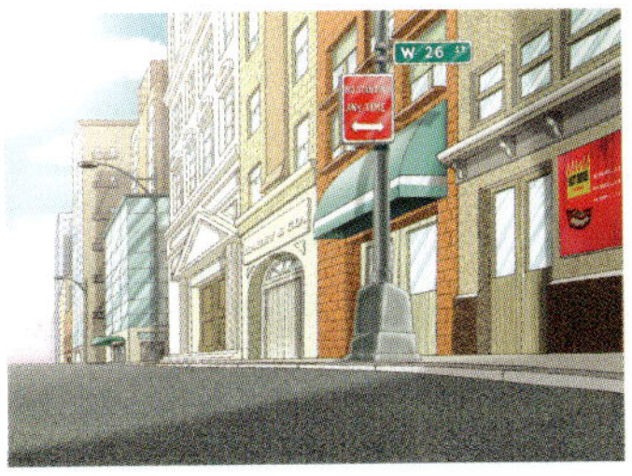

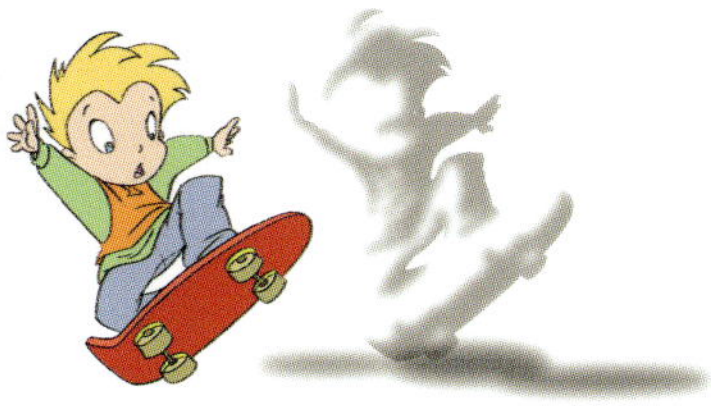
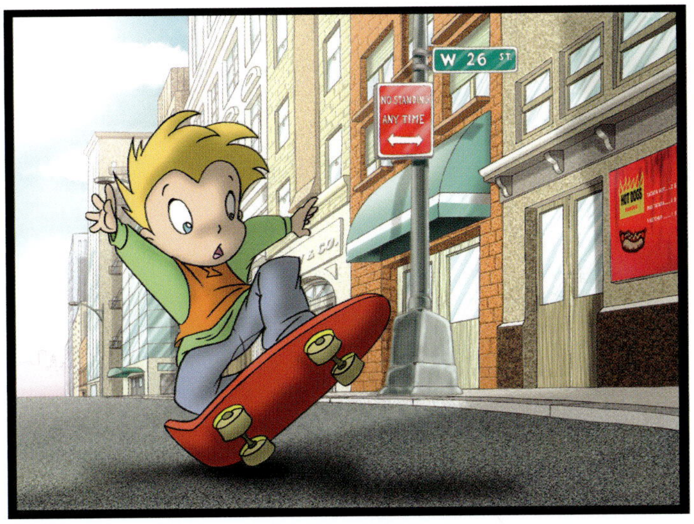

Der Hintergrund, die Animation und die Schatten sind einige der Elemente, die zu einer fertigen Aufnahme gehören. Damit uns die Aufnahme komplett zur Verfügung steht, werden diese in der Zusammensetzungsphase verbunden und eine einzige Darei aus ihnen erstellt, die gemäß dem Handlungsablauf mit allen anderen Dateien herausgegeben wird.

DIE ENDAUSGABE
Nachdem wir alle Aufnahmen für den Film perfekt bearbeitet haben, bleibt uns noch ein letzter Arbeitsschritt, der die Zusammensetzung betrifft. In diesem Schritt werden die Synchronisation der Dialoge, die Hintergrundmusik und Effekte in Bild und Ton realisiert. Wenn wir diese gesamte Arbeit abgeschlossen haben, müssen wir unser audiovisuelles Produkt nur noch im gewünschten Format zur Veröffentlichung und Ausstrahlung unseres Films abspeichern. Es gibt verschiedene Formate, je nachdem, welchen Markt wir beliefern, und je nach Auflösung, in der wir unser Werk bearbeitet haben. Dank der neuen Computertechnologie, stehen uns alle Möglichkeiten offen: Kino, Fernsehen, Internet, etc.

Einige der möglichen Formate für die Veröffentlichung unseres fertigen Filmes.

A

Aktionsphasen: jede Bewegung läßt sich in vier Phasen unterteilen: Auftakt, Aktionsphase, Reaktionsphase, Abtakt.
Animatic: Verfilmung des *Storyboards* mit der korrekten Länge jeder Aufnahme. Es vermittelt uns eine Vorstellung, wie sich der Rhythmus des Films entwickeln wird.
Animations-Assistent: Künstler, der für die Reinzeichnung (*Clean-Up*) der animierten Zeichnungen zuständig ist. Zudem bearbeitet er den Aufbau und die Details jeder Figur.
Anticipation: stark übertriebener Auftakt einer Aktion.

B

Background: siehe Hintergrund.
Blur: Animationseffekt, der schnelle Aktionen durch Verwischungen und verschwommene Darstellungen ersetzt.
Breakdown: siehe Eckphase.

C

Cells: Folien zur Verfilmung der Animationen.
CGI: Bild, das mit Hilfe eines Computers erstellt wurde.
Clean-up: siehe Reinzeichnung.

E

Eckphase: gibt den Rhythmus in der Aktion vor und bildet eine der Hauptphasen unserer Animation.
Einbildweise: Jede Zeichnung wird zu einem Fotogramm abfotografiert.
Extrempositionen: Hauptphasen, die den Anfang oder das Ende einer Aktion beschreiben.

F

Fahrplan: Vorgaben für den Kameramann, der alle notwendigen Informationen enthält (*Dope-Sheet, Bar-Sheet, Exposure-Sheet*).
Field-Guide: Übersicht über die möglichen Größen des Bildfeldes, um eine Einstellung aufzunehmen.
Fillages: Schwunglinien, die eine schnelle Bewegung untermalen.

G

Gummi-Effekt: Animationseffekt, der Subjekte biegsam erscheinen lässt, damit ein visueller Bewegungsfluss erzeugt werden kann.

H

Hauptbewegung: die eigentliche Bewegung, ohne irgendwelche begleitenden Elemente.
Hauptphase: wichtiger Moment im Bewegungsablauf, der vom Animator festgelegt wird (auch Schlüsselbild).
Hintergrund: allgemein für die „Kulisse“ eines Animationsfilmes.

I

In-Between: siehe Zwischenphase.
In-Betweener: Phasenzeichner.

K

Kamerawinkel: bestimmt aus welcher Perspektive eine Szene aufgenommen wird (Horizontal-, Vogel-, Frosch- oder Schrägperspektive)
Key-Frame: siehe Hauptphase.

L

Layout: Entwürfe für die Aufnahme einer Szene (Kamera-*Layout*, Hintergrund-*Layout*, Animations-*Layout*).
Linetest: Verfilmung der Animation im Entwurfsstadium, um den Ablauf vor der Reinzeichnung und der Erstellung der Zwischenphasen zu überprüfen. Wird mit der komplett fertigen Animation vor der Farbgebung nochmals durchgeführt.
Lip-sync: phonetische Zerlegung der Dialoge für die Lippensynchronisation der Figuren.

M

Model-Sheets: Vorlagenblätter, die die einheitliche Gestaltung aller Figuren und anderer Objekte festlegen. Für Requisiten werden eigens *Model-Props* erstellt.

Montage: bedeutet das Verknüpfen von Aufnahmen zu einer Szene, von Szenen zu einer Sequenz, etc. Wir verwenden hierfür Schnitte, Ein- und Ausblendungen oder Überblendungen.

N

Nebenbewegungen: werden durch die Hauptbewegung hervorgerufen.

O

Off: Angabe in *Storyboard* und *Layout* zum Hervorheben einer Aktion, die aus dem Blickfeld verschwindet, oder die sich außerhalb ereignet.

Overlay: Teil des Hintergrunds oberhalb der Animationsebene.

P

Pan: Panoramaschwenk der Kamera.

Passerstifte: *Bott-Pegs*: untere Passerstifte der Animationsscheibe, die normalerweise zur Erstellung der Animation genutzt werden. *Top-Pegs*: obere Passerstifte, an denen man die Verschiebungen des Hintergrundes für die Kamerabewegungen plant.

Pegbar: Schiene mit *Pegs* in genormten Abständen, die eine genaue Abgleichung des gesamten Materials, das später verfilmt wird, gewährleisten.

Phase: bezeichnet die einzelne Zeichnung für eine Animation (auch Frame, nach der Verfilmung: Fotogramm).

Pose-To-Pose-Animation: Animationsmethode, die auf der eingehenden Planung aller Posen beruht.

R

Raccord: visuelle Kontinuität zwischen den Aufnahmen.

Reinzeichnung: fertig bearbeitete Phase der Animation mit festgelegter Linienführung.

Reißschwenk: extrem schneller Schwenk der Kamera.

Rough: Zeichnung im Skizzenstadium.

S

Schnittwinkel: bestimmt die Brennweite des Objektivs für die Aufnahme einer Szene. Für die Darstellung menschlicher Figuren bieten sich Totale, Halbtotale, Halbnahe, Amerikanische Einstellung, Kopfaufnahme, sowie Großaufnahme an.

Scribbles: rasch skizzierte Animationsentwürfe.

Slow-In: Verlangsamung, die der Animator in der *Timing-Chart* plant.

Slow-Out: Beschleunigung, die der Animator in der *Timing-Chart* plant.

Squash: Animationseffekt, der Subjekte staucht und ihre Bewegungen durch Elastizität fließend wirken lässt (Teil des Gummi-Effekts).

Stagger: Vibration.

Storyboard: gibt den Überblick über alle Aufnahmen in Form von Zeichnungen. Wird für die Planung von Inszenierung, Gesamtlänge jeder Aufnahme und visueller Kontinuität verwendet.

Straight-Ahead-Animation: Animationsmethode, die spontan wirkt und auf übermäßige Planung verzichtet. Die Animation wird Bild für Bild ohne die Zwischenphasen ausgeführt.

Stretch*:* Animationseffekt, der Subjekte streckt und ihre Bewegungen durch Elastizität fließend wirken lässt (Teil des Gummi-Effekts).

T

Take: beschreibt die Reaktion einer animierten Figur mit allen vier Aktionsphasen. Kann subtil oder sehr offensichtlich sein.

Timing: Rhythmus in der Animation.

Timing-Chart: der Animator plant damit die Umsetzung der Zwischenphasen.

Track-In: Kamerafahrt auf die Szene zu.

Track-out: Kamerafahrt von der Szene weg.

Tricktisch: wird verwendet, um alle Aufnahmen zu verfilmen. Er besteht aus einem beweglichen Tisch zur Erstellung von Panoramabewegungen und einer Kamera, die an einer Säule befestigt ist, um die *Trackings* aufzunehmen.

U

Underlay: Teil des Hintergrunds unterhalb der Animationsebene.

X

X-Sheet: siehe Fahrplan.

Z

Zip-Pan: siehe Reißschwenk.

Zoom: eine Modifikation der Brennweite des Kameraobjektivs bewirkt eine optische Änderung der Perspektive, ohne dass sich die Kamera bewegt.

Zweibildweise: jede Zeichnung erscheint auf zwei Fotogrammen.

Zwischenphasen: liegen gemäß der *Timing-Chart* zwischen den Hauptphasen und vervollständigen den Bewegungsablauf.

Zyklus: Teil der Animation, der durch die Wiederholung der geordneten Verfilmung einer Reihe von Zeichnungen eine Endlosschleife bildet.

lossar

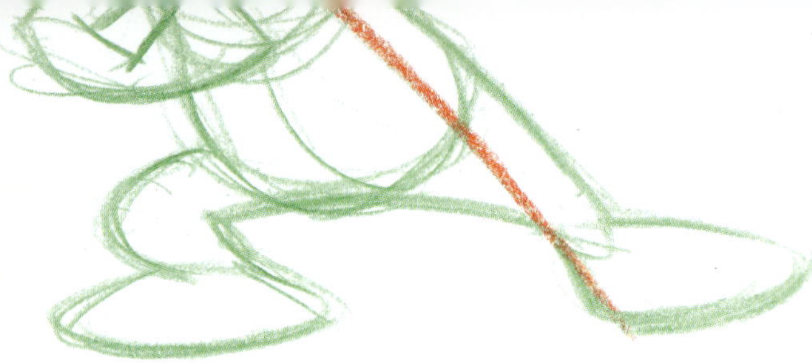
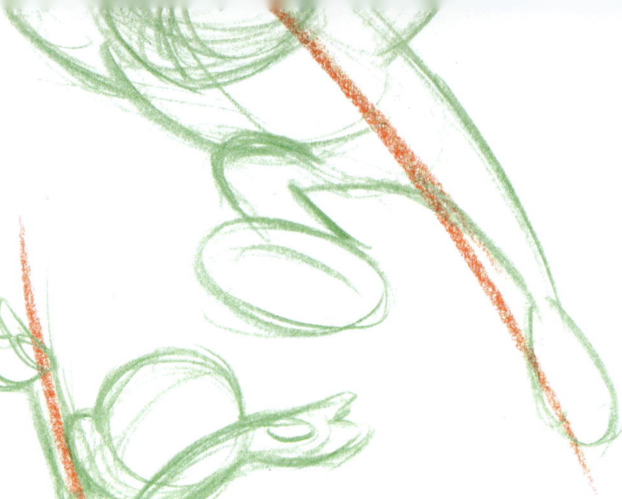
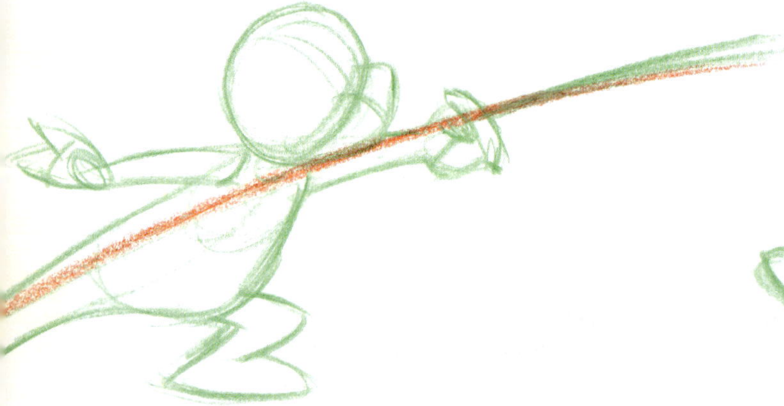
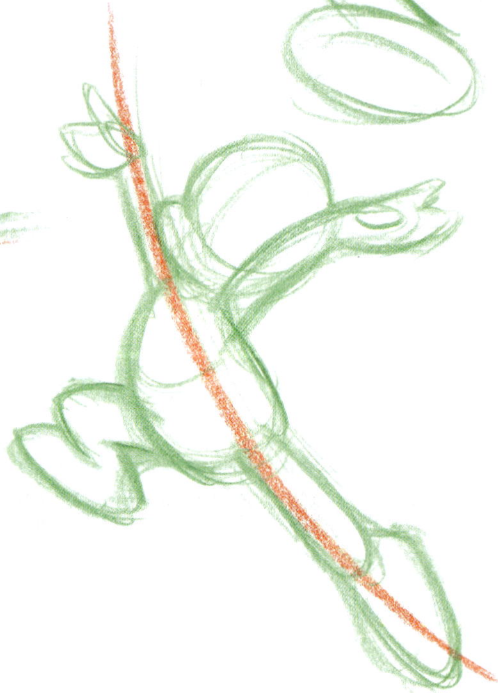
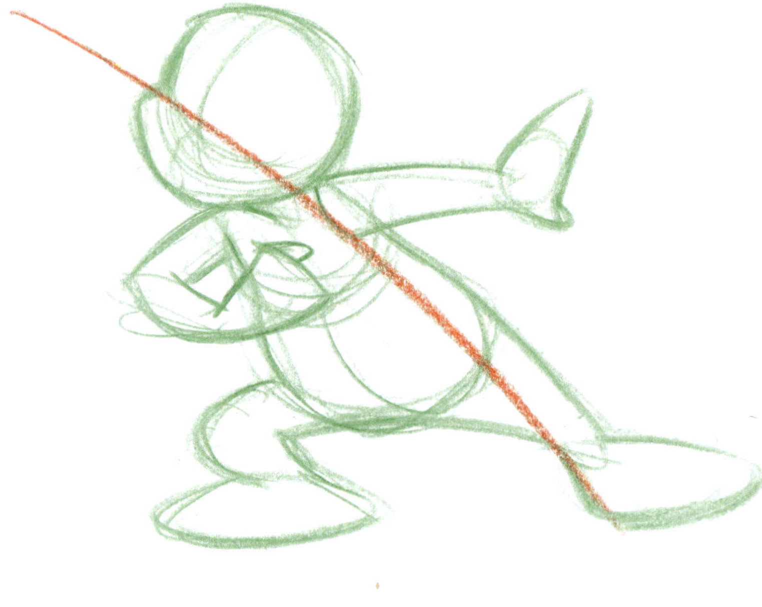

Bibliografie des Autors

- Blair, Preston und Walter, T. *Animation*. Foster Publisher, California, 1949.
- Blair, Preston und Walter T. *How to Animate Film Cartoons*. Foster Publisher, California, 1980.
- Finch, Christopher. *The art of Walt Disney*. Abradale Abrams, Burbank (California), 1973.
- García, Raúl. *La magia del dibujo animado*. Mario Ayuso, Ed., Madrid, 1995.
- García, Raúl. *La magia del dibujo animado. Actores del lápiz*. Edicions de Ponent, Alicante, 2000.
- Johnston, Ollie und Thomas, Frank. *Disney Animation. The Illusion of Life*. Abbeville Press Publishers, New York, 1981.
- Salesas, Florenci. Apuntes y notas del curso de narrativa cinematográfica que impartió en el Centre de la imatge de Barcelona en 1989.
- Taylor, Rychard. *The Enciclopedia of Animation Techniques*. Running Press, Philadelphia, 1996.
- Thomas, Bob. *Maravillas de los dibujos animados*. Ediciones Gaisa, Valencia, 1968.
- White, Tony. *The animator's workbook*. Watson & Guptill Publications, New York, 1986.
- Williams, Richard. *The Animator's Survival Kit*. Faber & Faber, London, New York, 2001.

Derzeit ist keiner der Titel in deutscher Übersetzung erhältlich.

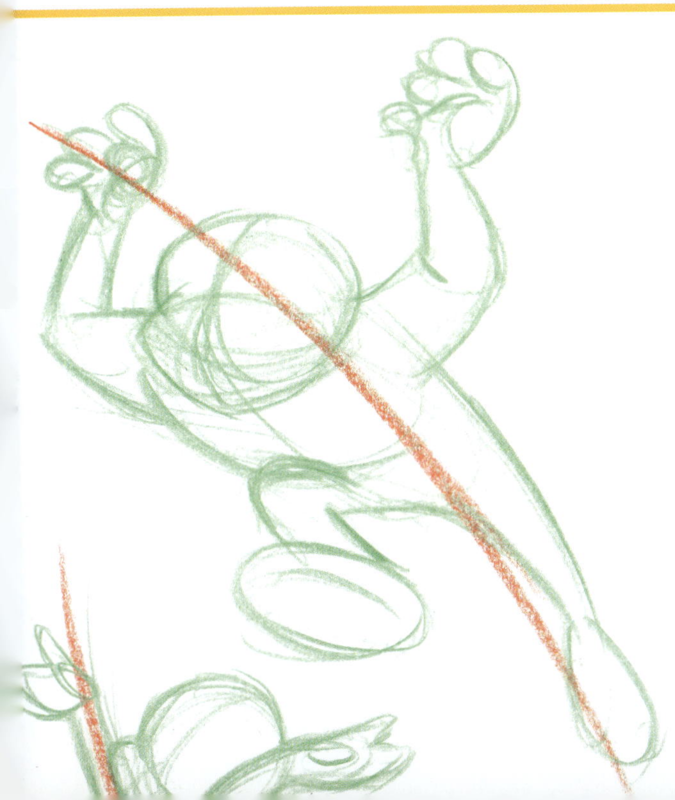

Danksagung des Autors

Ich danke ganz besonders meiner Oma Lola, meiner Frau Lluisa, Meinen Kindern Gerard und Júlia und meinen Eltern Santi und Nuri.

Meiner gesamten Familie, die ich liebe und mit der ich die schönsten Momente teile: Meinen Schwiegereltern César und Luisa, Idoya, Josefina, Ana, José Luis, Cristina und meiner kleinen Nichte Andrea.

Ich danke der Professionalität von Ali Garousi, Valenti Amador, Iván Vázquez und vor allem Florenci Salesas, meinem Kommilitonen und gutem Freund.

Allen Experten, die in den vergangenen 15 Jahren im Studio Càmara gearbeitet haben, die soviel geleistet haben, und die ich sehr schätze.

Mercè Calero für seine emotionale Unterstützung.

Dem Verlag Parramón, dass ich mich dort mit den Techniken austoben durfte, durch die ich beruflich gewachsen bin, und dafür dass ich jetzt etwas erzählen darf, was ich in dieser ganzen Zeit gelernt habe. Ganz besonders danke ich María Fernanda (meiner Chefin) dafür, dass sie von Anfang des Buches an zuversichtlich war und mich unterstützt hat.

Ein Dank geht auch an all diejenigen, die dieses Buch erworben haben. Ich hoffe, dass es euch bei euren ersten Schritten etwas Sicherheit gibt und die Grundlage für eine glänzende Karriere bildet. Viel Erfolg!

ZEICHEN
SCHULE

professionell

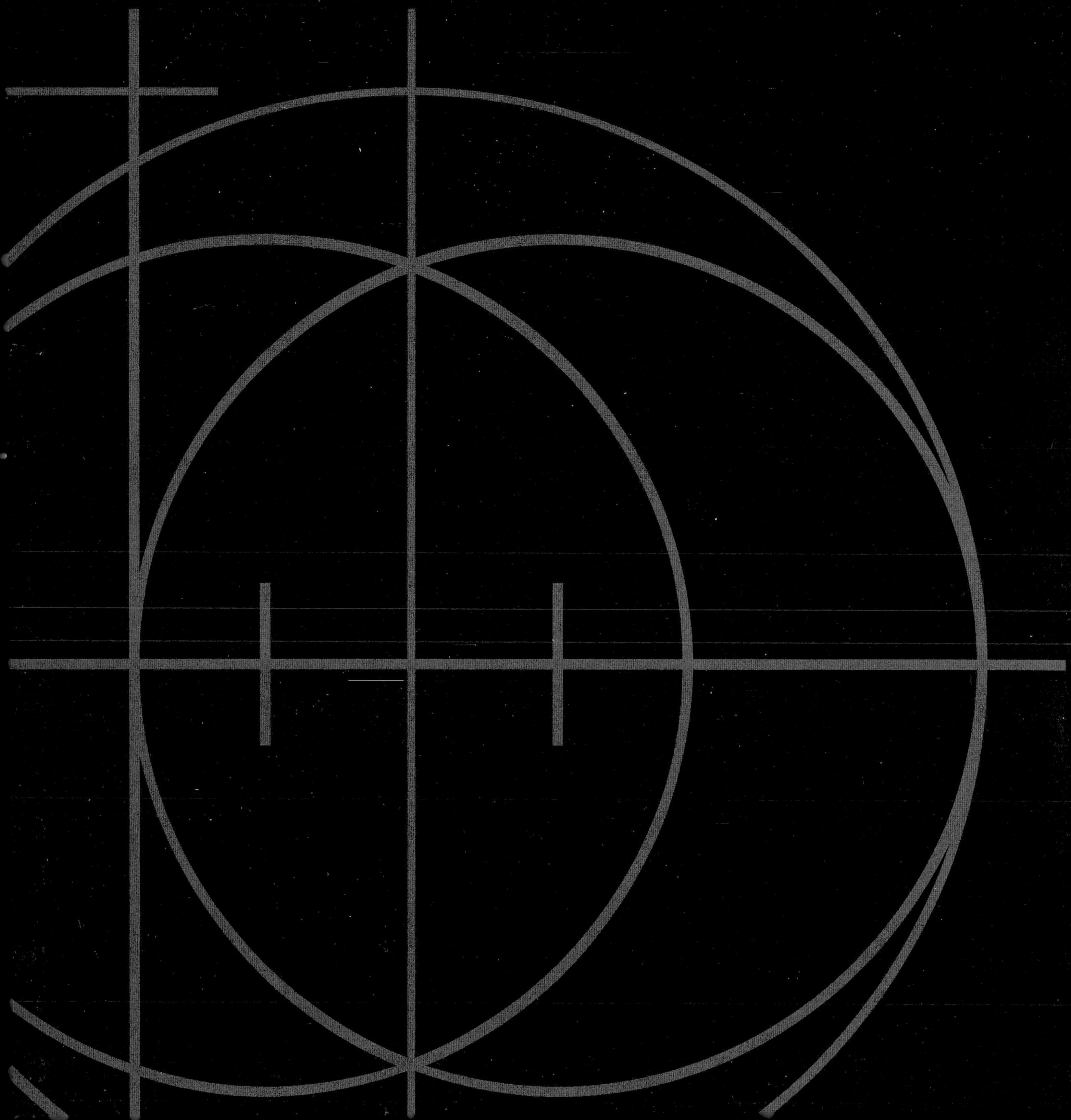